Das Modellgesetz als geeignetes Instrument europäischer Vertragsrechtsharmonisierung

Internationalrechtliche Studien

Beiträge zum Internationalen Privatrecht, zum Einheitsrecht und zur Rechtsvergleichung

Herausgegeben von Ulrich Magnus und Peter Mankowski

Band 70

PL ACADEMIC RESEARCH

Philipp Raben

Das Modellgesetz als geeignetes Instrument europäischer Vertragsrechtsharmonisierung

PL ACADEMIC RESEARCH

Bibliografische Information der Deutschen Nationalbibliothek
Die Deutsche Nationalbibliothek verzeichnet diese Publikation in der Deutschen Nationalbibliografie; detaillierte bibliografische Daten sind im Internet über http://dnb.d-nb.de abrufbar.

Zugl.: Hamburg, Univ., Diss., 2014

D 18
ISSN 0947-0395
ISBN 978-3-631-65727-0 (Print)
E-ISBN 978-3-653-05110-0 (E-Book)
DOI 10.3726/978-3-653-05110-0

PL Academic Research ist ein Imprint der Peter Lang GmbH.

Peter Lang – Frankfurt am Main · Bern · Bruxelles · New York · Oxford · Warszawa · Wien

Diese Publikation wurde begutachtet.

www.peterlang.com

Vorwort

Die vorliegende Arbeit wurde im Sommersemester 2014 vom Fachbereich Rechtwissenschaft der Universität Hamburg als Dissertation angenommen. Sie befindet sich auf dem Stand der Literatur von Mitte 2013.

Ich möchte mich zuvorderst bei meinem Doktorvater, Herrn Prof. Dr. Magnus, sehr herzlich bedanken. Er hat mich während der gesamten Zeit der Abfassung meiner Arbeit zugewandt betreut und mir über so manche fachliche und motivatorische Klippe hinweggeholfen. Er hat mir ermöglicht, die Forschungsmöglichkeiten am Max-Planck-Institut für ausländisches und internationales Privatrecht in Hamburg zu nutzen. Zudem bedanke ich mich für die Aufnahme in diese Schriftenreihe.

Mein herzlicher Dank gilt auch Herrn Prof. Dr. Mankowski für die zügige Erstellung des Zweitgutachtens und die Aufnahme in diese Schriftenreihe.

Ein ganz besonderer Dank gilt meiner Freundin, Frau Jenny-Marie Wiese, die mich stets liebevoll unterstützt hat und zudem die leidige Arbeit des Korrekturlesens auf sich genommen hat. Für eben solche Korrekturarbeiten gilt auch Herrn Michael Wiese ein besonderer Dank.

Nicht nur für zahlreiche Korrekturarbeiten, sondern für ihre stets vorbehaltlose Unterstützung möchte ich meiner Mutter danken. Ihr ist diese Arbeit gewidmet.

Inhaltsverzeichnis

Abkürzungsverzeichnis

ABA	American Bar Association
ABl	Amtsblatt
AcP	Archiv für die civilistische Praxis
ACQP	Principles of Existing European Community Contract Law (Acquis Principles)
ADHGB	Allgemeines deutsches Handelsgesetzbuch
ADWO	Allgemeine deutsche Wechselordnung
AEUV	Vertrag über die Arbeitsweise der Europäischen Union
AGB	Allgemeine Geschäftsbedingungen
AJCL	The American Journal of Comparative Law
ALI	American Law Institute
ALR	Allgemeines Landrecht für die preußischen Staaten
B2B	Business-to-Business
B2C	Business-to-Consumer
BGBl.	Bundesgesetzblatt
Brook. J. Int. L.	Brooklyn Journal of International Law
Bus. Lawyer	Business Lawyer
C2C	Consumer-to-Consumer
CESL	Common European Sales Law
CFR	Common Frame of Reference
CISG	Convention on the International Sale of Goods
CLOUT	Case Law on UNCITRAL Texts
CMLR	Common Market Law Review
CMR	Übereinkommen über den Beförderungsvertrag im internationalen Straßengüterverkehr
Col. L. R.	Columbia Law Review

CoPECL	Common Principles of European Private Law
CRT	Compilation and Reaction Team
DCESL	Draft Common European Sales Law
DCFR	Draft Common Frame of Reference
DE	Entwurf eines allgemeinen deutschen Gesetzes über Schuldverhältnisse (Dresdner Entwurf)
EAG	Gesetz über den Abschluss von internationalen Kaufverträgen
ECJ	European Court of Justice (Europäischer Gerichtshof)
EG	Europäische Gemeinschaft
EGV	Vertrag zur Gründung der Europäischen Gemeinschaft
EJIL	European Journal of International Law
EKG	Einheitliches Gesetz über den internationalen Kauf beweglicher Sachen
ELI	European Law Institute
ELJ	European Law Journal
ELR	European Law Review
ERCL	European Review of Contract Law
ERPL	European Review of Private Law
EU	Europäische Union
EuGH	Europäischer Gerichtshof
EuR	Europarecht (Zeitschrift)
EUV	Vertrag über die Europäische Union
EuZW	Europäische Zeitschrift für Wirtschaftsrecht
EVÜ	Übereinkommen über das auf vertragliche Schuldverhältnisse anzuwendende Recht
EWG	Europäische Wirtschaftsgemeinschaft
EWS	Europäisches Wirtschafts- und Steuerrecht
Fl.St.U.L.R.	Florida State University Law Review

FS	Festschrift
GA	Generalanwalt/Generalanwältin
GASP	Gemeinsame Außen- und Sicherheitspolitik der Europäischen Union
Geo.Wash.L.R.	George Washington Law Review
GG	Grundgesetz
HLR	Havard Law Review
Hg.	Herausgeber
Hof. L. R.	Hofstra Law Review
ICC	International Chamer of Commerce
IHR	Internationales Handelsrecht (Zeitschrift)
In.L.Rn	Indiana Law Review
Int. & Comp. L. Q.	The International and Comparative Law Quaterly
IPRax	Internationale Privatrechtspraxis
Jb.J.ZivRWiss.	Jahrbuch junger Zivilrechtswissenschaftler
JCL	Journal of Comparative Law
JURA	Juristische Ausbildung
JuS	Juristische Schulung
JZ	Juristenzeitung
La.L.Rev.	Louisiana Law Review
L. & Contemp. Probl.	Law and Contemporary Problems
La.L.R.	Louisiana Law Review
Mich.L.R.	Michigan Law Review
MLEC	Model Law on Electronic Commerce/ Modellgesetz über den elektronischen Geschäftsverkehr
MLR	Modern Law Review
NCCUSL	National Confererence of Commissioners on Uniform State Laws
NCLR	North Carolina Law Review
NGO	Non-governmental Organisation

NJW	Neue Juristische Wochenschrift
KMU	Kleine und mittlere Unternehmen
NZA	Neue Zeitschrift für Arbeitsrecht
Oh. St. L. J.	Ohio State Law Journal
OHADA	Organisation pour l'Harmonisation en Afrique du Droit des Affaires
PEB	Permanent Editorial Board
PECL	Principles of European Contract Law
PICC	UNIDROIT Principles of International Commercial Contracts
PRCESL	Proposal for a Regulation on a European Sales Law
RabelsZ	Rabels Zeitschrift für ausländisches und internationales Privatrecht
Rec. des cours	Recueil des cours
RGBl	Reichsgesetzblatt
Rs.	Rechtssache
SGECC	Study Group on the European Civil Code
Slg.	Sammlung
Tenn.L.R.	Tennessee Law Review
Tol.L.R.	University of Toledo Law Review
Tul.J.of Int'l & Comp. Law	Tulane Journal of International and Comparative Law
Tul.L.R.	Tulane Law Review
U. of Ill. L. R.	University of Illinois Law Review
U. of Miami L.R.	University of Miami Law Review
UCC	Uniform Commercial Code
UNCITRAL	United Nations Commission on International Trade Law
UNIDROIT	Institut pour l'unification du droit privé
Unif.L.R.	Uniform Law Review
UP	UNIDROIT Principles of International Commercial Contracts (PICC)

Va.L.R.	Virginia Law Review
VO	Verordnung
Wis.L.R.	Wisconsin Law Review
WVK	Wiener Übereinkommen über das Recht (völkerrechtlicher) Verträge
Yale L.J.	Yale Law Journal
ZfRV	Zeitschrift für Rechtsvergleichung
ZEuP	Zeitschrift für Europäisches Privatrecht
ZGR	Zeitschrift für Unternehmens- und Gesellschaftsrecht
ZHR	Zeitschrift für das gesamte Handelsrecht
ZNR	Zeitschrift für neuere Rechtsgeschichte
ZRP	Zeitschrift für Rechtspolitik

Literaturverzeichnis

Académie des Privatistes Européens - Academy of European Private Lawyers (Hg.), Code Européen des Contrats Avant-Projet, livre premier, Paris 1995.

- (Hg.), Codes Européen des Contracts, Mailand 2000.

Acquis Group (Research Group on the Existing EC Private Law), Principles of the Existing EC Contract Law, Contract I, Pre-Contractual Obligations Conclusion of Contract, Unfair Terms, München 2007.

–, Grundregeln des bestehenden Vertragsrechts der Europäischen Gemeinschaft, Zeitschrift für europäisches Privatrecht, Bd. 15 (2007), S. 896–908; S. 1152–1155.

–, Principles of Existing EC Contract Law, Contract II, General Provisions, Delivery of Goods, Package Travel and Payment Service, München 2009.

Adams, Kristen David, Blaming the Mirror: The Restatements and the Common Law, Indiana Law Review, Bd. 40 (2007), S. 205–270.

Alexy, Robert, Begriff und Geltung des Rechts, 2. Auflage, Freiburg im Breisgau 1994.

Alexy, Robert, Theorie der Grundrechte, 3. Auflage, Baden-Baden 1996.

Almén, Tore, Das skandinavische Kaufrecht, ein Kommentar zu den skandinavischen Kaufgesetzen unter eingehender Berücksichtigung ausländischen Rechts, Bd. 1–3, Heidelberg 1922.

American Law Institute, Report of the Committee Proposing the Establishment of an American Law Institute, in ALI Proceedings, Vol. 1, February 23, 1923 to May 19, 1923, Philadelphia 1923, S. 1–109.

Dass., Restatement of the Law of Contracts, Volume I, St. Paul (USA) 1932.

Dass., 56th Annual Meeting, Proceedings 1979, Philadelphia 1980.

Dass., Restatement of the Law Second, Contracts 2d, Volume I, St. Paul (USA) 1981.

Dass., 81th Annual Meeting, Proceedings 2004, Philadelphia 2005.

Anschütz, Gerhard/von Völderndorff, Eduard, Kommentar zum Allgemeinen Deutschen Handelsgesetzbuche mit Ausschluss des Seerechts, Bd. 1, Erlangen 1868.

Antoniolli, Luisa/Fiorentini, Francesca (Hg.), Principles of European Contract Law and Italian Law, Den Haag 2005.

Antoniolli, Luisa/Fiorentini, Francesca, Introduction, in: *Dies.* (Hg.,), A Factual Assessment of the Draft Common Frame of Reference, München 2011, S. 1–49.

Augsberg, Steffen, Rechtsetzung zwischen Staat und Gesellschaft, Möglichkeiten differenzierter Steuerung des Kapitalmarktes, Berlin 2003.

Bachmann, Gregor, Nationales Privatrecht im Spannungsfeld der Grundfreiheiten, Archiv für die civilistische Praxis, Bd. 210 (2010), S. 424–488.

von Bar, Christian, Coverage and Structure of the Academic Common Frame of Reference, European Review of Contract Law, Bd. 3 (2007), S. 350–361.

–, Ein "Werkzeugkasten" für das Europäische Privatrecht? *Busch/Kopp/ McGuire/Zimmermann* (Hg.), Jahrbuch junger Zivilrechtswissenschaftler 2009, S. 11–25.

von Bar, Christian/Clive, Eric/Schulte-Nölke, Hans u.a. (Hg.), Principles, Definitions and Model Rules of European Private Law: Draft Common Frame of Reference, Interim Outline Edition, München 2008.

von Bar, Christian/Clive, Eric/Schulte-Nölke, Hans u.a.(Hg.), Principles, Definitions and Model Rules of European Private Law: Draft Common Frame of Reference, Outline Edition, München 2009.

von Bar, Christian/Clive, Eric (Hg.), Principles, Definitions and Model Rules of European Private Law: Drat Common Frame of Reference, Full Edition, München 2009.

von Bar, Christian/Drobnig, Ulrich, The Interaction of Contract Law and Tort and Property Law in Europe, München 2004.

von Bar, Christian/Lando, Ole/Swann, Stephen, Communication on European Contract Law: Joint Response of the Commission on European Contract Law and the Study Group on a European Civil Code, European Review of Private Law, Bd. 10 (2002), S. 183–248.

von Bar, Christian/Mankowski, Peter, Nationales Privatrecht im Spannungsfeld der Grundfreiheiten, Archiv für die civilistische Praxis, Bd. 210 (2010), S. 424–488.

von Bar, Christian/Lando, Ole/Swann, Stephen, Communication on European Contract Law: Joint Response of the Commission on European Contract Law and the Study Group on a European Civil Code, European Review of Private Law, Bd. 10 (2002), S. 183–248.

von Bar, Christian/Schulte-Nölke, Hans, Gemeinsamer Referenzrahmen für europäisches Schuld- und Sachenrecht, Zeitschrift für Rechtspolitik, Bd. 38 (2005), S. 165–168.

von Bar, Christian/Zimmermann, Reinhard, Grundregeln des Europäischen Vertragsrechts, Teile I und II, München 2002.

von Bar, Christian/Zimmermann, Reinhard, Grundregeln des Europäischen Vertragsrechts, Teil III, München 2005.

Basedow, Jürgen, Rechtskultur - zwischen nationalem Mythos und europäischen Ideal, Zeitschrift für europäisches Privatrecht, Bd. 4 (1996), S. 379–381.

–, Die UNIDROIT-Prinzipien der Internationalen Handelsverträge und die Übereinkommen des einheitlichen Privatrechts, *Basedow/Hopt/Kötz* (Hg.), Festschrift für Ulrich Drobnig, Tübingen 1998, S. 19–38.

–, Germany, in *Bonell* (Hg.), A New Approach to International Commercial Contracts - The UNIDROIT Principles of International Commercial Contracts, XVth International Congress of Comparative Law (Bristol 1998), Den Haag 1999, S. 125–150.

–, Uniform law Conventions and the UNIDROIT Principles of International Commercial Contracts, Uniform Law Review 5 (2000), S. 129–139.

–, Das BGB im künftigen europäischen Privatrecht, Systemsuche zwischen nationaler Kodifikation und Rechtsangleichung, Archiv für die civilistische Praxis, Bd. 200 (2000), S. 445–492.

–, Grundlagen des europäischen Privatrechts, Juristische Schulung, Bd. 44 (2004), S. 89–96.

–, Kodifikationsrausch und kollidierende Konzepte – Notizen zu Marktbezug, Freiheit und System im Draft Common Frame of Reference, Zeitschrift für Europäisches Privatrecht 16 (2008), S. 673–676.

–, Der Europäische Gerichtshof und das Privatrecht, Archiv für die civilistische Praxis, 210 (2010), S. 157–195.

–, Wer braucht ein European Law Institute? Europäische Zeitschrift für Wirtschaftsrecht, Bd. 22 (2011) S. 41.

–, Art. 114 AEUV als Rechtsgrundlage eines optionalen EU-Kaufrechts: Eine List der Kommission, Europäische Zeitschrift für Wirtschaftsrecht, Bd. 23 (2012), S. 1–2.

–, Ein Gemeinsames Europäisches Kaufrecht für grenzübergreifende Verträge - Seine Bedeutung und Auswirkung auf offene Märkte, in: *Gebauer* (Hg.), Gemeinsames Europäisches Kaufrecht, München 2013, S. 3–21.

Basedow, Jürgen/Hopt, Klaus J./Zimmermann, Reinhard (Hg.), Handwörterbuch des Europäischen Privatrechts, Tübingen 2009.

Bast, Jürgen, Handlungsformen und Rechtsschutz, *von Bogdandy/Bast* (Hg.), Europäisches Verfassungsrecht, Theoretische und dogmatische Grundzüge, 2. Auflage, Heidelberg 2009, S. 489–557.

Baums, Theodor, Entwurf eines allgemeinen Handelsgesetzbuchs für Deutschland mit Einleitung, in: Abhandlungen aus dem gesamten Bürgerlichen Recht, Handelsrecht und Wirtschaftsrecht, Heidelberg 1982.

Baxter, R.R., International Law in „Her Infinite Variety", The International and Comparative Law Quaterly, Bd. 29 (1980), S. 549–566.

Beale, Hugh, The Future of the Common Frame of Reference, European Review of Contract Law, Bd. 3 (2007), S. 257–276.

–, The Drafting of the Academic Common Frame of Reference, *Schmidt-Kessel* (Hg.), Der Gemeinsame Referenzrahmen, Entstehung, Inhalte, Anwendung, München 2009, S. 35–47.

Beale, Hugh/Kötz, Hein/Hartkamp, Arthur/Tallon, Dennis, Cases, Materials and Text on Contract Law, Oxford, 2. Auflage 2010.

Behrens, Peter, Mindestharmonisierung im Binnenmarkt – Stellungnahme, *Everling/Roth* (Hg.), Mindestharmonisierung im Europäischen Binnenmarkt, S. 33–37, Baden-Baden 1997.

F, Jean Louis, Principal Features and Methods of Codification, Louisiana Law Review, Bd. 48 (1988), S. 1073–1097.

Berger, Klaus Peter, Formalisierte oder „schleichende" Kodifizierung des transnationalen Wirtschaftsrechts – Zu den methodischen und praktischen Grundlagen der lex mercatoria, Berlin, New York 1996.

–, Einheitliche Rechtsstrukturen durch außergesetzliche Rechtsvereinheitlichung, Juristenzeitung Bd. 62 (1999), Tübingen 1999, S. 369–377.

–, The Creeping Codification of the New Lex Mercatoria, 2. Auflage, Niederlande 2010.

Berger, Maria, Zu europäischen Entwicklungen im Internationalen Privatrecht und im Verbraucherschutz, Zeitschrift für Europäisches Privatrecht, Bd. 17 (2009), S. 451–455.

Bergfeld, Christoph, Der Entwurf eines Handelsgesetzbuches für das Königreich Württemberg von 1839, Ius Commune VII (1978), S. 226–249.

–, Preußen und das Allgemeine Deutsche Handelsgesetzbuch, Ius Commune XIV (1987), S. 101–114.

Berman, Harold J., Recht und Revolution, Die Bildung der westlichen Rechtstradition, Frankfurt am Main, 1995.

Bernitz, Ulf, What is Scandinavian Law?, *Wahlgren* (Hg.), What is Scandinavian Law; Social Private Law, Scandinavian Studies in Law Vol. 50, Stockholm 2007, S. 13–29.

Beutel, Frederick K., The proposed Uniform Commercial Code as a problem in codification, Law and Contemporary problems, Bd. 16 (1951), S. 141–164.

–, The Proposed Uniform (?) Commercial Code Should not be adopted, Yale Law Journal, Bd. 61 (1952), S. 334–363.

Blaurock, Uwe, Wege zur Rechtseinheit im Zivilrecht Europas, in Starck, Christian (Hg.), Rechtsvereinheitlichung durch Gesetze - Bedingungen, Ziele, Methoden, Göttingen 1992.

–, Lex mercatoria und Common Frame of Reference, Zeitschrift für Europäisches Privatrecht, Bd. 15 (2007), S. 118–129.

Bleckmann, Albert, Begriff und Kriterien der innerstaatlichen Anwendbarkeit völkerrechtlicher Verträge, Versuch einer allgemeinen Theorie des self-executing treaty auf rechtsvergleichender Grundlage, Berlin 1970.

Blumenwitz, Dieter, Einführung in das anglo-amerikanische Recht, 7. Auflage, München 2003.

Bonell, Michael Joachim, Das UNIDROIT-Projekt für die Ausarbeitung von Regeln für internationale Handelsverträge, Rabels Zeitschrift für ausländisches und internationales Privatrecht, Bd. 56 (1992), S. 274–289.

–, The UNIDROIT Principles of International Commercial Contracts: Why? What? How? Tulane Law Review, Bd. 69 (1995), S. 1121–1147.

–, The UNIDROIT Principles in Practice: The Experience of the First Two Years, Uniform Law Review, Bd. 2 (1997), S. 34–45.

–, UNIDROIT Principles 2004 – The New Edition of the Principles of International Commercial Contracts adopted by the International Institute for the Unification of Private Law, Uniform Law Review, Bd. 9 (2004), S. 5–40.

–, An International Restatement of Contract Law – The UNIDROIT Principles of International Commercial Contracts, 3. Auflage 2005, Adresley, New York.

–, The UNIDROIT Principles in Practice, Casselwa and Bibliography on the Principles of Commercial Contracts, 2. Auflage 2006.

–, The UNIDROIT Principles a Decade After Their First Appearance : What Have They Acheived and What Are Their Prospects for the Future ? *Cashin-Ritaine/Lein* (Hg.), Colloquium on the UNIDROIT Principles 2004 – Their Impact on Contractual Practice, Jurisprudence and Codification, Zürich, Basel, Genf 2007, S. 259–265.

–, The CISG, European Contract Law and the Development of a World Contract Law, American Journal of Comparative Law, Bd. 56 (2008), S. 1–28.

Borchardt, Klaus-Dieter, Die rechtlichen Grundlagen der Europäischen Union, 5. Auflage, Wien 2012.

Borges, Georg, Selbstregulierung im Gesellschaftsrecht - zur Bindung an Corporate Governance-Kodizes, Zeitschrift für Unternehmens- und Gesellschaftsrecht, Bd. 32 (2003), S. 508–540.

Braucher, Robert, Federal Enactment of the Uniform Commercial Code, Law and Contemporary Problems, Bd. 16 (1951), S. 100–113.

–, The Legislative History of the Uniform Commercial Code, Columbia Law Review, Bd. 58 (1958), S. 798–814.

Brauneder, Wilhelm, Europäisches Privatrecht – aber was ist es? Zeitschrift für neuere Rechtsgeschichte 1993, S. 225–235.

–, Europäisches Privatrecht: historische Wirklichkeit oder zeitbedingter Wunsch an die Geschichte? Rom 1997.

Brödermann, Eckart, Betrachtungen zur Arbeit am Common Frame of Reference aus der Sicht eines *Stakeholders*: Der weite Weg zu einem europäischen Vertragsrecht, Zeitschrift für Europäisches Privatrecht, Bd. 15 (2007), S. 304–323.

Burmeister, Frank/Staebe, Erik, Grenzen des sog. *Gold Planting* bei der Umsetzung europäischer Richtlinien in nationales Recht, Europarecht, Bd. 10 (2009), S. 444–457.

Busch, Danny, The Principles of European Contract Law before the Supreme Court of the Netherlands - On the Influence of the PECL in Dutch Legal Practice, Zeitschrift für Europäisches Privatrecht, Bd. 16 (2008), S. 549–562.

Busch, Danny/Hodinus, Ewoud H./van Kooten, Hugo J./Schelhaas, Harriet/Schrama, Wendy M., The Principles of Contract Law and Dutch Law, Nijmegen 2002.

Bühler, Diethard, Die Entstehung der allgemeinen Vertragsschluss-Vorschriften im Allgemeinen Deutschen Handelsgesetzbuchs (ADHGB) von 1861, Frankfurt am Main, Bern, New York, Paris 1991.

Bundesminister für Justiz (Hg.), Abschlussbericht der Kommission zur Überarbeitung des Schuldrechts, Bundesanzeiger, Köln 1992.

von Caemmerer, Ernst, Rechtsvereinheitlichung und internationales Privatrecht, *von Caemmerer/Schlochauer/Steindorff* (Hg.), Probleme des europäischen Rechts, Festschrift für Walter Hallstein, Frankfurt am Main 1966, S. 63–95.

Calabresi, Guido, A Common Law for the Age of Statues, Cambridge (Vereinigtes Königreich)1982.

Canaris, Claus-Wilhelm, Die Feststellung von Lücken im Gesetz, Eine methodologische Studie über Voraussetzungen und Grenzen der richterlichen Rechtsfortbildung praeter legem, Berlin 1964.

–, Die Stellung der „UNIDROIT Principles" und der „Principles of European Contract Law" im System der Rechtsquellen, *Basedow* (Hg.): Europäische Vertragsrechtsvereinheitlichung und deutsches Recht, Tübingen 2000, S. 5–31.

Carroni, Pio, Der Schiffbruch der Geschichtlichkeit, Anmerkungen zum Neo-Pandektismus, Zeitschrift für Neuere Rechtsgeschichte 1994, S. 85–100.

Carsten, Gebhard, Europäische Integration und nordische Zusammenarbeit auf dem Gebiet des Zivilrechts, Zeitschrift für Europäisches Privatrecht, Bd. 1 (1993), S. 335–353.

Cerutti, Romeo, Das US amerikanische Warenkaufrecht mit rechtsvergleichenden Hinweisen auf das schweizerische und das deutsche Recht, das CISG und die UP, Zürich 1998.

Chirico, Filomena, The Function of European Contract Law: An Economic Analysis, in: *Larouche/Chirico* (Hg.), Economic Analysis of the DCFR, The work of the Economic Impact Group within CoPECL, München 2010, S. 9–30.

Coing, Helmut, Die ursprüngliche Einheit der europäischen Rechtswissenschaft, Wiesbaden 1968.

–, Methoden der Rechtsvereinheitlichung, *Coing/Schmidthoff/Hellner/Gleichmann* (Hg.), Verhandlungen der Fachgruppe für Grundlagenforschung anlässlich der Tagung für Rechtsvergleichung in Hamburg vom 19. bis 22. September 1973 mit einem Bericht über die Diskussion, Frankfurt am Main 1974, S. 7–17.

–, Handbuch der Quellen und Literatur der neueren europäischen Privatrechtsgeschichte, III. Band: Das 19. Jahrhundert, 1. Teilband: Gesetzgebung zum allgemeinen Privatrecht, München 1982.

–, Grundzüge der Rechtsphilosophie, 4. Auflage, Berlin, New York 1985.

–, Europäisches Privatrecht, Band I: Älteres Gemeines Recht (1500 bis 1800), München 1985, Band II: 19. Jahrhundert, München 1989.

Cotterell, Roger, Comparative Law and Legal Culture, *Reimann/Zimmermann* (Hg.), The Oxford Handbook of Comparative Law, Oxford 2006, S. 710–737.

Currie, David P., Die Vereinheitlichung des amerikanischen Privatrechts, Juristenzeitung, Bd. 51 (1996), S. 930–934.

Date-Bah, Samuel Kofi, The UNIDROIT Principles of International Commercial Contracts and the Harmonisation of the Principles of Commercial Contracts in West and Central Africa, Uniform Law Review, Bd. 9 (2004), S. 269–273.

David, René, Die Zukunft der europäischen Rechtsordnungen: Vereinheitlichung oder Harmonisierung? *Zweigert* (Hg.), Europäische Zusammenarbeit im Rechtswesen, Tübingen 1955, S. 1–17.

De Ly, Filip, Opting Out: Some Observations on the Occasion of the CISG's 25th Anniversary, *Ferrari* (Hg.), Quo Vadis CISG? Celebrating the 25th anniversary of the United Nations Concention on Contracts for the International Sale of Goods, Brüssel, Paris 2005, S. 25–42.

Degenhart, Christoph, Staatsrecht I, Staatsorganisationsrecht 19. Auflage, Heidelberg 2003.

Diamond, Aubrey L., Conventions and Their Revision, Unification and Comparative Law in Theory and Practice, Contributions in Honour of Jean Georges Sauveplanne, Deventer (Niederlande) 1984, S. 45–60.

Dölle, Hans, Gezielte und gewachsene Rechtsvereinheitlichung, Zeitschrift für Rechtsvergleichung, Bd. 4 (1963), S. 133–141.

Doralt, Walter, Rote Karte oder grünes Licht für den Blue Button? Zur Frage eines optionalen europäischen Vertragsrechts, Archiv für die civilistische Praxis, Bd. 211 (2011), S. 1–34.

Douajni, Gaston Kenfack, La vente commercial OHADA, in: Uniform Law Review, Bd. 8 (2003), S. 191–200.

Doudko, Alexei G., Hardship in Contract: The Approach of the UNIDROIT Principles and Legal Developments in Russia, Uniform Law Review, Bd. 5 (2000), S. 483–509.

Dreier, Ralf, Der Begriff des Rechts, Neue Juristische Wochenschrift, Bd. 39 (1986), S. 890–896.

Drobnig, Ulrich, Vereinheitlichung von Zivilrecht durch soft law: neuere Erfahrungen und Einsichten, *Basedow/Drobnig/Ellger/Hopt/Kötz/Kulms/Mestmäcker* (Hg.), Aufbruch nach Europa, 75 Jahre Max-Planck-Institut für ausländisches und internationales Privatrecht, Tübingen 2001, S. 745–755.

Dunham, Allison, A History of the National Conference of Commissioners on Uniform State Laws, Law and Contemporary Problems 30 (1965), S. 233–249.

Dworkin, Ronald M., Taking Rights Seriously, Cambridge 1977.

Eidenmüller, Horst/Faust, Florian/Grigoleit, Hans Christoph/Jansen, Nils/Wagner, Gerhard/Zimmermann, Reinhard, Der Gemeinsame Referenzrahmen für das Europäische Privatrecht – Wertungsfragen und Kodifikationsprobleme, Juristenzeitung, Bd. 63 (2008), S. 529–550.

–, Towards a Revision of the Consumer Acquis, Common Market Law Review, Bd. 48 (2011), S. 1077–1123.

–, Revision des Verbraucher-Acquis, München 2011.

Eidenmüller, Horst/Jansen, Nils/Kieninger, Eva-Maria/Wagner, Gerhard/Zimmermann, Reinhard, Der Vorschlag für eine Verordnung über ein Gemeinsames Europäisches Kaufrecht, Juristenzeitung, Bd. 67 (2012), S. 269–289.

Eisenberg, Melvin Aron, The Nature of the Common Law, Cambridge, Massachusetts, London 1988.

–, Why is American Contract Law so Uniform? – National Law in the United States, *Weyers* (Hg.), Europäisches Vertragsrecht, Referate und Sitzungsberichte der Arbeitssitzung der Fachgruppe Zivilrecht der Gesellschaft für Rechtsvergleichung auf der Tagung vom 20–22.3.1996 in Jena, 1. Auflage, Baden-Baden 1997, S. 23–43.

–, The Concept of National Law and the Rule of Recognition, Florida State University Law Review, Bd. 29 (2001–2002), S. 1229–1263.

Erler, Adalbert/ Kaufmann, Ekkehard/ Schmidt-Wiegand, Ruth, Handwörterbuch zur deutschen Rechtsgeschichte, II. Band: Haustür – Lippe, Berlin 1978.

Ernst, Wolfgang, Der ‚Common Frame of Reference' aus juristischer Sicht, Archiv für die civilistische Praxis, Bd. 208 (2008), S. 248–282.

–, Zur Struktur des Common Frame of Reference, *Schmidt-Kessel* (Hg.), Der Gemeinsame Referenzrahmen, Entstehung, Inhalte, Anwendung, München 2009, S. 55–70.

Esser, Josef, Grundsatz und Norm in der richterlichen Fortbildung des Privatrechts: Rechtsvergleichende Beiträge zur Rechtsquellen- und Interpretationslehre, Tübingen 1956.

Fages, Bertrand, Einige neuere Entwicklungen des französischen allgemeinen Vertragsrechts im Lichte der Grundregeln der Lando-Kommission, Zeitschrift für Europäisches Privatrecht, Bd. 11 (2003), S. 514–524.

Farnsworth, E. Allan, An Introduction to the Legal Systems of the United States, 3. Auflage, New York 1996.

–, Comparative Contract Law, Reimann/Zimmermann (Hg.), The Oxford Handbook of Comparative Law, Oxford 2006, S. 899–935.

Felemegas, John (Hg.), An International Approach to the Interpretation of the United Nations Convention on Contracts for the International Sale of Goods (1980) as Uniform Sales Law, Cambridge 2007.

Ferrari, Franco, Do courts interpret the CISG uniformly? *Ders.* (Hg.), Quo vadis CISG? Celebrating the 25th anniversary of the United Nations Convention on Contracts for the International Sale of Goods, Brüssel, Paris 2005, S. 3–23.

–, The CISG and its Impact on National Contract Law - General Report, *Sánchez Córdero* (Hg.), The Impact of Uniform Law on National Law. Limits and Possibilities, Mexiko-Stadt 2010, S. 121–179.

Fine, Toni M., American Legal Systems: A Resource and Reference Guide, Cincinnati 1997.

Fleischer, Holger, Informationsasymmetrie im Vertragsrecht, München 2001.

Fonseca, Patricia F./Fonseca, John R., Williston on Sales, Bd. 1, 5. Auflage, Eagon, Minnesota (USA) 2005.

Fontaine, Marcel, The Draft OHADA Uniform Act on Contracts and the UNIDROIT Principles of International Commercial Contracts, Uniform Law Review, Bd. 9 (2004), S. 573–584.

Frank, John P., The American Law Institute, 1923–1998, Hofstra Law Review, Bd. 26 (1998), S. 615–639.

Franklin, Mitchell, On the Legal Method of the Uniform Commercial Code, Law and Contemporary Problems, Bd. 16 (1951), S. 330–343.

Franzen, Martin, Privatrechtsangleichung durch die Europäische Gemeinschaft, Berlin, New York 1999.

Friedman, Lawrence M., A History of American Law, New York 1972.

–, The Concept of Legal Culture: A Reply, *Nelken* (Hg.), Comparing Legal Cultures, Aldershot/Brookfield/Singapore/Sydney, 1997, S. 33–40.

Frier, Bruce W., Interpreting Codes, Wisconsin Law Review, Bd. 89 (1990/1991), S. 2201–2214.

Frotscher, Werner/Pieroth, Bodo, Verfassungsgeschichte, 7. Auflage, München 2008.

Furrer, Andreas, Zivilrecht im gemeinschaftsrechtlichen Kontext: Das europäische Kollisionsrecht als Koordinierungsinstrument für die Einbindung des Zivilrechts in das europäische Wirtschaftsrecht, Bern 2002.

Gabriel, Henry Deeb, Contracts for the Sale of Goods: A Comparsion of Domestic and International Law, Dobbs Ferry, New York 2004.

–, The Advantages of Soft Law in International Commercial Law: The Role of UNIDROIT, UNCITRAL, and the Hague Conference, Brooklyn Journal of International Law, Bd. 34 (2009), S. 655–672.

Gärtner, Anette, Die Umsetzung der Verbrauchsgüterkaufrichtlinie in Deutschland und Großbritannien, Frankfurt/Main, Berlin, Bern, Wien u.a. 2006.

Gebauer, Martin, Autonome Harmonisierung durch den CFR - Richter und Gesetzgeber und die gemeinschaftsrechtlichen Voraussetzungen, *Schmidt-Kessel* (Hg.), Der Gemeinsame Referenzrahmen, Entstehung, Inhalte, Anwendung, München 2009, S. 311–322.

Geiger, Rudolf/Khan, Daniel-Erasmus/Kotzur, Markus, Vertrag über die Europäische Union und Vertrag über die Arbeitsweise der Europäischen Union, Kommentar, 5. Auflage, München 2010.

Gerven, Walter van, The Horizontal Effect of Directive Provisions Revisited, Zentrum für europäisches Wirtschaftsrecht, Vorträge und Berichte Nr. 32, Bonn 1993.

Getz, Heinrich, Die deutsche Rechtseinheit im 19. Jahrhundert als rechtspolitisches Problem, Bonn 1966.

Gilmore, Grant, On the Difficulties of Codifying Commercial Law, Yale Law Journal, Bd. 57 (1948), S. 1341–1359.

–, In Memoriam: Karl Llewellyn, Yale Law Journal, Bd. 71 (1962), S. 813–815.

Glenn, H. Patrick, Legal Cultures and Legal Traditions, *van Hoecke* (Hg.), Epistemology and Methodology of Comparative Law, Oxford/Portland (USA) 2004, S. 7–20.

–, On Common Laws, Oxford 2005.

Görres-Gesellschaft, Staatslexikon – Recht, Wirtschaft, Gesellschaft, 4. Band, 7. Auflage, Freiburg im Breisgau 1988.

Goldschmidt, Levin, Über die wissenschaftliche Behandlung des deutschen Handelsrechts und den Zweck dieser Zeitschrift, in: Zeitschrift für das gesamte Handelsrecht, Bd. 1 (1858), S. 1–24.

–, Der Abschluss und die Einführung des ADHGB, Zeitschrift für Handelsrecht, Bd. 5 (1862), S. 204–227, S. 515–570.

Gómez, Fernando/Ganuza, Juan José, Economic Underpinnings of European Private Law Harmonization, *Schulze/Schulte-Nölke* (Hg.), European Private Law - Current Status and Perspectives, S. 27–55.

Gordley, James, The Philosophical Origins of Modern Contract Doctrine, Oxford 1991.

Grabitz, Eberhard/Hilf, Meinhard/Nettesheim, Martin (Hg.), Das Recht der Europäischen Union, Bd I-III, Stand November 2013.

von Graevenitz, Albrecht, Mitteilungen, Leitlinien, Stellungnahmen - Soft Law in der EU mit Lenkungswirkung, Europäische Zeitschrift für Wirtschaftsrecht, Bd. 24 (2013), S. 169–173.

Gray, Whitmore, E pluribus unum? A Bicentennial Report on Unification of Law in the United States, Rabels Zeitschrift für ausländisches und internationales Privatrecht, Bd. 50 (1986), S. 111–165.

Griswold, Erwin N., Law and Lawyers in the United States, The Common Law under Stress, Cambridge (USA) 1964.

Groeben, Hans von der, Wie es begann: Von der Montanunion zum europäischen Binnenmarkt, Zeitschrift für Europäisches Privatrecht, Band 10 (2003), S. 1–10.

Gruber, Urs Peter, Methoden des internationalen Einheitsrechts, Jus Privatum – Beiträge zum Privatrecht, Band 87, Tübingen 2004.

Grundmann, Stefan., Europäisches Schuldvertragsrecht – Das Europäische Recht der Unternehmensgeschäfte, ZGR Sonderheft 15, Berlin, New York 1999.

–, General Principles of Private Law and Ius Commune Modernum as Applicable Law, *Baums/Hopt/Horn* (Hg.), Corporations, Capital Markets and Business in the Law, Liber Amicorum Richard M. Buxbaum, Den Haag 2000, S. 213–234.

–, Verbraucherrecht, Unternehmensrecht, Privatrecht - warum sind sich UN-Kaufrecht und EU-Kaufrechtsrichtlinie so ähnlich? Archiv für die civilistische Praxis, Bd. 202 (2002), S. 40–71.

Grundmann, Stephan M., Die Auslegung des Gemeinschaftsrechts durch den Europäischen Gerichtshof, zugleich eine rechtsvergleichende Studie zur Auslegung im Völkerrecht und im Gemeinschaftsrecht, Konstanz 1997.

Gruner, Wolf D., Der deutsche Bund und die europäische Friedensordnung, in *Rumpler*, (Hg.), Deutscher Bund und deutsche Frage 1815 - 1866, Wien, München 1990, S. 235–263.

Hähnchen, Susanne, Die Rechtsform des CFR und die Frage nach der Kompetenz, *Schmidt-Kessel* (Hg.), Der Gemeinsame Referenzrahmen, Entstehung, Inhalte, Anwendung, München 2009, S. 147–171.

Hagge, Nicolas, Das einheitliche Kaufrecht der OHADA (Organisation pour l'Harmonisation en Afrique du Droit des Affaires), Frankfurt am Main 2004.

Hagstrøm, Viggo, The Scandinavian Law of Obligations, *Wahlgren* (Hg.), What is Scandinavian Law; Social Private Law, Scandinavian Studies in Law Vol. 50, Stockholm 2007, S. 116–123.

Hahn, Hans-Werner, Mitteleuropäische oder kleindeutsche Wirtschaftsordnung in der Epoche des Deutschen Bundes, *Rumpler*, (Hg.), Deutscher Bund und deutsche Frage 1815–1866, München 1990, S. 186–214.

Hallstein, Walter, Nordisches Kaufrecht, Sonderdruck aus Jahrbuch des Auslandsamtes der Deutschen Dozentenschaft, Leipzig 1943, S. 111–115.

–, Angleichung des Privat- und Prozessrechts in der Europäischen Wirtschaftsgemeinschaft, Rabels Zeitschrift für ausländisches und internationales Privatrecht, Bd. 28 (1964), S. 211–231.

Haltern, Ulrich, Europarecht - Dogmatik im Kontext, 2. Auflage, Tübingen 2007.

Han, Shiyuan, China, *Ferrari* (Hg.), The CISG and Its Impact on National Legal Systems, München 2008, S. 71–91.

Hart, Herbert Lionel Adolphus, The Concept of Law, 2. Auflage, Oxford 1994.

Hartkamp, Arthur S., European Private Law: The Case Law of the ECJ, Zeitschrift für Europäisches Privatrecht, Bd. 16 (2008), S. 449–457.

–, The General Principles of EU Law and Private Law, Rabels Zeitschrift für ausländisches und internationales Privatrecht, Bd. 75 (2011), S. 241–259.

Hawkland, William D., Uniform Commercial "Code" Methodology, University of Illinois Law Review, Bd. 40 (1962), S. 291–320.

Hay, Peter, Unification of Law in the United States: Uniform State Laws, Treaties und Judically Declared Federal Common Law, *Harzard/Wagner* (Hg.), Legal Thought in the United States of America under Contemporary Pressures, Brüssel 1970, S. 261–293.

Hay, Peter, US-Amerikanisches Recht - Ein Studienbuch, 4. Auflage, München 2008.

Hazard, John N.; Problems of Reception in the United States, Annales de la faculté de Droit d'Istanbul, Bd. 5 (1956), S. 217–224.

Hedemann, Justus Wilhelm, Der Dresdner Entwurf von 1866, Ein Schritt auf dem Wege zur deutschen Rechtseinheit, Berlin 1935.

Heiderhoff, Bettina, Europäisches Privatrecht, 3. Auflage, Heidelberg, u.a. 2012.

Heintschel von Heinegg, Wolfgang, Vorbehalte zu völkerrechtlichen Verträgen, Juristische Ausbildung, Bd. 14 (1992), S. 457–463.

Hellner, Jan, Unification of Law in Scandinavia, American Journal of Comparative Law, Bd. 16 (1968), S. 88–106.

–, Rechtsvereinheitlichung im skandinavischen Rechtskreis, *Coing/Schmidthoff/Hellner/Gleichmann* (Hg.), Verhandlungen der Fachgruppe für Grundlagenforschung anlässlich der Tagung für Rechtsvergleichung in Hamburg vom 19. bis 22. September 1973 mit einem Bericht über die Diskussion, Frankfurt am Main 1974, S. 27–34.

Helm, Johann Georg, Die Beratung des ADHGB in Nürnberg (1857–1861) und die heutige Reform des Transportrechts, *Schachtschneider* (Hg.), Wirtschaft, Gesellschaft und Staat im Umbruch, Festschrift der Wirtschafts- und Sozialwissenschaftlichen Fakultät der Friedrich-Alexander-Universität Erlangen-Nürnberg 75 Jahre nach Errichtung der Handelshochschule Nürnberg, Berlin 1995, S. 402–417.

Henninger, Thomas, Europäisches Privatrecht und Methode, Mohr Siebeck Tübingen 2009.

Herber, Rolf, The German Experience, *Ferrari* (Hg.), The 1980 Uniform Sales Law, Old Issues Revisited in the Light of Recent Experiences, Verona Conference 2003, Milano 2003, S. 59–71.

Herman, Shael, Llewellyn the Civilian: Speculations on the Contribution of Continental Experience to the Uniform Commercial Code, Tulane Law Review, Bd. 56 (1982), S. 1125–1170.

Herresthal, Carsten, Ein europäisches Vertragsrecht als Optionales Instrument, Europäische Zeitschrift für Wirtschaftsrecht, Bd. 22 (2011), S. 7–12.

Herrmann, Christoph/Michl, Walther, Wirkungen von EU-Richtlinien, Juristische Schulung, Bd. 49 (2009), S. 1065–1070.

Hesselink, Martijn W, The Principles of European Contract Law, Global Jurist Frontiers, Bd. 1 (2001), Art. 4.

–, Introduction, *ders.* (Hg.), The New European Private Law – Essays on the Future of Private Law in Europe, Den Haag/London/New York, 2002, S. 5–10.

–, The New European Legal Culture, *ders.* (Hg.), The New European Private Law – Essays on the Future of Private Law in Europe, Den Haag, London, New York, 2002, S. 11–74.

–, The Politics of a European Civil Code, European Law Journal, Bd. 10 (2004), S. 675–697.

–, The case for a common European sales law in an age of rising nationalism, European Review of Contract Law, Bd. 8 (2012), S. 342–366.

Heutger, Viola, Ein gemeineuropäisches Privatrecht, Vision oder nahe Zukunft? Frankfurt/Main 2007.

Hilf, Meinhard, Die Richtlinie der EG – ohne Richtung, ohne Linie? Hans Peter Ipsen zum 85. Geburtstag, Europarecht, Bd. 28 (1993), S. 1–22.

Hillgenberg, Hartmut, A Fresh Look at Soft Law, European Journal of International Law, Vol. 10 (1999), S. 499–515.

Hirsch, Günter, Erwartungen der gerichtlichen Praxis an einen Gemeinsamen Referenzrahmen, Zeitschrift für Wirtschaftsrecht, Bd. 18 (2007), S. 937–943.

Höpfner, Clemens, Voraussetzungen und Grenzen richtlinienkonformer Auslegung und Rechtsfortbildung, *Busch/Kopp/McGuire/Zimmermann* (Hg.), Jahrbuch junger Zivilrechtswissenschaftler 2009, S. 73–108.

Huang, Danhan, The UNIDROIT Principles and their Influence in the Modernisation of Contract Law in the People's Republic of China, Uniform Law Review, Bd. 8 (2003), S. 107–117.

Hudson, Manley O./Feller, A.H., The International Unification of Laws Concerning Bills of Exchange, Harvard Law Review, Bd. 44 (1930/31) S. 333–374.

Hyland, Richard, The American Experience: Restatements, the UCC, Uniform Laws, and Transnational Coordination, *Hartkamp/Hesselink/Hondius/Joustra/du Perron/Veldman* (Hg.), Towards a European Civil Code, 3. Auflage Nijmegen 2004, S. 59–75.

Ipsen, Knut, Völkerrecht, 5. Auflage, München 2004.

Jaensch, Michael, Die unmittelbare Drittwirkung der Grundfreiheiten, Untersuchung der Verpflichtung von Privatpersonen durch Art. 30, 48, 52, 59, 73 b EGV 1. Auflage, Baden-Baden 1997.

Jansen, Nils, Binnenmarkt, Privatrecht und europäische Identität, Eine historische und methodische Bestandsaufnahme, Tübingen 2004.

–, Traditionsbegründung im europäischen Privatrecht, Juristenzeitung, Bd. 61 (2006), S. 536–546.

–, Das gelehrte Recht und der Staat, *Zimmermann* (Hg.), Globalisierung und Entstaatlichung des Rechts, Teilband II, Nichtstaatliches Privatrecht: Geltung und Genese, Tübingen 2008, S. 158–186.

–, The Making of Legal Authority - Non-legislative Codifications in Historical and Comparative Perspective, Oxford 2010.

–, The authority of an academic 'Draft Common Frame of Reference', *Micklitz/Cafaggi* (Hg.), European Private Law after the Common Frame of Reference, Cheltenham, Northampton (Vereinigtes Königreich) 2010, S. 147–172.

Jansen, Nils/Zimmermann, Reinhard, Grundregeln des bestehenden Gemeinschaftsprivatrechts? Juristenzeitung, Bd. 62 (2007), S. 1113–1164.

Jarras, Hans D., Grundfragen der innerstaatlichen Bedeutung des EG-Rechts, Die Vorgaben des Rechts der Europäischen Gemeinschaft für die nationale Rechtsanwendung und die nationale Rechtssetzung nach Maastricht, Köln, Berlin, Bonn, München 1994.

Joerges, Christian, The Impact of European Integration on Private Law: Reductionist Perceptions, True Conflicts and a New Constitutional Perspective, European Law Journal, Bd. 3 (1997), S. 378–406.

John, Michael, Politics and the Law in Late Nineteenth-Century Germany, The Origins of the Civil Code, Oxford 1989.

Jud, Brigitta, Die Principles of European Contract Law als Basis des Draft Common Frame of Reference, *Schmidt-Kessel* (Hg.), Der Gemeinsame Referenzrahmen, Entstehung, Inhalte, Anwendung, München 2009, S. 71–92.

Jung, Peter, Differenzierte Integration im Gemeinschaftsprivatrecht – Eine Einführung in die Thematik, in *Baldus/Jung* (Hg.): Differenzierte Integration im Gemeinschaftsprivatrecht, München 2007, S. 1–26.

–, Der Einfluss der UNIDROIT-Principles auf das Gemeinschaftsprivatrecht, *Cashin-Ritaine/Lein* (Hg.), Colloquium on the UNIDROIT Principles 2004 – Their Impact on Contractual Practice, Jurisprudence and Codification, Zürich, Basel, Genf 2007, S. 77–91.

Kadner Graziano, Thomas, Die Zukunft der Zivilrechtskodifikation in Europa - Harmonisierung der alten Gesetzbücher oder Schaffung eines neuen? Überlegungen anlässlich des 200. Jahrestag des französischen Code Civil, Zeitschrift für Europäisches Privatrecht, Bd. 13 (2005), S. 523–540.

Kahn, Philippe, La vente commerciale internationale, Paris 1961.

Kelsen, Hans, Reine Rechtslehre, 2. Auflage, Wien 1960.

Kegel, Gerhard, Sinn und Grenzen der Rechtsangleichung, Angleichung des Rechts der Wirtschaft in Europa, Internationaler Kongress 18.–20. März 1969, Köln 1971, S. 5–47.

Kennedy, David, The Politics and Methods of Comparative Law, *Bussani/Mattei* (Hg.), The Common Core of European Private Law, Essays on the Project, Den Haag/London/New York, 2002, S. 131–208.

Kéré, Idrissa, L'OHADA et l'harmonisation du droit des contrats: propos et questions préliminaires, Uniform Law Review, Bd. 13 (2008), S. 197–202.

Kessler, Friedrich, Metamorphosen im Amerikanischen Vertragsrecht, Juristenzeitung, Bd. 43 (1988), Tübingen 1988, S. 109–116.

Kieninger, Eva-Maria, Wettbewerb der Privatrechtsordnungen im Europäischen Binnenmarkt, Studien zur Privatrechtskoordinierung in der Europäischen Union auf den Gebieten des Gesellschafts- und Vertragsrechts, Tübingen 2002.

Kirton, John J./Trebilcock, Michael J. (Hg.), Hard Choices, Soft Law - volontary standards in global trade, enviroment and social governance, Bodmin (Cornwall, Vereinigtes Königreich) 2004.

Kisfaludi, András, The Influence of Harmonisation of Private Law in the Development of the Civil Law in Hungary, *Varul* (Hg.), European Initiatives (CFR) and Reform of Civil Law in New Member States, Tartu (Estland) 2008, S. 130–136.

Kjelland, Cecile, Das neue Kaufrecht der nordischen Länder um Vergleich mit dem Wiener Kaufrecht (CISG) und dem deutschen Kaufrecht- Eine vergleichende Darstellung unter besonderer Berücksichtigung des norwegischen Rechts der Sachmangelhaftung, Aachen 2000.

Klauer, Irene, Die Europäisierung des Privatrechts, Der EuGH als Zivilrichter, Baden-Baden 1998.

Knippenberg, F. Stephen/Woodward, William J., Uniformity and Efficiency in the Uniform Commercial Code: A Partial Research Agenda, The Business Lawyer, Bd. 45 (1990), S. 2519–2531.

Koch, Raphael, Babylonische Verhältnisse in Europa? Die Konvergenz europäischen und nationalen Privatrechts vor dem Hintergrund der Sprachenvielfalt, *Busch/Kopp/McGuire/Zimmermann* (Hg.), Jahrbuch junger Zivilrechtswissenschaftler 2009, S. 51–71.

Köhler, Martin F., Das UN-Kaufrecht (CISG) und sein Anwendungsausschluss, Frankfurt/Main 2007.

König, Thomas/Rieger, Elmar/Schmitt, Hermann, Das europäische Mehrebenensystem, Frankfurt am Main 1996.

Kötz, Hein, Gemeineuropäisches Zivilrecht, *ders./Bernstein/Drobnig* (Hg.), Festschrift für Konrad Zweigert, Tübingen 1981, S. 481–500.

–, Rechtsvereinheitlichung – Nutzen, Kosten, Methoden, Ziele, Rabels Zeitschrift für ausländisches und internationales Privatrecht, Bd. 50 (1986), S. 1–18.

–, Europäisches Vertragsrecht I, Tübingen 1996.

Koschaker, Paul, Europa und das römische Recht, 3. unveränderte Auflage, München, Berlin 1958.

Kramer, Ernst A., Europäische Privatrechtsvereinheitlichung – Institutionen, Methoden, Perspektiven, Vortrag vor dem Europa-Institut der Universität des Saarlandes in Saarbrücken am 16. Juni 1988, Saarbrücken 1988.

Kreuz, Peter, Gemeinschaftsrechtlicher Verbraucherschutz und nationale Kodifikationsidee, Die Umsetzung von verbraucherschützenden EG-Richtlinien in das deutsche Zivilrecht am Beispiel der §§ 13 und 14 BGB, *Busch/Kopp/McGuire/Zimmermann* (Hg.), Jahrbuch junger Zivilrechtswissenschaftler 2009, S. 127–157.

Kreuzer, Karl, Entnationalisierung des Privatrechts durch globale Rechtsintegration? *Dreier/Forkel/Laubenthal* (Hg.), Festschrift 600 Jahre Würzburger Juristenfakultät, Berlin 2002, S. 247–295.

Kronke, Herbert, Konditionierung der Unternehmensverfassung von Publikumsgesellschaften durch „Soft Law" - Deutschland und Italien im Vergleich, *Schneider/Hommelhoff/Schmidt/Timm/Grunewald/Drygala* (Hg.), Festschrift für Marcus Lutter, Köln 2000, S. 1449–1461.

–, Ziele – Methoden, Kosten – Nutzen: Perspektiven der Privatrechtsharmonisierung nach 75 Jahren UNIDROIT, Juristenzeitung Bd. 23 (2001), S. 1149–1157.

Kronstein, Heinrich, Erfahrungen aus amerikanischer Rechtsangleichung, *von Caemmerer/Schlochauer/Steindorff* (Hg.), Probleme des europäischen Rechts, Festschrift für Walter Hallstein, Frankfurt/Main 1966, S. 275–303.

Kropholler, Jan, Buchbesprechung: Philipps, Erscheinungsformen und Methoden des der Privatrechts-Vereinheitlichung, Rabels Zeitschrift für ausländisches und internationales Privatrecht, Jahrgang 33 (1969), S. 381–385.

–, Internationales Einheitsrecht – Allgemeine Lehren, Tübingen 1975.

Kropholler, Jan/Neuhaus, Paul Heinrich, Rechtsvereinheitlichung - Rechtsverbesserung? Rabels Zeitschrift für ausländisches und internationales Privatrecht 45 (1981), S. 73–90.

Kühner, Rolf, Vorbehalte zu multilateralen völkerrechtlichen Verträgen, Springer Verlag, Berlin 1986.

Kull, Irene, Reform of Contract Law in Estonia: Influences of Harmonisation of European Private Law, *Varul* (Hg.), European Initiatives (CFR) and Reform of Civil Law in New Member States, Tartu (Estland) 2008, S. 122–129.

Kunkel, Wolfgang/Schermaier, Martin, Römische Rechtsgeschichte, 14. Auflage, Köln 2005.

–, Das neue Schuldrecht des Bürgerlichen Gesetzbuchs und die Grundregeln des europäischen Vertragsrechts, Rabels Zeitschrift für ausländisches und internationales Privatrecht, Bd. 67 (2003), S. 231–245.

–, CISG and Its Followers: A Proposal to Adopt Some International Principles of Contract Law, in: Americal Journal of Comparative Law, Bd. 53 (2005), S. 379–402.

–, The Structure and the Legal Values of the Common Frame of Reference (CFR), in: European Review of Contract Law, Bd. 3 (2007), S. 245–256.

Lando, Ole/Beale, Hugh, Principles of European Contract Law, Part I: Performance, Non-performance, and Remedies, Dordrecht (Niederlande), Boston, London 1995.

–, Principles of European Contract Law, Parts I and II Combined and Revised, Den Haag, London, Boston 2000.

Lando, Ole/Clive, Eric/Prüm, André/Zimmermann, Reinhard, Principles of European Contract Law, Part III Den Haag 2003.

Langdell, Christopher, A Selection of Cases on the Law of Contracts, Boston 1879.

–, A Summary of the Law of Contracts, Verlag Little, Brown & Co., Boston 1880.

Langner, Olaf, Das Kaufrecht auf dem Prüfstand der Warenverkehrsfreiheit des EG-Vertrages, Rabels Zeitschrift für ausländisches und internationales Privatrecht, Bd. 65 (2001), S. 222–244.

Larenz, Karl, Methodenlehre der Rechtswissenschaft, 6. Auflage Berlin, Heidelberg, New York 1991.

Laufke, Franz, Der Deutsche Bund und die Zivilgesetzgebung, *Mikat* (Hg.), Festschrift für Hermann Nottarp, Karlsruhe 1961, S. 1–57.

Laufs, Adolf, Rechtsentwicklungen in Deutschland, 6. Auflage, Berlin 2006.

Legrand, Pierre, European Legal Systems are not Converging, International and Comparative Law Quarterly, Bd. 45 (1996), S. 52–81.

–, Against a European Civil Code, Modern Law Review, Bd. 60 (1997), S. 44–63.

–, Counterpoint: Law is also Culture, *Ferrari* (Hg.), The Unification of International Commercial Law – Tilburg Lectures, Baden-Baden 1998, S. 245–255.

–, Antivonbar, Journal of Comparative Law, Bd. 1 (2006), S. 13–40.

Łętowska, Ewa/Wiewiórowska-Domagalska, Aneta, The Common Frame of Reference - The Perspective of a new Member State, European Review of Contract Law, Bd. 3 (2007), S. 277–294.

Levasseur, Alain, The Louisiana Experience, in *Ferrari* (Hg.), The 1980 Uniform Sales Law, Old Issues Revisited in the Light of Recent Experiences, Verona Conference 2003, Mailand 2003, S. 73–94.

Liguori, Fabio, "UNILEX": A Means to Promote Uniformity in the Application of the CISG, Zeitschrift für Europäisches Privatrecht, Bd. 4 (1996), S. 600–609.

Limpens, Jean, Les constantes de l'unification du droit privé, Revue Internationale du Droit Comparé 10 (1958), S. 277–297.

Linhart, Karin, Internationales Einheitsrecht und einheitliche Auslegung, Tübingen 2005.

Llewellyn, Karl W., Cases and Materials on the Law of Sales, Chicago 1930.

–, The Common Law Tradition Boston 1960.

–, The Needed Federal Sales Act, Virginia Law Review, Bd. 26 (1939–1940), S. 558–571.

–, Why a Commercial Code? Tennessee Law Review, Bd. 22 (1951–1953), S. 779–785.

Loeber, Dietrich A., Kontinuität im Zivilrecht nach Wiederherstellung staatlicher Unabhängigkeit - Zu den Zivilgesetzen von Lettland (1937), Estland (1993) und Litauen (2000), *Basedow/ Drobnig/Ellger/Hopt/Kötz/Kulms/Mestmäcker* (Hg.), Aufbruch nach Europa, 75 Jahre Max-Planck-Institut für ausländisches und internationales Privatrecht, Tübingen 2001, S. 943–954.

Lookofsky, Joseph, The State of the Union ... in Contract and Tort, The American Journal of Comparative Law 41 (1993), S. 89–101.

–, The Scandinavian Experience, *Ferrari* (Hg.), The 1980 Uniform Sales Law, Old Issues Revisited in the Light of Recent Experiences, Verona Conference 2003, Mailand 2003, S. 95–127.

Luig, Klaus, Die Kontinutität allgemeiner Rechtsgrundsätze: Das Beispiel der clausula rebus sic stantibus, *Zimmermann/Knütel/Meincke* (Hg.), Rechtsgeschichte und Privatrechtsdogmatik, Heidelberg 1999, S. 171–186.

Lurger, Brigitta, Regulierung und Deregulierung im europäischen Privatrecht, Paris, Wien 1997.

–, Grundfragen der Vereinheitlichung des Vertragsrechts in der Europäischen Union, Wien 2002.

von Lutz, Johann, Protokolle einer Commission zur Berathung eines allgemeinen deutschen Handelsgesetzbuches, in 9 Bänden und 5 Beilagenbänden, Würzburg 1858–1863.

Malmström, Åke, Die Zusammenarbeit der nordischen Staaten auf dem Gebiete der Gesetzgebung, Ergebnisse und Erfahrungen, *Zweigert* (Hg.), Europäische Zusammenarbeit im Rechtswesen, Tübingen 1955, S. 18–32.

Malz, Earl, The Nature of Precedent, in: North Carolina Law Review, Bd. 66 (1987–1988), S. 367–393.

Maggs, Gregory E., Ipse Dixit: The Restatement (Second) of Contracts and the Modern Development of Contract Law, George Washington Law Review, Bd. 66 (1998), S. 508–555.

Magnus, Ulrich, Konventionsübergreifende Interpretation internationaler Staatsverträge privatrechtlichen Inhalts, *Basedow/ Drobnig/Ellger/Hopt/Kötz/Kulms/ Mestmäcker* (Hg.), Aufbruch nach Europa, 75 Jahre Max-Planck-Institut für ausländisches und internationales Privatrecht, Tübingen 2001, S. 571–582.

–, The CISG's impact on European Legislation, *Ferrari* (Hg.), The 1980 uniform sales law – old issues revisited in the light of recent experiences, Verona Conference 2003, München 2003, S. 129–145.

–, Global Trade Law, International Business Law of the United Nations and UNIDROIT, Collection of UNCITRAL's and UNIDROIT's Conventions, Model Acts, Guides and Principles, München 2004.

–, Die USA als Vorbild für die europäische Privatrechtsvereinheitlichung, *Bucher/Canaris/Hasell/Koller* (Hg.), Norm und Wirkung, Festschrift für Wolfgang Wiegand, München 2005, S. 535–550.

–, 25 Jahre UN-Kaufrecht, Zeitschrift für Europäisches Privatrecht, Bd. 14 (2006), S. 96–123.

–, Country Reports: Germany, in: *Ferrari* (Hg.), The CISG and its impact on National Legal Systems, München 2008, S. 143–162.

–, Die Rom-I-Verordnung, Internationale Privatrechtspraxis 2010, S. 29–44.

–, J. von Staudingers Kommentar zum Bürgerlichen Gesetzbuch mit Einführungsgesetz und Nebengesetzen, Wiener UN-Kaufrecht (CISG), Neubearbeitung, Berlin 2013.

Mariash, Irving, A Treatise on the Law of Sales under the Common Law, Uniform Sales Act and other Uniform Legislation, Matthew Bender & Company, Albany, New York 1930.

Markensis, Basil S., Learning from Europe and Learning in Europe, *ders.* (Hg.), The Gradual Convergence, Oxford 1994, S. 1–32.

Marquier, Julia, Soft law – Das Beispiel des OSZE-Prozesses, ein Beitrag zur völkerrechtlichen Rechtsquellenlehre, Bonn 2004.

Martens, Sebastian A. E., Rechtsvergleichung und grenzüberwindende Jurisprudenz im Gemeinschaftsrecht, *Busch/Kopp/McGuire/Zimmermann* (Hg.), Jahrbuch junger Zivilrechtswissenschaftler 2009, S. 27–49.

Martiny, Dieter/Witzleb, Normann (Hg.), Auf dem Wege zu einem Europäischen Zivilgesetzbuch, Berlin, Heidelberg, New York 1999.

Matteucci, Mario Introduction à l'étude systématique du droit uniforme, Recueil des cours, Bd. 91 (1957), S. 383–443.

Max Planck Institute for Comparative and International Law, Policy Options for Progress Towards a European Contract Law, Comments on the issues raised in the Green Paper from the Commission of 1 July 2010, COM(2010) 348 final, Rabels Zeitschrift für ausländisches und internationales Privatrecht, Bd. 75 (2011), S. 371–438.

McCurdy, William E., Uniformity and the Proposed Federal Sales Act, Virginia Law Review, Bd. 26 (1939–1940), S. 572–636.

McGregor, Harvey, Contract Code - Drawn up on behalf of the English Law Commission, Mailand 1993.

McGuire, Mary-Rose, Ziel und Methode der Study Group on a European Civil Code, Zeitschrift für Rechtsvergleichung, internationales Privatrecht und Europarecht, Bd. 47 (2006), S. 163–174.

McNair, Arnold D., The Functions and Differing Legal Character of Treaties, The British Yearbook of International Law, Bd. 11 (1930), S. 100–118.

v. Mehren, Arthur T./Murray, Peter L., Das Recht in den Vereinigten Staaten von Amerika, Eine Einführung, Berlin 2008.

Meller-Hannich, Caroline, Verbraucherschutz im Schuldvertragsrecht – Private Freiheit und staatliche Ordnung, Tübingen 2005.

Melin, Patrick, Gesetzesauslegung in den USA und Deutschland, Historische Entwicklung, moderne Methodendiskussion und die Auswirkungen von Divergenzen für das internationale Einheitskaufrecht (CISG), Tübingen 2005.

Mertens, Hans-Joachim, Nichtlegislatorische Rechtsangleichung durch transnationales Wirtschaftsrecht und Rechtsbegriff, Rabels Zeitschrift für ausländisches und internationales Privatrecht, Band 56 (1992), S. 219–242.

Metzger, Axel, Extra legem, intra ius: Allgemeine Rechtsgrundsätze im Europäischen Privatrecht, Beiträge zum ausländischen und internationalen Privatrecht, Bd. 89, Tübingen 2009.

Meyer, Olaf, Principles of Contract Law und nationales Vertragsrecht, Chancen und Wege für eine Internationalisierung der Rechtsanwendung, 1. Auflage, Baden-Baden 2007.

Michaels, Ralf, Privatautonomie und Privatkodifikation, zu Anwendbarkeit und Geltung allgemeiner Vertragsrechtprinzipien, Rabels Zeitschrift für ausländisches und internationales Privatrecht, Bd. 62 (1998), S. 580–626.

Mickel, Wolfgang/Bergmann, Jan (Hg.), Handlexikon der Europäischen Union, 3. Auflage, Stuttgart 2005.

Micklitz, Hans-Wolfgang, Verbraucherschutz in den Grundregeln des Europäischen Vertragsrechts, Zeitschrift für vergleichende Rechtswissenschaft, Bd. 103 (2004), S. 88–102.

Micklitz, Hans-Wolfgang/Reich, Norbert, Der Kommissionsvorschlag vom 8.10.2008 über „Rechte der Verbraucher", oder: „der Beginn des Endes einer Ära..." Europäische Zeitschrift für Wirtschaftsrecht, Bd. 20 (2009), S. 279–287.

–, Wie „optional" ist ein „optionales" EU-Vertragsrecht? Europäisches Wirtschafts- und Steuerrecht, Bd. 22 (2011), S. 113–119.

Micklitz, Hans-Wolfgang/Stuyck, Jules/Terryn, Evelyne/Droshout, Dimitri (Hg.), Cases, Material and Text on Consumer Law, Oxford 2010.

Mikelenas, Valentinas, Unification and Harmonisation of Law at the Turn of the Millenium: the Lithunian Experience, Uniform Law Review, Bd. 5 (2000), S. 243–261.

–, The Influence of Instruments of Harmonisation of Private Law upon the Reform of Civil Law in Lithuania, *Varul* (Hg.), European Initiatives (CFR) and Reform of Civil Law in New Member States, Tartu 2008, S. 143–150.

Minuth, Peter C., Der amerikanische Uniform Commercial Code und deutsches Recht, Münster 2000.

Mittermaier, Carl Anton, Über den Zustand der Gesetzgebung im Bezug auf das Wechselrecht, über die an den Gesetzgeber in dieser Beziehung zu stellenden Forderungen, und über das Bedürfniß einer gleichförmigen Wechselgesetzgebung für die Staaten des deutschen Zollvereins, Archiv für die civilistische Praxis, Bd. 25 (1842), S. 114–150, Bd. 26 (1843), S. 114–160.

Mizaras, Vytautas/Nekrosius, Vytautas, Das neue Zivil- und Zivilprozessrecht in Litauen, Zeitschrift für Europäisches Privatrecht, Bd. 10 (2002), S. 466–488.

Modeen, Tore, Rechtsvereinheitlichungsbestrebungen in den nordischen Staaten, Zeitschrift für vergleichende Rechtswissenschaft, Bd. 71 (1970), S. 156–172.

Möstl, Markus, Grenzen der Rechtsangleichung im europäischen Binnenmarkt, Kompetenzziele, grundfreiheitliche und grundrechtliche Schranken des Gemeinschaftsgesetzgebers, Europarecht, Bd. 3 (2002), S. 318–350.

Mooney, Charles W., Introduction to the Uniform Commercial Code Annual Survey: Some Observations on the Past, Present and Future of the U.C.C., The Business Lawyer, Bd. 41 (1986), S. 1343–1361.

Müller, Peter, Die Vorbehalte in Übereinkommen zur Privatrechtsvereinheitlichung, Tübingen 1976.

Müller-Graff, Peter-Christian, Privatrecht und europäisches Gemeinschaftsrecht, *Müller-Graff/Zuleeg*, (Hg.), Staat und Wirtschaft in der EG, Kolloquium zum 65. Geburtstag von Prof. Dr. Bodo Börner, Baden-Baden 1987, S. 17–52.

–, Privatrecht und Europäisches Gemeinschaftsrecht – Gemeinschaftsprivatrecht, 2. Auflage, Baden-Baden 1991.

–, Gemeinsames Privatrecht in der Europäischen Gemeinschaft, *ders.* (Hg.), Gemeinsames Privatrecht in der Europäischen Gemeinschaft, 2. Auflage, Baden-Baden 1999, S. 9–100.

–, Privatrecht und europäisches Gemeinschaftsrecht, *ders.* (Hg.), Gemeinsames Privatrecht in der Europäischen Gemeinschaft, 2. Auflage, Baden-Baden 1999, S. 267–298.

Münch, Joachim, Strukturprobleme der Kodifikation, *Behrends/Sellert* (Hg.), Der Kodifikationsgedanke und das Modell des BGB, Göttingen 2000, S. 147–173.

Nettesheim, Martin, Die konsoziative Föderation von EU und Mitgliedsstaaten, Zeitschrift für europarechtliche Studien, Bd. 5 (2002), S. 507–539.

–, Kompetenzen, *von Bogdandy/Bast* (Hg.), Europäisches Verfassungsrecht, Theoretische und dogmatische Grundlagen, 2. Auflage, Heidelberg 2009, S. 389–439.

Nopper, Manfred, Rechtsverschiedenheit und Rechtsvereinheitlichungsbestrebungen im Privatrecht, Tübingen 1955.

Nowrot, Karsten, Normative Ordnungsstruktur und private Wirkungsmacht - Konsequenzen der Beteiligung transnationaler Unternehmen an den Rechtssetzungsprozessen im internationalen Wirtschaftssystem, Berlin 2006.

Oehler, Karl Heinz, Der Vorschlag für eine Richtlinie über Rechte der Verbraucher aus deutscher Sicht, *Jud/Wendehorst* (Hg.), Neuordnung des Privatrechts in Europa? Zum Vorschlag einer Richtlinie über Rechte der Verbraucher, Wien 2009, S. 15–20.

Ogorek, Regina, Privatautonomie unter Justizkontrolle – Zur Rechtssprechung des Rechtsoberhandelsgerichts (1870–1879), Zeitschrift für das gesamte Handelsrecht und Wirtschaftsrecht, Bd. 150 (1986), S. 87–116.

Oppermann, Thomas/Classen, Claus Dieter/Nettesheim, Martin, Europarecht, 5. Auflage, München 2011.

Overby, A. Brooke, UNCITRAL Model Law on Electronic Commerce, Will Cyberlaw be Uniform? An Introduction to the UNICTRAL Model Law on Electronic Commerce, Tulane Journal of International and Comparative Law, Bd. 7 (1999), S. 219–235.

Patterson, Edwin W., The Restatement of the Law of Contracts, Columbia Law Review, Bd. 33 (1933), S. 397–427.

Penney, Norman, New York revisits the Code: Some Variations in the New York - Enactment of the Uniform Commercial Code, Columbia Law Review, Bd. 62 (1962), S. 992–1016.

Perner, Stefan, EU-Richtlinien und Privatrecht, Wien 2012.

Pfeiffer, Thomas, Methodik der Privatrechtsangleichung in der EU, Der gemeinsame Referenzrahmen zum europäischen Vertragsrecht, Archiv für die civilistische Praxis, Bd. 208 (2008), S. 227–247.

Philipps, Günther, Erscheinungsformen und Methoden der Privatrechts-Vereinheitlichung, Ein Beitrag zur Methodenlehre der Privatrechts-Vereinheitlichung unter besonderer Berücksichtigung der Verhältnisse Westeuropas, Frankfurt am Main 1965.

Polsfuß, Christine, Chronologie der Entstehung des Vertrags von Lissabon, in: *Weidenfeld* (Hg.), Lissabon in der Analyse, Der Reformvertrag der Europäischen Union, Baden-Baden 2008, S. 255–281.

Posner, Richard A., Economic Analysis of Law, 7. Auflage, New York 2007.

Preis, Ulrich, Verbot der Altersdiskriminierung als Gemeinschaftsgrundrecht, Der Fall „Mangold“ und die Folgen, Neue Zeitschrift für Arbeitsrecht, Bd. 23 (2006), S. 401–410.

Probst, Thomas, The UNIDROIT Principles of International Commercial Contracts 1994 and 2004: A Brief Introduction with a Synoptic Overview, *Cashin-Ritaine/Lein* (Hg.), Colloquium on the UNIDROIT Principles 2004 – Their Impact on Contractual Practice, Jurisprudence and Codification, Zürich, Basel, Genf 2007, S. 17–22.

Rajski, Jerzy, European Initiatives and Reform of Civil Law in Poland, *Varul* (Hg.), European Initiatives (CFR) and Reform of Civil Law in New Member States, Tartu 2008, S. 151–155.

Ramberg, Jan, Unification of Sales Law: a Look at the Scandinavian States, Uniform Law Review, Bd. 8 (2003), S. 201–208.

–, The Vanishing Scandinavian Sales Law, *Wahlgren* (Hg.), What is Scandinavian Law; Social Private Law, Scandinavian Studies in Law Vol. 50, Stockholm 2007, S. 257–264.

Ramberg, Christina, The Hidden Secrets of Scandinavian Contract Law, *Wahlgren* (Hg.), What is Scandinavian Law; Social Private Law, Scandinavian Studies in Law Vol. 50, Stockholm 2007, S. 249–255.

Ranieri, Filippo, Europäisches Obligationenrecht, Ein Handbuch mit Texten und Materialien, 3. Auflage, Wien, New York 2009.

Redings, Viviane, Warum Europa ein optionales Instrument benötigt, Zeitschrift für Europäisches Privatrecht, Bd. 19 (2011), S. 1–6.

Reese, Willis L. M., Unification of common law rules: The role of the American Law Institute, *Hazard/Wagner* (Hg.), Legal thought in the United States of America under contemporary pressures 1970, Brüssel.

Reich, Norbert, Stichtag 1. Mai 2004: Eine erweiterte Union. auch ein erweitertes europäisches Zivilrecht? Zur Rolle der baltischen Privatrechtssysteme in der EU, Zeitschrift für Europäisches Privatrecht, Bd. 12 (2004), S. 449–453.

–, Wandungen des Rechts der vertraglichen Schuldverhältnisse in neuen Mitgliedsstaaten unter dem Einfluss des EG-Rechts, *Brüggemeier* (Hg.), Liber Amicorum Eike Schmidt, Heidelberg 2004, S. 239–262.

Reich, Norbert/Micklitz, Hans W., Europäisches Verbraucherrecht, 4. Auflage, Baden-Baden 2003.

Reimann, Mathias, Amerikanisches Privatrecht und europäische Rechtseinheit – Können die USA als Vorbild dienen? *Zimmermann* (Hg.), Amerikanische Rechtskultur und europäisches Privatrecht, Impressionen aus der neuen Welt, Tübingen 1995, S. 132–155.

–, Einführung in das US-amerikanische Privatrecht, 2. Auflage, München 2004.

–, Of Products and Process, The First Six Trento Volumes and Their Making, *Bussani/Mattei* (Hg.), Opening Up Private Law, Bern 2007, S. 83–100.

Reimann, Mathias/Hahn, Anne-Catherine, Die Revision des US-amerikanischen Kaufrechts, in: Praxis des Internationalen Privat- und Verfahrensrechts, Bd. 24 (2004), S. 146–150.

Reimann, Thomas, Zur Lehre von „rechtsordnungslosen“ Vertrag, Bonn 1970.

Remien, Oliver, Grenzen der gerichtlichen Privatrechtsangleichung mittels der Grundfreiheiten des EG-Vertrags, Juristenzeitung, Bd. 49 (1994), S. 349–353.

–, Einheit, Mehrstufigkeit und Flexibilität im europäischen Privat- und Wirtschaftsrecht, Rabels Zeitschrift für ausländisches und internationales Privatrecht, Bd. 62 (1998), S. 627–647.

–, Zwingendes Vertragsrecht und Grundfreiheiten des EG-Vertrags, Tübingen 2003.

–, Europäisches Privatrecht als Verfassungsfrage, Europarecht Bd. 40 (2005), S. 699–720.

–, Verwirrspiele und Klärungsversuche in Sachen Europäisches Privatrecht, in: *Furrer* (Hg.), Europäisches Privatrecht im wissenschaftlichen Diskurs, Bern 2006, S. 125–131.

Rheinstein, Max, Types of Reception, In: Annales de la faculté de Droit d'Istanbul, Bd. 5 (1956), S. 31–40.

Richter, George R., The National Conference of Commissioners on Uniform State Laws, The Business Lawyer, Bd. 15 (1959–1960), S. 343–347.

Riedl, Kristina, Vereinheitlichung des Privatrechts in Europa, Wissenschaftliche Initiativen im Prozess der Privatrechtseuropäisierung, Baden-Baden 2004.

Riehm, Thomas, Grenzen der Vollharmonisierung, *Busch/Kopp/McGuire/Zimmermann* (Hg.), Jahrbuch junger Zivilrechtswissenschaftler 2009, S. 159–207.

Riesenhuber, Karl, System und Prinzipien des Europäischen Vertragsrechts, 2. Auflage, Berlin 2003.

–, Europäisches Vertragsrecht, 2. Auflage, Berlin 2006.

– *(Hg.)*, Europäische Methodenlehre, Handbuch für Ausbildung und Praxis, Berlin 2006.

–, Systembildung durch den CFR - Wirkungen auf die systematische Auslegung des Gemeinschaftsrechts, *Schmidt-Kessel* (Hg.), Der Gemeinsame Referenzrahmen, Entstehung, Inhalte, Anwendung, München 2009, S. 173–216.

–, Der Vorschlag für eine Verordnung über ein „Gemeinsames Europäisches Kaufrecht" - Kompetenz, Subsidiarität, Verhältnismäßigkeit, Europäisches Wirtschafts- & Steuerrecht, Bd. 23 (2012), S. 7–12.

Rittner, Fritz, Das Gemeinschaftsprivatrecht und die europäische Integration, Juristenzeitung, Bd. 50 (1995), S. 849–857.

Röhl, Klaus F./Röhl, Hans Christian, Allgemeine Rechtslehre, Ein Lehrbuch, 3. Auflage, Köln, München 2008.

Rösler, Hannes, Europäisches Konsumentenvertragsrecht – Grundkonzeption, Prinzipien und Fortentwicklung, München 2004.

–, Die europarechtlichen Vorgaben bei der Bewältigung der „Schrottimmobilienproblematik“, Zeitschrift für europäisches Privatrecht, Bd. 14 (2006), S. 869–888.

–, Europäische Gerichtsbarkeit auf dem Gebiet des Zivilrechts - Strukturen, Entwicklungen und Reformperspektiven des Justiz- und Verfahrensrechts der Europäischen Union, Tübingen 2012.

Röthel, Anne, Integration durch eine unverbindliche lex academica: Der Referenzrahmen als Modellgesetz, *Schmidt-Kessel* (Hg.), Der Gemeinsame Referenzrahmen, Entstehung, Inhalte, Anwendung, München 2009, S. 287–309.

Rose, Alan D., The Challenges for Uniform Law in the Twenty-First Century, Uniform Law Review, Bd. 1 (1996), S. 9–25.

Rosen, Mark D., What has happened to common law? – Recent American codifications, and their impact on judicial practice and the law's subsequent development, Wisconsin Law Review, Bd. 75 (1994), S. 1119–1286.

Rosett, Arthur, Improving the Uniform Commercial Code, *Centro di studi e ricerche di dritto comparato e straniero* (Hg.): Saggi, conferenze e seminari No. 29, Roma 1997

–, UNIDROIT Principles and Harmonization of International Commercial Law: Focus on Chapter Seven, Uniform Law Review, Bd. 2 (1997), S. 441–450.

Roth, Wulf-Henning, Europäischer Verbraucherschutz und BGB, Juristenzeitung Bd. 64 (2001), S. 475–498.

–, Rechtssetzungskompetenzen für das Privatrecht in der Europäischen Union, in: Europäisches Wirtschafts- und Steuerrecht, Bd. 19 (2008), S. 401–415.

–, Kompetenzen der EG zur vollharmonisierenden Angleichung des Privatrechts, *Gsell/Herresthal* (Hg.), Vollharmonisierung im Privatrecht, Die Konzeption der Richtlinie am Scheideweg? Tübingen 2009, S. 13–45.

–, Der „Vorschlag für eine Verordnung über ein Gemeinsames Europäisches Kaufrecht, Europäisches Wirtschafts- und Steuerrecht, Bd. 20 (2012), S. 12–21.

Rückert, Joachim, Autonomie des Rechts in rechtshistorischer Perspektive, Hannover 1988.

Rüthers, Bernd/Fischer, Christian/Birk, Axel, Rechtstheorie mit Juristischer Methodenlehre, 6. Auflage, München 2011.

Rumpler, Helmut, Das „allgemeine deutsche Handelsgesetzbuch“ als Element der Bundesreform im Vorfeld der Krise von 1866, *ders.* (Hg.), Deutscher Bund und deutsche Frage 1815–1866, München 1990, S. 215–234.

Samuel, Geoffrey, System und Systemdenken - Zu den Unterschieden zwischen Kontinentaleuropäischem Recht und Common Law, Zeitschrift für Europäisches Privatrecht, Bd. 3 (1995), S. 375–397.

Šarčević, Petar, Unification and „Soft Law“, *Stoffel/Volken* (Hg.), Kollision und Vereinheitlichung, Mélages en l'honneur d'Alfred E. von Overbeck, Friburg, Schweiz 1990, S. 87–101.

–, The CISG and Regional Unification, *Ferrari* (Hg.), The 1980 Uniform Sales Law, Old Issues Revisited in the Light of Recent Experiences, Verona Conference 2003, Mailand 2003, S. 3–17.

Scherner, Karl Otto, Die Modernisierung des Handelsrechts im 19. Jahrhundert, in: *Scherner* (Hg.), Modernisierung des Handelsrechts im 19. Jahrhundert, Abhandlungen aus dem gesamten Bürgerlichen Recht, Handelsrecht und Wirtschaftsrecht, Beiheft der Zeitschrift für das gesamte Handelsrecht und Wirtschaftsrecht, Bd. 66 (1993), S. 9–17.

–, Das HGB – Monument oder Reformgesetz? Zeitschrift für neuere Rechtsgeschichte 2000, S. 358–390.

Schilling, Johannes, Materielles Einheitsrecht und Europäisches Schuldvertrags-IPR, Das Verhältnis der Rom I-Verordnung zu internationalen Sachrechtsakten, Europäische Zeitschrift für Wirtschaftsrecht, Bd. ?? (2011), S. 776–781.

Schindler, Thomas, Die Restatements und ihre Bedeutung für das amerikanische Privatrecht, Zeitschrift für Europäisches Privatrecht, Bd. 6 (1998) S. 277–295.

Schlechtriem, Peter, Bemerkungen zur Geschichte des Einheitskaufrechts, *ders.* (Hg.), Einheitliches Kaufrecht und nationales Obligationenrecht, 1. Auflage, Baden-Baden 1987, S. 27–36.

–, 10 Jahre CISG – Der Einfluss des UN-Kaufrechts auf die Entwicklung des deutschen und des internationalen Schuldrechts, Internationales Handelsrecht, Bd. 1 (2001), S. 12–18.

–, Entwicklung des deutschen Schuldrechts und europäische Rechtsangleichung, *Helms/Neumann/Caspers/Sailer/Schmidt-Kessel* (Hg.), Jahrbuch Junger Zivilrechtswissenschaftler 2001, Stuttgart 2001, S. 9–28.

Schmeder, Winfried, Die Rechtsangleichung als Integrationsmittel der Europäischen Gemeinschaft, 1. Auflage, Köln, Berlin, Bonn, München 1978.

Schmidt, Marlene, Zur Annäherung von Lauterkeitsrecht und Verbraucherprivatrecht, Juristenzeitung, Bd. 62 (2007), S. 78–84.

Schmidt-Kessel, Martin, Der Vorschlag zur Horizontalrichtlinie im Kontext der Rechtsharmonisierung in Europa, *Jud/Wendehorst* (Hg.), Neuordnung des Verbraucherprivatrechts in Europa, Wien 2009, S. 21–40.

–, Der Vorschlag der Kommission für ein Optionales Instrument - Einleitung, *ders.* (Hg.), Ein einheitliches europäisches Kaufrecht? Eine Analyse des Vorschlags der Kommission, München 2012, S. 1–27.

Schnader, William A., A short history of the preparation and enactment of the Uniform Commercial Code, University of Miami Law Review, Bd. 22 (1967), S. 1–12.

Schroeter, Ulrich, UN-Kaufrecht und Europäisches Gemeinschaftsrecht, Verhältnis und Wechselwirkungen, München 2005.

–, Europäischer Verfassungsvertrag und Europäisches Privatrecht, Zeitschrift für Europäisches Privatrecht 14 (2006), S. 515–551.

Schubert, Werner, Die Einführung der Allgemeinen Deutschen Wechselordnung und des Allgemeinen Deutschen Handelsgesetzbuchs als Bundesgesetze (1869), Zeitschrift für das gesamte Handelsrecht und Wirtschaftsrecht, Bd. 144 (1980), S. 484–492.

–, Die deutsche Gerichtsverfassung (1869–1877) – Entstehung und Quellen, Frankfurt/Main 1981.

– (Hg.), Protokolle der Commission zur Ausarbeitung eines allgemeinen deutschen Obligationenrechts, Bände 1–11, Frankfurt am Main 1984.

Schulte-Nölke, Ziele und Arbeitsweisen von Study Group und Acquis Group bei der Vorbereitung des DCFR, *Schmidt-Kessel* (Hg.), Der Gemeinsame Referenzrahmen, Entstehung, Inhalte, Anwendung, München 2009 S. 9–22.

Schule-Nölke, Hans/Vogel, Christian, Europäische Forschergruppe zur Systematisierung des geltenden Gemeinschaftsprivatrechts (Acquis-Gruppe) gegründet, Europarecht, Bd. 37 (2002), S. 750–753.

Schulze, Götz, Grundfragen zum Umgang mit modernisiertem Schuldrecht. Wandel oder Umbruch im Methodenverständnis, *Helms/Neumann/Caspers/Sailer/Schmidt-Kessel* (Hg.), Jahrbuch Junger Zivilrechtswissenschaftler 2001, Stuttgart 2001, S. 167–186.

Schulze, Reiner, Vom Ius commune bis zum Gemeinschaftsrecht – das Forschungsfeld der Europäischen Rechtsgeschichte, *ders.* (Hg.), Europäische Rechts- und Verfassungsgeschichte, Dunker & Humbolt, Berlin 1991, S. 3–36.

–, Allgemeine Rechtsgrundsätze und europäisches Privatrecht, Zeitschrift für Europäisches Privatrecht, Bd. 1 (1993), S. 442–474.

Schwarze, Jürgen, EU-Kommentar, 3. Auflage, Baden-Baden 2012.

Schwemer, Rolf-Oliver, Die Bindung des Gemeinschaftsgesetzgebers an die Grundfreiheiten, Frankfurt am Main 1995.

Scott, Robert E., The Rise and Fall of Art. 2, Louisiana Law Review, Bd. 62 (2001–2002), S. 1009–1063.

Seidl-Hohenveldern, Ignaz, International Economic „Soft Law", Recueil des Cours (Collected Courses of the Hague Academy of International Law), 1979 II, S. 169–246.

Sevón, Leif, The New Scandinavian Codification on the Sale of Goods and the 1980 United Nations Convention on Contracts for the International Sale of Goods, *Schlechtriem* (Hg.), Einheitliches Kaufrecht und nationales Obligationenrecht, Referate und Diskussionen der Fachtagung Einheitliches Kaufrecht am 16./17.2.1987, Baden-Baden 1987, S. 343–357.

Siehr, Kurt, Sachrecht im IPR, transnationales Recht und lex mercatoria, in: *Hell/Klinke* (Hg.), Internationales Privatrecht, Internationales Wirtschaftsrecht, Köln, Berlin, Bonn, München 1985, S. 103–126.

Silny, Marnie, Die binnenmarktbezogene Rechtsangleichungskompetenz des Art. 95 EG – Reichweite und Grenzen der Harmonisierungskompetenz sowie ihre Stellung in der gemeinschaftsrechtlichen Kompetenzverfassung, Frankfurt am Main 2007.

Skala, Josef, The UNIDROIT Principles of International Commercial Contracts: a Russian Perspective, *Cashin-Ritaine/Lein* (Hg.) Colloquium on the UNIDROIT Principles 2004 – Their Impact on Contractual Practice, Jurisprudence and Codification, Zürich, Basel, Genf 2007, S. 119–133.

Skilton, Robert H., Some Comments on the Comments to the Uniform Commercial Code, Wisconsin Law Review (1966), S. 597–631.

Smits, Jan M., The Europeanisation of national legal systems: some consequences for legal thinking in civil law countries, *van Hoecke* (Hg.), Epistemology and Methodology of Comparative Law, Oxford 2004, S. 229–245.

–, Diversity of Contract Law and the European Internal Market, *ders.* (Hg.), The Need for a European Contract Law, Empirical and Legal Perspectives, Groningen 2005, S. 155–179.

–, The Principles of European Contract Law and the Harmonisation of Private Law in Europe, verfügbar über SSRN: http://ssrn.com/abstract=792545, veröffentlicht in *Vacquer* (Hg.), La Tercera Parte de Los Principios de Derecho Contractual Europeo, Valencia 2005, S. 567–590.

–, Contract Law in the European Union: Convergence or not? 4. Europäischer Juristentag 2007, Wien 2008, S. 45–65.

–, Legal Culture as Mental Software, or: How to Overcome National Legal Culture?, Maastricht Faculty of Law Working Paper No. 2, *Wilhelmsson/Paunio/Pohjolainen* (Hg.), Private Law and the Many Cultures of Europe, Alphen am Rhein (Niederlande) 2007, S. 141–151.

Smythe, Donald J., Why Was the Uniform Sales Act Adopted in Some States but not Others? Quelle: http://extranet.isnie.org/uploads/isnie2008/smythe.pdf.

Snyder, David V., Private Lawmaking, in: Ohio State Law Journal, Bd. 64 (2003), S. 371–448.

Staudenmeyer, Dirk, Die EG-Richtlinie über den Verbrauchsgüterkauf, Neue Juristische Wochenschrift, Bd 56 (2003), S. 2393–2397.

–, Weitere Schritte im Europäischen Vertragsrecht, Europäische Zeitschrift für Wirtschaftsrecht, Bd. 16 (2005), S. 103–106.

– (Hg.), Vorschlag für eine Verordnung des Europäischen Parlaments und des Rates über ein Gemeinsames Europäisches Kaufrecht, München 2012.

Stein, Eric, Einheitlichkeit und Verschiedenheit des Rechts bei geteilter Macht – die amerikanische Erfahrung, Rabels Zeitschrift für ausländisches und internationales Privatrecht, Bd. 50 (1986), S. 166–192.

Steindorff, Ernst, EG-Vertrag und Privatrecht, Baden-Baden 1996.

Stern, Klaus, Der Weg zur politischen Union Europas, *Claussen/Dittmann/Fechner/Gassner/Kilian* (Hg.), „In einem vereinten Europa dem Frieden der Welt zu dienen…“, Festschrift für Thomas Oppermann, Berlin 2001, S. 143–162.

Stone Sweet, Alec, The Judicial Construction of Europe, Oxford 2004.

Storme, Marcel, Rechtsvereinheitlichung in Europa, Ein Plädoyer für ein einheitliches europäisches Prozessrecht, Rabels Zeitschrift für ausländisches und internationales Privatrecht, Bd. 56 (1992), S. 290–299.

Storme, Matthias, Freedom of Contract: Mandatory and Non-Mandatory Rules in European Contract Law, European Review of Private Law, Bd. 15 (2007), S. 233–250.

Streinz, Rudolf; Der Vertrag von Amsterdam, Europäische Zeitschrift für Wirtschaftsrecht 1998, S. 137–147.

–, Europarecht, 9. Auflage, Heidelberg 2012.

Study Group on Social Justice in European Private Law, Social Justice in European Contract Law: a Manifesto, European Law Journal, Bd. 10 (2004), S. 653–674.

Styck, Jules, The European Court of Justice as a motor of private law, *Twigg-Flesner* (Hg.) The Cambridge Companion to European Union Private Law, Cambridge 2010, S. 101–115.

Suhr, Jan, Richtlinienkonforme Auslegung im Privatrecht und nationale Auslegungsmethodik, 1. Auflage, Baden-Baden 2011.

Talapina, Elvira, Russia, *Ferrari* (Hg.), The CISG and Its Impact on National Legal Systems, München 2008, S. 259–272.

Tammes, Arnold, Soft Law, in: Essays on International & Comparative Law in Honour of Judge Herades, Den Haag 1983, S. 187–195.

Taupitz, Jochen, Europäische Privatrechtsvereinheitlichung heute und morgen, Tübingen 1993.

Teeven, Kevin M., A History of Legislative Reform of the Common Law of Contract, University of Toledo Law Review, Bd. 26 (1994), S. 35–80.

Teubner, Gunther, Legal Irritants: Good Faith in British Law or How Unifying Law Ends Up in New Divergences, The Modern Law Review, Bd. 61 (1998), S. 11–32.

Thöl, Heinrich, Das Handelsrecht, Bd. 1, 6. Auflage, Leipzig 1879.

Thomas, Hiram, The Federal Sales Act as viewed by the Merchant and the Practitioner, Virginia Law Review, Bd. 26 (1940), S. 537–557.

Thüsing, Gregor/Horler, Sally, Case C-555/07, Seda Kücükvedeci v. Swedex, Jugement of the Court (Grand Chamber) of 19 January 2010, not yet reported, Common Market Law Review, Bd. 47 (2010), S. 1161–1172.

Tilmann, Winfried, Wirtschaftsrecht, Berlin 1986.

Toader, Camelia, Contract Law in Romania, *Jessel-Holst/Kulms/Trunk* (Hg.), Private Law in Eastern Europe, Autonomous Developments of Legal Transplants? Tübingen 2010, S. 110–122.

Toe, Jean Yado, La problématique actuelle de l'harmonisation du droit des affaires par l'OHADA, Uniform Law Review, Bd. 13 (2008), S. 23–37.

Tonner, Klaus/Tamm, Marina, Der Vorschlag einer Richtlinie über Rechte der Verbraucher, Juristenzeitung, Bd. 64 (2009), S. 277–290.

Torgans, Kalvis, European Initiatives (PECL, DCFR) and Modernisation of Latvian Civil Law, *Varul* (Hg.), European Initiatives (CFR) and Reform of Civil Law in New Member States, Tartu (Estland) 2008, S. 137–142.

Torsello, Marco, The CISG's Impact on Legislators: The Drafting of The International Contract Law Conventions, *Ferrari* (Hg.), The 1980 uniform sales law – old issues revisited in the light of recent experiences, Verona Conference 2003, München 2003, S. 199–275.

Tröger, Tobias, Zum Systemdenken im europäischen Schuldvertragsrecht - Probleme der Rechtsangleichung durch Richtlinien am Beispiel der Verbrauchsgüterkaufrichtlinie, Zeitschrift für Europäisches Privatrecht, Bd. 11 (2003), S. 525–540.

Troiano, Stefano, The CISG's impact on EU Legislation, in: *Ferrari* (Hg.), The CISG and its impact on National Legal Systems, München 2008, S. 345–411.

Trstenjak, Verica, Der Gemeinsame Referenzrahmen und der Europäische Gerichtshof, *Schmidt-Kessel* (Hg.), Der Gemeinsame Referenzrahmen - Entstehung, Inhalte, Anwendung, S. 235–253.

Trusen, Winfried, Römisches und partikuläres Recht in der Rezeptionszeit, *Kuchinke* (Hg.): Rechtsbewahrung und Rechtsentwicklung, Festschrift für Heinrich Lange, München 1970, S. 97–120.

Twigg-Flessner, Christian, Introduction: key features of European Private Law, *ders.* (Hg.), The Cambridge Companion to Private Law, Cambridge (Vereinigtes Königreich) 2010, S. 1–19.

Twining, William, Karl Llewellyn and the Realist Movement, Birkenhead 1973.

Unger, Oliver, Die Richtlinie über die Rechte der Verbraucher - Eine systematische Einführung, Zeitschrift für europäisches Privatrecht, Bd. 20 (2012), S. 270–304.

UNIDROIT (International Institute for the Unification of Private Law), Principles of International Commercial Contracts, 1. Auflage, Rom 1994.

Dass., UNIDROIT Principles 2004 of International Commercial Contracts, 2. Auflage, Rom 2004.

Dass., UNIDROIT Principles 2010 of International Commercial Contracts, 3. Auflage, Rom 2010.

Varul, Paul, Legal Policy Decisions and Choices in the Creation of New Private Law in Estonia, Juridica International, Law Review University of Tartu, Bd. 5 (2000). S. 104–118.

–, CISG: a Source of Inspiration for the Estonian Law of Obligations, Uniform Law Review, Bd. 8 (2003), S. 209–210.

Vékás, Lajos, Integration des östlichen Mitteleuropa im Wege rechtsvergleichender Zivilrechtserneuerung, Zeitschrift für Europäisches Privatrecht, Bd. 12 (2004), S. 454–476.

Vendrell Cervantes, Carles, The Application of the Principles of European Contract Law by Spanish Courts, Zeitschrift für Europäisches Privatrecht, Bd. 16 (2008), S. 534–538.

Vogenauer, Stefan, Die Auslegung von Gesetzen in England und auf dem Kontinent, Eine vergleichende Untersuchung der Rechtsprechung in ihrer historischer Grundlagen, Band I und III, Tübingen 2001.

–, Sources of Law and Legal Method in Comparative Law, *Reimann/ Zimmermann* (Hg.), The Oxford Handbook of Comparative Law, Oxford, New York 2006, S. 869–898.

Vogenauer, Stefan/Kleinheisterkamp, Jan (Hg.), Commentary on the Unidroit Principles of International Commercial Contracts (PICC), Oxford 2009.

Vogenauer, Stefan/Weatherill, Stephen, The European Community's Competence to Pursue the Harmonisation of Contract Law - an Empirical Contribution to the Debate, in *dies.* (Hg.), The Harmonisation of European Contract Law, Implications for European Private Laws, Business and Legal Practice, Oxford und Portland, Oregon 2006, S. 105–148.

Volders, Bart, The UNIDROIT Principles of International Commercial Contracts and Dutch Law, *Cashin-Ritaine/Lein* (Hg.) Colloquium on the UNIDROIT Principles 2004 – Their Impact on Contractual Practice, Jurisprudence and Codification, Zürich, Basel, Genf 2007, S. 135–148.

Vooren, Bart van, A case study of "soft law" in EU external relations: The European Neighbourhood Policy, European Law Review, Bd. 34 (2009), S. 696–719.

Wagner, Gerhard, The Economics of Harmonization: The Case of Contract Law, Common Market Law Review, Bd. 39 (2002), S. 995–1023.

–, Die soziale Frage und der Gemeinsame Referenzrahmen, Zeitschrift für Europäisches Privatrecht, Bd. 15 (2007), S. 180–211.

–, Vom akademischen zum politischen Draft Common Frame of Reference, Zeitschrift für europäisches Privatrecht Bd. 16 (2008), S. 677–678.

–, Transaktionskostensenkung durch Europäisches Kaufrecht? - Der Blue Button klemmt -, Zeitschrift für Europäisches Privatrecht, Bd. 20 (2012), S. 455–460.

Wagner, Helmut, Economic Analysis of Cross-Border Legal Uncertainty, The Example of the European Union, *Smits* (Hg.), The Need for a European Contract Law, Empirical and Legal Perspectives, Groningen 2005, S. 24–45.

Waldstein, Wolfgang/Rainer, Michael, Römische Rechtsgeschichte, ein Studienbuch, 10. Auflage, München 2005.

Watson, Alan, Legal Culture v. Legal Tradition, *van Hoecke* (Hg.), Epistemology and Methodology of Comparative Law, Oxford, Portland, 2004, S. 1–6.

Weatherill, Stephen, Do we need a European Contract Law? 4. Europäischer Juristentag 2007, Sammelband, Reden – Referate – Generalberichte – Schlussvortrag, Wien 2008, S. 4–43.

Weir, Tony, Die Sprachen des europäischen Rechts, Eine skeptische Betrachtung, Zeitschrift für europäisches Privatrecht, Bd. 3 (1995), S. 368–374.

Wendehorst, Christiane C., The State as a Foundation of Private Law Reasoning, *Jansen/Michaels* (Hg.), Beyond the State, Rethinking Private Law, Tübingen 2008, S. 148–182.

White, James J./Summers, Robert S., Uniform Commercial Code, 5. Auflage, St. Paul (Minnesota, USA) 2000.

Whittaker, Simon/Zimmermann, Reinhard, Good faith in European Contract Law: surveying the legal landscape, *Zimmermann/Whittaker* (Hg.), Good Faith in European Contract Law, Cambridge 2000, S. 7–62.

Wieacker, Franz, Vom römischen Recht, Zehn Versuche, 2. Auflage, Stuttgart 1961.

Wilhelmsson, Thomas, International Lex Mercatoria and Local Consumer Law: an Impossible Combination? in: Uniform Law Review, Bd. 8 (2003), S. 141–153.

–, The Contract Law Acquis: Towards More Coherence Through Generalisation? in: In: 4. Europäischer Juristentag 2007, Wien 2008, S. 111–153.

–, Full Harmonisation of Consumer Contract Law? Zeitschrift für Europäisches Privatrecht, Bd. 16 (2008), S. 225–229.

Williston, Samuel, The Law Governing the Sale of Goods at Common Law and under the Uniform Sales Act, 2. Auflage, New York 1924.

–, The Law of Sales in the Proposed Uniform Commercial Code, Harvard Law Review, Bd. 63 (1950) S. 561–588.

Winship, Peter, Unification of Law in the United States: an Updated Sketch, Uniform Law Review, Bd. 1 (1996), S. 633–651.

Wurmnest, Wolfgang, Common Core, Grundregeln, Kodifikationsentwürfe, Acquis-Grundsätze - Ansätze internationaler Wissenschaftlergruppen zur Privatrechtsvereinheitlichung in Europa, Zeitschrift für europäisches Privatrecht, Bd. 11 (2003), S. 714–744.

Xi, Jing, The Impact of the UNIDROIT Principles on Chinese Legislation, in: *Cashin-Ritaine/Lein* (Hg.), Colloquium on the UNIDROIT Principles 2004 – Their Impact on Contractual Practice, Jurisprudence and Codification, Zürich, Basel, Genf 2007, S. 107–118.

Zervogianni, Eleni, Greece, *Ferrari* (Hg.), The CISG and its Impact on National Legal Systems, München 2008, S. 163–182.

Zhang, Yuqing/Huang, Danhan, The New Contract Law in the People's Republic of China and the UNIDROIT Principles of International Commercial Contracts: A Brief Comparison, Uniform Law Review, Bd. 5 (2000), S. 429–441.

Zimmermann, Reinhard, The Law of Obligations, Roman Foundations of the Civilian Tradition, 1. Auflage, Kapstadt, Wetton, Johannesburg 1990.

–, Das römisch-kanonische ius commune als Grundlage europäischer Rechtseinheit, Juristenzeitung Bd. 47 (1992), S. 8–20.

–, Der europäische Charakter des englischen Rechts, Historische Verbindungen zwischen civil law und common law, Zeitschrift für Europäisches Privatrecht, Bd. 1 (1993), S. 4–51.

–, „Common law" und „civil law", Amerika und Europa – Zu diesem Band, *Zimmermann* (Hg.), Amerikanische Rechtskultur und europäisches Privatrecht, Impressionen aus der neuen Welt, Tübingen 1995, S. 1–10.

–, Konturen eines Europäischen Vertragsrechts, Juristenzeitung, Bd. 50 (1995), S. 477–491.

–, Heutiges Recht, Römisches Recht und heutiges Römisches Recht: Die Geschichte einer Emanzipation durch „Auseinanderdenken", *Zimmermann/Knütel/Meincke* (Hg.), Rechtsgeschichte und Rechtsdogmatik, Heidelberg 1999, S. 1–40.

–, „... ut sit finis litium": Grundlinien eines modernen Verjährungsrechts auf rechtsvergleichender Grundlage, Juristenzeitung, Bd. 63 (2000), S. 853–866.

–, Grundregeln eines Europäischen Verjährungsrechts und die deutsche Reformdebatte, Zeitschrift für Europäisches Privatrecht, Bd. 9 (2001), S. 217–221.

–, Comparative Foundations of a European Law of Set-Off and Prescription, Cambridge 2002.

–, Europa und das römische Recht, Archiv für civilistische Praxis, Bd. 202 (2002), S. 243–316.

–, Die UNIDROIT-Grundregeln der internationalen Handelsverträge 2004 in vergleichender Perspektive, Zeitschrift für Europäisches Privatrecht, Bd. 13 (2005), S. 264–290.

–, The New German Law of Obligations: Historical and Comparative Perspectives, Oxford 2005.

–, Die Principles of European Contract Law als Ausdruck und Gegenstand europäischer Rechtswissenschaft, Juristische Ausbildung, 27. Jahrgang (2005), S. 289–297, S. 441–447.

–, Die Europäisierung des Privatrechts und die Rechtsvergleichung, Berlin 2006.

–, Römisches Recht und europäische Kultur, Juristenzeitung, Bd. 70 (2007), S. 1–11.

–, European Contract Law: General Report, Europäische Zeitschrift für Wirtschaftsrecht, Bd. 18 (2007), S. 455–462.

–, Juristische Bücher des Jahres - Eine Leseempfehlung, Neue Juristische Wochenschrift, Bd. 60 (2007), S. 3332–3338.

–, The Present State of European Private Law, American Journal of Comparative Law, Bd. 57 (2009) S. 480–512.

–, Textstufen in der modernen Entwicklung des europäischen Privatrechts, Europäische Zeitschrift für Wirtschaftsrecht, Bd. 20 (2009), S. 319–323.

Zimmermann, Reinhard/Leenen, Detlef/Mansel, Heinz-Peter/Ernst, Wolfgang, Finis Litium? Zum Verjährungsrecht nach dem Regierungsentwurf eines Schulrechtsmodernisierungsgesetzes, Juristenzeitung, Bd. 56 (2001), S. 684–699.

Zitelmann, Ernst, Die Möglichkeit eines Weltrechts, München, Leipzig 1916.

Žukas, Tadas, Reception of the Unidroit Principles of International Commercial Contracts and the Principles of European Contract Law in Lithuania, *Ritaine/ Lein* (Hg.), The UNIDROIT Principles 2004, Their Impact on Contratractual Practice, Jurisprudence and Codification, Zürich u.a. 2007, S. 231–243.

Zweigert, Konrad, Die Rechtsvergleichung im Dienste der Rechtsvereinheitlichung, *Wolff* (Hg.): Beiträge zur Rechtsforschung, Tübingen 1950, S. 251–262.

Zweigert, Konrad/Kötz, Hein, Einführung in die Rechtsvergleichung auf dem Gebiete des Privatrechts, 3. Auflage, Tübingen 1996.

Einleitung

Bei der vorliegenden Untersuchung handelt es sich um einen Beitrag zur Diskussion über die Harmonisierung des europäischen Privatrechts. Nachdem europäische Rechtswissenschaftler im Auftrag der Politik den Draft Common Frame of Reference (im Folgenden: DCFR) ausgearbeitet haben,[1] stellt sich die Frage, was mit diesem Resultat vergleichender Rechtswissenschaft weiter geschehen soll. Nach dem Willen der Kommission soll auf dessen Grundlage ein optionales Instrument für die Rechtsharmonisierung erarbeitet werden, wobei dessen endgültige Form noch offen ist.[2]

Im Rahmen dieser Untersuchung soll das Augenmerk auf eine andere, nichtlegislative Methode gelegt werden, nämlich die Rechtsharmonisierung durch Modellgesetze. Dieses flexible Verfahren wird in den USA seit über einem Jahrhundert erfolgreich praktiziert und wurde von amerikanischer Seite für die internationale Vertragsrechtsharmonisierung empfohlen.[3] Der Anstoß zur Wahl dieses Themas entstammt der vertieften Beschäftigung mit dem amerikanischen Handelsrecht, welches maßgeblich durch ein Modellgesetz, nämlich den Uniform Commercial Code (im Folgenden: UCC)[4] weitgehend vereinheitlicht worden ist.

In Europa ist bisher, so scheint es, nur eine andere spezifisch amerikanische, nicht legislative Form der Rechtsharmonisierung, die Methode der sog. „Restatements", rezipiert worden.[5] Sowohl die Principles of European Contract Law (im Folgenden: PECL),[6] die sog. „Acquis Principles" (im Folgenden: ACQP)[7] als auch der DCFR orientieren sich in ihrer Darstellung und ihrem Programm an den Restatements. Dasselbe gilt für die Principles of International Commercial Contracts (im Folgenden: PICC),[8] einem Instrument zur internationalen Rechtsharmonisierung.

---

1 Dazu ausführlich *infra* 5. Kapitel B. Entstehungsgeschichte des Draft Common Frame of Reference.

2 Dazu siehe infra 5. Kapitel E. Aktuelle Entwicklung: Der CESL-Prozess.

3 *Coing*, Methoden der Rechtsvereinheitlichung, S. 11.

4 *Infra* 3. Kapitel II.3. Uniform Commercial Code (UCC).

5 *Infra* 3. Kapitel B.I.2.c) Restatements of the Law of Contracts.

6 *Infra* 2. Kapitel B.III. Principles of European Contract Law (PECL).

7 *Infra* 5. Kapitel B.II. Principles of Existing EC Contract Law (ACQP).

8 *Infra* 3. Kapitel D.II. Principles of International Commercial Contracts (PICC).

Modellgesetze wurden hingegen mit Verweis auf die nicht vergleichbare Situationen in den USA einerseits und Europa andererseits häufig als ungeeignet bezeichnet.[9] Der Hinweis auf die unterschiedlichen Voraussetzungen in den USA und Europa vermag aber als Argument für die Ungeeignetheit von Modellgesetzen für die europäische Rechtsharmonisierung schon deshalb nicht vollständig zu überzeugen, weil Modellgesetze nicht nur im Bereich des US-Privatrechts erfolgreich zu einer Rechtsharmonisierung beitragen konnten. Den Anstoß für die vertiefte Beschäftigung mit dem Thema lieferte die nach der Ausarbeitung des DCFR von *Röthel* aufgeworfene Frage, wie es um die Integrationschancen des DCFR als Modellgesetz bestellt sei.[10] Zur Beantwortung dieser Frage findet sich bislang noch keine ausführliche Untersuchung. Ziel dieser Arbeit ist es, diese Lücke zu schließen.

Die Annähung an das Thema findet in sechs Kapiteln statt. In einem Einleitungskapitel gilt es zunächst, die wichtigsten Begriffe zu definieren und Kategorien zu entwickeln, auf deren Grundlage dann ein Vergleich der untersuchten Instrumente erfolgen kann. Im 2. Kapitel folgt eine knappe Darstellung des bestehenden, sehr komplexen Rechtszustandes in Europa, worauf in den Folgekapiteln Bezug genommen wird.

Im 3. Kapitel werden insgesamt acht vertragsrechtliche Modellgesetze untersucht. Ziel der Untersuchung ist es, diese zu kategorisieren und die Faktoren für ihren Erfolg bzw. teilweisen Erfolg zu identifizieren. Dabei wird unter Erfolg eine möglichst weitgehende Angleichungswirkung verstanden, die sich bei Modellgesetzen primär auf der Normenstufe vollzieht. Allerdings soll auch die Stufe der Rechtsanwendung in die Untersuchung miteinbezogen werden.[11] Denn es kommt für eine Rechtseinheit nicht nur darauf an, ob die der Einzelfallentscheidung zugrundeliegende Rechtsnorm in allen beteiligten Staaten ähnlich- oder gleichlautend gilt, sondern auch, ob der konkrete Fall tatsächlich in gleicher Art und Weise gelöst wird.[12] Die maßgeblichen Erfolgsfaktoren

---

9 Siehe z.B. *Max Planck Institute*, Policy Options for Progress Towards a European Contract Law, RabelsZ 2011, S. 371, 381; *Lurger*, Grundfragen der Vereinheitlichung, S. 155; *Reimann*, Amerikanisches Privatrecht und europäische Rechtseinheit, in *Zimmermann* (Hg.), Amerikanische Rechtskultur und europäisches Privatrecht, S. 132. 155.

10 *Röthel*, Der Referenzrahmen als Modellgesetz, in *Schmidt-Kessel* (Hg.), Der gemeinsame Referenzrahmen, S. 287 ff.

11 Zu den unterschiedlichen Stufen *infra* 1. Kapitel B.II. Verschiedene Adressaten bzw. Stufen.

12 Vgl. *Taupitz*, Europäische Rechtsvereinheitlichung, S. 14.

werden für jedes der untersuchten Modellgesetze gesondert ermittelt. Grundlage dafür bietet die zu dem jeweiligen Modellgesetz verfügbare Literatur und die darin enthaltenen Einschätzungen von Experten für die jeweiligen Rechtsordnungen. Insoweit wird ein empirischer Ansatz verfolgt.

Im 4. Kapitel findet eine Analyse der im 3. Kapitel gewonnenen Erkenntnisse statt. Die identifizierten Faktoren werden geordnet und gewichtet. So sollen die für den Erfolg von Modellgesetzen allgemein maßgeblichen Faktoren herausgearbeitet werden.

Das 5. Kapitel dient zur Einschätzung der Integrationschancen des DCFR als Modellgesetz. Dazu wird der DCFR in gleicher Weise wie die anderen Modellgesetze im 3. Kapitel untersucht. Anhand der im 4. Kapitel als maßgeblich identifizierten Faktoren soll eine differenzierte Aussage über die zu erwartenden Integrationschancen getroffen werden. Da diese Chancen nach der hier vertretenden Auffassung eher vorsichtig zu bewerten sind, soll in einem letzten (6.) Kapitel ein eigener Vorschlag gemacht werden, wie ein erfolgreiches europäisches Modellgesetz für den vertragsrechtlichen Bereich aussehen könnte.

1. Kapitel: Begriffsbestimmungen und Kategorisierungskriterien

A. Begriffsbestimmungen

Im Bereich des internationalen Rechts, des europäischen Privatrechts[13] und der internationalen Rechtsharmonisierung wird eine unübersehbare Fülle von Termini teilweise in höchst unterschiedlicher oder mehrdeutiger Art und Weise gebraucht. Über die exakte Bedeutung einiger Begriffe bestehen vielfach Meinungsstreitigkeiten. Um innerhalb dieser Untersuchung eine einheitliche Terminologie sicherzustellen, sollen im folgenden die für diese Untersuchung wichtigsten Begriffe definiert werden.

I. Rechtsquelle

1. Definition

Der Definition des Begriffs der Rechtsquelle muss eine Definition von „Recht" vorangestellt werden, da sich die Rechtsquellenlehre sonst „im Kreise dreht".[14] Nach rechtspositivistischer Ansicht definiert sich Recht anhand zweier Hauptelemente, nämlich durch sein autoritatives Gesetzsein und durch seine soziale Wirksamkeit.[15] Danach sind Akte privater Rechtssetzung nur im Falle ihrer staatlichen Durchsetzbarkeit als „Recht" zu qualifizieren.[16] Entsprechend wird als Rechtsquelle nur anerkannt, was einem Rechtssetzungsverfahren entstammt und für den Rechtsanwender verbindlich gilt.[17]

Diesem Verständnis wird insbesondere durch das sog. „Prinzipienargument" entgegengetreten.[18] Wenn man von der Grundannahme ausgeht, dass allem positiv normierten Recht stets an bestimmten Stellen Vagheit und Normenkollision

---

13 Die Definition des Terminus „Europäisches Privatrecht" erfolgt zum besseren Verständnis im 2. Kapitel, welches das europäisches Vertragsrecht zum Gegenstand hat.

14 *Röhl/Röhl*, Allgemeine Rechtslehre, S. 519.

15 Zum Rechtsbegriff statt vieler mit einer Zusammenfassung der Diskussion *Dreier*, Der Begriff des Rechts, NJW 1986, S. 890 ff. Als Positivisten seien *Kelsen*, Reine Rechtslehre, S. 45 ff., 219 und *Hart*, The Concept of Law, S. 95, hervorgehoben.

16 *Arndt*, Sinn und Unsinn von Soft Law, S. 34.

17 *Rüthers/Fischer/Birk*, Rechtstheorie, Rn. 217.

18 Diese Argumentation wurde von *Dworkin* entwickelt (siehe *Dworkin*, Taking Rights Seriously). In Deutschland wurde sie von *Alexy* aufgenommen (*Alexy*, Theorie der Grundrechte, siehe insbesondere 3. Kapitel).

innewohnt, ist der Rechtsanwender zur Auflösung dieser strukturellen Defizite gehalten, eine Abwägung vorzunehmen. Nach positivistischer Sichtweise soll der Richter hier nicht an weitere rechtliche Maßstäbe gebunden sein, sondern nach freiem Ermessen neues Rechts schaffen können. Das Prinzipienargument in seiner strukturtheoretischen Ausprägung geht hingegen davon aus, dass der Richter in diesem Fall das Recht nicht frei schaffe, sondern es anhand von übergeordneten Prinzipien finde. Es werde also zuerst stets nach einer rechtlichen Begründung gesucht.[19] Beispiele für solche übergeordneten Prinzipien sind die deutschen Grundrechte und Staatszielbestimmungen.[20]

In seiner geltungstheoretischen Ausprägung tritt das Prinzipienargument der Vorstellung der Positivisten entgegen, dass sich alles Recht stets von einer „Grundnorm" ableiten lasse[21] oder dass sich durch „rules of recognition" feststellen lasse, was das Recht ist.[22] Nach *Dworkin* sind nämlich übergeordnete Rechtsprinzipien nicht stets dem sog. „test of pedigree" zugänglich, da sie auch aufgrund von institutioneller Unterstützung in Gesetzen, Präjudizien, Rechtsgewohnheiten und Lehrmeinungen anerkannt und in Geltung gesetzt werden können.[23] Auch lehrt der Blick in die mittelalterliche und neuzeitliche Privatrechtsgeschichte, dass auch solche Texte rechtliche Geltung[24] beanspruchen konnten, die aus keinem staatlichen Rechtssetzungsakt hervorgingen.[25] Als prominente Beispiele seien der *Corpus Iuris Civilis* und das *Decretum Gratiani* genannt. Die von den Positivisten vorgenommene Gleichsetzung von Recht und Gesetz wird dadurch widerlegt.

Dieser Untersuchung soll deshalb ein weiter, nicht-positivistischer Rechtsbegriff zugrundegelegt werden. Unter Rechtsquellen werden dementsprechend solche Regeln verstanden, an denen die staatlichen Gerichte tatsächlich ihr Entscheidungsverhalten ausrichten.[26] Neben staatlich gesetztem Recht sollen

---

19 So *Canaris*, UP und PECL im System der Rechtsquellen, in *Basedow* (Hg.), Europäische Vertragsrechtsvereinheitlichung und deutsches Recht, S. 5, 10.

20 Vgl. hierzu *Dreier*, Der Begriff des Rechts, NJW 1986, S. 890, 892.

21 Vgl. *Kelsen*, Reine Rechtslehre, S. 196 ff.

22 Vgl. *Hart*, Concept of Law, S. 213 ff. Dieses Rechtsquellenverständnis findet sich heutzutage bei *Alexy*, Begriff und Geltung des Rechts; *ders.*, Theorie der Grundrechte.

23 *Dworkin*, Taking Rights Seriously, S. 39 ff.

24 Zum Begriff der „rechtlichen Geltung" siehe sogleich *infra* 1. Kapitel A.I.2. Unterschiedliche Arten von Rechtsquellen.

25 Dazu siehe ausführlich Jansen, *Legal* Authority, S. 5, 13 ff.

26 *Röhl/Röhl*, Allgemeine Rechtslehre, S. 205 f.

darunter auch solche Normen verstanden werden, die „wie Recht wirken“,[27] also beispielsweise anerkannte Gerichtsentscheidungen[28] sowie anerkannte akademische Texte.[29] Denn nur mit einer solchen weiten Sichtweise lässt sich die Rechtswirklichkeit tatsächlich abbilden.[30]

2. Unterschiedliche Arten von Rechtsquellen

Innerhalb dieses hier zugrundegelegten, sehr weiten Rechtsquellenbegriffs soll noch eine weitere Differenzierung stattfinden, und zwar zwischen Rechtsgeltungs-, Rechtsgewinnungs- und Rechtserkenntnisquellen.[31]

Rechtsgeltungsquellen sind solche Texte, die eine zwingende Befolgung beanspruchen. Grundlage ihrer Anerkennung als autoritativ ist eine dahinterstehende politische Machtausübung.[32] Die wichtigsten Rechtsgeltungsquellen sind Gesetze. Auch Gerichtsentscheidungen können als Rechtsgeltungsquellen qualifiziert werden, wenn sie zwingende Befolgung beanspruchen. Dies geschieht zum einen zwischen den unmittelbar vom Rechtsstreit betroffenen Parteien, zum anderen dann, wenn die Gerichtsentscheidung eine strikte Bindungswirkung („rule of precedent“) gegenüber anderen Gerichten entfaltet.[33]

Die sog. Rechtsgewinnungsquellen spielen zwar im Rahmen der Rechtsgewinnung eine Rolle, weisen aber keine normative Verbindlichkeit auf.[34] Sie wirken sich auf den der Rechtsfindung zugrundeliegenden Argumentationsprozess aus. Mangels Normativität hängt der Grad ihrer Autorität ausschließlich von ihrer inhaltlichen Überzeugungskraft ab; sie gelten also nicht *ratione imperii*,

---

27 *Arndt*, Sinn und Unsinn von Soft Law, S. 35.

28 Die Einbeziehung der Rechtsprechung ist insbesondere wegen ihrer wichtigen Beiträge beim Aufbau des Unionsrecht sinnvoll, dazu *Furrer*, Zivilrecht im gemeinschaftsrechtlichen Kontext, S. 123.

29 Dieser Rechtsbegriff war bis weit in die Neuzeit allgemein anerkannt, n.w.N. *Jansen*, Das gelehrte Recht und der Staat, in *Zimmermann* (Hg.), Nichtstaatliches Privatrecht: Geltung und Genese, S. 158, 172 (Fn. 72).

30 Vgl. *Vogenauer*, Sources of Law and Legal Method, in *Reimann/Zimmermann* (Hg.), Oxford Handbook of Comparative Law, S. 883 ff.

31 Der folgende Abschnitt orientiert sich an *Canaris*, UP und PECL im System der Rechtsquellen, in *Basedow* (Hg.), Europäische Vertragsrechtsvereinheitlichung und deutsches Recht, S. 5, 8 ff.

32 *Jansen*, Textual Authority, S. 85 ff.

33 *Jansen*, Textual Authority, S. 87 f.

34 *Canaris*, UP und PECL im System der Rechtsquellen, in *Basedow* (Hg.), Europäische Vertragsrechtsvereinheitlichung und deutsches Recht, S. 5, 9.

sondern *imperio rationis*.[35] Als Rechtsgewinnungsquellen sind Gerichtsurteile, sofern sie nicht den Rechtsgeltungsquellen zugeordnet werden können, sowie anerkannte Produkte der Wissenschaft wie Kommentare und Textbücher, aber auch Restatements, Principles und Modellgesetze zu qualifizieren.

Rechtserkenntnisquellen schließlich sind Beschreibungen der Rechtspraxis. Sie beanspruchen keinerlei Geltung, sondern haben allein darstellenden Charakter. Die Unterscheidung zwischen Rechtserkenntnis- und Rechtsgewinnungsquellen ist mitunter schwierig, weil viele akademische Werke sowohl deskriptive als auch präskriptive Elemente enthalten, ohne dass eine entsprechende Kennzeichnung stattfindet. Dies gilt insbesondere für Restatements und Principles.

II. Soft Law

Ein weiterer für diese Untersuchung wichtiger Begriff ist der des „Soft Law". Dieser taucht häufig im Zusammenhang mit der internationalen Rechtsharmonisierung auf. Die Bezeichnung „Soft Law" im rechtswissenschaftlichen Kontext entstammt ursprünglich dem Völkerrecht.[36] Der Begriff wird zudem im internationalen Handelsrecht verwendet.[37] Auch im US-Privatrecht spielen Instrumente des Soft Law, nämlich Uniform Codes/Laws und Restatements, eine wichtige Rolle.[38]

---

35 So schon *Kötz*, Gemeineuropäisches Zivilrecht, FS Zweigert, S. 481, 492.; *Jansen*, Textual Authority, S. 1 f.; m.w.N. *Canaris*, UP und PECL im System der Rechtsquellen, in *Basedow*, Europäische Vertragsrechtsvereinheitlichung und deutsches Recht, S. 5, 16.

36 Der Begriff stammt ursprünglich wohl vom britischen Völkerrechtler *McNair*, The Functions and Differing Legal Character of Treaties, British Year Book of International Law 1930, S. 100 ff.; vgl. dazu auch *Tammes*, Soft Law, FS Judge Erades, S. 187. Nach anderer Ansicht taucht die Bezeichnung zuerst im Zusammenhang mit den US-Restatements und den US-Modellgesetzen auf, *Arndt*, Sinn und Unsinn von Soft Law, S. 36. Die dafür benannten Nachweise (*Borges*, Selbstregulierung im Gesellschaftsrecht, ZGR 2003, S. 508, 519 und *Kronke*, Konditionierung der Unternehmensverfassung, FS Lutter, S. 1449, 1458 f.) vermögen diese Ansicht jedoch nicht zu belegen.

37 Zu den Institutionen, die sich des Soft Laws auf internationaler Ebene als Instrument bedienen, gehören ICC, UNIDROIT und UNCITRAL, *Arndt*, Sinn und Unsinn von Soft Law, S. 37 f.

38 *Kronke*, Konditionierung der Unternehmensverfassung, FS Lutter, S. 1449, 1458 f. Dazu vgl. ausführlich 3. Kapitel B. US-Modellgesetze.

1. Begriff

Was unter „Soft Law“ zu verstehen ist, ist nicht einheitlich definiert. Aufgrund dieser Tatsache ist der Terminus wiederholt und nachhaltig kritisiert worden.[39] So wird Soft Law im internationalen Recht als „im Entstehen begriffene Verhaltensmuster, die keiner Rechtsquelle zuzuordnen sind und denen trotz ihrer Bezeichnung als „Law“ keine völkerrechtliche Bindungswirkung zukommt,“[40] definiert, wobei teilweise noch u.a. nach Intensität der Verpflichtung und Detailliertheit abgestuft wird.[41] Im internationalen Wirtschaftsrecht bezeichnet der Begriff Soft Law nicht-bindende Übereinkünfte (non-binding agreements), welche aus unterschiedlichen Gründen eine Verpflichtung für die Beteiligten nach sich ziehen können.[42] Auch im europäischen Recht finden sich unterschiedliche Definitionen, je nachdem, ob es sich um öffentliches, nationales oder internationales Recht handelt.[43]

Die genannten Definitionen weisen zwei Gemeinsamkeiten auf. Zum einen findet eine klare Abgrenzung zum „harten“ positiven Recht statt, welches kraft staatlichem Geltungsbefehl gilt.[44] Dennoch ist Soft Law „Recht“, es erfolgt also eine Abgrenzung gegenüber rein moralischen bzw. sittlichen Wertungen.[45] Anhand dieser beiden Abgrenzungen kann eine einheitliche, wenn auch sehr unbestimmte Definition von Soft Law erfolgen. Unter den Begriff Soft Law fallen danach Regeln, die zwar über eine rechtliche Bindungskraft bzw. wissenschaftliche, praktische oder rechtliche Relevanz verfügen, denen aber

---

39 Die Kritik reicht von „paradox“ (*Augsberg*, Rechtsetzung zwischen Staat und Gesellschaft, S. 36) über „fragwürdig und nicht hilfreich“ (*Borges*, Selbstregulierung im Gesellschaftsrecht, ZGR 2003, S. 508, 517) bis zu „in sich widersprüchlich“ (*Ipsen*, Völkerrecht, S. 251 (m.w.N.), *Hillgenberg*, A Fresh Look at Soft Law, EJIL 1999, S. 499, 500).

40 *Ipsen*, Völkerrecht, S. 251.

41 M.w.N. *Van Vooren*, Case Study of “Soft Law”, ELR 2009, S. 696, 699, Rn. 13.

42 Dazu Šarčević, Unification and „Soft Law“, in *Stoffel/Volken* (Hg.), Mélages en l’honneur d’Overbeck, S. 87 f., *Seidl-Hohenveldern*, International Economic „Soft Law“, Rec. des Cours 1979 II, S. 169, 194, *Baxter*, International Law in „Her Infinite Variety“, Int. & Comp. L. Q. 1980, S. 549 ff.

43 Dazu m.w.N. *Van Vooren*, Case Study of “Soft Law”, ELR 2009, S. 696, 699, Rn. 13.

44 *Röthel*, Der Referenzrahmen als Modellgesetz, in *Schmidt-Kessel* (Hg.), Der Gemeinsame Referenzrahmen, S. 287, 288; *Nowrot*, Normative Ordnungsstruktur und private Wirkungsmacht, S. 196. Im Handelsrecht werden unverbindliche Normen auch als lex mercatoria bezeichnet, vgl. *Drobnig*, Vereinheitlichung von Zivilrecht durch Soft Law, in *Basedow u.a.* (Hg.), 75 Jahre Max-Planck-Institut, S. 745.

45 *Röhl/Röhl*, Allgemeine Rechtslehre, S. 204.

keine verbindliche Geltung zukommt.[46] Anders als von *Drobnig* angenommen[47] soll jedoch nicht eine private Urheberschaft als weiteres Merkmal miteinbezogen werden, zum einen, weil Soft Law auch aus (halb-)staatlichen Initiativen stammen kann, zum anderen, weil die Klassifizierung als „privat" in diesem Zusammenhang unter Umständen irreführend sein kann.[48]

2. *Mögliche Funktionen*

Wegen ihrer fehlenden normativen Geltung sind Soft-Law-Instrumente keine originären Rechtsgeltungsquellen. Dazu können sie allein infolge einer Übernahme durch den Gesetzgeber werden.

Soft Law kann als Rechtsgewinnungsquelle dienen. Dabei übernimmt es eine Vorbildfunktion für (Schieds-) Gerichte oder Gesetzgeber,[49] die ihm durch eine etwaige Übernahme normative Geltung zukommen lassen können. Dieses Ziel wird von den Urhebern des Soft Law häufig ausdrücklich formuliert,[50] doch selbstverständlich können sich der Gesetzgeber oder die Rechtsprechung auch ohne eine explizite Aufforderung aus dem Fundus des veröffentlichten Soft Law bedienen. Die wissenschaftliche Bearbeitung eines Rechtsgebiets und die daraus folgende Formulierung von Soft Law kann also ein Vorbereitungsstadium auf dem Weg zu einer legislatorischen Rechtsvereinheitlichung sein.[51]

Auf Rechtsanwendungsebene kann Soft Law der Rechtsprechung als Auslegungshilfe dienen, wenn das angewandte positive Recht auf ihm beruht oder sich an ihm orientiert. Darüber hinaus kann es zur Interpretation und Kontrolle von Entscheidungen im Rahmen des geltenden Rechts herangezogen werden.

---

46 *Augsberg*, Rechtsetzung zwischen Staat und Gesellschaft, S. 64 f.; *Drobnig*, Vereinheitlichung von Zivilrecht durch Soft Law, in *Basedow u.a.* (Hg.), 75 Jahre Max-Planck-Institut, S. 745 f

47 *Drobnig*, Vereinheitlichung von Zivilrecht durch Soft Law, in *Basedow u.a.* (Hg.), 75 Jahre Max-Planck-Institut, S. 745.

48 Zur Frage der Urheberschaft siehe *infra* 1. Kapitel B.III. Urheber und Mitgliederstruktur der Arbeitsgruppen.

49 *Gabriel*, The Advantages of Soft Law in International Commercial Law, Brook.J.Int.L. 2009, S. 655, 659.

50 z.B. *von Bar/Zimmermann*, Grundregeln des Europäischen Vertragsrechts, Teile I und II, S. XXV ff.: Die PECL sind von den Verfassern sowohl als Fundament für die europäische Gesetzgebung als auch als Modell für die Weiterentwicklung des Vertragsrechts durch die Gerichte und nationale Gesetzgeber vorgesehen; *v. Bar/Clive/Schulte-Nölke*, Draft Common Frame of Reference, Interim Outline Edition, Intr. 8.

51 *Bayne* in *Kriton/Trebilcock* (Hg.), Hard Choices, Soft Law, S. 348.

Im Bereich des Vertragsrechts gibt es zudem die Möglichkeit, Soft Law im Wege der Parteivereinbarung dem Vertrag zugrundezulegen.[52] Der Grund dafür liegt in der weiten Teilen des Vertragsrechts zugrundeliegenden Dispositivität, weswegen z.B. PECL anfangs einen Hinweis auf ihre Wählbarkeit durch die Parteien enthalten.[53] Eine solche Parteivereinbarung kann direkt oder indirekt erfolgen. Sie stellt nach Ansicht von *Röthel* sogar die wichtigste Funktion von Soft Law im Bereich des Vertragsrechts dar.[54] Weiterhin ist eine indirekte Einbeziehung von vertragsrechtlichem Soft Law durch Verweis auf „lex mercatoria" oder „allgemeine Rechtsprinzipien" denkbar. Welches Soft Law damit dann gemeint ist und ob ein solcher Verweis Gültigkeit besitzt, ist an den Umständen des Einzelfalls zu messen.[55]

Soft Law kann auch eine Rechtserkenntnisquelle sein. Zunächst kann durch die Verfassung eines Rechtstextes selbst schon ein Erkenntnisgewinn erreicht werden.[56] Bei vielen Projekten zur Ausarbeitung von Soft Law stehen zudem vor der Verfassung des eigentlichen Textes umfassende rechtsvergleichende Vorarbeiten[57] und eine auf deren Grundlage geführte wissenschaftliche Diskussion. Erst danach erfolgt die Abfassung eines gemeinsamen Textes. Durch den veröffentlichten Text - unter Umständen auch zusammen mit beigefügten Erläuterungen - wird ein Diskurs auf internationaler Ebene angeregt und erweitert, wodurch ein weiterer Erkenntnisfortschritt möglich ist.[58]

Diese in erster Linie unter akademischen Gesichtspunkten relevante Funktion mag für Projekte rein wissenschaftlichen Ursprungs zur Rechtfertigung des mit deren Ausarbeitung verbundenen Arbeitsaufwandes genügen. Sind

---

52 *Gabriel*, The Advantages of Soft Law in International Commercial Law, Brook.J.Int.L. 2009, S. 655, 659.

53 *von Bar/Zimmermann*, Grundregeln des Europäischen Vertragsrechts, Teile I und II, S. XXVI u. Art. 1:101 (2).

54 *Röthel*, Der Referenzrahmen als Modellgesetz, in *Schmidt-Kessel* (Hg.), Der Gemeinsame Referenzrahmen, S. 287, 289.

55 *Drobnig*, Vereinheitlichung von Zivilrecht durch Soft Law, in *Basedow u.a.* (Hg.), 75 Jahre Max-Planck-Institut, S. 745, 755.

56 *Drobnig*, Vereinheitlichung von Zivilrecht durch Soft Law, in *Basedow u.a.* (Hg.), 75 Jahre Max-Planck-Institut, S. 745, 750.

57 Z.B. bei den PECL, dazu siehe 2. Kapitel B.III. Principles of European Contract Law (PECL).

58 Zur Eigenschaft insbesondere der UNIDROIT-Principles und der Principles of European Contract Law (PECL) als „Rechtserkenntnisquelle" siehe *Canaris*, UP und EP im System der Rechtsquellen, in *Basedow* (Hg.), Europäische Vertragsrechtsvereinheitlichung und deutsches Recht S. 16 f.

jedoch auch andere Gruppen an der Ausarbeitung beteiligt, steht eine für die Praxis relevantere Funktion im Vordergrund: Der hohe Aufwand, der insbesondere von internationalen Banken und Entwicklungsbanken bei der Ausarbeitung von Soft Law betrieben wird, wird dadurch gerechtfertigt, dass die neu entstandenen Standards in einem wirtschaftlich bedeutsamen Rechtsgebiet als sog. „Prüfsteine" oder Beurteilungskriterien für die Bewertung der nationalen Rechtsordnungen in den betroffenen Sektoren dienen.[59] Dabei kann anhand dieser Prüfsteine sowohl das Maß der Reformbedürftigkeit einer nationalen Regelung als auch begleitend deren Reformfortschritt beurteilt werden, weiterhin können auf ihrer Grundlage nationale Rechtsordnungen leichter verglichen und bewertet werden.[60]

III. Internationales Einheitsrecht

Über das genaue Verständnis des Begriffs „internationales Einheitsrecht" auf dem Gebiet des Privatrechts besteht Uneinigkeit. An einer exakten Definition versuchte sich zunächst *Matteucci*, der eine Abgrenzung nach der Intention der Einzelstaaten vornahm. Er verstand unter Einheitsrecht solche gesetzlichen, von den Einzelstaaten in Kraft gesetzten Normen, die von den nationalen Gesetzgebern mit dem gemeinsamen Willen („volonté commune") verabschiedet werden, um bestimmte Rechtsbeziehungen derselben Regelung zu unterziehen.[61] Diesen Gedanken führte *Philipps* weiter, indem er nach den zur Erreichung dieses Ziels gebrauchten Instrumenten differenzierte.[62] Als Einheitsrecht definierte er „den Inbegriff derjenigen Rechtssätze, die auf Grund eines zwischenstaatlichen Übereinkommens in verschiedenen Staaten gleich oder auch nur in ihren Mindesterfordernissen gleich sind, wenn diese den Schutz des Berechtigten bezwecken und wenn den Staaten eine Änderung zu dessen Gunsten gestattet ist."[63] Nicht erfasst von dieser Definition sind also die Produkte von Initiativen, die nicht auf eine zwingende vertragliche Verpflichtung der einzelstaatlichen

---

59 *Drobnig*, Vereinheitlichung von Zivilrecht durch Soft Law, in *Basedow u.a.* (Hg.), 75 Jahre Max-Planck-Institut, S. 745, 750 f.

60 *Drobnig*, Vereinheitlichung von Zivilrecht durch Soft Law, in *Basedow u.a.* (Hg.), 75 Jahre Max-Planck-Institut, S. 745, 751.

61 *Matteucci*, Introduction à l'étude systématique du droit uniforme, Rec. de cours 1957-I, S. 391.

62 *Philipps*, Erscheinungsformen und Methoden der Privatrechtsvereinheitlichung, S. 29 ff.

63 *Philipps*, Erscheinungsformen und Methoden der Privatrechtsvereinheitlichung, S. 36.

Gesetzgeber hinauslaufen. Eine im Ergebnis übereinstimmende Definition wählte *Gruber*, der drei Kriterien zur Feststellung des Vorliegens internationalen Einheitsrechts aufstellte: Zunächst muss es sich um verbindliches „Recht“ handeln. Dieses muss zudem international einheitlich gelten. Letzte Voraussetzung ist, dass die international einheitliche Geltung auf eine rechtliche Bindung der beteiligten Staaten zurückzuführen ist.[64]

Dieses Verständnis des Begriffs „internationales Einheitsrecht“ wurde von *Kropholler* als zu eng betrachtet. Nach seiner Ansicht sollen nicht nur die Resultate offizieller, von staatlicher Seite organisierter Initiativen mit zwingender Verpflichtung zur Umsetzung als internationales Einheitsrecht bezeichnet werden. Er benannte zwei divergierende maßgebliche Kriterien. Zunächst müssten die Rechtssätze in mindestens zwei Staaten gleichlautend gelten, wobei weiter zwischen textlicher Identität und der Geltung eines gemeinsamen Rahmens differenziert wird.[65] Das zweite von ihm formulierte Kriterium ist, dass die einheitliche Geltung dieser Rechtssätze zu einem besonderen Rechtszweck erhoben worden sein müsse.[66] Durch dieses erweiterte Verständnis können neben den verbindlichen Vereinheitlichungsinitiativen solche Bemühungen zu Bildung von Einheitsrecht führen, die zwar von offizieller Seite erarbeitet werden, aber z.B. aufgrund fehlender Kompetenzen nicht umgesetzt werden können. Darüber hinaus können auch nicht-offizielle Initiativen mit entsprechender Zwecksetzung zur Schaffung von Einheitsrecht führen.

Gegen diese Ansicht wandte *Gruber* ein, dass sie insgesamt zu unbestimmt sei, weil nicht klar sei, ob rezipiertes Recht als internationales Einheitsrecht anzusehen sei, da auch ein einseitiger Rezeptionsvorgang den Zweck haben könne, international einheitliches Recht herzustellen.[67] Rechtseinheit durch Rezeption ist bei richtiger Lesart jedoch nicht von *Krophollers* Verständnis des internationalen Einheitsrechts erfasst: Zum einen kann ein Rezeptionsvorgang aus höchst unterschiedlichen Beweggründen erfolgen. Hinzu kommt, dass es sich dabei um die einseitige Angleichung eines bestimmten Teils einer Rechtsordnung an

64 *Gruber*, Methoden des internationalen Einheitsrechts, S. 14 ff.

65 Erstreckt sich die Einheit nur auf einen gemeinsamen Rahmen, so wird von „Einheitsrahmenrecht“ gesprochen, welches aber aufgrund schwieriger Grenzziehung zum Einheitsrecht als „Einheitsrecht im weiteren Sinn“ bezeichnet werden kann, solange es nicht gerade auf den noch bestehenden Unterschied der Geltung in den einzelnen Ländern ankommt, *Kropholler*, Internationales Einheitsrecht, S. 1.

66 *Kropholler*, Internationales Einheitsrecht, S. 2.

67 *Gruber*, Methoden des internationalen Einheitsrechts, S. 21.

eine andere Rechtsordnung handelt.[68] Schließlich erscheint es sinnvoller, die Einheitlichkeit als besonderen Rechtszweck nicht nur für die übernommene einzelstaatliche Regelung (z.B des Rezeptionsgesetzes), sondern auch hinsichtlich des Ursprungswerks (des rezipierten Rechts) zu fordern. Somit ist zusätzlich entscheidend, ob dem rezipierten Recht eine Vereinheitlichungsintention zugrundeliegt.

Die Ansichten von *Philipps* und Gruber ziehen eine willkürliche Grenze zwischen Einheitsrecht und „Nicht-mehr-Einheitsrecht" durch die Beschränkung auf bestimmte Instrumente, nämlich bindende Staatsverträge. Es erscheint nicht überzeugend, einen Rechtszustand anhand der Instrumente, durch die er erreicht wird, zu definieren. Vielmehr kann Einheitsrecht als ein Grad der Rechtsübereinstimmung durch Anwendung unterschiedlicher Instrumente gleichermaßen erreicht werden. Es handelt es sich um einen einheitlichen Untersuchungsgegenstand, in Bezug auf den eine weitere begriffliche Differenzierung nicht gerechtfertigt ist.[69] Dieser Untersuchungsgegenstand wird nach der Auffassung von *Kropholler* nur durch die geforderte Intention als subjektives Merkmal eingegrenzt. Durch das geforderte subjektive Kriterium der beabsichtigten Vereinheitlichung werden zufällige Übereinstimmungen ausgeschlossen. Darüber hinaus gibt es jedoch keinerlei Einschränkungen durch einen Ausschluss bestimmter Instrumente als Ursache für Einheitsrecht. Wenn solch eine Harmonisierungsabsicht festgestellt worden ist, wird als zweites Kriterium dann allein das erreichte Ergebnis betrachtet: Von Einheitsrecht kann dann gesprochen werden, wenn wörtliche Übereinstimmung - dann spricht man von „Einheitsrecht i.e.S." oder „strengem Einheitsrecht" - oder zumindest ein gemeinsamer Rahmen - dann spricht man von „Einheitsrahmenrecht" - erreicht wird.[70]

IV. Allgemeine Rechtsgrundsätze

Auch der Begriff der allgemeinen Rechtsgrundsätze wird auf höchst unterschiedliche Art und Weise definiert.[71] Nach positivistischer Sichtweise handelt es sich

---

68 *Kropholler*, Internationales Einheitsrecht, S. 2.

69 Siehe *Kropholler*, Buchbesprechung: Philipps, Erscheinungsformen und Methoden des der Privatrechts-Vereinheitlichung, RabelsZ 1969, S. 382.

70 *Kropholler*, Internationales Einheitsrecht, S. 9.

71 Dieser Abschnitt orientiert sich an *Metzger*, Allgemeine Rechtsgrundsätze, S. 13 ff. Dort findet sich ein umfassender Überblick über die einzelnen Begriffsverständnisse. Für einen kurzen Überblick siehe auch Schlussanträge von GA Trstenjak, *EuGH* Slg. 2009 I-0000, Rn. 66 ff.

um Grundsätze, welche allein auf Begründungsebene wirken und nur „durch rechtsbildende Akte der Legislative, Jurisprudenz oder des Rechtslebens institutionell verkörpert" werden können.[72] Diese Auffassung ist in ihrer Fixierung auf Akte der Legislative mit dem hier zugrundegelegten nicht-positivistischen Rechtsquellenverständnis[73] nicht zu vereinbaren. Nach anderer Ansicht handelt es sich um abzuwägende Prinzipien, die einen scharfen Gegensatz zu subsumtionsfähigen Regeln bilden, welche nur entweder erfüllt oder nicht erfüllt werden können.[74] Gegen diese Ansicht spricht, dass es Prinzipien (wie beispielsweise die Grundrechte) gibt, die intensiver auf die Rechtsfindung einwirken als Normen und somit nicht bloß der Abwägung dienen.[75] Als zu eng für die vorliegende Untersuchung erscheint die Auffassung, wonach allgemeine Rechtsgrundsätze stets im Induktionsschluss oder im Wege der Gesamtanalogie aus mehreren gesetzlichen Vorschriften einer nationalen Rechtsordnung gewonnen werden,[76] weil dann internationale Prinzipien ausgeklammert werden müssten.[77] Eine alleinige Ableitung von allgemeinen Rechtsgrundsätzen aus anderen Rechtsordnungen, wie sie im Falle der PECL, PICC und Restatements geschehen ist, vernachlässigt wiederum die einzelstaatlich gültigen allgemeinen Rechtsgrundsätze. Dieselbe Kritik einer unnötigen Begrenzung kann auch einem Verständnis allgemeiner Rechtsgrundsätze als überhistorisch gültige Rechtssätze entgegengehalten werden.[78]

Aus den unterschiedlichen Teilbereichsbetrachtungen hat *Metzger* eine Definition entwickelt, die sämtliche möglichen Herleitungsformen allgemeiner Rechtsgrundsätze umfasst und sich speziell auf das europäische Privatrecht bezieht. Sie wird deshalb auch dieser Untersuchung zugrundegelegt. Ein allgemeiner Rechtsgrundsatz ist danach „eine Rechtsnorm, welche nicht oder nicht vollständig von den Rechtsregeln der betreffenden Rechtsordnung anerkannt ist und welche von internen, „externen" - insbesondere ausländischen - und oder

72 *Esser*, Grundsatz und Norm in der richterlichen Fortbildung des Privatrechts, S. 132 f.

73 Siehe dazu *supra* 1. Kapitel A.I.1. Definition.

74 So nur *Dworkin*, Taking Rights Seriously, S. 24 ff.

75 So z.B. m.w.N. *Larenz*, Methodenlehre der Rechtswissenschaft, S. 479.

76 So *Canaris*, Die Feststellung von Lücken im Gesetz, S. 97 f.

77 Siehe *Metzger*, Allgemeine Rechtsgrundsätze, S. 20.

78 *Coing*, Grundzüge der Rechtsphilosophie, S. 206 ff. Für einen kurzen Überblick über die historische Entwicklung der Funktion allgemeiner Rechtsgrundsätze siehe *Schulze*, Allgemeine Rechtsgrundsätze, ZEuP 1993, S. 442, 447 ff.

historischen Rechtsregeln im Wege der Induktion abgeleitet wird."[79] Nach der hier vertretenen Auffassung bezieht sich die „Allgemeinheit" der Rechtsgrundsätze nicht auf ihren Konkretisierungsgrad,[80] sondern auf eine „allgemeine" Anerkennung.[81] Daher können sowohl generelle Prinzipien als auch konkrete Regeln bei entsprechender Anerkennung allgemeine Rechtsgrundsätze sein.

Für eine Rechtsgeltung allgemeiner Rechtsgrundsätze im Sinne der hier vertretenen Rechtsquellenlehre ist die Anerkennung durch die Rechtsprechung Voraussetzung. Zudem ist eine institutionelle Verkörperung im gesetzten Recht notwendig. Durch die positivistische Verankerung setzt sich der Grundsatz von dem allein durch Richterrecht normierten Präjudiz ab.

V. Rechtsgleichheit[82] und Rechtseinheit

Unter Rechtsgleichheit wird im Rahmen dieser Arbeit die Übereinstimmung von Rechtsregeln verstanden. Es handelt sich um einen weit gefassten Oberbegriff, der unabhängig vom ihrem jeweiligen Grad jede rechtliche Übereinstimmung erfasst. So fällt z.B. das internationale Einheitsrecht als eine Erscheinungsform der Rechtsgleichheit ebenso unter diesen Begriff wie irgendeine zufällige rechtliche Übereinstimmung. Neben „Rechtsgleichheit" dient auch der Begriff „Rechtseinheit" dazu, eine Übereinstimmung von Rechtsregeln auszudrücken. Beide Begriffe werden in der Folge synonym verwandt.

VI. Rechtsharmonisierung

Betrachtet man das existierende Schrifttum, sucht man vergeblich nach einer einheitlichen Definition des Begriffs der „Rechtsharmonisierung".[83] In dieser Untersuchung soll dem Begriff dennoch ein spezifischer Bedeutungsgehalt zugeordnet werden. In Anlehnung an das Verständnis von *David*[84] soll er als Oberbegriff für jede denkbare Form des Sich-Aufeinanderzu-Bewegens von

---

79 *Metzger*, Allgemeine Rechtsgrundsätze, S. 35. Zur Ausbildung allgemeiner Rechtsgrundsätze siehe auch *Schulze*, Allgemeine Rechtsgrundsätze, ZEuP 1993, S. 442 ff.

80 Dazu siehe *infra* 1. Kapitel B.V.1. Regelungsdichte und Konkretisierungsgrad.

81 So auch *Grundmann*, General Principles of Private Law, FS Buxbaum, S. 213, 215.

82 Dieser Begriff wurde von *Philipps* übernommen, vgl. *Philipps*, Erscheinungsformen und Methoden der Privatrechtsvereinheitlichung, S. 9.

83 Für eine Darstellung des Meinungsstandes zu diesem Thema ausführlich z.B. *Philipps*, Erscheinungsformen und Methoden der Privatrechtsvereinheitlichung, S. 63 ff.; siehe auch m.w.N. *Schulze*, Allgemeine Rechtsgrundsätze, ZEuP 1993, S. 442, 444.

84 vgl. *David*, Vereinheitlichung oder Harmonisierung, in *Zweigert* (Hg.), Europäische Zusammenarbeit im Rechtswesen, S. 1 ff.

unterschiedlichen Rechtsordnungen verstanden werden. Dieses Verständnis ergibt sich schon aus dem Wortsinn der „Harmonisierung“ als einem Prozess, durch den mehr Harmonie, also ein Gleichklang der Rechtsordnungen, erreicht werden soll.

Wenn sich zwei oder mehrere voneinander abweichende Rechtsordnungen in einem bestimmten Bereich aufeinander zubewegen, können diesem Vorgang unterschiedliche Prozesse zugrundeliegen. Diese lassen sich nach dem Vorliegen einer Harmonisierungsintention[85] in unterschiedliche Kategorien einteilen.

1. *Unbeabsichtigte Rechtsharmonisierung*

Die unbeabsichtigte Rechtsharmonisierung lässt sich in verschiedene Untertypen unterteilen, nämlich „zufällige“ und „spontane“ Rechtsharmonisierung.[86] Bei der zufälligen Harmonisierung sind tatsächlich keinerlei Berührungspunkte für die Rechtsübereinstimmung zwischen unterschiedlichen Rechtsordnungen ersichtlich. Mangels Erkenntnisgehalts lohnt deswegen auch keine genauere Beschäftigung mit diesem Phänomen.

Als „spontane“ Rechtsgleichheit wird die Übereinstimmung von Ergebnissen zu bestimmten Rechtsfragen in voneinander unabhängigen Rechtsordnungen bezeichnet. Dabei entfällt das zufällige Moment, da sich viele Rechtsfragen nur auf eine bestimmte Art und Weise gerecht bzw. sinnvoll lösen lassen.[87] Eine so geartete Harmonisierung entspricht weniger einem Bedürfnis nach einheitlichem Recht, sondern vielmehr bestimmten, in unterschiedlichen Rechtsordnungen gleichermaßen existenten Notwendigkeiten. Mangels zugrundeliegender Zielrichtung und fehlender Steuerungsmöglichkeiten sind solche Prozesse im Rahmen der vorliegenden Untersuchung nur von untergeordnetem Interesse.

---

85 Eine Unterteilung nach diesem Kriterium nimmt auch *Linhart* vor, wobei sie sich in der Auswahl der Kategorien unterscheidet. Sie unterteilt in organisierte Rechtsharmonisierung, spontane Rechtsharmonisierung und indirekte Rechtsharmonisierung, vgl. *Linhart*, Internationales Einheitsrecht und einheitliche Auslegung, S. 15 ff.

86 Dazu *Philipps*, Erscheinungsformen und Methoden der Privatrechtsvereinheitlichung, S. 9 ff., der jedoch nicht vom Harmonisierungsprozess, sondern von den erreichten Ergebnissen ausgeht.

87 Vgl. *Kropholler*, Internationales Einheitsrecht, S. 2.

2. *Rechtsharmonisierung als Folge oder Begleiterscheinung geschichtlicher Ereignisse*

Einen Teil dieser Art der Rechtsharmonisierung bildet eine Harmonisierung durch erzwungene Rechtsübernahme als Folge von Kolonisierung oder der Auflösung von Staatsgebieten.[88] Da die Ereignisse, die hinter so gearteten Harmonisierungsprozessen stehen, weder vorhersehbar noch planbar sind, sollen sie hier auch nicht untersucht werden.

Den anderen Teil dieser Gruppe von Harmonisierungsvorgängen bilden Rezeptionsprozesse. Unter Rezeption versteht man die bewusste und freiwillige Übernahme des Rechts einer Rechtsordnung durch eine andere.[89] Eine Überschneidung mit der Rechtsharmonisierung durch Soft Law[90] ergibt sich insofern, als eine Übernahme fremden Rechts ohne Zwang, also freiwillig vollzogen wird. Eine Rezeption kann entweder mittels Übernahme durch Gesetz oder durch die Eingliederung des fremden Rechts in das Gewohnheits- oder Fallrecht stattfinden. Dabei übernimmt der rezipierende Teil bewusst fremdes Recht, während die Verbreitung über den erstrebten Geltungsbereich hinaus vom Urheber nicht vorhergesehen oder beabsichtigt gewesen sein muss. Beispiele für eine Rezeption per Gesetz sind der Einfluss, den der Code Civil in Staaten ausübte, die nicht Gegenstand der napoleonischen Eroberungen und der damit verbundenden erzwungenen Übernahme des Code Civil geworden waren.[91] Als Rezeption von Gewohnheitsrecht lässt sich die praktische Übernahme des römischen Rechts im europäischen Mittelalter und der frühen Neuzeit anführen. Dieser Vorgang wird auch schlicht als „die Rezeption" bezeichnet, da es sich um einen Vorgang weltgeschichtlichen Ausmaßes handelt.[92] Daneben haben jedoch noch weitere gewohnheitsrechtliche Rezeptionen stattgefunden. Man denke insbesondere an die sich schrittweise vollziehende Übernahme des englischen Common Law in

88 *Philipps*, Erscheinungsformen und Methoden der Privatrechtsvereinheitlichung, S. 12 ff.

89 so auch *Rheinstein*, Types of Reception, Annales de la faculté de Droit d'Istanbul 1956, S. 31, 33 ff.

90 Dazu vgl. *supra* 1. Kapitel A.II. Soft Law.

91 u.a. wurden der italienische Codice Civile und viele Zivilrechtsbücher in Mittel- und Südamerika beeinflusst, siehe dazu *Koschaker*, Europa und das römische Recht, S. 135 f.

92 Dazu siehe nur *Koschaker*, Europa und das römische Recht; *Coing*, Europäisches Privatrecht I; *Rheinstein*, Types of Reception, Annales de la faculté de Droit d'Istanbul 1956, S. 31, 40, der die entscheidende Besonderheit der „Rezeption" in der Übernahme eines „großartigen" Gesetzeswerkes mit der dazugehörigen Methode sieht.

den Vereinigten Staaten, die nicht etwa mit der Kolonisierung Nordamerikas zusammenfiel, sondern zum großen Teil erst später, nämlich nach der Unabhängigkeitserklärung erfolgte.[93]

Betrachtet man die an dieser Stelle exemplarisch genannten Rezeptionsvorgänge, so wird eine Eigenschaft ersichtlich, die ihre Relevanz für diese Untersuchung beträchtlich verringert: Eine Rezeption fremden Rechts benötigt spezielle Vorbedingungen. Sie findet meist dort statt, wo eine in Systematisierung, Abstraktionsniveau, Aktualität oder in anderer Weise überlegene Rechtsordnung mit einer anderen Rechtsordnung in Berührung kommt, die in diesen Bereichen tatsächlich oder zumindest aus Sicht des rezipierenden Teils unterlegen ist.

3. *Beabsichtigte Rechtsharmonisierung*

Die beabsichtigte Rechtsharmonisierung stellt den für diese Untersuchung relevantesten Typus der Rechtsharmonisierung dar. Sie kommt in unterschiedlichen Ausprägungen vor, wobei nach der Intensität der angestrebten Rechtsübereinstimmung unterschieden werden soll.

a) Rechtsvereinheitlichung

Den höchsten Grad von Rechtsübereinstimmung stellt die wörtliche Übereinstimmung von Rechtsnormen, das sog. Einheitsrecht i.e.S. dar.[94] Der Prozess zur Schaffung dieses Einheitsrechts wird als Rechtsvereinheitlichung bezeichnet, wobei darunter grundsätzlich sowohl der Vorgang des „Einheitlichmachens," als auch der des „Einheitlichwerdens" verstanden wird.[95] Zunächst einmal fallen also alle Prozesse, an deren Ende als Resultat ein Einheitsrecht i.e.S. steht, unter diesen Begriff, also sowohl gezielte als auch gewachsene Rechtseinheit.[96] Um jedoch eine einheitliche und klare Terminologie innerhalb dieser Untersuchung herzustellen, soll dem Prozess der Rechtsvereinheitlichung die gleiche subjektive Komponente zugesprochen werden wie dem Ergebnis, d.h. dem Einheitsrecht: Von Rechtsvereinheitlichung soll nur dann gesprochen werden, wenn es sich um

---

93 im einzelnen siehe *Hazard*, Problems of Reception in the USA, Annales de la faculté de Droit d'Istanbul 1956, S. 216, 218 ff.; *Philipps*, Erscheinungsformen und Methoden der Privatrechtsvereinheitlichung, S. 12, *Rheinstein*, Types of Reception, Annales de la faculté de Droit d'Istanbul 1956, S. 31, 35.

94 *Kropholler*, Internationales Einheitsrecht, S. 9.

95 *Kropholler*, Internationales Einheitsrecht, S. 17.

96 Vgl. *Dölle*, Gezielte und gewachsene Rechtsvereinheitlichung, ZfRV 1963, S. 133, 134.

gezielte Vereinheitlichungsbemühungen handelt,[97] an deren Ende eine vollständige inhaltliche Übereinstimmung steht.[98]

b) Rechtsangleichung

Neben Rechtsvereinheitlichung werden in diesem Zusammenhang auch noch andere Begriffe wie Rechtsangleichung, -annäherung und -koordinierung verwendet. Diese Begriffe weisen nach dem hier zugrunde gelegten Verständnis keine unterschiedliche Bedeutung auf. Sie bezeichnen allesamt einen Vorgang, der zu einem geringeren Grad an Harmonisierung als die Rechtsvereinheitlichung führt,[99] also kein strenges Einheitsrecht hervorzubringen vermag.

Kreuzer hingegen beschränkt den Begriff der Rechtsangleichung auf die finale Herstellung eines inhaltsgleichen Zustands, wobei er den Unterschied zur Rechtsvereinheitlichung darin sieht, dass eine Abweichung auf formaler Ebene möglich bleibt.[100] Die vorliegende Untersuchung beschäftigt sich jedoch überwiegend mit Harmonisierungsinitiativen, die, weil ihnen keine originäre normative Geltung zukommt, nach dieser Definition unter Umständen noch nicht einmal zu einer Angleichung führen würden. Ein weiteres Verständnis des Begriffs hat praktische Vorteile: So können alle Initiativen, die auf eine

---

97 So im Ergebnis auch *Kropholler*, Internationales Einheitsrecht, S. 18. Für eine Einschränkung des Begriffsverständnisses auf die Vereinheitlichung solcher Bereiche, in denen in unterschiedlichen Rechtsordnungen überhaupt schon Regelungen existieren, plädiert *Kegel*, Sinn und Grenzen der Rechtsangleichung, in Angleichung des Rechts der Wirtschaft in Europa, S. 5, 10. Zwar ist eine solche Einschränkung durchaus vom natürlichen Wortverständnis gedeckt, sie würde jedoch einen einander entsprechenden Gebrauch der Begriffe Rechtsvereinheitlichung und Einheitsrecht verhindern und soll deshalb nicht vorgenommen werden.

98 Vgl. *von Caemmerer*, Rechtsvereinheitlichung und internationales Privatrecht, FS Hallstein, S. 63, 69 ff.; *Kropholler*, Internationales Einheitsrecht, S. 17; *Kegel*, Sinn und Grenzen der Rechtsangleichung, in Angleichung des Rechts der Wirtschaft in Europa. S. 5, 10 f.; *Kreuzer*, Entnationalisierung des Privatrechts, FS Universität Würzburg, S. 247, 248.

99 Vgl. *Kropholler*, Internationales Einheitsrecht, S. 18, *ders.*, Buchbesprechung: Philipps, Erscheinungsformen und Methoden des der Privatrechts-Vereinheitlichung, RabelsZ 1969, S. 381, 383; *Kegel*, Sinn und Grenzen der Rechtsangleichung, in Angleichung des Rechts der Wirtschaft in Europa. S. 10. *Linhart* legt Harmonisierung als Oberbegriff für alle Vereinheitlichungs-bzw. Angleichungsvorgänge fest, vgl. *Linhart*, Internationales Einheitsrecht und einheitliche Auslegung, S. 15 ff.

100 *Kreuzer*, Entnationalisierung des Privatrechts, FS Universität Würzburg, S. 247, 248; ebenso das Verständnis von *Taupitz*, Europäische Rechtsvereinheitlichung, S. 19 für die europäische Ebene.

Steigerung des Grades an Rechtsübereinstimmung abzielen, als Initiativen zur Rechtsangleichung bezeichnet werden.

VII. Unterschiedliche Arten völkerrechtlicher Verträge

Völkerrechtliche Verträge sind zwischen mindestens zwei Staaten bzw. anderen vertragsfähigen Völkerrechtssubjekten getroffene Vereinbarungen, die dem Völkerrecht unterliegen.[101] Als unterschiedliche Arten kommen bi- oder multilaterale Verträge in Betracht, wobei im Rahmen dieser Untersuchung aufgrund der Relevanz für die europäische bzw. internationale Rechtsharmonisierung ausschließlich auf multilaterale Verträge eingegangen werden soll.[102]

Neben dem Begriff „Vertrag“ werden in diesem Zusammenhang unterschiedlichste Bezeichnungen verwandt, wie z.B. Übereinkommen, Abkommen, Vereinbarung, Protokoll, Konvention, Deklaration oder Pakt, die sachliche oder politische Unterschiede begründen können, die jedoch keinen unterschiedlichen Bedeutungsgehalt aufweisen. Die Übereinkünfte zeichnen sich allesamt dadurch aus, dass nach ihrem wirksamem Zustandekommen[103] eine Verpflichtung der beteiligten Staaten hinsichtlich ihrer Umsetzung besteht. Es handelt sich damit um Normen.

Die Rechtswirkung völkerrechtlicher Normen im nationalen Recht hängt von drei Differenzierungen ab.[104] Die innerstaatliche Geltung dieser Normen richtet sich danach, ob in der jeweiligen Verfassung ein Implementierungsverfahren vorgesehen ist (sog. dualistischer Ansatz) oder nicht (sog. monistischer Ansatz).[105] Es ist auch ein unterschiedlicher innerstaatlicher Geltungsrang völkerrechtlicher Normen denkbar, je nachdem, ob die jeweilige Norm dem nationalen Gesetzesrecht vorgeht oder nicht. Schließlich stellt sich die Frage nach der unmittelbaren Anwendbarkeit der völkerrechtlichen Norm. Die Unterscheidung wird zwischen sog. „self-executing-“ und „non-self-executing-Verträgen“[106] danach vorgenommen,

---

101 Dazu vgl. *Ipsen*, Völkerrecht, S. 116 ff.

102 Zu dieser Unterscheidung siehe *Kropholler*, Internationales Einheitsrecht, S. 98 ff.

103 Die einzelnen Voraussetzungen für das Wirksamwerden von völkerrechtlichen Verträgen (auf völkerrechtlicher Ebene) neben der Unterzeichnung sind dem Wiener Übereinkommen über das Recht der Verträge (WVK v. 23.5. 1969, BGBl. 1985 II 927) bzw. dem Vertrag selbst zu entnehmen.

104 Siehe *Furrer*, Zivilrecht im gemeinschaftsrechtlichen Kontext, S. 129.

105 Dazu allgemein *Kropholler*, Internationales Einheitsrecht, S. 104 f. Zu den Regelungen in den Einzelstaaten siehe *Linhart*, Internationales Einheitsrecht und einheitliche Auslegung, S. 247 ff.

106 Zu dieser Unterscheidung siehe u.a. *Linhart*, Internationales Einheitsrecht und einheitliche Auslegung, S. 21 ff.; *Kropholler*, Internationales Einheitsrecht. S. 101 ff.

ob der Vertrag Festsetzungen enthält, die im nationalen Recht ohne weiteren Umsetzungsakt Geltung erlangen können oder ob den Einzelstaaten Raum zur näheren Ausgestaltung der Vereinbarungen überlassen worden ist.[107]

VIII. Modellgesetze

Es gibt unterschiedliche Definitionen des Begriffes „Modellgesetz". *Philipps* definiert ihn wie folgt: Ein Modellgesetz ist „ein Gesetzestext, der dazu bestimmt ist, als Ganzes oder auch in abgewandelter Form und ohne staatsvertragliche Verpflichtung bestimmte Rechtssätze in verschiedenen Staaten, „die es angeht", zu ersetzen."[108] Nach dieser Definition ist also die Bestimmung durch die Urheber des Textes zur Ersetzung von anderen Rechtssätzen maßgeblich. Der Vorteil dieser Definition ist, dass, sobald ein Regelungswerk fertiggestellt ist, anhand der dahinterstehenden Intention festgestellt werden kann, ob es sich um ein Modellgesetz handelt. Weiterhin wird vorausgesetzt, dass es sich um eine Initiative handelt, bei der „verhältnismäßig eng verwandte Staaten" das entsprechende Werk meist gemeinsam ausgearbeitet haben.[109] Woraus *Philipps* die Kriterien für die offizielle Beteiligung der Staaten schon in der Ausarbeitungsphase und deren Verwandtschaft ableitet, ist nicht erkennbar. Vor dem Hintergrund der Existenz der UNICITRAL-Modellgesetze[110] wird deutlich, dass dieses Kriterium überholt ist.

Röthel versteht unter einem Modellgesetz „ein Kompendium von Mustervorschriften, die einen unverbindlichen Orientierungspunkt für die nationale Rechtssetzung bieten und dadurch ein dezentrales, „spontanes" aufeinander Zuwachsen der nationalen Rechtsordnungen bewirken können."[111] Aus dieser

107 Dementsprechend variiert der Grad an Rechtsübereinstimmung, der durch den Grad der völkerrechtlichen Bindung erreicht wird, dazu *infra* 1. Kapitel B. IV. Harmonisierungsintensität.

108 Vgl. *Philipps*, Erscheinungsformen und Methoden der Privatrechtsvereinheitlichung, S. 52 f. Damit übereinstimmend auch *Linhart*, Internationales Einheitsrecht und einheitliche Auslegung, S. 22: „Texte, die dazu dienen, als Ganzes, zum Teil oder in abgewandelter Form und ohne staatsvertragliche Verpflichtung bestimmte Rechtssätze in den verschiedenen Staaten zu ersetzen oder neu zu schaffen".

109 *Philipps*, Erscheinungsformen und Methoden der Privatrechtsvereinheitlichung, S. 53.

110 Dazu siehe *infra* 3. Kapitel D.I. UNCITRAL-Modellgesetz über den elektronischen Geschäftsverkehr (MLEC).

111 *Röthel*, Der Referenzrahmen als Modellgesetz, in *Schmidt-Kessel* (Hg.), Der gemeinsame Referenzrahmen, S. 287, 290.

Formulierung ergibt sich nicht eindeutig, ob eine Eingrenzung auf solche Vorschriften stattfindet, die eine Rechtsangleichung als beabsichtigtes Ziel verfolgen. Dagegen könnte zunächst die Formulierung „spontanes aufeinander Zuwachsen" sprechen. Hier wird davon ausgegangen, dass die spontane Rechtsangleichung ohne eine dahinter stehende generelle Angleichungsinitiative erfolgt.[112] Ein solches Verständnis hätte zur Folge, dass die Grenze zwischen beabsichtigter Rechtsharmonisierung und den anderen Arten der Rechtsharmonisierung verwischt würde.[113] Aus der Tatsache, dass das Wort „spontan" mit Anführungszeichen versehen ist, kann jedoch gefolgert werden, dass diese Formulierung im übertragenen Sinne gemeint ist und so viel bedeuten soll wie „ohne Zwang". Demnach ist das Verständnis von *Röthel* nicht mit der spontanen, also ungeplanten oder unbeabsichtigten Rechtsgleichheit[114] zu verwechseln. Der Definition von *Röthel* ist zu folgen: Modellgesetze sind unverbindliche Regelwerke aus konkreten Einzelvorschriften nicht allein darstellenden Charakters, die ein Muster für die Rechtssetzung verschiedener Gesetzgeber bilden und damit geeignet sind, die Rechtsharmonisierung zwischen verschiedenen Rechtsordnungen zu fördern.[115]

Modellgesetze können dabei nach der zugrundegelegten Intention der Verfasser typisiert werden. Zunächst gibt es Modellgesetze, hinter denen die klare Absicht der Verfasser steht, dass das von ihnen erarbeitete Instrument der Rechtsharmonisierung dient. Diese Art von Modellgesetzen wird im folgenden als „Modellgesetze mit Harmonisierungsintention" bezeichnet. Zudem gibt es Modellgesetze, denen zwar eine von den Verfassern gewollte Vorbildwirkung zugrundeliegt, bei denen eine unmittelbare Rechtsharmonisierung jedoch nicht intendiert ist. Diese Art wird als „Modellgesetze mit intendierter Vorbildfunktion" bezeichnet. Schließlich gibt es eine Reihe von Regelungswerken, welchen eine Modellfunktion zukam, obwohl diese von den Urhebern originär nicht intendiert war. Im Folgenden wird hierfür der Begriff „nicht-intentionale Modellgesetze" vewandt.

---

112 Vgl. *supra* 1. Kapitel A.VI.1. Unbeabsichtigte Rechtsharmonisierung.

113 Zu dieser Unterscheidung siehe *supra* 1. Kapitel A.VI. Rechtsharmonisierung.

114 Dazu *supra* 1. Kapitel VI.1. Unbeabsichtigte Rechtsharmonisierung.

115 Eine ähnlich Definition des Begriffs Modellgesetz findet sich auch auf der Website von UNCITRAL, vgl. http://www.uncitral.org/uncitral/en/uncitral_texts_faq.html. Zu den UNCITRAL-Modellgesetzen siehe *infra* 3. Kapitel D.I. UNCITRAL-Modellgesetz über den elektronischen Geschäftsverkehr (MLEC).

IX. Rechtskultur

Im Zusammenhang mit der europäischen Rechtsvereinheitlichung wird häufig der Begriff der Rechtskultur verwandt. Dabei wird der Terminus oftmals als eine Art „Kampfbegriff" gegen eine weitere Harmonisierung des europäischen Privatrechts gebraucht.[116] Im Rahmen dieser Untersuchung soll eine kurze Darstellung der unterschiedlichen Definitionen erfolgen. Auf der gefundenen Grundlage soll dann geprüft werden, inwieweit sich der Begriff als tauglich erweist.

1. Unterschiedliche Definitionen

Eine weite, eher rechtssoziologische Definition von *Friedman* versteht unter Rechtskultur die Gesamtheit der „Werte, Ideen und Einstellungen, die eine Gesellschaft im Bezug auf das Recht hat."[117] Dabei unterscheidet er zwischen „äußerer" und „innerer" Rechtskultur: Unter „äußerer" Rechtskultur wird die Beziehung der Laien zum Recht, unter der „inneren" Rechtskultur die „Sozialisierung" der Rechtsprofession verstanden.[118]

Legrand definiert Rechtskultur als eine bestimmte Art und Weise, wie die Gesellschaft über Recht denkt.[119] Die Rechtskultur ist danach also „Weltanschauung"[120] und Teil der gesellschaftlichen Identität.[121] Nach dem ähnlichen Verständnis von *Smits* ist Rechtskultur die „geistige Software", welche als „kollektive Programmierung die Mitglieder einer Gruppe von denen einer anderen Gruppe unterscheidet".[122] Als konkretes Element der Rechtskultur identifiziert er wie *Legrand* die „Mentalität" eines Rechtsystems, welche sich nach seiner

116 Zu dieser Einschätzung kommt in vielen Beiträgen *Legrand*, vgl. u.a. *Legrand*, Antivonbar, JCL 2006, S. 13 ff.; *ders.*, Against a European Civil Code, MLR 1997, S. 44 ff.; *ders.*, Counterpoint: Law is also Culture, in *Ferrari* (Hg.), The Unification of International Commercial Law, S. 245 ff.; *ders.*, European Legal Systems are Not Converging, Int. & Comp. L. Q. 1996, S. 52 ff.

117 *Friedman*, The Concept of Legal Culture: A Reply, in *Nelken* (Hg.), Comparing Legal Cultures, S. 33, 34.

118 "Internal" und "external legal culture," vgl. *Friedman*, The Concept of Legal Culture: A Reply, in *Nelken* (Hg.), Comparing Legal Cultures, S. 33, 35.

119 *Legrand*, European Legal Systems are not Converging, Int. & Comp. L.Q. 1996, S. 52, 60.

120 *Legrand*, European Legal Systems are not Converging, Int. & Comp. L.Q. 1996, S. 52, 80.

121 *Legrand*, European Legal Systems are not Converging, Int. & Comp. L.Q. 1996, S. 52, 57.

122 *Smits*, Legal Culture as Mental Software, in *Wilhelmsson/Paunio/Pohjolainen* (Hg.), Private Law and the Many Cultures of Europe, S. 141 ff.

Auffassung aus der rechtlichen Argumentation und der Rechtssetzungstechnik sowie dem Stil von Urteilen und anderen Rechtstexten zusammensetzt.[123] Zudem nennt er eine Reihe weiterer prägender Faktoren wie Geschichte, Methodik, das Verhältnis zu den Rechtsquellen, Ideologie und Sprache.[124]

Nach *Kennedy* bezeichnet Rechtskultur die Unterscheidung zwischen „law in the books“ und „law in action“.[125] Den kulturellen, „irrationalen“ Faktoren werden technische, „rationale“ Faktoren gegenübergestellt.[126]

Hesselink hingegen kritisiert die Auffassungen von *Smits* und *Legrand* als formalistisch und propagiert eine Hinwendung zur Betrachtung konkreter, praktischer Lösungen von rechtlichen Problemen.[127] Als Besonderheiten einer seiner Ansicht nach im Wachsen begriffenen europäischen Rechtskultur identifiziert er z.B. den Erfolg von Soft Law, eine „Depositivierung“ der Juristenausbildung, den pragmatischen Stil des Europäischen Gerichtshofs (EuGH) und die „subversive Rolle“ des Unternehmensrechts.[128]

Cotterell kritisiert den Begriff der „Rechtskultur“ insgesamt als zu unbestimmt im Hinblick auf den Inhalt, die Reichweite und den Einfluss.[129] Andererseits könnten jedoch die damit assoziierten Faktoren nicht ignoriert werden. Seiner Ansicht nach setzt sich Rechtskultur aus einer Reihe von unterschiedlichen Kriterien zusammen, welche die sozialen Beziehungen innerhalb einer Gemeinschaft prägen.

Watson schließlich setzt Rechtskultur mit Rechtstradition gleich. Nach seiner Ansicht kann die Verbindung von Recht und Gesellschaft nur im Zusammenhang mit der Betrachtung der historischen Entwicklung verstanden werden.[130]

---

123 *Smits*, The Europeanisation of National Legal Systems: Some Consequences for Legal Thinking in Civil Law Countries, in *Van Hoecke* (Hg.), Epistemology and Methodology of Comparative Law, S. 229–245.

124 *Smits*, Introduction: Mixed Legal Systems and European Private Law, http://arno.unimaas.nl/show.cgi?fid=8517, S. 8 (letzter Aufruf 26.6. 2013).

125 *Kennedy*, The Politics and Methods of Comparative Law, in *Bussani/Mattei* (Hg.), The Common Core of European Private Law, S. 131, 155.

126 *Kennedy*, The Politics and Methods of Comparative Law, in *Bussani/Mattei* (Hg.), The Common Core of European Private Law, S. 131, 190 f.

127 *Hesselink*, The New European Legal Culture, in *ders.* (Hg.), The New European Private Law, S. 11, 64.

128 *Hesselink*, Introduction, in *ders.* (Hg.), The New European Private Law, S. 5.

129 *Cotterell*, Comparative Law and Legal Culture, in *Reimann/Zimmermann* (Hg.), The Oxford Handbook of Comparative Law, S. 710, 724 f.

130 *Watson*, Legal Culture v. Legal Tradition, in *van Hoecke* (Hg.), Epistemology and Methodology of Comparative Law. S. 1.

Gegen diese Gleichsetzung wendet sich schließlich *Glenn*, nach dessen Auffassung Rechtskultur ein Teil der Rechtstradition ist.[131]

2. *Tauglichkeit des Begriffs für diese Untersuchung*

Die unterschiedlichen Definitionen haben gemeinsam, dass sie den Blick über die reine Betrachtung von Rechtsregeln und Auslegungsmethoden hinaus erweitern. Diese Erweiterung des Betrachtungsspektrums ist unumgänglich, will man die Faktoren, welche tatsächlich Rechtssetzung und Rechtsanwendung beeinflussen, vollständig abbilden. Tatsächlich handelt es sich nach dem hier zugrundegelegten Rechtsquellenverständnis jedoch fast ausschließlich um „rechtliche" Faktoren.[132] Diese Untersuchung soll auch das Wirken außerrechtlicher Faktoren im Rahmen einer Rechtsharmonisierung nicht unberücksichtigt lassen. Ein darüber hinausgehender Nutzen einer Abstraktion der Gesamtheit rechtlicher und außerrechtlicher Faktoren als Bestandteile einer rechtlichen „Kultur" erscheint zweifelhaft. Dies liegt zunächst daran, dass schon der Begriff der Kultur als intern konsistente, nach außen abgegrenzte und historisch weitgehend unveränderte Einheit inzwischen in der soziologischen Forschung als problematisch angesehen wird.[133] Das Verständnis einer nationalen „Rechtskultur" als einer abgegrenzten und historisch unveränderten Einheit ist zudem ahistorisch, weil die Nationalisierung des Privatrechts ein Produkt des Kodifikationszeitalters ist. Insbesondere vermag ein solches Begriffsverständnis nicht zu erklären, warum gerade ein eine Unterscheidung nach Staatsgrenzen absolut und unumgänglich sein soll.[134] Vorher bestand eine gemeineuropäische Rechtswissenschaft,[135] allerdings keinesfalls ein einheitlicher Rechtszustand. Zusätzlich verstellt der pauschale Hinweis auf den nicht einheitlich definierten

---

131 *Glenn*, Legal Cultures and Legal Traditions, in *van Hoecke* (Hg.), Epistemology and Methodology of Comparative Law, S. 7, 8.

132 *Supra* 1. Kapitel A.I. Rechtsquelle.

133 *Michaels* in *Basedow/Hopt/Zimmermann* (Hg.), Handwörterbuch des Europäischen Privatrechts, S. 1255, 1258.

134 Für eine Zusammenfassung der unterschiedlichen Auffassungen unter dem Blickwinkel des „Rechtsnationalismus" siehe *Hesselink*, The Case for a Common European Sales Law in an Age of Rising Nationalism, ERCL 2012, S. 342, 344, 346 ff.

135 Dazu siehe nur *Basedow*, Rechtskultur - zwischen nationalem Mythos und europäischen Ideal, ZEuP 1996, S. 379 ff.; *Zimmermann*, Römisches Recht und europäische Kultur, JZ 2007, S. 1, 2 f.; *ders.*, Das römisch-kanonische ius commune, JZ 1992, S. 8 ff. Grundlegend dazu *ders.*, The Law of Obligations.

Terminus der Rechtskultur als förderndes bzw. hinderndes Element einer europäischen Rechtsharmonisierung vielfach den Blick auf die Faktoren, welche im einzelnen tatsächlich wirken.

Diesen Erwägungen folgend soll der Begriff im Rahmen dieser Untersuchung nur dann gebraucht werden, wenn die Gesamtheit wichtiger Faktoren jenseits abstrakter Rechtsregeln gemeint ist. Als Beispiele seien sowohl „innere" Faktoren wie die Eigenheiten der Juristenausbildung, die Stellung der Wissenschaft, der Stil der Urteile oder das Selbstverständnis juristischer Berufsgruppen wie auch „externe" Faktoren wie das Verhältnis der Bürger zu ihrem jeweiligen Recht genannt.[136] Wenn es auf das Verhältnis der Faktoren untereinander ankommt, erscheint es allerdings zielführender, die Faktoren einzeln zu nennen und zu diskutieren.[137]

B. Kategorisierungskriterien für Instrumente zur Rechtsharmonisierung

Um die unterschiedlichen in dieser Untersuchung erwähnten Instrumente miteinander vergleichbar zu machen, ist es notwendig, Kategorien für ihre Einordnung zu entwickeln. Auf der Grundlage dieser Kategorisierung können zudem Aussagen über die Wirkungsweise der Instrumente und die Erfolgsbedingungen für eine Rechtsharmonisierung getroffen werden. Dabei liegt das Hauptaugenmerk auf Rahmenbedingungen, Geltungsweisen und strukturelle Eigenschaften der Instrumente.

I. Unterschiedliche Rechtsebenen[138]

Eine wichtige Unterscheidung zwischen verschiedenen Harmonisierungsinstrumenten ist die Differenzierung nach dem vorgesehenen räumlichen Geltungsbereich. Dieser Geltungsbereich soll im Folgenden als „Rechtsebene" bezeichnet werden,[139] wobei eine Differenzierung aufgrund der Dominanz des

---

136 *Riedl*, Vereinheitlichung des Privatrechts in Europa, S. 51.

137 *Michaels* in *Basedow/Hopt/Zimmermann* (Hg.), Handwörterbuch des Europäischen Privatrechts, S. 1255, 1259.

138 Zum Begriff „Rechtsebene" schon *Metzger*, Allgemeine Rechtsgrundsätze, S. 115 ff.

139 Eine engere Auffassung versteht unter der „Entscheidungsebene" nur solche hoheitliche Verbände, die mit einer Rechtssetzungsbefugnis ausgestattet sind, vgl. so etwa *Furrer*, Zivilrecht im gemeinschaftsrechtlichen Kontext, S. 122 ff., *Grundmann*, Systemdenken und Systembildung, in *Riesenhuber* (Hg.), Europäische Methodenlehre, S. 217, 219 ff. Eine gänzlich andere Einteilung von „Rechtsebenen"

staatlich gesetzten Rechts grundsätzlich nach Hoheitsbereichen stattfindet.[140] Sobald mehrere solcher Entscheidungsebenen nebeneinander bestehen, handelt es sich um ein sog. „Mehrebenensystem".[141] Neben staatlichem Recht existieren auch Rechtsstrukturen, die trotz fehlender staatlicher Rechtssetzung anerkannt werden.[142] Im Hinblick auf das dieser Arbeit zugrundegelegte Rechtsquellenverständnis[143] erscheint es deshalb sinnvoll, den Begriff der Rechtsebene zusätzlich zur Ebene der Rechtssetzung um die Ebene der Rechtsanerkennung zu erweitern.[144] Die Zuordnung zu einer der Ebenen ist deshalb wichtig, weil sich nur anhand der auf der jeweiligen Ebene herrschenden methodischen Grundsätze die Funktionsweise der Norm bestimmen lässt.[145]

Für die Beurteilung des europäischen Privatrechts sind drei Rechtsebenen relevant, die die Struktur eines Rechtsystems darstellen und auf denen somit eine Harmonisierung des Privatrechts stattfinden kann: Die Ebene der Einzelstaaten, diejenige innerhalb von regionalen Zusammenschlüssen von Staaten - unter Umständen mit supranationalem Gesetzgebungsorgan, insbesondere Europa[146] - und die internationale Ebene als „Anerkennungsebene".[147] Dabei lässt sich allgemein feststellen, dass die unterschiedlichen erstrebten Geltungsbereiche nicht unbedingt auf eine grundsätzliche Verschiedenheit im Wesen der Instrumente hindeuten müssen.[148] Denkbar ist ein System aus mehreren privatrechtlichen Ebenen auch in einem Nationalstaat, wenn dieser aus Einzelstaaten besteht,

---

findet sich bei *Remien*, Einheit, Mehrstufigkeit und Flexibilität, RabelsZ 1998, S. 627, 630, der zwischen (1) Einheitsrecht oder Rechtsangleichung, (2) Kollisionsrecht und (3) nationales Recht und Grundfreiheiten des EGV unterscheidet.

140 *Metzger*, Allgemeine Rechtsgrundsätze, S. 117.

141 Dieser Begriff stammt aus der sozial- und politikwissenschaftlichen Literatur, vgl. n.w.N. *Metzger*, Allgemeine Rechtsgrundsätze, S. 115, Fn. 24; *König/Rieger/Schmitt* (Hg.), Das europäische Mehrebenensystem, S. 16.

142 Man denke dabei nur an die lex mercatoria oder an Gewohnheitsrecht sowie weitere Formen des Soft Law wie z.B. die US-Restatements, vgl. dazu *infra* 3. Kapitel B.I.2.c) Restatements of the Law of Contract.

143 Siehe *supra* 1. Kapitel A.I.1. Definition.

144 Vgl. *Metzger*, Allgemeine Rechtsgrundsätze, S. 116.

145 *Furrer*, Zivilrecht im gemeinschaftsrechtlichen Kontext, S. 125 f.

146 Zur Charakterisierung der europäischen Rechtsordnung als „Mehrebenensystem" vgl. 2. Kapitel A.II.2. Europäisches Privatrecht als „Mehrebenensystem".

147 So auch *Furrer*, Zivilrecht im gemeinschaftsrechtlichen Kontext, S. 125, der anstelle von Rechtsebene das den Terminus des „Herkunftsbereichs" verwendet.

148 *Kegel*, Sinn und Grenzen der Rechtsangleichung, in Angleichung des Rechts der Wirtschaft in Europa. S. 5, 40.

denen eine eigene Privatrechtssetzungskompetenz zukommt.[149] Schließlich sagt die Differenzierung nach verschiedenen Ebenen nichts über die Hierarchie der einzelnen Rechtsquellen aus; diese kann sowohl innerhalb einer Ebene als auch zwischen den verschiedenen Ebenen unterschiedlich sein.[150]

II. Verschiedene Adressaten bzw. Stufen

Harmonisierungsinitiativen können danach unterschieden werden, für welche Adressaten sie bestimmt sind. Parallel zu den unterschiedlichen Adressaten verlaufen die beabsichtigten Stufen der Rechtsharmonsierung. Insgesamt sind vier unterschiedliche Adressaten und entsprechende Stufen denkbar.

Die oberste Stufe ist diejenige eines supranationalen Gesetzgebers. Beispiele für Instrumente, die an einen supranationalen Gesetzgeber adressiert sind, sind die. sog. „Acquis-Principles"[151] und der darauf aufbauende gemeinsame Referenzrahmen.[152] Sie sollen als Orientierung für den Unionsgesetzgeber dienen. Ihr Ziel besteht also in erster Linie nicht in der Harmonisierung unterschiedlicher Rechtsordnungen, sondern darin, eine bestehende Gesetzeslage auf supranationaler Ebene in sich kohärenter zu gestalten.[153]

Die nächste Stufe ist diejenige der einzelstaatlichen Legislative. Hier kann eine Harmonisierung durch mehrere unterschiedliche Instrumente stattfinden. Gibt es einen übergeordneten Gesetzgeber, kann dieser Regelungen erlassen, die an die einzelstaatlichen Gesetzgeber adressiert sind (sog. vertikale Wirkung[154]) und die aufgrund eingegangener Verpflichtungen umzusetzen sind. Man spricht dann von sog. „mittelbarer legislatorischer Rechtsharmonisierung".

Fehlt es an einem übergeordneten Gesetzgeber, kann eine Rechtsharmonisierung auf dieser Ebene durch einen völkerrechtlichen Vertrag, der sog.

---

149 Zum „Mehrebenensystem" des amerikanischen Privatrechts siehe 3. Kapitel C.I. Amerikanisches Privatrecht als „Mehrebenensystem".

150 *Furrer*, Zivilrecht im gemeinschaftsrechtlichen Kontext, S. 126.

151 Zu den ACQP siehe *infra* 5. Kapitel B.II Principles of Existing EC Contract Law.

152 So *von Bar/Clive/Schulte-Nölke* (Hg.), Draft Common Frame of Reference, Full Edition, Introduction 8: "[the DCFR] will have repercussions for reform projects within the European Union, at both national and Community law levels, (…). If the content of the DCFR is convincing, it may contribute to a harmonious and informal Europeanisation of private law."

153 Zum Problem der fehlenden Kohärenz des Gemeinschaftsprivatrechts siehe *infra* 2. Kapitel E. Bewertung.

154 *Röhl/Röhl*, Allgemeine Rechtslehre, S. 537.

non-self-executing-Normen[155] enthält, stattfinden.[156] Dann ist zur Umsetzung der vertraglichen Vorgaben die Mitwirkung der einzelstaatlichen Gesetzgeber notwendig. Wenn es auch an einer vertraglichen Übereinkunft zwischen den Einzelstaaten fehlt, kommt noch eine Harmonisierung durch Soft Law in Betracht. „Weiche“ Instrumente, die sich an den einzelstaatlichen Gesetzgeber richten, sind in erster Linie Modellgesetze und Entwürfe für eine Parallelgesetzgebung. Auch andere Instrumente, z.B. Restatements oder Principles, können einen - teilweise nicht unmittelbar intendierten - Einfluss auf die einzelstaatliche Gesetzgebung entfalten.

Weiterhin ist eine Harmonisierung auf der Stufe der Rechtsanwendung denkbar. Die Auslegung[157] eines zu einem bestimmten Grad harmonisierten Privatrechts findet in aller Regel durch Gerichte bzw. Schiedsgerichte statt.[158]

Das Ziel jeglicher Initiative zur Schaffung von Rechtsnormengleichheit sollte es sein, eine möglichst weitgehende Rechtsanwendungsgleichheit zu erreichen.[159] Eine Harmonisierung auf dieser Ebene kann zunächst durch legislatorische Maßnahmen erfolgen. Bestimmte supranationale Rechtsakte (z.B. EU-Verordnungen) bedürfen keines Umsetzungsaktes, sondern sind unmittelbar im nationalen Recht anwendbar - sie entfalten eine sog. horizontale Wirkung.[160] Auch übereinstimmende einzelstaatliche Gesetze wirken sich auf der Ebene der Rechtsanwendung aus. Theoretisch können sich auch völkerrechtliche Verträge unmittelbar auf die Rechtsanwendung auswirken, wenn ihre

155 Zu diesem Begriff siehe *supra* 1. Kapitel A.VII. Unterschiedliche Arten völkerrechtlicher Verträge.

156 Als erfolgreiches Beispiel dafür sei die europäische Sozialcharta erwähnt, die in ihrer revidierten Fassung vom 3.5.1996 inzwischen in insgesamt 24 europäischen Staaten ratifiziert und von weiteren 19 Staaten unterzeichnet worden ist, Quelle: http://conventions.coe.int/Treaty/Commun/ChercheSig.asp?NT=163&CM=7&DF=5/8/2008&CL=GER (letzter Aufruf am 26.06.2013).

157 Unter Gesetzesauslegung wird in dieser Untersuchung der Vorgang verstanden, mittels dem in einem konkreten Fall ein unklarer (Gesetzes-)Text seiner (möglichst) angemessenen Bedeutung zugeführt wird, vgl. *Linhart*, Internationales Einheitsrecht und einheitliche Auslegung, S. 5 f.

158 Etwas anderes gilt z.B. für bestimmte internationale öffentlich-rechtliche Verträge in Frankreich, bei denen dem Außenministerium eine Interpretationsbefugnis eingeräumt worden ist, vgl. *Kropholler*, Internationales Einheitsrecht, S. 258, Fn. 2.

159 *Taupitz*, Europäische Rechtsvereinheitlichung, S. 14. Dazu siehe schon *supra* Einleitung, S. 6.

160 *Röhl/Röhl*, Allgemeine Rechtslehre, S. 538.

Festsetzungen in mehreren Ländern unmittelbar anwendungsfähig, d.h. „self-executing" sind.[161] Im Hinblick auf Richtlinien lässt sich festhalten, dass sie durch die unmittelbare Wirkung auf den nationalen Gesetzgeber eine mittelbare Wirkung auf die Rechtsanwendung haben.[162]

Modellgesetze und Vorschläge zur Parallelgesetzgebung richten sich hingegen in erster Linie an den Gesetzgeber, sie entfalten auf der Ebene der Rechtsanwendung allenfalls mittelbar durch die Umsetzungsgesetze der einzelstaatlichen Gesetzgeber Wirkung. Darüber hinaus kann sich die Rechtsanwendung der Gerichte aber auch an den Originaltexten orientieren. Dementsprechend wird diese Stufe im Laufe dieser Untersuchung aufgrund ihrer praktischen Relevanz häufig Erwähnung finden, sie bildet jedoch nicht den Schwerpunkt der Darstellung. Anders als bei den Modellgesetzen verhält es sich etwa bei den Restatements. Dieses Instrument entfaltet seine vereinheitlichende Wirkung primär auf der Rechtsanwendungsebene.[163] Eine Übernahme durch den Gesetzgeber ist grundsätzlich nicht vorgesehen.[164]

Die letzte Stufe, auf der eine Rechtsharmonisierung stattfinden kann, ist die Stufe der potentiellen Normadressaten. Da ihnen keine Rechtssetzungsbefugnis

---

161 Einzelheiten dazu bei *Philipps*, Erscheinungsformen und Methoden der Privatrechtsvereinheitlichung, S. 21, *Kropholler*, Internationales Einheitsrecht, S. 101, *von Caemmerer*, Rechtsvereinheitlichung und internationales Privatrecht, FS Hallstein, S. 63, 72. Durch die unmittelbare Anwendungsfähigkeit wird jedoch die Umsetzung in das nationale Recht nicht obsolet. Diese kann je nach betroffener Rechtsordnung von unterschiedlichen Voraussetzungen abhängig sein. Auch in Deutschland ist die Verabschiedung eines parlamentarisches Zustimmungsgesetz notwendig, welches dann allerdings einen pauschalen Vollzugsbefehl enthält (Art. 59 Abs. 2 Satz 1 GG), während z.B. in Großbritannien sogar der normale Gesetzgebungsprozess durchlaufen werden muss, wenn bestimmte Rechte des Individuums berührt werden, vgl. *Bleckmann*, Begriff und Kriterien der innerstaatlichen Anwendbarkeit völkerrechtlicher Verträge, S. 42 ff, allgemein zur Bedeutung des Staatsrechts in diesem Zusammenhang *Kropholler*, Internationales Einheitsrecht, S. 104 ff.

162 Sie können jedoch auch ohne einen nationalen Umsetzungsakt eine mittelbare Wirkung auf der Stufe der Rechtsauslegung ausüben, nämlich wenn sie zur Auslegung des nationalen Rechts herangezogen werden, vgl z.B. *EuGH* Slg. 2005, I-9981 („Mangold"), dazu vgl. *Preis*, Verbot der Altersdiskriminierung als Gemeinschaftsgrundrecht, NZA 2006, S. 401 ff.

163 Siehe dazu ausführlich *infra* 3. Kapitel B.I.2.c) Restatements of the Law of Contract.

164 Die Übernahme der Restatements als Gesetzbuch wird vom ihrem Urheber, dem American Law Institute (ALI) sogar explizit abgelehnt, *ALI*, Report of the Committee Proposing the Establishment of an ALI, S. 23: "legislative enactment of the restatement as a code of law (is) not desirable".

zukommt, kann eine Rechtsgeltung auf dieser Stufe nur durch eine Vereinbarung zwischen den Parteien erfolgen. Weiterhin darf in diesem Bereich kein nichtdispositives staatliches Recht gelten, da dieses dann eine entsprechende materielle Rechtswahl ausschließt. In bestimmten Regelungswerken des Soft Law ist eine solche Geltung explizit angestrebt.[165] Zudem zielt das neue „optionale" europäische Kaufrecht darauf ab, durch die Rechtswahl der Parteien Geltung zu erlangen (sog. „opt-in-Modell").[166] Solch eine Rechtswahl der Parteien ist allerdings nur in dem Rahmen zulässig, welcher durch das Kollisionsrecht vorgegeben wird. Nach herrschender Meinung ist im Bereich des europäischen Vertragsrechts ist seit Inkrafttreten der Rom-I-Verordnung[167] der vorher bezüglich des Europäischen Vertragsrechtsübereinkommens (EVÜ) bestehende Meinungsstreit über die Zulässigkeit der formellen Wählbarkeit nicht-staatlichen Rechts zu Ungunsten dieser Regelungswerke entschieden worden.[168]

III. Urheber und Mitgliederstruktur der Arbeitsgruppen

Initiativen zur Rechtsharmonisierung können auch nach Urhebern und der Mitgliederstruktur der Gruppen, die die Erarbeitung unternommen haben, unterschieden werden. Zunächst kann eine Unterscheidung danach vorgenommen werden, ob die Initiative von offizieller, halboffizieller oder privater Seite stammt. Ein Beispiel für eine rein offizielle Initiative im Bereich des Soft Law sind die Entwürfe zur Parallelgesetzgebung. Diese Art von freiwilliger Harmonisierung zeigt auf der Stufe ihrer Entstehung eine Überschneidung mit völkerrechtlich-vertraglichen Harmonisierungsinitiativen, da dort eine vorherige Koordinierung der beteiligten Staaten stattfindet. Ein weiteres Beispiel sind die UNCITRAL-Modellgesetze, wobei der Unterschied zur Parallelgesetzgebung darin besteht, dass eine zwischenstaatliche Organisation die Ausarbeitung übernimmt.[169] Weiterhin kann das Instrument das Ergebnis einer halboffiziellen

---

165 Vgl. Präambel der UNIDROIT-Principles: "These Principles set forth general rules for international commercial contracts. They shall be applied when the parties have agreed that their contract be governed by general principles of the law, the lex mercatoria or the like…" (Quelle www.unilex.info. Auch der Entwurf.

166 Dazu siehe ausführlich *infra* 5. Kapitel E. Aktuelle Entwicklung: Der CESL-Entwurf.

167 Verordnung Nr. 593/2008 des Europäischen Parlaments und des Rates vom 17.6.2008 über das auf vertragliche Schuldverhältnisse anzuwendende Recht (ABl. EU Nr. L 177 v. 4.7.2008 S. 6 ff. Berichtigung in ABl EU 2009, L 309/87).

168 Dazu *Magnus*, Die Rom-I-VO, IPRax 2010, S. 29 ff.

169 Dazu siehe *infra* 3. Kapitel D.I. UNCITRAL-Modellgesetz über den elektronischen Geschäftsverkehr (MLEC).

Initiative sein, wie z.B. die von der NCCUSL ausgearbeiteten US-Modellgesetze.[170] Schließlich sind auch private Initiativen denkbar, wie z.B. die Restatements des American Law Institutes oder die PECL.[171] Es ist allerdings zweifelhaft, ob solche Initiativen tatsächlich als rein „privat" angesehen werden können. Die amerikanischen Juristen, die an der Ausarbeitung der Restatements mitwirken, tun dies nicht, um „private" Eigeninteressen durchzusetzen, sondern „zur Erfüllung einer öffentlichen Pflicht" gegenüber ihrer Gesellschaft.[172] Auch die bei den an der Ausarbeitung der PECL beteiligten europäischen Juristen wiesen teilweise einen hohen Grad an Identifikation mit ihrem Heimatstaat auf.[173]

Aus der Mitgliederstruktur der Arbeitsgruppen können sich weitere Erkenntnisse über den Charakter des Instruments ergeben. An offiziellen Initiativen sind häufig Beamte beteiligt, wobei die Ausarbeitung der Instrumente dabei den Schwerpunkt bzw. mindestens einen Teil ihrer professionellen Tätigkeit bildet. Damit sind häufig politische Einflussnahmen verbunden, weil die Institution selbst Teil eines politischen Systems ist oder weil eine Einflussnahme bestimmter Interessengruppen im Laufe des Prozesses stattfindet. Dadurch kann wiederum die Qualität des Resultats beeinträchtigt werden. Allerdings kann die Einflussnahme von Interessengruppen, deren praktische Betroffenheit zu erwarten ist, auch zu einer Steigerung der Qualität der Instrumente führen.

Auf der anderen Seite stehen die privaten Initiativen. Bestehen die Mitglieder einer Arbeitsgruppe nur aus Wissenschaftlern, ist zwar eine politische Einflussnahme zunächst nicht sehr wahrscheinlich, was sich unter Umständen positiv auf die Qualität der Regelungen auswirken kann, da nicht nach dem „kleinsten gemeinsamen Nenner" im Rahmen eines politischen Interessenausgleichs gesucht werden muss. Auf internationaler Ebene sind solche Gruppen häufig international besetzt, was in positiver Hinsicht zu einer Multiperspektivität und einer entsprechenden Lösungsvielfalt innerhalb der Gruppe führt. Auf der anderen Seite kann dadurch aber auch die Entscheidungsfindung erschwert werden.[174]

170 Dazu siehe *infra* 3. Kapitel B. US-Modellgesetze.

171 Dazu vgl. *infra* 2. Kapitel B.III. Principles of European Contract Law (PECL).

172 *ALI*, Report of the Committee Proposing the Establishment of an ALI, S. 29: "Fulfillment (…) of a public duty".

173 *Jansen*, Legal Authority, S. 7.

174 *Riedl*, Vereinheitlichung des Privatrechts in Europa, S. 225 ff.

IV. Harmonisierungsintensität

Wie bereits ausgeführt, gibt es Formen unterschiedlicher Intensität von Rechtsharmonisierung auf Normenstufe, nämlich die Rechtsvereinheitlichung und die Rechtsangleichung.[175] Nur auf Normenstufe ist die Intensität durch Betrachtung und Vergleich des Bestandes an Normen messbar. Auf der Stufe der Rechtsanwendung ist es schwieriger, eine Aussage über den Grad der Einheitlichkeit zu treffen. Im Rahmen dieser Untersuchung muss dabei im Wesentlichen auf zur Verfügung stehende Untersuchungsergebnisse zurückgegriffen werden. Denn für eine eigene Einschätzung der Einheitlichkeit der Rechtsanwendung wäre eine detaillierte Rechtsprechungsanalyse notwendig, die in Anbetracht der thematischen Reichweite dieser Untersuchung nicht geleistet werden kann.

1. Instrumente zur Rechtsvereinheitlichung

Unter Rechtsvereinheitlichung wird das finale Hinwirken auf die Entstehung strengen Einheitsrechts verstanden.[176] Dazu kommen aufgrund ihrer originär zwingenden Geltung in erster Linie Instrumente des Hard Law[177] in Betracht.

Legislatorische Instrumente auf nationaler Ebene führen bei entsprechender Kompetenz stets zu einer kompletten Angleichung der Rechtsvorschriften. Als Beispiel hierfür seien US-Bundesgesetze genannt. Auf supranationaler Ebene muss differenziert werden: Grundsätzlich können nur Instrumente, die eine unmittelbare Wirkung auf der Stufe der Rechtsanwendung haben und somit keines weiteren Umsetzungsaktes der nationalen Gesetzgeber bedürfen, rechtsvereinheitlichende Wirkung entfalten (z.B. EU-Verordnungen[178]).[179] Auch durch Staatsverträge lässt sich grundsätzlich eine Rechtsvereinheitlichung herbeiführen.[180] Voraussetzung hierfür ist jedoch, dass der Vertrag einen bindenden, nicht

---

175 Siehe *supra* 1. Kapitel A.VI.3. Beabsichtige Rechtsharmonisierung.

176 Siehe *supra* 1. Kapitel A.VI.3.a) Rechtsvereinheitlichung.

177 Zu diesem Begriff *supra* 1. Kapitel A.II.1. Begriff.

178 *Köndgen* in *Riesenhuber* (Hg.), Europäische Methodenlehre, S. 83.

179 Zur Frage der Harmonisierungsintensität, die durch vollharmonisierende Richtlinien erreicht werden kann, siehe *infra* 1. Kapitel B.IV.2 Instrumente zur Rechtsangleichung.

180 Die Intensität der Rechtseinheit bei der Harmonisierung durch völkerrechtliche Verträge wird jedoch häufig dadurch verringert, dass bei besonders strittigen Punkten Vorbehalte für die Einzelstaaten zugelassen werden. Dadurch soll verhindert werden, dass weder die Staaten, die mit den Punkten einverstanden sind, auf sie verzichten müssen, noch dass die Staaten, die den Punkten ablehnend gegenüber stehen, von dem Vertrag insgesamt ausgeschlossen werden. Zu dieser Problematik *Heintschel von Heinegg*, Vorbehalte zu völkerrechtlichen Verträgen, JURA 1992,

einseitig abänderbaren Vertragstext enthält. Solche sog. „lois uniformes" sind nur in Form von „self-executing treaties" denkbar.[181]

Fraglich ist, ob auch durch Soft Law strenges Einheitsrecht geschaffen werden kann. Grundsätzlich ist dies zumindest nicht auszuschließen, da es auch in diesem Bereich Instrumente gibt, die programmatisch eine solche Wirkung zu erreichen beabsichtigen.[182] Aufgrund der fehlenden Bindungswirkung ist aber eher wahrscheinlich, dass es zu einer Diskrepanz zwischen anvisiertem Ziel und tatsächlicher Wirkung kommt.

2. *Instrumente zur Rechtsangleichung*

Nach der hier vertretenen Definition des Begriffs der Rechtsangleichung fallen hierunter alle Harmonisierungsinitiativen, welche nicht die Schaffung von strengem Einheitsrecht beabsichtigen,[183] die aber trotzdem einem höheren Grad an Rechtsübereinstimmung zu erreichen suchen.

Die intensivste Form der Rechtsangleichung ist die Schaffung von Einheitsrahmenrecht.[184] Auf nationaler Ebene wurde Einheitsrahmenrecht beispielsweise bis 2006 in Deutschland durch Rahmengesetze des Bundes geschaffen.[185] Eine weit wichtigere Rolle spielt das Einheitsrahmenrecht mittels eines Legislativakts auf europäischer Ebene: Dort bilden Richtlinien gem. Art. 288 Abs. 3 AEUV die Quelle von Einheitsrahmenrecht, da zwar das durch sie vorgegebene Ziel für die Mitgliedsstaaten verbindlich ist, die Auswahl der Form und der

S. 457 ff.; *Müller*, Die Vorbehalte in Übereinkommen zur Privatrechtsvereinheitlichung; *Kühner*, Vorbehalte zu multilateralen völkerrechtlichen Verträgen.

181 Dazu *supra* 1. Kapitel A.VII. Unterschiedliche Arten völkerrechtlicher Verträge.

182 Dabei sei vor allem auf die Uniform Acts im amerikanischen Recht verwiesen; zu deren programmatischer Ausrichtung *infra* 3. Kapitel B.II.1.c) Programm

183 Dazu *supra* 1. Kapitel A.VI.3.b) Rechtsangleichung.

184 Dazu *supra* 1. Kapitel A.III. Internationales Einheitsrecht.

185 Vor Inkrafttreten der Föderalismusreform war der Bund gem. Art. 75 GG zur Setzung von Rahmengesetzen dann befugt, wenn eine solche Regelung erforderlich war, weiterhin durfte sie nur „in Ausnahmefällen in Einzelheiten gehende oder unmittelbar geltende Regelungen enthalten." Waren diese Voraussetzungen erfüllt, bestand für die die Länder eine Pflicht zur ausfüllenden Gesetzgebung. Zu Einzelheiten vgl. z.B. *Degenhart*, Staatsorganisationsrecht, 19, Auflage (2003), S. 59 ff. Auch der US-Kongress erlässt manchmal Rahmengesetze, deren Ziel verbindlich ist, wobei die Art und Weise der Umsetzung den Einzelstaaten überlassen bleibt, vgl. *Currie*, Die Vereinheitlichung des amerikanischen Privatrechts, JZ 51 (1996), S. 930, 932.

Mittel der Umsetzung jedoch den einzelstaatlichen Stellen überlassen wird.[186] Als Ergebnis der Umsetzung einer Richtlinie entstehen in den Mitgliedsstaaten nationale Rechtsnormen, deren durch die Richtlinie vorbestimmtes Ziel identisch ist. Die durch die Richtlinie hervorgerufene Intensität der Rechtsübereinstimmung kann jedoch wegen des Grades der den Einzelstaaten zugestandenden Gestaltungsfreiheit von Fall zu Fall variieren; insbesondere hängt sie davon ab, ob die Richtlinie auf eine teilweise Harmonisierung oder eine Vollharmonisierung abzielt.[187]

Einheitsrahmenrecht kann außerdem durch völkerrechtliche Verträge geschaffen werden, nämlich dann, wenn diese sich darauf beschränken, bestimmte Grundsätze für die Vertragsstaaten verbindlich festzulegen und keine wörtliche Übereinstimmung der anzugleichenden Vorschriften anstreben. Sie werden als „lois conformes" bezeichnet und sind nur in Form von „non-self-executing treaties", d.h. also ohne unmittelbare Anwendungsfähigkeit,[188] denkbar, da andernfalls keinerlei Umsetzungsspielraum für die Einzelstaaten besteht.[189]

Ohne formelle rechtliche Geltung bzw. Umsetzungspflicht wirken Entwürfe für Parallelgesetze und Modellgesetze. Dadurch, dass die Entwürfe zur Parallelgesetzgebung von den Staaten gemeinsam ausgearbeitet werden, kann deren Harmonisierungsintensität u.U. höher sein.[190] Dagegen kann sich eine niedrigere Harmonisierungsintensität daraus ergeben, dass bei der Parallelgesetzgebung gerade kein gemeinsames Modell erarbeitet wird, sondern jeder der beteiligten Staaten am Ende der gemeinsamen Beratungen einen eigenen Gesetzesentwurf erarbeitet.[191]

Hinsichtlich der hier berücksichtigten Instrumente des Soft Law lässt sich festhalten, dass sich generelle Aussagen über eine eventuelle Harmonisierungsintensität auf der Stufe der Normen aufgrund des unverbindlichen Charakters dieser Regelungswerke nicht treffen lassen. Die Intensität der erreichten Harmonisierung kann von Einheitsrahmenrecht bis zu einer weitgehenden Wirkungslosigkeit variieren.

---

186 Dazu siehe ausführlich *infra* 2. Kapitel C.III.2. Vertragsharmonisierung durch Richtlinien.

187 Dazu siehe *infra* 2. Kapitel C.III.2.a) Allgemeines.

188 Im Gegensatz zu „self-executing treaties", dazu vgl. *supra* unter 1. Kapitel A.VII. Unterschiedliche Arten völkerrechtlicher Verträge.

189 *Kropholler*, Internationales Einheitsrecht, S. 101 f.; *Schmeder*, Die Rechtsangleichung als Integrationsmittel der europäischen Gemeinschaft, S. 55.

190 Dazu siehe *infra* 1. Kapitel B.III.Urheber und Mitgliederstruktur der Arbeitsgruppen.

191 *Linhart*, Internationales Einheitsrecht und einheitliche Auslegung, S. 23, *Hellner*, Unification of Law in Scandinavia, AJCL 1968, S. 88, 94.

V. Regelungsstrukturmerkmale

Eine weiteres Unterscheidungskriterium ist die Struktur der Harmonisierungsinstrumente. Es lassen dabei sich verschiedene Merkmale unterscheiden.

1. Regelungsdichte und Konkretisierungsgrad

Rechtsnormen lassen sich anhand ihrer Regelungsdichte und dem Konkretisierungsgrad ihres Textes grob in zwei unterschiedliche Gruppen unterteilen: Auf der einen Seite stehen spezielle Rechtsregeln, deren Wortlaut konkrete Bedingungen daran stellt, unter welchen Voraussetzungen die Norm Anwendung findet. Auf der anderen Seite stehen allgemeine Prinzipen, deren Wortlaut keine präzisen Vorgaben für ihren Anwendungsbereich enthält, sondern nur generelle Standards setzt.[192] Diese Unterscheidung findet entsprechende Anwendung auf Instrumente des Soft Law, wenn sie vergleichbar ausgestaltet sind.[193] Es besteht also die Möglichkeit, dass ein Instrument des Soft Law sowohl spezielle Regeln als auch allgemeine Prinzipien enthält.[194]

Bei der Betrachtung gesetzlicher und gesetzesgleicher Instrumente ist häufig von grundlegenden Unterschieden zwischen den Rechtsordnungen des Civil Law und des Common Law die Rede. Den statutes im Common Law solle dabei traditionell die Aufgabe zukommen, das bestehende Fallrecht zu ergänzen. Als Ausnahmevorschriften seien sie präzise und detailliert formuliert. Aufgrund dieser Funktion werden sie grundsätzlich eher restriktiv ausgelegt.[195] Auf der

---

192 In diesem Zusammenhang wurde eine Verwendung des mehrdeutigen Begriffs der „allgemeinen Rechtsgrundsätze" vermieden. Dieser Begriff wird im Rahmen dieser Arbeit wie bei *Metzger*, Allgemeine Rechtsgrundsätze, S. 25 ff. verstanden. Zur Reichweite dieses Begriffs siehe *supra* 1. Kapitel A.IV. Allgemeine Rechtsgrundsätze. Bei der in diesem Abschnitt gefundenen Unterscheidung zwischen konkreten Normen und (abstrakten) allgemeinen Prinzipien geht es allein um den Grad der Konkretisierung, in diesem Sinne auch *Eisenberg*, The Nature of the Common Law, S. 77.

193 *Berger*, The Creeping Codification of the New Lex Mercatoria, S. 201.

194 Dies ist insbesondere bei einer Kodifikation der Fall, siehe *infra* 1. Kapitel B.V.2 Einfache Gesetze und Kodifikationen.

195 Vgl. dazu für US-Gesetze *infra* 3. Kapitel B.I.2.a) Richterliche Entscheidungen. Die ausschließlich wörtliche Auslegung von statutes durch die englischen und amerikanischen Gerichte wird jedoch inzwischen durch weitere Auslegungstechniken ergänzt, vgl. dazu detailliert *Zweigert/Kötz*, Einführung in die Rechtsvergleichung, S. 259 ff. Zu den Techniken der Gesetzesauslegung im amerikanischen Recht siehe detailliert *Melin*, Gesetzesauslegung in den USA und Deutschland, S. 53 ff.

anderen Seite stünden die Gesetze im Civil Law, die klassischerweise die primäre Rechtsquelle ihrer Rechtsordnung bildeten und deswegen allgemeiner formuliert und auf richterliche Konkretisierung angelegt seien.[196] Deshalb werde den Richtern im Civil law durch Gesetze eher ein grundsätzlicher Leitfaden an die Hand gegeben, auf dessen Grundlage sich das Recht weiterentwickele, wogegen Statutes im Common Law genaue Vorgaben für den Einzelfall enthielten, denen der Richter Folge zu leisten habe. Der daraus resultierende Arbeitsstil der Rechtsanwender sei in Kontinentaleuropa grundsätzlich deduktiv, das konkrete Rechtsproblem werde also eher durch Ableitung von einem allgemeinen Prinzip gelöst. In den Rechtssystemen des Common Law sei der richterliche Arbeitsstil hingegen eher induktiv, es werde also von einem konkreten Rechtsproblem ausgehend ein allgemeines Prinzip konstruiert.[197]

Diese allgemeinen Feststellungen sind zwar vielfach betont worden und entsprechend akzeptiert, vermögen allerdings in ihrer Allgemeinheit nicht zu überzeugen. Da meist keine allgemeingültigen Aussagen getroffen werden, sondern eher „Tendenzen" formuliert werden, sind die allgemeinen Aussagen durch divergierende Einzelbeobachtungen schwer zu widerlegen.

Es ist jedoch eine Reihe von Erwägungen denkbar, die allgemeine Aussagen über „das Common Law" oder „das Civil Law" als wenig zutreffend erscheinen lassen. Man kann durchaus bezweifeln, ob allgemeine Urteile über eine gesamte Rechtsordnung überhaupt sinnvoll sind, da es sich um äußerst komplexe Gebilde handelt. Auch innerhalb einzelstaatlicher Rechtsordnungen gibt es nämlich nicht unbedingt grundsätzliche, verallgemeinerungsfähige Charakteristika hinsichtlich der Regelungsstruktur einzelner Gesetze. Wenn man diese Feststellung auf die Bewertung ganzer „Rechtsfamilien" überträgt, schrumpft die Erfahrungsbasis, auf der ein entsprechendes Urteil abgegeben wird, noch weiter.

Auf der Ebene der Rechtsanwendung hat zudem die Untersuchung von *Vogenauer* für Deutschland, England und Frankreich gezeigt, dass, sobald man sich von der unterschiedlichen Klassifikation der Auslegungskriterien löst, allenfalls graduelle Unterschiede sowohl zwischen den inhaltlichen Auslegungskriterien[198] als auch zwischen deren Gewichtung im Konfliktfall[199] bestehen.

---

196 *Zweigert/Kötz*, Einführung in die Rechtsvergleichung, S. 261.

197 Im Einzelnen kann für einen Vergleich der Rechtsfindungstechniken m.w.N. auf die Schilderung in *Zweigert/Kötz*, Einführung in die Rechtsvergleichung, S. 250 ff. verwiesen werden.

198 *Vogenauer*, Die Auslegung von Gesetzen in England und auf dem Kontinent, S. 1254 ff.

199 *Vogenauer*, Die Auslegung von Gesetzen in England und auf dem Kontinent, S. 1282 ff.

Aus diesen Erwägungen folgt, dass im Rahmen dieser Untersuchung versucht werden soll, nicht von pauschalen Urteilen über bestimmte Rechtsordnungen und Rechtskreise auszugehen; sie verstellen leicht den Blick auf die tatsächlich bestehenden Gemeinsamkeiten bzw. Unterschiede.

2. *Einfache Gesetze und Kodifikationen*

Eine Unterscheidung der Instrumente lässt sich danach vornehmen, ob es sich um einen Kodifikation (bzw. einen code) oder um ein einfaches Gesetz (statute) handelt.

Kodifikationen (bzw. codes[200]) unterschieden sich von einfachen gesetzlichen Vorschriften zunächst dadurch, dass mit Kodifikationen ein weiterer Rechtsbereich abgedeckt wird.[201] Dabei kann zwischen sog. „echten" Kodifikationen und sog „formalen" Kodifikationen unterschieden werden.[202] Damit es sich um eine „echte" Kodifikation handelt, muss sie drei Kriterien erfüllen: Sie muss eine innere Systematik besitzen, die umfassende Regelung eines Rechtsbereichs bezwecken und gegenüber anderen Rechtsquellen vorrangige Geltung beanspruchen.[203]

---

200 Es sei darauf hingewiesen, dass der Name „code" zur Bezeichnung sehr unterschiedlicher Gesetzeswerke benutzt wird, weshalb im Rahmen dieser Untersuchung der Begriff der Kodifikation verwendet werden soll, vgl, dazu *von Bar*, Coverage and Structure of the Academic CFR, ERCL 2007, S. 350, 353.

201 So auch das Verständnis von *Bergel*, Principial Features and Methods of Codification, La.L.Rev 1988, S. 1073: "a compendium of laws, a body or corpus of legal provisions relating to a particular matter."

202 Vgl. *Bergel*, Principial Features and Methods of Codification, La.L.Rev 1988, S. 1073, 1077 ff., der zwischen "true/substantive codification" und "formal codification" unterscheidet.

203 *Hawkland*, Uniform Commercial "Code" methodology, U. of Ill. L. R. 1962, S. 291, 292, der eine „echte" Kodifikation als „a pre-emptive, systematic, and comprehensive enactment of a whole field of law" klassifiziert. Das klassische Verständnis des Kodifikationsbegriffs wurde von *Bentham* Anfang des 19. Jahrhunderts geprägt und durch *Dumonts* Schrift „De la Codification" (1803) verbreitet. Neben den Merkmalen Systematik, der umfassende Regelung eines Rechtsbereichs und der einheitlichen Geltung innerhalb eines Staatsgebiets sollte der Inhalt einer Kodifikation weiterhin zweckmäßig (dh. frei von historischen Zufälligkeiten) sein. Schließlich sollte sie den Richter binden und sein Ermessen weitestgehend ausschließen, eine Eigenschaft, welche sich im Laufe des 19. Jahrhunderts aufgrund der Unvorhersehbarkeit der Praxis relativiert hat, siehe *Coing*, Handbuch der Quellen, Bd. III/1, S. 4 f.

Die Systematik „echter“ Kodifikationen besteht darin, dass diese Festsetzungen enthalten, die logisch so miteinander verknüpft sind, dass von den zugrundeliegenden allgemeinen Rechtsgrundsätzen bis zu den einzelnen Normen ein durchgehend ableitbarer logischer (deduktiver) Zusammenhang besteht.[204] Dazu ist zunächst eine durchgehend einheitliche Terminologie erforderlich. Die allgemeinen Prinzipien dienen bei der Anwendung der einzelnen Normen, die deren Konkretisierung darstellen, als Orientierung.[205] Weiterhin können sie zum Füllen von Regelungslücken, zur Auflösung von möglicherweise auftretenden Konkurrenzen und Widersprüchen und zur Abmilderung unbilliger Härten bei wörtlicher Anwendung genutzt werden.[206] Liegt der Kodifikation eine solche Systematik zugrunde, so kann dies bei entsprechendem Umfang der Kodifikation dazu führen, dass der überwiegende Teil der in ihrem Regelungsbereich auftretenden Rechtsfragen mithilfe der kodifizierten Normen beantwortet werden kann. Resultat der Systematik ist also eine umfassende Regelung des betroffenen Bereichs.[207] Damit geht bei einer „echten“ Kodifikation ein abschließender Geltungsanspruch einher, d.h. für einen bestimmten Regelungsbereich ist sie als primäre Rechtsquelle vorgesehen und verdrängt die vorher in ihrem Bereich geltenden Rechtsquellen vollständig.[208] Als Beispiele seien die kontinentaleuropäischen Zivilrechtskodifikationen genannt. Bei Regelungen aus dem Bereich des Soft Law ist im Hinblick auf dieses Merkmal zu beachten, dass eine Verdrängung anderer Rechtsquellen aufgrund der fehlenden Rechtsgeltung zunächst nur angestrebt werden kann. Deshalb soll zur Klassifizierung

204 So Vgl. *Bergel*, Principial Features and Methods of Codification, La.L.Rev 1988, S. 1073, 1083.

205 Insbesondere dann, wenn die wörtliche Anwendung der rules zu unbilligen Härten führt, vgl. *Hawkland*, Uniform Commercial “Code” methodology, U. of Ill. L. R. 1962, S. 291, 299 f.

206 *Hawkland*, Uniform Commercial “Code” methodology, U. of Ill.L.R. 1962, S. 291, 299 f.

207 Das Merkmal der “comprehensiveness”, vgl. *Hawkland*, Uniform Commercial “Code” methodology, U. of Ill.L.R. 1962, S. 291, 309.

208 *Rosen* unterteilt solche „codes“ noch in “fully comprehensive” (mit abschließender Geltung im Bereich des gesamten Zivilrechts) und “field comprehensive” (mit abschließender Geltung in einem zivilrechtlichen Teilbereich), *Rosen*, What Has Happened to the Common Law? Wis.L.R. 1994, S. 1119, 1127 ff.; wobei er jedoch selbst feststellt, dass diese Differenzierung eher die Reichweite umfasst und des sich nicht um zwei unterschiedliche Arten der Kodifikation handelt (“the difference (…) is one of degree rather than kind.”), vgl. *Rosen*, What Has Happened to the Common Law? Wis.L.R. 1994, S. 1119, 1131.

einer „weichen“ Regelung als „kodifikationsähnlich“ eine entsprechende Intention der Verfasser genügen.

Die einfachen „Codes“, welche häufig in Rechtsordnungen des Common Law vorkommen, können zwar einen gewissen inneren systematischen Zusammenhang aufweisen und sich somit von einer bloßen Sammlung von Statutes unterscheiden, beanspruchen für sich aber zumindest keine abschließende bzw. vorrangige Geltung,[209] weil ihre Funktion in erster Linie darin gesehen wird, bereits durch die Rechtsprechung aufgestellte Regeln in übersichtlicher Art und Weise wiederzugeben.[210] Die Unterscheidung zwischen echter und unechter Kodifikation ist von weitreichender Bedeutung für die anzuwendende Methodik.[211]

Einfache Gesetze (bzw. Statutes) weisen hingegen keinen besonderen systematischen inneren Zusammenhang auf, sondern sind auf einen bestimmten Sektor oder Regelungsbereich beschränkt.

VI. Inhaltliche Unterscheidungsmerkmale

Da diese Untersuchung eine eher empirische Herangehensweise verfolgt, kann keine Beschäftigung mit rechtlichen Einzelfragen der jeweiligen Instrumente erfolgen. Dennoch sind zwei grundsätzliche, mit dem Inhalt der Instrumente verbundene Unterscheidungen denkbar, die unmittelbare Auswirkungen auf die Harmonisierungsintensität der Instrumente haben.

1. Unterschiedliche privatrechtliche Materien

Diese Untersuchung beschäftigt sich mit der Harmonisierung von Sachrecht. Davon zu unterscheiden ist die Harmonisierung des Kollisionsrechts. Während dem Sachrecht die Funktion zukommt, die Grundlage für die Entscheidung des eigentlichen Rechtsstreits zu bilden, beschränkt sich das Kollisionsrecht stets darauf, bei sog. „transnationalen“[212] Sachverhalten zu bestimmen, welche

---

209 Diese Art von Kodifikation wird als „perpetual index“ bezeichnet, vgl. *Rosen*, What Has Happened to the Common Law? Wis.L.R. 1994, S. 1119, 1131 ff.

210 *Bergel*, Principial Features and Methods of Codification, La.L.Rev 1988, S. 1073, 1076. Diese Funktion wird auch von den US-Restatements verfolgt, siehe *infra* 3. Kapitel B.I.2.c) Restatements of the Law of Contracts.

211 Dazu siehe *Hawkland*, Uniform Commercial “Code” methodology, U. of Ill.L.R. 1962, S. 291, 292, 313 ff.; *Rosen*, What Has Happened to the Common Law? Wis.L.R. 1994, S. 1119, 1133. Auf die einzelnen Unterschiede wird in Rahmen der Untersuchung der entsprechenden Gesetzeswerke eingegangen.

212 Dieser Begriff stammt von *Kreuzer*, Entnationalisierung des Privatrechts, FS Universität Würzburg, S. 247, 248. Damit gemeint sind „Sachverhalte mit Auslandsberührung“.

sachrechtlichen Normen Anwendung finden sollen. Ein Bedürfnis für Kollisionsrecht besteht also nur dann, wenn das Sachrecht im konkreten Fall nicht vereinheitlicht ist. Auf der anderen Seite sorgt vereinheitlichtes Kollisionsrecht ausschließlich dafür, dass unabhängig davon, in welcher Rechtsordnung der Rechtsstreit beginnt, im Ergebnis stets unter den Voraussetzungen derselben, nämlich der „räumlich besten" Rechtsordnung, entschieden wird.[213] Auf Ebene der EU (mit Ausnahme von Dänemark) wurde durch den Erlass der Rom-I-Verordnung[214] eine Vereinheitlichung des Kollisionsrecht im vertragsrechtlichen Bereich für Zivil- und Handelssachen erreicht.[215]

Sachrecht wird hingegen klassischerweise vom einzelstaatlichen Gesetzgeber zur Regelung inlandsbezogender Sachverhalte erlassen, auch wenn eine solche Beschränkung in diesen Gesetzen überwiegend nicht explizit erwähnt wird. Sie ergibt sich jedoch daraus, dass neben solchen Regelungen andere Gesetze geschaffen werden, die explizit Sachrecht für transnationale Sachverhalte enthalten (z.B. das CISG).[216]

Je nach Sachrechtsmaterie kann das Bedürfnis für eine Rechtsharmonisierung variieren.[217] Der Grund hierfür liegt darin, dass privatrechtliche Regelungen zwar gleichermaßen den Ausgleich privater Interessen zum Ziel haben, sich die tangierten Interessen jedoch nach dem betroffenen Rechtsgebiet stark unterscheiden. Von den Interessen der beteiligten Akteure hängt im konkreten Fall

---

Er ist der Bezeichnung „internationale Sachverhalte" deswegen vorzuziehen, weil diese Bezeichnung den irreführenden Eindruck erweckt, dass es sich bei solchen Sachverhalten um zwischenstaatliche Regelungen handelt.

213 *Taupitz*, Europäische Privatrechtsvereinheitlichung, S. 9 f.

214 Damit ist die Verordnung Nr. 593/2008 des Europäischen Parlaments und des Rates vom 17.6.2008 über das auf vertragliche Schuldverhältnisse anzuwendende Recht bezeichnet. (ABl. EU Nr. L 177 v. 4.7.2008 S. 6 ff. Berichtigung in ABl EU 2009, L 309/87) bezeichnet.

215 Dazu siehe im einzelnen *Magnus*, Die Rom-I-VO, IPRax 2010, S. 29 ff.

216 *Kreuzer* differenziert nochmals innerhalb des Sachrechts für transnationale Sachverhalte, und zwar zwischen Sachverhalten, die ihren Schwerpunkt eindeutig in einer Rechtsordnung haben (sog. „schlicht transnationale Sachverhalte") und solchen, bei denen das nicht der Fall ist (sog. „qualifiziert transnationale Sachverhalte"), *Kreuzer*, Entnationalisierung des Privatrechts, FS Universität Würzburg, S. 247, 285 ff.

217 Diese Erkenntnis findet sich schon in den Protokollen der Bundesversammlung zu den Beratungen zur Harmonisierung des Obligationenrechts innerhalb des deutschen Bundes, vgl. dazu *Schubert* (Hg.), Protokolle ADHGB, Bd. 1, S. XVII f.

die Intensität des Bedürfnisses nach Rechtsharmonisierung ab.[218] Darüber hinaus können auch sonstige Eigenschaften einer Rechtsmaterie das Bedürfnis und den potentiellen Erfolg einer Rechtsharmonisierung beeinflussen.

In diesem Zusammenhang wird vertreten,[219] dass jedwede Rechtsharmonisierung im privatrechtlichen Bereich einem bestimmten Muster folgt, dass sie nämlich stets im Wechselrecht beginnt, um über das Handelsrecht und das Obligationenrecht schließlich andere zivilrechtliche Materien zu erfassen. Diese These ist angesichts der Tatsache, dass zumindest die europäische Privatrechtsharmonisierung nicht diesem Schema gefolgt ist, zwar widerlegt,[220] ihr liegt jedoch der zutreffende Gedanke zugrunde, dass bestimmten Rechtsmaterien aufgrund der Interessen der betroffenen Akteure ein höheres Bedürfnis nach Harmonisierung innewohnt. Dabei sind Wechsel- und Handelsrecht[221] traditionell an erster Stelle zu nennen, denn die davon betroffenen Akteure sind oft natürliche oder juristische Personen, die rechtsordnungsübergreifend tätig sind.[222] Die Kosten, die aus der internationalen Uneinheitlichkeit des Rechts folgen, sind entsprechend höher als in anderen Rechtsmaterien. Insbesondere überwiegt in diesem Bereich häufig das Bedürfnis nach Rechtssicherheit.[223]

Im Bereich des Vertragsrechts lässt sich zwischen der sonderrechtlichen Regelung transnationaler Sachverhalte, der Regelung innerstaatlicher Sachverhalte und einer Regelung ohne eine solche Differenzierung unterscheiden. Je nach Geltungsumfang und personellem Anwendungsbereich der getroffenen

---

218 Ein solches Bedürfnis ist Voraussetzung für den Erfolg jedweder Rechtsharmonisierungsinitiative, vgl. nur *Storme*, Rechtsvereinheitlichung in Europa, RabelsZ 1992, S. 290, 293, dazu mit weiteren Nachweisen siehe *infra* 4. Kapitel A.I. Grundbedürfnis für die Ausarbeitung.

219 *Limpens*, Les constantes de l'unification du droit privé, Revue internationale de droit comparé, S. 277 ff., insbesondere S. 296.

220 Zur thematischen Reichweite der europäischen Rechtsharmonisierung im einzelnen unter *infra* 2. Kapitel C. Unionsvertragsrecht.

221 In diesem Sinne auch *Siehr*, Sachrecht im IPR, in *Hell/Klinke* (Hg.), Internationales Privatrecht, Internationales Wirtschaftsrecht, S. 103, 117. Im Hinblick auf den internationalen Charakter des Vertragsrechts siehe so auch *Farnsworth*, Comparative Contract Law, in *Reimann/Zimmermann* (Hg.), The Oxford Handbook of Comparative Law, S. 899 ff.

222 *Zimmermann*, The Present State of European Private Law, AJCL 2009, S. 479, 481. Weitere „rechtsvereinheitlichungsbedürftige“ privatrechtliche Rechtsmaterien (mit Nachweisen) finden sich bei *Taupitz*, Europäische Rechtsvereinheitlichung, S. 10 (u.a. gewerblicher Rechtsschutz, See- und Luftrecht).

223 *Currie*, Die Vereinheitlichung des amerikanischen Privatrechts, JZ 1996, S. 930, 931.

Regelungen kann das Bedürfnis für eine Harmonisierung aufgrund der unterschiedlichen zugrundeliegenden Interessen variieren.

Auf der anderen Seite kann ein besonderer kultureller,[224] religiöser oder sozialer Bezug bestimmter Rechtsgebiete - z.B. des Familien- und Erbrechts - trotz des Vorliegens dafür sprechender Interessen eine Rechtsharmonisierung erschweren, wenn moralische Wertungen in den Entstehungsprozess der einzelstaatlichen Normen einfließen. Solche Einflüsse führen u.U. dazu, dass eine Harmonisierung und eine damit verbundene Veränderung der Normen, wenn vergleichbare Rahmenbedingungen in den anderen an der Harmonisierung beteiligten Einzelstaaten nicht vorliegen, unmöglich oder zumindest stark erschwert werden.[225]

2. *Unterscheidung zwingendes/dispositives Recht*

Schließlich kann eine Unterscheidung unterschiedlicher Instrumente im Bereich des allgemeinen Vertrags- und des Kaufrechts danach stattfinden, ob es sich um zwingendes oder um dispositives Recht handelt. Aus der Dispositivität des Vertragsrechts folgt der Vorrang der Parteivereinbarung. Das in den europäischen Nationalstaaten klassischerweise dispositive Vertragsrecht wird jedoch inzwischen in vielen Bereichen[226] von schutzzweckgebundenen europäischen Rechtsnormen überlagert, welche die Parteiautonomie zum Teil erheblich einschränken.[227]

Eine besondere Art von Dispositivität beinhalten sog. „opt-out"- bzw. „opt-in"-Vorschriften. Bei ersteren handelt es sich um ein Regelungswerk, welches zunächst einmal gilt, aber eine Norm enthält, die es den Parteien ermöglicht, das Regelungswerk in seiner Gesamtheit oder in Teilbereichen von seiner Anwendbarkeit auszuschließen.[228] „Opt-in"-Vorschriften zeichnen sich dadurch aus, dass sie nicht gelten, wenn nicht von den Parteien explizit eine Geltung vereinbart wird.[229] Voraussetzung für die Wählbarkeit ist, dass das internationale

---

224 Zum „schillernden" Begriff der Rechtskultur schon *supra* 1. Kapitel A.IX. Rechtskultur.

225 *Infra* 4. Kapitel A.II. Maßgebliche Faktoren für eine Harmonisierungs- bzw. Modellwirkung.

226 *Infra* 2. Kapitel C.III.2.b) Rechtsgebiete.

227 Zu den daraus folgenden Problemen *infra* 2. Kapitel E. Bewertung.

228 Das prominenteste Beispiel für ein solches Regelungswerk ist das CISG, *infra* 2. Kapitel D.I. United Nations Convention on the International Sale of Goods (CISG).

229 Das optionale Kaufrecht ist als „opt-in"-Instrument ausgestaltet, dazu *infra* 5. Kapitel E. Aktuelle Entwicklung: Der CESL-Entwurf.

Privatrecht der an der Harmonisierung teilnehmenden Staaten entsprechend ausgestaltet ist. Es handelt sich bei beiden Arten von Instrumenten allerdings nicht um Soft Law, weil ihnen eine verbindliche Geltung kraft des Rechtssetzungsaktes einer dazu kompetenten staatlichen Institution zukommt.

2. Kapitel: Das europäische Vertragsrecht

Bevor die Eignung von Modellgesetzen für die europäische Vertragsrechtsharmonisierung untersucht wird, soll der heutige Stand des europäischen Vertragsrechts dargestellt werden. Aufgrund der Komplexität dieser Materie kann die dabei vorgenommene Darstellung nur den Charakter eines Überblicks aufweisen.

A. Einleitung

I. Die EU als supranationaler Staatenverbund

Die Struktur und die Rechtspersönlichkeit der EU sind seit Inkrafttreten des Reformvertrags von Lissabon[230] geregelt.[231] Die Überstaatlichkeit (Supranationalität) ist das Alleinstellungsmerkmal der EU gegenüber anderen internationalen Organisationen, wobei die Bedeutung und Reichweite dieser Eigenschaft im einzelnen umstritten ist.[232] Bei der EU als supranationalem Konstrukt handelt

---

230 Ein kurzer Überblick über die Entstehung des Vertrags von Lissabon findet sich z.B. bei *Polsfuß*, Chronologie der Entstehung des Vertrags von Lissabon, in *Weidenfeld* (Hg.), Lissabon in der Analyse, S. 255 ff.

231 Strukturell hat sich die EU durch den Lissabon-Vertrag insofern verändert, dass die vorher bestehende Säulenstruktur aus supranationaler erster Säule (EU und EG) und der intergouvernementalen zweiten (GASP) und dritten Säule (PJZS) durch die einheitlich supranationale Struktur der EU ersetzt worden ist, in der die zweite und dritte Säule als Politiken auftauchen, wobei gegenüber anderen Politiken bestimmte Besonderheiten bestehen blieben. Zur gemeinsamen Außen- und Sicherheitspolitik siehe ausführlich *Oppermann*, Europarecht, §§ 38, 39.

232 Zur Rechtsnatur der Europäischen Gemeinschaft e.A. (für eine völkerrechtliche Sichtweise): *Streinz*, Europarecht, Rn. 118 ff. Ein Überblick über die alternativen Sichtweisen findet sich bei *Oppermann*, Europarecht, § 4, Rn. 24 ff. Zur herrschenden Meinung (die Gemeinschaft als Rechtsordnung sui generis): *EuGH* v. 15.7.1964 - Rs. 6/64, Costa/ENEL, Slg. 1964, S. 1269 ff.; m.w.N. *Oppermann*, Europarecht, § 4, Rn. 4 ff. Diese Auffassung kann sich nach Abschluss des Lissabon-Prozesses auch auf Art. 47 EUV stützen, der eine einheitliche Rechtspersönlichkeit normiert. *Nettesheim*, Die konsoziative Förderation von EU und Mitgliedsstaaten, ZEuS 2002, S. 507, 523 geht begrifflich darüber hinaus, wenn er die Union als „werdenden Staat" bezeichnet. Inhaltlich setzt er diesen Begriff jedoch mit dem Begriff der „supranationalen Integrationsgemeinschaft" auf der Grundlage gemeinsamer politischer Grundwerte gleich und kommt somit im wesentlichen zum gleichen Ergebnis wie die herrschende Meinung.

es sich nach der hier übernommenen herrschenden Meinung um eine neue Variante innerhalb des klassischen Schemas der Staatenverbindungen.[233] Das Bundesverfassungsgericht hat in seiner Maastricht-Entscheidung[234] die Wortschöpfung „Staatenverbund" geprägt. Damit sollte die Mischform der EU mit den Elementen eines Bundesstaats auf der einen Seite und denen eines Staatenbundes auf der anderen Seite beschrieben werden. Sie leitet ihre Souveränität von derjenigen der Mitgliedsstaaten ab.[235] Entsprechend ist die „Grundnorm"[236] der EU nicht eine Verfassung, sondern ein völkerrechtliches Vertragswerk, bestehend aus dem Vertrag über die Europäische Union (EUV) und dem Vertrag über die Arbeitsweise der Europäischen Union (AEUV).[237] In diesen Verträgen ist unter anderem niedergelegt, in welchem Umfang die einzelnen Mitgliedsstaaten der Gemeinschaft Kompetenzen übertragen. Diese Verträge normieren die einzigartige, supranationale Struktur der Union.[238]

II. Definition und Eigenschaften des „Europäischen Vertragsrechts"

Der Begriff „europäisch" soll im Folgenden nicht in seinem geographischen Reichweite verwendet werden. Er soll vielmehr als „auf dem Gebiet der Europäischen Union" verwandt werden, weil durch die einzigartige supranationale Struktur der EU ein besonderer rechtlicher Zusammenhalt zwischen den Mitgliedsstaaten entstanden ist.

---

233 Staatenverbindungen sind u.a. internationale Organisationen, Staatenbünde und Bundesstaaten, dazu *Oppermann*, Europarecht, § 5, Rn. 8.

234 BVerfGE 89, S. 155 ff.

235 Siehe *Ranacher/Staudigl*, Einführung in das EU-Recht, S. 28.

236 *Köndgen* in *Riesenhuber* (Hg.), Europäische Methodenlehre, Bd. 2, S. 68.

237 *Köndgen* in *Riesenhuber* (Hg.), Europäische Methodenlehre, Bd. 2, S. 68.

238 Diese Struktur ist durch folgende Kriterien gekennzeichnet: (1) die Existenz selbstständiger, von den Mitgliedsstaaten unabhängiger Organe; (2) die Breite der Aufgabenbereiche der Union; (3) die Möglichkeit, einzelne Staaten gegen ihren Willen durch Rechtsakte zu binden (durch Einführung des Majoritätsprinzips, vgl. u.a. Art. 114 AEUV[238]); (4) den umfänglichen Rechtsschutz gegen Unionsrecht; (5) die relative finanzielle Selbständigkeit durch eigene Haushaltsmittel; (6) den Vorrang des Unionsrechts; (7) die unmittelbare (direkte) Anwendbarkeit und Durchsetzbarkeit von Rechtsakten der Union und (8) die Verpflichtung der EU auf gemeinsame Grundwerte, *Ranacher/Staudigl*, Einführung in das EU-Recht, S. 28. Zu den besonderen Merkmalen der EU als supranationaler Staatenverbund auch *Oppermann*, Europarecht, § 4, Rn. 8 ff.

1. *Inhalt und Reichweite des Begriffs*

Der Begriff des Europäischen Privatrechts wird unterschiedlich verwendet.

Drei Teilbereichsbetrachtungen[239] verdienen dabei Erwähnung: Die erste Teilbereichsbetrachtung hat ausschließlich den sog. acquis communautaire, d.h. den gegenwärtigen Bestand des Privatrechts der europäischen Union,[240] zur Grundlage.[241] Damit ist die Gesamtheit aus primär- und sekundärrechtlichen Vorschriften sowie die Rechtsprechung des EuGH gemeint, welche auch als „Gemeinschaftsprivatrecht“[242] oder „ius communitatis“ bezeichnet wird. Ein weiterer Teilbereich, der mit dem Begriff „Europäisches Privatrecht“ bezeichnet wird, ist die Gesamtheit der existierenden Gemeinsamkeiten in den nationalen Rechtsordnungen, welche im Wege einer wertenden Rechtsvergleichung gewonnen werden. Dieser Bereich wird auch als sog. „gemeineuropäisches Privatrecht“ bezeichnet.[243] Schließlich wird der Begriff des europäischen Privatrechts dazu gebraucht, die bis ins Kodifikationszeitalter innerhalb Europas[244] bestehende gemeinsame Rechtstradition aufgrund des römisch-kanonischen ius commune zu beschreiben.[245]

---

239 Vgl. *Remien*, Europäisches Privatrecht als Verfassungsfrage, EuR 2005, S. 699, 700 f.

240 *Jansen*, Traditionsbegründung im europäischen Privatrecht, JZ 2006, S. 536, 537.

241 So z.B. *Klauer*, Die Europäisierung des Privatrechts, S. 21; *Grundmann*, Europäisches Schuldvertragsrecht, S. 8, *Riesenhuber*, Europäisches Vertragsrecht, S. 1. Dieser Ansatz liegt auch den Acquis-Principles zugrunde, dazu siehe *Acquis Group*, Principles of the Existing EC Contract Law. Eine deutsche Übersetzung ohne Erläuterungen findet sich in der ZEuP 2007, S. 896 ff. *Riesenhuber*, System und Prinzipien des Europäischen Vertragsrechts, S. 16 differenziert allerdings zwischen seinem Verständnis des Europäischen Privatrechts und dem „Unionsprivatrecht“ unter dem Gesichtspunkt, dass damit die privatrechtlichen Regeln der europäischen Gemeinschaft und nicht die Beziehungen zwischen diesen und den nationalen Vorschriften gemeint ist. Damit beschränkt er sich bei der Betrachtung des europäischen Privatrechts auf die unionsrechtliche Ebene.

242 Dieser Begriff wurde von *Müller-Graff* geprägt, vgl. zuerst *Müller-Graff*, Privatrecht und europäisches Unionsrecht, in *Müller-Graff/Zuleeg*, FS Börner, S. 17–52. Davor siehe schon *Kropholler*, Internationales Einheitsrecht, S. 36.

243 Eine solche Begriffsverwendung findet sich etwa bei *Kötz*, Europäisches Vertragsrecht, V ff. Außerdem liegt sie den Principles of European Contract Law zugrunde, vgl. *Lando/Beale* (Hg.), Principles of European Contract Law, Parts I and II (2000), S. XXV.

244 Wobei Uneinigkeit über die Frage herrscht, ob England als Teil dieser Rechtstradition anzusehen ist, dazu vgl. z.B. *Zimmermann*, Das römisch-kanonische ius commune, JZ 1992, S. 8 ff.

245 Vgl. insbesondere *Coing*, Europäisches Privatrecht, Bd.I und II.

Dagegen umfassen die integrativen Lehren neben den drei erwähnten Teilbereichen weitere, nicht originär europäische Rechtsquellen, die einen Einfluss auf die Rechtsentwicklung haben. Hierzu zählt z.B. das internationale Einheitsrecht.[246] Der integrative Ansatz ist offener und bezieht sich nicht nur auf einen der unterschiedlichen Teilaspekte der bestehenden europäischen Gemeinsamkeiten auf dem Gebiet des Privatrecht. Um das gesamte geltende europäische Privatrecht abbilden zu können, wird im Folgenden das integrative Begriffsverständnis zugrunde gelegt. Über rechtsverbindliche Rechtsquellen hinaus müssen nach dem zugrundegelegten Rechtsquellenverständnis[247] auch die Rechtswissenschaft und die Instrumente des Soft Law, denen ein gewisser Grad rechtlicher Anerkennung zukommt[248], in die Darstellung des Europäischen Privatrechts miteinbezogen werden. Nur so kann ein umfassendes Bild des rechtlichen Zustandes auf dem Gebiet der Europäischen Union geschaffen werden. Da sich diese Untersuchung ausschließlich mit Sachrecht[249] beschäftigt, soll nicht das gesamte Privatrecht der Einzelstaaten,[250] sondern es sollen nur die zwischen den Einzelstaaten bestehenden rechtlichen Gemeinsamkeiten berücksichtigt werden.[251] Denn in den Bereichen, in denen die einzelstaatlichen Rechte keine Übereinstimmung aufweisen, können sie nur über den Umweg des Kollisionsrechts mittelbar Teil des europäischen Privatrechts werden. Zudem geht es in diesem Kapitel darum, den jetzigen „Integrationsstand" des europäischen Vertragsrechts darzustellen. Hierfür ist nur eine Beschreibung der Gemeinsamkeiten notwendig.

---

246 Siehe dazu mit weiteren Nachweisen *Metzger*, Allgemeine Rechtsgrundsätze, S. 112. Zur umstrittenen Bedeutung des Begriffs „internationales Einheitsrecht" siehe *supra* 1. Kapitel A.III. Internationales Einheitsrecht. Dieses Begriffsverständnis findet sich z.B. auch bei *Twigg-Flessner*, Introduction, in *ders* (Hg.), The Cambridge Companion to European Union Private Law, S. 1 ff.

247 *Supra* 1. Kapitel A.I. Rechtsquelle.

248 Dies gilt insbesondere für die PECL, vgl. *infra* 2. Kapitel B.III. Principles of European Contract Law (PECL).

249 Dazu siehe 1. Kapitel B.VI.1. Unterschiedliche privatrechtliche Materien.

250 Zum Einfluss des EU-Rechts auf das Privatrecht der Mitgliedsstaaten siehe *Joerges*, The Impact of European Integration on Private Law, ELJ 1997, S. 378 ff.; *Metzger*, Allgemeine Rechtsgrundsätze, S. 118.

251 Dieses Begriffsverständnis findet sich z.B. auch bei *Basedow*, Das BGB im künftigen europäischen Privatrecht, AcP 2000, S. 445, 448.

2. *Europäisches Privatrecht als „Mehrebenensystem"*

Nach der hier zugrundegelegten Definition besteht das europäische Privatrecht aus insgesamt drei unterschiedlichen Rechtsebenen,[252] auf denen eine Rechtssetzung und eine Rechtsanerkennung erfolgen können, nämlich auf den Ebenen der Rechtsordnungen der Mitgliedsstaaten, des Unionsprivatrechts und des internationalen Rechts.[253]

Die Rechtsordnungen der Mitgliedsstaaten bilden die erste Ebene des europäischen Vertragsrechts. Dabei soll eine Konzentration auf deren Gemeinsamkeiten erfolgen, weil nur diese von dem hier vertretenen Begriff des europäischen Privatrechts umfasst sind (sog. „gemeineuropäisches Privatrecht").

Das Recht der Mitgliedsstaaten wird von dem Recht der EU, dem sog. „Unionsvertragsrecht"[254], welches die zweite Ebene des europäischen Vertragsrechts darstellt, überlagert. Dabei genießt das supranationale Unionsrecht Vorrang vor dem gesamten nationalen Recht.[255] Zudem gilt das Unionsrecht eigenständig in den Einzelstaaten, ohne dass dafür ein einzelstaatlicher Umsetzungsakt erforderlich wäre (sog. unmittelbare Geltung).[256] Aus dem Vorrang des Unionsrechts folgt jedoch nicht die Unwirksamkeit des nationalen Rechts im betroffenen Bereich durch den sog. Geltungsvorrang, sondern nur der Ausschluss der Anwendbarkeit

---

252 Zu diesem Kategorie siehe 1. Kapitel B.I. Unterschiedliche Rechtsebenen.

253 Diese Aufteilung findet sich schon bei *Schulze*, Allgemeine Rechtsgrundsätze, ZEuP 1993, S. 442, 444. Siehe auch *Müller-Graff*, Gemeinsames Privatrecht in der Europäischen Gemeinschaft, in *ders.* (Hg.), Gemeinsames Privatrecht in der Europäischen Gemeinschaft, S. 9, 21; *Metzger*, Allgemeine Rechtsgrundsätze, S. 119. Mit einer ähnlichen Aufteilung *Furrer*, Zivilrecht im gemeinschaftsrechtlichen Kontext, S. 127 ff. Die Bezeichnung der europäischen Rechtsordnung als Mehrebenensystems findet sich auch bei *Oppermann*, Europarecht, § 3 Rn. 23. Siehe auch *Twigg-Flessner*, Introduction, in *ders* (Hg.)., The Cambridge Companion to European Union Private Law, S. 1, 6 f.

254 Zum Begriff siehe *infra* 2. Kapitel C. Unionsvertragsrecht.

255 Dies ist ein allgemein anerkannter Grundsatz des Unionsrechts, vgl. erstmals *EuGH* Slg. 1964, S. 1259, 1269 ff. (Costa/ENEL). Siehe dazu ausführlich *Heiderhoff*, Europäisches Privatrecht, Rn. 29 ff.; *Oppermann*, Europarecht, § 10, Rn. 4 ff.

256 *Borchardt*, Die rechtlichen Grundlagen der europäischen Union, S. 97 f.: Von der unmittelbaren Geltung ist die unmittelbare Anwendbarkeit des Unionsrechts zu unterscheiden. Sie besagt, dass das Unionsrecht nicht nur den Mitgliedsstaaten, sondern auch den Unionsbürgern/Unternehmen unmittelbar Rechte verleihen und Pflichten auferlegen kann. Bei der Beurteilung der unmittelbaren Anwendbarkeit ist jedoch im Rahmen der Untersuchung zwischen Richtlinie und Verordnung zu differenzieren.

nationalen Rechts (sog. „Anwendungsvorrang"),[257] wenn eine nationale Norm dem EU-Recht entgegensteht.[258]

Die letzte Ebene ist die des internationalen (Einheits-)Rechts, ohne deren Einbeziehung eine Darstellung europäischen Rechts insgesamt unvollständig bliebe.[259] Es handelt sich dabei um einzelstaatliches Recht, welches zur Umsetzung eines völkerrechtlichen Vertrages normiert wurde oder als Gewohnheitsrecht anerkannt ist.[260] Für die Zugehörigkeit zum europäischen Privatrecht ist dabei ausreichend, aber auch notwendig, dass ein überwiegender Teil der Mitgliedsstaaten den Vertrag ratifiziert hat. Erst dann vermag er sich prägend auf das Gesamtbild des europäischen Vertragsrechts auszuwirken.[261]

B. Gemeineuropäisches Vertragsrecht

Für eine Bestandsaufnahme des europäischen Vertragsrechts ist es erforderlich, die Rechtsübereinstimmungen in den Einzelstaaten zu beschreiben, welche den Mitgliedsstaaten aus historischer Perspektive oder aus Sicht einer wertenden Rechtsvergleichung gemein sind. Erkenntnisquellen für den Inhalt und die Reichweite des gemeineuropäischen Vertragsrechts sind die nationalen

---

257 *EuGH* Slg. 1978, S. 629, 644 (Simmenthal); *BVerfGE* 75, S. 223, 244; 85, S. 191, 204; *Jarras*, Grundfragen der innerstaatlichen Bedeutung des EG-Rechts, S. 3; *Oppermann*, Europarecht, § 10 Rn. 32 ff.; *Heiderhoff*, Europäisches Privatrecht, Rn. 32. Dieser Anwendungsvorrang gilt i.ü. auch im Verhältnis zwischen Primär- und Sekundärrecht der EU und Grundrechten, dazu *Heiderhoff*, Europäisches Privatrecht, Rn. 38 mit Hinweis auf den sog. Solange-II-Beschluss, *BVerfGE* 73, S. 339, 340. Die deutschen Grundrechte führen also zu keiner relevanten Beschränkung der EU auf dem Gebiet der Rechtssetzung, so auch *EuGH* Slg. 2000, S. 69 (Kreil).

258 Bei der Umsetzung von Richtlinien gelten aufgrund ihrer speziellen Geltungsform Besonderheiten, insbesondere im Hinblick auf eine denkbare richtlinienkonforme Auslegung. Dazu *infra* 2. Kapitel C.III.2. Vertragsharmonisierung durch Richtlinien, ausführlich dazu *Suhr*, Richtlinienkonforme Auslegung im Privatrecht und nationale Auslegungsmethodik. Auch das nationale Recht, welches zur Umsetzung einer Richtlinie erlassen worden ist, darf, wenn es sich nicht um eine überschießende Umsetzung handelt, keiner Grundrechtskontrolle unterzogen werden, *Heiderhoff*, Europäisches Privatrecht, Rn. 39.

259 *Metzger*, Allgemeine Rechtsgrundsätze, S. 126.

260 Zum Begriff des internationalen Einheitsrecht siehe 1. Kapitel A.III. Internationales Einheitsrecht.

261 *Basedow*, Das BGB im künftigen europäischen Privatrecht, AcP 2000, S. 445, 456. Ein davon etwas abweichendes Verständnis findet sich bei *Metzger*, Allgemeine Rechtsgrundsätze, S. 128.

Rechtsordnungen, wobei die Beschreibung des Rechtszustandes durch die Existenz von 28 unterschiedlichen Rechtsordnungen erschwert wird. An dieser Stelle kann deshalb nur ein Überblick über die Gemeinsamkeiten erfolgen.

Die Rechtsübereinstimmungen unterschiedlichen Ursprungs (I.) sollen kurz in ihrer inhaltlichen Reichweite dargestellt werden (II.). Als besonderer Teil des gemeineuropäischen Vertragsrechts sollen zudem die PECL vorgestellt und in ihrem Einfluss auf Normenstufe und Rechtsanwendung untersucht werden (III.).

I. Unterschiedlicher Ursprung der Rechtsübereinstimmgen

Nach überwiegender Auffassung besitzen die europäischen Vertragsrechtsordnungen eine gemeinsame Grundlage im römisch-kanonischen ius commune,[262] welches bis zum Erlass der nationalen Kodifikationen eine einheitliche europäische Wissenschaft bildete.[263] Es handelte sich dabei jedoch zu keinem Zeitpunkt um eine Rechtseinheit im Sinne übereinstimmender Normen oder einheitlicher Rechtsanwendung. Vielmehr wurde das römische Recht, welches selbst als Resultat einer knapp siebenhundertjährigen Entwicklung keine innere Kohärenz aufwies, nach seiner Wiederentdeckung auf verschiedene Weise unter Einfluss lokaler Rechte, des kanonischen Rechts und der mittelalterlichen lex mercatoria weitere 600 Jahre angepasst und fortgebildet.[264] Dabei besaß es keine normative Geltung nach heutigem Rechtsverständnis, sondern diente als eine subsidiäre textliche Autorität zur Ergänzung von Partikularnormen und als „Referenzrahmen für die Bestimmung und Auslegung von Rechtsbegriffen".[265] Der Einfluss des römisch-kanonischen Rechts erstreckte sich nicht nur auf Kontinentaleuropa, sondern auch auf die Entwicklung des englischen Rechts.[266] Zudem

---

262 Dazu m.w.N. ausführlich nur *Zimmermann*, The Law of Obligations; *ders.*, Das römisch-kanonische ius commune, JZ 1992, S. 8 ff.; *Gordley*, The Philosophical Orgins of Modern Contract Doctrine; *Jansen*, Binnenmarkt, Privatrecht und europäische Identität, S. 19 ff. Dagegen *Brauneder*, Europäisches Privatrecht, ZNR 1993, S. 225 ff.; *Carroni*, Schiffbruch, ZNR 1994, S. 85 ff.

263 So schon *Coing*, Europäisches Privatrecht, Bd.I; *ders.*, Die ursprüngliche Einheit der europäischen Rechtswissenschaft.

264 Siehe m.w.N. *Zimmermann*, Europa und das römische Recht, AcP 2002, S. 243, 253 ff.

265 *Basedow*, Grundlagen des europäischen Vertragsrechts, JuS 2004, S. 89, 90.

266 Dazu m.w.N. *Zimmermann*, Der europäische Charakter des englischen Rechts, ZEuP 1993, S. 4 ff.; *ders.*, Das römisch-kanonische ius commune, JZ 1992, S. 8, 15 ff.; *ders.*, Europa und das römische Recht, AcP 2002, S. 243, 255 ff.; ausführlich im Hinblick auf die englische Rechtsprechung *Vogenauer*, Die Auslegung von Gesetzen in England und auf dem Kontinent, S. 759 ff.

lässt sich feststellen, dass im Einzelfall trotz der Schaffung der neuzeitlichen Zivilrechtskodifikationen, die eine umfassende Regelung des Vertragsrechts und eine vorrangige Geltung beanspruchten,[267] gemeinrechtliche Lösungen und Rechtsinstitute überdauert haben.[268] Die verschiedenen Entwicklungsstufen des römisch-kanonischen Rechts und die Mannigfaltigkeit der heutigen europäischen Rechtsordnungen erschweren dabei die Erkenntnis der heute noch vorhandenen inhaltlichen historischen Rechtsübereinstimmungen.

Auf der anderen Seite stehen Rechtsübereinstimmungen, welche sich nicht aus der gemeinsamen römisch-kanonischen Tradition herleiten lassen. Dies folgt aus der Tatsache, dass auch nach der Nationalisierung der Privatrechte im 18. und 19. Jahrhundert der Austausch zwischen den unterschiedlichen Rechtsordnungen nicht zum erliegen kam.[269]

II. Inhaltliche Reichweite historisch und rechtsvergleichend gewonnener Übereinstimmungen

Im Folgenden soll zunächst ein Überblick über die bestehenden inhaltlichen Übereinstimmungen gegeben werden.[270] Hier ist festzustellen, dass die europäischen Privatrechte eine Reihe von gemeinsamen Grundbegriffen wie „Verbindlichkeit“, „Vertrag“, „Schaden“, „Bedingung“ und „Gesamtschuld“ aufweisen.[271] Als grundlegende gemeinsame Vorstellung kann zudem gelten, dass ein Vertragsschluss durch Angebot und Annahme zustande kommt, wobei der Rechtsbindungswille eine Gültigkeitsvoraussetzung des Vertrages darstellt.[272] Da es sich bei allen Mitgliedsstaaten der EU um liberale Wirtschaftsordnungen

---

267 Zu den Eigenschaften einer Kodifikation siehe *supra* 1. Kapitel B.V.2. Einfache Gesetze und Kodifikationen.

268 Siehe dazu nur *Zimmermann*, Der europäische Charakter des englischen Rechts, ZEuP 1993, S. 4 ff.; *ders.*, Das römisch-kanonische ius commune, JZ 1992, S. 8, 18 ff.; m.w.N. *ders.*, Europa und das römische Recht, AcP 2002, S. 243, 249 ff. Zur „Wirkung“ der Naturrechtskodifikationen auf das römische Recht *Zimmermann*, Heutiges Recht, Römisches Recht und heutiges Römisches Recht, in *ders./Knütel/Meincke* (Hg.), Rechtsgeschichte und Rechtsdogmatik, S. 1, 2 ff.

269 *Zimmermann*, Die Principles of European Contract Law, JURA 2005, S. 289.

270 Eine ausführliche Bestandsaufnahme des gemeineuropäischen Privatrechts, allerdings nur in bestimmten Teilbereichen, findet sich in dem Arbeiten des “Common-Core-Projekts”, siehe dazu *infra* 5. Kapitel A.II. Wissenschaftliche Projekte außerhalb des DCFR-Prozesses.

271 *Zimmermann*, Die Principles of European Contract Law, JURA 2005, S. 289, 293.

272 Dazu siehe *Kötz*, Europäisches Vertragsrecht I, S. 23 ff.; *Fages*, Einige neuere Entwicklungen des französischen allgemeinen Vertragsrechts, ZEuP 2003, S. 514, 517.

handelt, erkennen sie das Prinzip der Vertragsfreiheit als Grundprinzip an.[273] Auch die Rechtsinstitute von Treu und Glauben[274] sowie das damit verwandte Institut der guten Sitten[275] sind in fast allen mitgliedsstaatlichen Rechtsordnungen anerkannt. Dasselbe gilt für den Grundsatz *pacta sunt servanda*.[276] Überall anerkannt sind ferner der Vertrag zugunsten Dritter[277] und die Stellvertretung[278] sowie die Möglichkeit, bei einer Veränderung der Umstände eine Anpassung des Vertrages vorzunehmen.[279] Zudem weisen einzelne Rechtsinstitute wie die Aufrechnung eine weitgehende Übereinstimmung der Tatbestandsmerkmale auf.[280] Auch im Bereich des Verjährungsrechts lassen sich gemeinsame Entwicklungslinien ausmachen.[281] Schließlich kann auf eine Reihe von einzelnen Rechtsregeln verwiesen werden, die in einem Großteil der Mitgliedsstaaten gelten.[282]

---

273 *Kötz*, Europäisches Vertragsrecht I, S. 6 ff.

274 Bzw. „principles of good faith", „bonne foi", „buona fede", vgl. *Lurger*, Grundfragen der Vereinheitlichung, S. 380. Ursprünglich entstammt dieses Rechtsinstitut dem römisch-rechtlichen bona fides, eine der „wichtigsten Antriebskräfte" des römischen Vertragsrechts, *Zimmermann*, Die Principles of European Contract Law, JURA 2005, S. 289, 295. Dazu ausführlich *Whittaker/Zimmermann*, Good faith in European contract law, in *Zimmermann/Whittaker* (Hg.), Good Faith in European contract law, S. 7, 16 ff. Dies gilt im Ergebnis auch für Großbritannien, siehe m.w.N. *Lurger*, Grundfragen der Vereinheitlichung, S. 324 f.

275 Bzw. „bonnes moeurs", „redelijkheid en billijkheid", „unconsiousability", vgl. *Lurger*, Grundfragen der Vereinheitlichung, S. 380.

276 Dazu *Zimmermann*, Law of Obligations, S. 537 ff. Bemerkenswert ist, dass es sich bei diesem Grundsatz um einen Teil des mittelalterlich-kanonischen Rechts handelt.

277 Zur sog. „stipulation alteri" *Zimmermann*, Law of Obligations, S. 34 ff.; *Kötz*, Europäisches Vertragsrecht I, S. 371 ff. Der Contract (Rights of Third Parties) Act (1999) wurde laut der Gesetzesmaterialien u.a. davon beeinflusst, dass „die meisten anderen Rechtssysteme der EU Rechte von Dritten bei einem Vertrag anerkennen und durchsetzen lassen", *Zimmermann*, European Contract Law, EuZW 2007, S. 455, 458.

278 Die allgemeine Anerkennung dieses Grundsatzes ist vor allem deshalb bemerkenswert, weil er im römischen Recht noch nicht vorgesehen war. Im einzelnen dazu *Kötz*, Europäisches Vertragsrecht, S. 329 ff.

279 Zur *clausula rebus sic stantibus* ausführlich *Luig*, Die Kontinuität allgemeiner Rechtsgrundsätze, in *Zimmermann/Knütel/Meinke* (Hg.), Rechtsgeschichte und Privatrechtsdogmatik, S. 171 ff.

280 Dazu ausführlich *Zimmermann*, Comparative Foundations of a European Law of Set-Off and Prescription, S. 44 ff., 48 ff. Allerdings bestehen Unterschiede dahingehend, ob die Aufrechnung automatisch eintritt oder ob eine Erklärung erforderlich ist.

281 Dazu ausführlich *Zimmermann*, „... ut sit finis litium", JZ 2000, S. 853 ff.

282 Siehe dazu *Zimmermann*, Die Principles of European Contract Law, JURA 2005, S. 289, 294 f.

Die hier beschriebenen Gemeinsamkeiten sind allerdings weder die Folge einer beabsichtigten Rechtsharmonisierung noch kommt ihnen eine textlich einheitliche, normative Geltung zu. Vielmehr handelt es sich um eine einheitliche Grundlage, die von der Rechtswissenschaft im Wege der Rechtsvergleichung herausgearbeitet worden ist[283] und sich häufig hinter unterschiedlich formulierten normativen Regeln versteckt. Die Auffindung von Gemeinsamkeiten wird durch die Vielzahl unterschiedlicher Sprachen erschwert.[284] Da unterschiedliche Antworten auf ein gemeinsames Problem zudem häufig aus zufälligen Entwicklungen resultieren,[285] lässt sich nicht leugnen, dass das mitgliedsstaatliche Privatrecht, also auch der Bereich des Vertragsrechts, in den Zeiten der Europäisierung seinen nationalen Charakter beibehalten hat. Insbesondere ist es fast unmöglich, eine Korrelation zwischen einheitlichen Rechtsregeln und einheitlichen „Ergebnissen" der Rechtsanwendung festzustellen.[286]

Ein anderes Bild ergibt sich wiederum bei Betrachtung der tatsächlichen Ebene. Hier zeigt die Untersuchung von *Vogenauer* eindrucksvoll, dass sich die Rechtsanwendung in England und Kontinentaleuropa faktisch weder hinsichtlich der zugrunde gelegten Auslegungskriterien noch hinsichtlich ihres Rangverhältnisses im Konfliktfall wesentlich unterscheidet.[287] Entsprechend diagnostiziert er

---

283 Als systembildende Beispiele im Bereich des Vertragsrechts seien hier nur *Kötz*, Europäisches Vertragsrecht I und *Ranieri*, Europäisches Obligationenrecht genannt.

284 *Basedow*, Grundlagen des europäischen Vertragsrechts, JuS 2004, S. 89, 91.

285 *Jansen* in *Basedow/Hopt/Zimmermann*, Handwörterbuch des Europäischen Privatrechts, S. 548, 549.

286 *Reimann*, Of Products and Process, in *Bussani/Mattei* (Hg.), Opening Up European Law, S. 83, 90 f. Allerdings verlaufen die Trennlinien zwischen allen Einzelstaaten und nicht, wie früher angenommen, zwischen den unterschiedlichen Rechtssystemen „civil law" und „common law", siehe nur *idem.*, S. 90; *Zimmermann*, Die Europäisierung des Privatrechts und die Rechtsvergleichung, S. 32 ff. *Markesinis*, Learning from Europe and Learning in Europe, in *ders.* (Hg.), The Gradual Convergence, S. 1, 30. Dagegen insbesondere *Legrand*, European Legal Systems are not Converging, Int. & Comp. L. Q. 1996, S. 52 ff.; *Ders.*, Against a European Civil Code, MLR 1997, S. 44 ff.; *Samuel*, System und Systemdenken, ZEuP 1995, S. 375, 392 ff.

287 *Vogenauer*, Die Auslegung von Gesetzen in England und auf dem Kontinent, S. 1295 ff. So auch *Markensinis*, der unterschiedliche Arten von Konvergenz zwischen „civil"- und „common law" identifiziert, nämlich auf der Ebene der Lösungen, auf der Ebene des Prozessrechts, bei der Gesetzgebung, in der Rechtsquellenlehre. Lediglich auf stilistischer Ebene macht er eine Unterscheidung zwischen dem englischen Richter, der einen für jedermann verständlichen Stil pflege, dem deutschen Richter, der bei seiner Argumentation in intellektuellen Höhen schwebe, und dem französischen Richter, der seine Gedanken gar nicht

eine „fundamentale Einheit der europäischen Auslegungspraxis“ in Deutschland, Frankreich, England und Skandinavien.[288]

Der häufig in diesem Zusammenhang erfolgte Hinweis auf unterschiedliche Rechtskulturen[289] ist somit zwar im Hinblick auf die unterschiedliche Auslegung von gleichlautenden Rechtstexten ein wichtiges zu beachtendes Kriterium, es stellt jedoch vor dem Hintergrund der im Ergebnis weitgehend gleichlaufenden Auslegungskriterien keinen absoluten Hinderungsgrund für eine (weitere) Harmonisierung des europäischen Vertragsrechts dar.

III. Principles of European Contract Law (PECL)[290]

Eine besondere Stellung innerhalb des gemeineuropäischen Vertragsrechts nehmen die Principles of European Contract Law ein, da sie ihren Inhalt aus dem bestehenden gemeineuropäischen Recht schöpfen und seit ihrer Fertigstellung eine wichtige Rolle bei seiner Weiterbildung gespielt haben.

1. Entstehung[291]

Die Unterschiede in den Privatrechtsordnungen bildeten den Ausgangspunkt für die Ausarbeitung der PECL. Ziel war es, auf der Grundlage von rechtsvergleichenden Untersuchungen der mitgliedsstaatlichen Privatrechte Grundregeln und Prinzipien eines europäischen Obligationenrechtes, also der vertraglichen und nichtvertraglichen Schuldverhältnisse, zu gewinnen.[292] Die Zielsetzung der unternommenen Arbeit ging über einen rein deskriptiven Ansatz hinaus, indem

---

preisgebe, vgl. *Markesinis*, Learning from Europe and Learning in Europe, in *ders*. (Hg.), The Gradual Convergence, S. 1, 30. Zur geringen Überzeugungskraft pauschaler Aussagen im Rahmen der Makrorechtsvergleichung siehe schon *supra* 1. Kapitel B.V.1. Regelungsdichte und Konkretisierungsgrad.

288 *Vogenauer*, Die Auslegung von Gesetzen in England und auf dem Kontinent, S. 1300 f. Zur Rechtsmethodik in den europäischen Staaten und am EuGH siehe ausführlich *Henninger*, Europäisches Privatrecht und Methode. Dazu schon *supra* 1. Kapitel B.V.1. Regelungsdichte und Konkretisierungsgrad.

289 Dazu siehe schon *supra* 1. Kapitel A.IX. Rechtskultur.

290 Es liegen drei Teile der PECL vor, nämlich *Lando/Beale*, Principles of European Contract Law, Part I ; *dies*., Principles of European Contract Law, Parts I and II; *Lando/Clive/Prüm/Zimmermann*, Principles of European Contract Law, Part III.

291 Dazu siehe ausführlich m.w.N. *Riedl*, Vereinheitlichung des Privatrechts in Europa, S. 161 ff.

292 Die PECL als „Kondensat der rechtsvergleichenden Forschung“, so *Riesenhuber*, Europäisches Vertragsrecht, S. V.

die erarbeiteten Regeln auf die Bedürfnisse des Binnenmarktes abgestimmt werden sollten.

Die Hauptmotivation der Arbeitsgruppe war ökonomischer Art: Die Schaffung eines einheitlichen europäischen Vertragsrechts sollte die Transaktionskosten senken.[293] Initiiert wurde deren Ausarbeitung vom Kopenhagener Rechtsprofessor *Lando* als private Initiative ohne offiziellen Status im Jahre 1982. Die Arbeitsgruppe, bekannt unter dem Namen „Lando-Kommission", setzte sich aus Rechtswissenschaftlern aller damals zugehörigen EU-Mitgliedsstaaten zusammen.[294] Dabei waren neben Universitätsprofessoren als überwiegender Mehrheit vereinzelt auch Praktiker vertreten. Als eine private Initiative erfolgte die Besetzung eher zufällig und unabhängig von einer politischen Einflussnahme der Regierungen.[295] Die gesamte Kommission hatte keinen festen Sitz und traf sich mindestens einmal jährlich an unterschiedlichen Orten.[296] Um die erstrebte Erfassung des gesamten allgemeinen Schuldrechts bewältigen zu können, wurde ein Vorgehen nach Etappen gewählt, deren Resultat die Dreiteilung der PECL ist.

Zur Erarbeitung des ersten Teils (PECL I) wurden vier Berichterstatter, sog. „Reporter", berufen, die jeweils ein Rechtsgebiet bearbeiteten. Die Reporter erarbeiteten jeweils erste Entwürfe, über die von den „Reportern" in der „Drafting Group" beraten wurde. Nach einer Umarbeitung und einer erneuten Vorlage innerhalb der „Drafting Group" wurden die Entwürfe mit Kommentaren („comments") und Anmerkungen („notes") der gesamten Kommission zur Diskussion vorgelegt, wobei etwaige Meinungsverschiedenheiten innerhalb der „Drafting Group" hinsichtlich der Gestaltung einzelner Regeln der Kommission mitgeteilt wurden. Hier fand dann nach intensiver Diskussion eine entscheidende Abstimmung statt, wobei überwiegend die Vorschläge der „Drafting Group" übernommen, jedoch teilweise auch völlig neue Lösungen gefunden wurden. Insgesamt wurde der erste Teil der PECL jeweils dreimal in der Drafting Group und der Vollversammlung diskutiert. Die Arbeit an den PECL I wurde im Jahr 1990

293 Siehe *Hesselink*, The Principles of European Contract Law, Global Jurist Frontiers 2001, Art. 4, S. 51 ff.

294 Für eine Aufzählung der Mitglieder siehe *von Bar/Zimmermann*, Grundregeln des Europäischen Vertragsrechts, Teile I und II, S. XV ff. und *von Bar/Zimmermann*, Grundregeln des Europäischen Vertragsrechts, Teil III, S. XIII ff.

295 *Riedl*, Vereinheitlichung des Privatrechts in Europa, S. 164.

296 Die hier vorgenommene Darstellung orientiert sich an *Riedl*, Vereinheitlichung des Privatrechts in Europa, S. 165 ff.

abgeschlossen.[297] Die Veröffentlichung fand erst im Jahr 1995 statt, also 13 Jahre nach Gründung der Kommission. Die geschilderte Arbeitsweise wurde bei der Erarbeitung der überarbeiteten und erweiterten Version, den PECL II, im Wesentlichen beibehalten. Allerdings wurde ein fünftes Mitglied in die Drafting Group aufgenommen, um die Arbeitsbelastung der Reporter zu reduzieren. Die PECL II erschienen im Jahr 2000.

Für die Erarbeitung der PECL III wurde die inzwischen als zu umständlich und zeitaufwendig erkannte Arbeitsweise reformiert. Die nunmehr 9 Reporter erarbeiteten in dem ihnen jeweils zugeteilten Rechtsbereich ein sog. „Position Paper", in dem sie den Rechtszustand in den wichtigsten europäischen Rechtsordnungen sowie einen eigenen Lösungsvorschlag darstellten. Diese Papers wurden dann an alle Kommissionsmitglieder zur Kenntnisnahme verschickt. Danach fand eine Beratung in der Vollversammlung statt. Auf deren Grundlage arbeitete eine Gruppe von drei Personen einen Entwurf aus, der dann in der Folge der sog. „Steering Group" vorgelegt wurde. Hier wurden die einzelnen Teilentwürfe überarbeitet und miteinander abgestimmt, bevor sie der höchstens dreimal tagenden Vollversammlung vorgelegt wurden. Diese Arbeitsweise erwies sich als so effizient und erfolgreich, dass sie von der Study Group on a European Civil Code (SGECC) übernommen wurde.[298] Die PECL III erschienen Anfang des Jahres 2003.

Die Materialien zur Erarbeitung der PECL entstammten den europäischen Rechtsordnungen, dem CISG und dem US-Recht. Eine Reihe von Vorschriften sind zudem Neuschöpfungen.[299] Dabei wurde nach der besten Lösung und nicht nach einem Kompromiss zwischen den europäischen Rechtsordnungen gesucht. Zudem gab es eine Reihe von personellen Übereinstimmungen mit den PICC,[300] deren Vorschriften in der ersten Auflage zu zwei Dritteln in Wortlaut oder zumindest in der Regelungssubstanz mit den PECL I und II übereinstimmen.[301] Da sich die Ausarbeitung der PECL gleichzeitig mit der rasanten Entwicklung

---

297 *Lando/Beale*, Principles of European Contract Law, Part I, S. xi.

298 Dazu siehe *infra* 5. Kapitel B.III. Entstehung des Draft Common Frame of Reference.

299 *Lando*, CISG and Its Followers, AJCL 2007, S. 379, 382; *Riedl*, Die Vereinheitlichung des Vertragsrechts in Europa, S. 171.

300 Dazu ausführlich *infra* 3. Kapitel D.II. Principles of International Commercial Contracts (PICC).

301 Zu den Wechselwirkungen zwischen CISG, PECL und PICC ausführlich *Lando*, CISG and Its Followers, AJCL 2007, S. 379, 381 f.

des acquis communautaire im Bereich des Verbraucherrechts vollzog, wurde dieser Bereich von den Verfassern zum ganz überwiegenden Teil ausgespart.[302]

2. *Kategorisierung*

Die PECL umfassen in ihrem Regelungsumfang ausschließlich Materien des allgemeinen Vertragsrechts, regeln diesen Bereich aber ohne Beschränkung auf Handelsverträge oder Auslandssachverhalte.[303] Die PECL I[304] mit ihren insgesamt 59 Artikeln in 4 Kapiteln beginnen mit allgemeinen Bestimmungen (Kapitel 1). Unter anderem geregelt sind die Anwendung, die Abdingbarkeit, allgemeine Begriffsbestimmungen sowie allgemeine Verhaltenspflichten im Rechtsverkehr. Das 2. Kapitel enthält Regelungen zu dem Inhalt und den Wirkungen des Vertrages. Das 3. Kapitel befasst sich mit der Nichterfüllung und den Rechtsbehelfen im Allgemeinen. Im 4. Kapitel sind schließlich die einzelnen Rechtsbehelfe im Falle der Nichterfüllung geregelt. Die PECL II enthalten 73 Artikel und wurden zusammen mit einer überarbeiteten Version der PECL I veröffentlicht und in diese integriert.[305] An Regelungen hinzugekommen sind Normen zum Vertragsabschluss (Kapitel 2), über die Vollmacht von Vertretern (Kapitel 3), zur Gültigkeit von Verträgen mit Willensmängeln (Kapitel 4), zur Vertragsauslegung (Kapitel 5) und zu Wirkungen und Inhalt von Verträgen (Kapitel 6). Die PECL III enthalten in insgesamt 69 Artikeln Regelungen zur Parteienmehrheit (Kapitel 10), zur Abtretung von Ansprüchen (Kapitel 11), zur Schuldübernahme und zur Vertragsübertragung (Kapitel 12), zur Aufrechnung (Kapitel 13), zur Verjährung (Kapitel 14), zur Rechtswidrigkeit (Kapitel 15), zu Bedingungen (Kapitel 16) und zur Kapitalisierung von Zinsen (Kapitel 17).

Der Art der Darstellung nach orientieren sich die PECL erklärtermaßen an der 2. Auflage des Restatement of Contracts (1981).[306] Entsprechend wird jede Regelung („black-letter rule“) mit einer knappen kommentarartigen Erläuterung („comments“) zur Verdeutlichung des Zwecks der Anwendung sowie

---

302 Dazu ausführlich *Micklitz*, Verbraucherschutz in den Grundregeln des Europäischen Vertragsrechts, Zeitschrift für vgl. Rechtswissenschaft 2004, S. 88 ff. In den gesamten PECL tauchen insgesamt nur drei Richtlinien auf, siehe dazu *Smits*, The PECL and the Harmonisation of Private Law in Europe, S. 5.

303 Zum Anwendungsbereich der PECL *Meyer*, Principles of Contract Law und nationales Vertragsrecht, S. 96 f.

304 Ein instruktiver Überblick über den Regelungsinhalt der PECL I findet sich bei *Zimmermann*, Konturen eines Europäischen Vertragsrechts, JZ 1995, S. 477, 480 ff.

305 *Lando/Beale*, Principles of European Contract Law, Parts I and II.

306 Dazu siehe *infra* 3. Kapitel C.II.2 c)(III) Kategorisierung.

mit rechtsvergleichenden Anmerkungen („notes") flankiert. Dabei werden die „comments" als Teil der Regel betrachtet, sie mussten sogar von der Vollversammlung der Kommission ratifiziert werden. Ebenso wie den Restatements liegt auch den PECL kein Rechtssetzungsakt zugrunde, so dass sie dem Soft Law zuzuordnen sind.[307] Im Gegensatz zu ihrem Vorbild strebten die PECL programmatisch nicht eine bloße Darstellung übereinstimmender Regeln an.[308] Wegen der Unterschiedlichkeit der Rechtsordnungen sollte vielmehr auf der Grundlage rechtsvergleichender Vorarbeiten ein funktionstüchtiges System geschaffen werden.[309] Dazu wurde versucht, sich von den nationalen Begrifflichkeiten zu lösen.[310]

Die Struktur der Regelungen ist gesetzesähnlich,[311] zudem weist sie mit einer Kodifikation vergleichbare Züge auf.[312] Denn es handelt sich bei den PECL I-III um eine umfassende Regelung eines Rechtsbereichs, nämlich des Obligationenrechts.[313] Sie weisen einen hohen Grad an innerer Systematik auf und unterliegen deshalb grundsätzlich autonomer Auslegung und Rechtsfortbildung.[314] Eine vorrangige Geltung gegenüber anderen Rechtsquellen kann ihnen aufgrund der Tatsache, dass es sich um eine private Initiative handelt, nicht beigemessen werden.[315]

Nach den Vorstellungen ihrer Verfasser sollten die PECL fünf kurz- oder längerfristigen Zielen dienen.[316] Auf europäischer Ebene sollten sie sowohl auf Stufe der Rechtsetzung als auch auf Stufe der Rechtsanwendung die jeweiligen Organe bei der Anwendung von Gemeinschaftsrecht unterstützen;

307 Zu diesem Begriff ausführlich *supra* 1. Kapitel A.II. Soft Law.

308 Zu den verwendeten Materialen schon *supra* 2. Kapitel B.III.1. Entstehung.

309 *von Bar/Zimmermann*, Grundregeln des Europäischen Vertragsrechts, Teile I und II, S. XXIX. Von einem Perspektivenwechsel hin zur Rechtssetzung spricht *Wendehorst*, The State as a Foundation of Private Law, in *Jansen/Michaels* (Hg.), Beyond the State, S. 145, 178.

310 Siehe dazu *Hesselink*, The Principles of European Contract Law, Global Jurist Frontiers 2001, Art. 4, S. 21 f.

311 *Jansen*, Legal Authority, S. 64.

312 So wohl iE auch *Zimmermann*, Konturen eines Europäischen Vertragsrechts, JZ 1995, S. 477, 478 f.

313 Skeptisch dazu *Riedl*, Vereinheitlichung des Privatrechts in Europa, S. 172, die darauf hinweist, dass die PECL nur einen privatrechtlichen Teilbereich regeln.

314 Siehe Art. 1:106 PECL II (Art. 1:104 PECL I).

315 Dazu siehe auch *Riedl*, Vereinheitlichung des Privatrechts in Europa, S. 172 f.

316 Siehe *von Bar/Zimmermann*, Grundregeln des Europäischen Vertragsrechts, Teile I und II, S.XXV ff.

zudem sollten sie auf längere Sicht einen ersten Schritt auf dem Weg zu einem europäischen Vertragsrecht darstellen. Auch eine Geltung durch Parteivereinbarung war ins Auge gefasst; diese kommt allerdings seit Erlass der Rom-I-Verordnung nach h.M. nicht mehr in Betracht.[317] Auf der Ebene der Einzelstaaten wurde eine gesetzgeberische Übernahme für den Fall einer Rechtsreform angestrebt; zudem sollten die PECL eine Orientierung für die Rechtsanwender bieten, die einen im nationalen Vertragsrecht oder einem anderen anwendbaren Regelwerk nicht geregelten Fall zu entscheiden hatten.

Folgt man dem maßgeblichen Willen der Verfasser, können die PECL nach der dieser Untersuchung zugrundegelegten Definition[318] als Modellgesetz bezeichnet werden. Denn sie bieten ein Vorbild für den europäischen Gesetzgeber und die einzelstaatlichen Gesetzgeber Diese Funktion war von den Verfassern intendiert.[319] Somit handelt es sich nach der hier zugrundegelten Unterscheidung um ein Modellgesetz mit intendierter Vorbildfunktion.[320]

3. *Der Einfluss der PECL auf das gemeineuropäische Vertragsrecht*

Von den erstrebten Funktionen ausgehend gilt es zu untersuchen, welche Harmonisierungswirkung die PECL tatsächlich entfaltet haben. Dabei soll zunächst ihre Funktion als Modellgesetz im Fokus stehen (a). Aufgrund des Sachzusammenhangs erfolgt sie im Rahmen der Darstellung des gemeineuropäischen Vertragsrechts und nicht im 3. Kapitel bei der Untersuchung der anderen Modellgesetze. Zusätzlich soll kurz auf den Einfluss der PECL auf das gemeineuropäische Vertragsrecht außerhalb ihrer Modellwirkung eingegangen werden (b).

a) Die PECL als Modellgesetz

Zunächst stellt sich die Frage, inwieweit die PECL als Modellgesetz Wirkung entfalten konnten. Es lässt sich trotz möglicher inhaltlicher Überschneidungen

---

317 Siehe dazu *supra* 1. Kapitel B.II. Verschiedene Adressaten bzw. Stufen.

318 Dazu siehe *supra* 1. Kapitel A.VIII. Modellgesetze. Zur Eigenschaft der PECL als Modellgesetz auch *Meyer*, Principles of Contract Law und nationales Vertragsrecht, S. 153 f.

319 Gegen eine Klassifizierung als Modellgesetz wohl *Riedl*, Vereinheitlichung des Privatrechts in Europa, S. 172 f. Allerdings wird nicht klar, welche Begriffsdefinition des „Modellgesetzes" dieser Einschätzung zugrundelegt ist.

320 Zu den unterschiedlichen Arten von Modellgesetzen siehe *supra* 1. Kapitel A.VIII. Modellgesetze.

auf unionsrechtlicher Ebene kein Einfluss der PECL bei der Ausarbeitung von EU-Richtlinien feststellen.[321]

(I) Einfluss der PECL in Westeuropa

Das wohl prominenteste Beispiel für den Einfluss der PECL ist die deutsche Schuldrechtsreform.[322] Da die PECL dabei allerdings stets zusammen mit dem CISG und den PICC berücksichtigt wurden, ist der singuläre Einfluss der PECL mitunter nur schwer feststellbar.[323] Die Orientierung an den PECL und den PICC führte u.a. dazu, dass das neue deutsche Leistungsstörungsrecht dem Einheitskonzept einer Pflichtverletzung folgt und dass eine Systematisierung nicht wie zuvor nach den Ursachen der Leistungsstörung, sondern nach den möglichen Rechtsfolgen stattfindet.[324] Weiterhin wurde wie in den PECL der Fall der Unmöglichkeit ausdrücklich normiert und eine ursprünglich geplante Abschaffung der Differenzierung zwischen anfänglicher und nachträglicher Unmöglichkeit beibehalten.[325] Auch das Verjährungsrecht wurde beeinflusst - Kapitel 14 der PECL III wurde zu diesem Zweck schon vorab veröffentlicht.[326] Systematisch betrachtet fand eine Hinwendung zu einem sog. „subjektiven

---

321 So *Meyer*, Principles of Contract Law und nationales Vertragsrecht, S. 154; *Smits*, The PECL and the Harmonisation of Private Law in Europe, S. 5.

322 Zu den einzelnen Neuerungen detailliert bei *Zimmermann*, The New German Law of Obligations: Historical and Comparative Perspectives, S. 39 ff., 96 ff., 126 ff. Für einen inhaltlichen Vergleich von PECL, PICC und dem Reformentwurf siehe *Schlechtriem*, Entwicklung des deutschen Schuldrechts und europäische Rechtsangleichung, Jb.J.ZivRWiss. 2001, S. 9 ff.

323 Zum Einfluss von PECL und PICC auf das neue deutsche Schuldrecht siehe ausführlich und mit vielen weiteren Nachweisen *Meyer*, Principles of Contract Law und nationales Vertragsrecht, S. 155 ff.

324 Der Begriff der „Pflichtverletzung" wird synonym mit der in den PECL befindlichen „Nichterfüllung" verwandt, vgl. Art. 8:101 PECL, *Lando*, Das neue Schuldrecht des Bürgerlichen Gesetzbuchs und die Grundregeln des europäischen Vertragsrechts, RabelsZ 2003, S. 231, 237 f. Im einzelnen siehe dazu *Meyer*, Principles of Contract Law und nationales Vertragsrecht, S. 163 f.

325 Vgl. Art. 3.3. PICC, Art. 4:102 PECL. Zu den einzelnen Nachjustierungen aufgrund der Regelungen von PECL und PICC siehe *Meyer*, Principles of Contract Law und nationales Vertragsrecht, S. 165 ff. Hintergrund dieser Regelung bildet das Postulat der weitestmöglichen Aufrechterhaltung des Vertrages (favor contractus).

326 Dazu *Zimmermann*, Grundregeln eines Europäischen Verjährungsrechts und die deutsche Reformdebatte, ZEuP 2001, S. 217 ff.

System“ statt,[327] wobei dieser Grundsatz allerdings vielfache Durchbrechungen erfuhr.[328] Insgesamt ist ein Einfluss der PECL III auf die deutsche Schuldrechtsreform aufgrund der Gesetzgebungsmaterialien im Bereich der Verjährungsregeln nicht eindeutig feststellbar.[329] Schließlich wurde auch die Integration des AGB-Rechts in das BGB mit dem Verweis auf die PECL gerechtfertigt. Die Vorschriften über AGB sind jedoch in den PECL nicht nur an einer einzigen Stelle zu finden, sondern tauchen an der jeweils relevanten Stelle auf, je nachdem, ob die Einbeziehung in den Vertrag, die Auslegung oder die Inhaltskontrolle in Frage stehen.[330] Neben dem deutschen Recht gingen die PECL „fast selbstverständlich“ auch in alle anderen nachfolgenden Prozesse der Rechtsreform ein,[331] so z.B. in Frankreich[332] sowie Schottland und Spanien.[333]

Die Singularität der erfolgten Inkorporierungen lässt den Schluss zu, dass diese primär nicht zur Rechtsharmonisierung erfolgten. Vielmehr wurde von der Kommission versucht, durch die Übernahme von Regelungen aus den PECL, dem CISG und den PICC aktuelle, europataugliche, internationale und qualitativ hochwertige Regelungen von internationalem Standard zu schaffen,[334] um so u.U. sogar ein Vorbild für ein künftiges europäisches Zivilrecht zu begründen.[335]

---

327 Im Gegensatz zu einem „objektiven System“ ist dabei für den Verjährungsbeginn grundsätzlich die Kenntnis des Schuldners von objektiven Umständen maßgeblich, siehe *Meyer*, Principles of Contract Law und nationales Vertragsrecht, S. 171.

328 Ein ausführlicher Vergleich der Verjährungsregelungen im Regierungsentwurfes mit denen der PECL findet sich bei *Zimmermann/Leenen/Mansel/Ernst*, Finis Litium? JZ 2001, S. 684 ff.

329 So *Meyer*, Principles of Contact Law und nationales Vertragsrecht, S. 171 f.

330 Dazu siehe *Meyer*, Principles of Contact Law und nationales Vertragsrecht, S. 173 f.

331 *Röthel*, Der Referenzrahmen als Modellgesetz, in *Schmidt-Kessel* (Hg.), Der gemeinsame Referenzrahmen, S. 287, 299.

332 Dazu siehe *Fages*, Einige neuere Entwicklungen des französischen allgemeinen Vertragsrechts, ZEuP 2003, S. 514 ff.

333 *von Bar/Lando/Swann*, Communication on European Contract Law, ERPL 2002, S. 183, 226.

334 *Zimmermann*, European Contract Law, EuZW 2007, S. 455, 458. Skeptisch hinsichtlich der Erreichung diese Ziels *Lando*, Das neue Schuldrecht des Bürgerlichen Gesetzbuchs und die Grundregeln des europäischen Vertragrechts, RabelsZ 2003, S. 231.

335 So *Lorenz*, Einführung zum BGB 2002, S. XVII.

(II) Die PECL und die Rechtsreformen in Osteuropa

Eine deutlich intensivere Modellwirkung kam den PECL zusammen mit den PICC und dem CISG in den Rechtsreformen in Osteuropa zu. Diese Funktion ist von den Verfassern der PECL auch explizit formuliert worden.[336]

Ihr wohl größter Einfluss ist in Litauen auszumachen: Der allgemeine Teil des neuen Vertragsgesetzbuches, welches im Jahr 2000 in Kraft getreten ist, weist einen mit den PECL I und II und der 1. Auflage der PICC fast vollständig übereinstimmenden Aufbau auf.[337] Die Regelungswerke lagen bei der Ausarbeitung der Reformgesetze vor und wurden in maßgeblicher Weise berücksichtigt.[338] Nach *Mikelenas*, einem der Verfasser des neuen Gesetzbuches, orientierte sich die Ausarbeitung dabei allerdings primär an den PICC, wobei einzelne Regelungen terminologisch und rechtstechnisch den spezifischen litauischen Gegebenheiten angepasst wurden.[339] Deshalb kann auf die Ausführungen zu den PICC verwiesen werden.[340]

Auch in anderen osteuropäischen Staaten haben die PECL als Modellgesetz gedient,[341] allerdings nicht in derart prominenter Weise wie in Litauen.[342] In Estland bildeten die PECL gemeinsam mit den PICC, dem CISG und dem BGB eine wichtige Quelle für das neue estnische Schuldrecht,[343] allerdings weniger im Hinblick auf die Substanz der Normen als auf die systematische Struktur. Grund dafür war, dass die PECL I erst im Jahr 1995 Estland erreichten. Zu

336 Vgl. *von Bar/ Zimmermann*, Grundregeln des Europäischen Vertragsrechts, Teile I und II, S. XXVI.

337 *Žukas*, Reception of the UPICC and PECL in Lithuania, in *Ritaine/Lein* (Hg.), The UNIDROIT Principles 2004, S. 231, 234 ff. mit einer tabellarischen Vergleichsübersicht.

338 *Mikelenas*, The Influence of Instruments of Harmonisation of Private Law upon the Reform of Civil Law in Lithuania, in *Varul* (Hg.), European Initiatives (CFR) and Reform of Civil Law in New Member States, S. 143, 146; *ders.*, Unification and Harmonisation of Law at the Turn of the Millenium: the Lithuanian Experience, Uni. L.R. 2000, S. 243, 251.

339 *Mikelenas*, Unification and Harmonisation of Law at the Turn of the Millenium: the Lithuanian Experience, Uni. L. R. 2000, S. 243, 251.

340 Siehe dazu *infra* 3. Kapitel D.II.5.b) Ebene der Einzelstaaten.

341 Im einzelnen dazu *Vékás*, Integration des östlichen Mitteleuropa im Wege rechtsvergleichender Zivilrechtserneuerung, ZEuP 2004, S. 454 ff.

342 Für einen Überblick über die Entwicklung der Privatrechte von Estland, Lettland und Litauen siehe *Reich*, Stichtag 1. Mai 2004, ZEuP 2004, S. 449 ff.

343 *Varul*, Legal Policy Decisions and Choices in the Creation of New Private Law in Estonia, Juridica International 2000, S. 104, 114.

diesem Zeitpunkt war schon ein großer Teil des estnischen Schuldrechts nahezu vollständig ausgearbeitet.[344] Berücksichtigung fanden die PECL und die PICC weiterhin bei der Rechtsreform in Ungarn, wobei allerdings aufgrund der gemeinsamen civil-law-Tradition viele Rechtsregeln ohnehin identisch waren, was die Feststellung des genauen Grades des Einflusses der PECL erschwert.[345] Sie spielten zudem eine wichtige Rolle bei der Erarbeitung von Ergänzungen zum polnischen Zivilgesetzbuch,[346] was u.a. auf einen besonders hohen Stellenwert der Rechtsvergleichung in Polen zurückgeführt wird.[347] Auch bei der Ausarbeitung des neuen rumänischen Zivilgesetzbuches wurden die PECL neben den PICC und dem DCFR berücksichtigt.[348] In Lettland hingegen wurden eine Reihe von Reformvorschlägen auf der Grundlage der PECL, den PICC und dem CISG von offizieller Seite verworfen.[349]

Der insgesamt beachtliche Einfluss der PECL in Osteuropa lässt sich in erster Linie mit der besonderen historischen Situation eines politischen Transitionsprozesses von einem sozialistischen zu einem marktwirtschaftlichen System und einem entsprechend starken Bedürfnis nach zeitgemäßen bzw. passenden Rechtsregeln erklären. Daneben war der Einfluss meist in kleineren osteuropäischen Staaten besonderes groß, was sich durch deren geringere legislative Ressourcen begründen lässt. Schließlich konnten zumindest die baltischen Staaten sowie Ungarn auf eine lange wissenschaftliche Teilnahme an

---

344 *Kull*, Reform of Contact Law in Estonia, in *Varul* (Hg.), European Initiatives (CFR) and Reform of Civil Law in New Member States, S. 122, 127 f. Aufgrund der fehlenden Verfügbarkeit konnten die PECL II und III nicht berücksichtigt werden.

345 So *Kisfaludi*, The Influence of Harmonisation on the Development of the Civil Law in Hungary, in *Varul* (Hg.), European Initiatives (CFR) and Reform of Civil Law in New Member States, S. 130, 135 f. mit einigen Beispielen für den Einfluss von PECL und PICC auf das neue ungarische Zivilgesetzbuch.

346 *Rajski*, European Initiatives and Reform of Civil Law in Poland, in *Varul* (Hg.), European Initiatives (CFR) and Reform of Civil Law in New Member States, S. 151, 154 mit einem Überblick über einzelne aus PECL und PICC übernommenen Regeln.

347 *Vékás*, Integration des östlichen Mitteleuropas im Wege rechtsvergleichender Zivilrechtserneuerung, ZEuP 2004, S. 454, 457 ff.

348 *Toader*, Contract Law im Romania, in *Jessel-Holst/Kulms/Trunk* (Hg.), Private Law in Eastern Europe, S. 110, 115.

349 *Torgans*, European Initiatives (PECL, DCFR) and Modernisation of Lativian Civil Law, in *Varul* (Hg.), European Initiatives (CFR) and Reform of Civil Law in New Member States, S. 137, 139 f.

der kontinentaleuropäischen Tradition aufbauen.[350] Hinter keiner der erfolgten Übernahmen stand das Ziel einer Rechtsharmonisierung.

b) Einfluss auf Rechtsanwendung und in der Rechtswissenschaft

Der beträchtliche Einfluss, den die PECL gemeinsam mit anderen Regelungswerken auf der Normenstufe ausgeübt haben, setzt sich bei der Auslegung dieser nationalen Normen nicht fort. Selbst in der Rechtsprechung zum neuen litauischen Schuldrecht, auf das die PECL und die PICC den wohl größten Einfluss hatten, fand sich beispielsweise in den ersten fünf Jahren nach Inkrafttreten der neuen Regelungen keine einziger Verweis auf die PECL.[351] Als bestimmender Faktor dafür wird genannt, dass es an direkten Verweisen auf seine Vorbilder im Gesetzestext fehlt. Die einzigen Verweise fänden sich in Kommentaren, die jedoch traditionell in den baltischen Ländern keinen hohen Stellenwert haben.[352] Zudem wirke sich die fehlende Übersetzung der PECL und der PICC in die jeweilige Landessprache negativ aus.[353]

Die Beurteilung der Rolle der PECL bei der Auslegung des deutschen Rechts sollte sich grundsätzlich danach richten, in welchem Maße sich die nationalen Regelungen an ihnen orientiert haben.[354] Tatsächlich hat eine solche Bezugnahme jedoch in keinem Fall stattgefunden.

Die bisher fehlende Bedeutung der PECL bei der Auslegung der durch sie beeinflussten nationalen Normen bedeutet jedoch nicht, dass sie auf der Stufe der Rechtsanwendung keine Wirkung entfaltet hätten. Der Einfluss liegt allerdings nicht in ihrer Funktion als Modellgesetz, sondern in ihrer Anwendung durch die Gerichte im Rahmen einer rechtvergleichenden Auslegungsmethode. Sie werden in diesem Zusammenhang sowohl für die Bekräftigung eines schon fest stehenden Ergebnisses, als auch als Anregungen bei unklarer gesetzlicher Rechtslage sowie für eine Rechtsfortbildung über das positive Recht hinaus

350 *Vékás*, Integration des östlichen Mitteleuropas im Wege rechtsvergleichender Zivilrechtserneuerung, ZEuP 2004, S. 454 ff. Dazu ausführlich *Loeber*, Kontinuität im Zivilrecht, in *Basedow u.a* (Hg.), 75 Jahre Max-Planck-Institut, S. 943 ff.

351 Auf die PICC wurde im gleichen Zeitraum nur viermal verwiesen.

352 *Žukas*, Reception of the UPICC and PECL in Lithuania, in *Ritaine/Lein* (Hg.), The UNIDROIT Principles 2004, S. 231, 236.

353 *Žukas*, Reception of the UPICC and PECL in Lithuania, in *Ritaine/Lein* (Hg.), The UNIDROIT Principles 2004, S. 231, 239.

354 Je nachdem, ob es sich um einen direkten oder indirekten Einfluss handelt, soll dabei das Gewicht der Principles in der juristischen Argumentation variieren, siehe *Meyer*, Principles of Contract Law und nationales Vertragsrecht, S. 177.

genutzt.[355] Sie dienen also als Rechtserkenntnis- und Rechtsgewinnungsquelle.[356] Dabei fungieren die PECL jedoch nicht als Modellgesetz.

Untersucht man den Einfluss der PECL auf die Rechtsprechung des EuGH, gilt es, sich zunächst eine spezifische Besonderheit zu vergegenwärtigen: In Anlehnung an den französischen Urteilsstil zitiert der EuGH in seinen Urteilen grundsätzlich keine Rechtsquellen, die nicht bindendes Recht darstellen.[357] Deshalb ist der Grad des Einflusses der PECL im Einzelfall schwer messbar. Dies gilt allerdings nicht für die Schlussanträge der Generalanwälte, welche vom Gericht berücksichtigt werden und schon in zahlreichen Fällen auf die PECL verwiesen haben.[358] Die PECL dienen bei der Auslegung von Unionsrecht demnach der Entscheidungsfindung.

In der Rechtsprechung nationaler Gerichte finden sich zahlreiche Hinweise auf die PECL. Unter anderem beruft sich das House of Lords bei der Auslegung eines nationalen Umsetzungsgesetzes einer europäischen Richtlinie auf die PECL.[359] Auch in Frankreich sollen einige neuere Entwicklungen in der vertragsrechtlichen Rechtsprechung mit den PECL zusammenhängen,[360] wenngleich auch dieser Befund bezweifelt wird.[361] Weiterhin haben sie großen Einfluss auf die Rechtsprechung in Spanien ausgeübt, wo sie bis zum Jahr 2007 in 21 Entscheidungen spanischer Gerichte auftauchten. Sie wurden dabei für eine richterliche Konsolidierung der spanischen Vertragsrechtsdoktrin, zur Schaffung allgemeiner, nicht im spanischen Zivilgesetzbuch enthaltener Regeln und als Vorbild für eine richterliche Rechtsfortbildung im Einzelfall herangezogen.[362]

---

355 Eine exemplarische Übersicht für den Einfluss von UPICC und PECL in Rechtsprechung und Wissenschaft, unterteilt nach den unterschiedlichen Funktionen, findet sich bei *Meyer*, Principles of Contract Law und nationales Vertragsrecht, S. 211 ff.

356 *Canaris*, Die Stellung der UNIDROIT-Principles und PECL im System der Rechtsquellen, in *Basedow* (Hg.), Europäische Vertragsrechtsvereinheitlichung und deutsches Recht, S. 5, 13 ff., 29 ff.

357 *Trstenjak*, Der Gemeinsame Referenzrahmen und der Europäische Gerichtshof, in *Schmidt-Kessel* (Hg.), Der Gemeinsame Referenzrahmen, S. 235, 238.

358 Siehe dazu *Trstenjak*, Der Gemeinsame Referenzrahmen und der Europäische Gerichtshof, in *Schmidt-Kessel* (Hg.), Der Gemeinsame Referenzrahmen, S. 253.

359 Bei Auslegung von nationalem Recht, welches EU-Recht umsetzt, siehe *Meyer*, Principles of Contract Law und nationales Recht, S. 232 ff.

360 *Fages*, Einige neuere Entwicklungen des französischen allgemeinen Vertragsrechts, ZEuP 2003, S. 514 ff.

361 So die Einschätzung von *Zimmermann*, European Contract Law, EuZW 2007, S. 455, 457.

362 Dazu ausführlich *Vendrell Cervantes*, The Application of the PECL by Spanish Courts, ZEuP 2008, S. 534 ff.

In den Niederlanden lässt sich für den gleichen Zeitraum ebenfalls eine beachtliche Anzahl von Gerichtsentscheidungen feststellen, in denen auf die PECL Bezug genommen wird. Sie wurden dabei zur Begründung eines Ergebnisses gebraucht und stellen in aller Regel nur einen Teil der Urteilsbegründung dar.[363]

Der Einfluss der PECL auf die Wissenschaft zeigt sich in unzähligen Publikationen. Beispielhaft seien die vergleichenden Kommentare zum italienischen[364] und zum niederländischen Recht[365] hervorgehoben, die den Zugang ausländischer Juristen zum jeweiligen Rechtssystem erleichtern sollen. Insgesamt ist den PECL ein „bemerkenswerter Grad an Erfolg als autoritative Referenz für die Entwicklung nationaler Rechtssysteme"[366] bescheinigt worden, wobei *Jansen* zu Recht darauf hinweist, dass sich der Grad des Erfolgs stets an der mit einem Projekt verbundenen Erwartungshaltung misst, die im Falle der PECL in Anbetracht der vielen unterschiedlichen, hochentwickelten Rechtssysteme eher gering war.[367] Bedeutsam im Rahmen dieser Untersuchung ist schließlich, dass die PECL eine der beiden primären Rechtsgewinnungsquellen für die allgemeinen vertragsrechtlichen Vorschriften des DCFR bildeten.[368]

C. Unionsvertragsrecht

I. Allgemeines

1. Definition

Unter dem Begriff des „Gemeinschaftsprivatrechts" wurden ursprünglich „die kraft Gemeinschaftsrechts gemeinschaftsweit inhaltsidentisch verbindlichen Privatrechtssätze (nicht notwendig mit ausgereiften Anspruchsgrundlagen)"[369] verstanden.

Der erste Bestandteil dieser Definition ist, dass der Geltungsgrund der Rechtssätze im Gemeinschaftsrecht liegt. Dies ist im Bezug auf EU-Verordnungen

---

363 *Busch*, The PECL before the Supreme Court of the Netherlands, ZEuP 2008, S. 549, 557 ff.

364 *Antoniolli/Fiorentini* (Hg.), PECL and Italian Law.

365 *Busch/Hondinus/van Kooten/Schelhaas* (Hg.), PECL and Dutch Law.

366 *Antoniolli/Fiorentini*, Introduction, in *dies.* (Hg.), A Factual Assessment, S. 1, 3 f.

367 *Jansen*, Making Authority, S. 61.

368 Dazu *infra* 5. Kapitel B.III. Entstehung des Draft Common Frame of Reference.

369 *Müller-Graff*, Privatrecht und europäisches Gemeinschaftsrecht, FS Börner, S. 17 ff.; Wiederabdruck in *Müller-Graff* (Hg.), Gemeinsames Privatrecht in der Europäischen Gemeinschaft, 2. Auflage, S. 267 ff.

unproblematisch, weil diese unmittelbar gelten.[370] Hinsichtlich des durch Richtlinien geschaffenen Rechts besteht Uneinigkeit, ob die Richtlinien selbst oder nur die nationalen, umgesetzten Regeln als Teil des Unionsprivatrechts anzusehen sind. Diese Problematik folgt daraus, dass die Richtlinien an die Mitgliedsstaaten adressiert sind. Das hat zur Folge, dass sie dogmatisch eigentlich nicht dem Privatrecht, sondern dem öffentlichen Recht zuzuordnen wären, weil sie nur gegenüber den Staaten verbindlich sind und auch bei verspäteter Umsetzung keine unmittelbare Wirkung zwischen Privaten entfalten.[371] Demgemäß wird vertreten, dass nur die Umsetzungsgesetze in den Mitgliedsstaaten dem europäischen Privatrecht und damit dem Unionsvertragsrecht zugeordnet werden können.[372] Nach überwiegender Auffassung handelt es sich jedoch auch bei Richtlinien um selbstständige Quellen des Privatrechts.[373] Dafür spricht auch die Tatsache, dass die Richtlinien hinsichtlich ihrer Ziele verbindlich sind. Deshalb stellen sie innerhalb der nationalen Umsetzungsregeln einen „inhaltsidentisch verbindlichen" Kern dar.[374] Zudem ist die Rechtssetzung durch Richtlinien zwar ein zweistufiges, aber dennoch einheitlich zu beurteilendes Rechtssetzungsverfahren, in dem die Vorgaben der EU von den Einzelstaaten sachlich ausgestaltet und systemisch eingepasst werden. Durch dieses Verfahren werden im Ergebnis Rechtsverhältnisse zwischen Privaten reguliert.[375]

---

370 Dazu siehe *infra* unter 2. Kapitel C.III.3. Vertragsrechtsharmonisierung durch Verordnungen.

371 Nur in Fällen unzureichender Umsetzung kommt mittels sog. richtlinienkonformer Auslegung eine direkte Wirkung gegenüber Privaten in Betracht, vgl. u.a. *EuGH* Slg. 2000, I-7573 (Unilever/Central Food); m.w.N. *Riesenhuber*, Europäisches Vertragsrecht, Rn. 39; zur richtlinienkonformen Auslegung ausführlich *Suhr*, Richtlinienkonforme Auslegung im Privatrecht und nationale Auslegungsmethodik; *Heiderhoff*, Europäisches Vertragsrecht, Rn. 112 ff. Dazu ausführlich *infra* 2. Kapitel C.III.2.c) Rechtsharmonisierung auf Stufe der Rechtsanwendung.

372 *Meller-Hannich*, Verbraucherschutz im Schuldvertragsrecht, S. 76.

373 So etwa *Müller-Graff*, Privatrecht und europäisches Gemeinschaftsrecht, in *ders.* (Hg.), Gemeinsames Privatrecht in der Europäischen Gemeinschaft, 2. Auflage, S. 267 ff.; *Basedow* in *ders./Hopt/Zimmermann* (Hg.), Handwörterbuch des Europäischen Privatrechts, S. 680; *ders.*, Der Europäische Gerichtshof und das Privatrecht, AcP 2010, S. 157 ff.; *Heiderhoff*, Europäisches Privatrecht, Rn. 1; *Rösler*, Europäische Gerichtsbarkeit auf dem Gebiet des Zivilrechts, S. 41; *ders.*, Europäisches Konsumentenvertragsrecht, S. 9 ff.; *Grundmann*, Europäisches Schuldvertragsrecht, S. 89 ff. *Riesenhuber*, Europäisches Vertragsrecht, Rn. 37 ff. vertritt die Auffassung, dass nur die Richtlinien einen Teil des europäischen Privatrechts bilden.

374 *Riesenhuber*, Europäisches Vertragsrecht, Rn. 40.

375 So *Rösler*, Europäische Gerichtsbarkeit auf dem Gebiet des Zivilrechts, S. 41.

Hinsichtlich des Merkmals der „Inhaltsidentität“ weist *Basedow* darauf hin, dass dieses weder auf der Normenstufe noch auf der Stufe der Rechtsanwendung aufrechterhalten werden kann.[376] Auf der Stufe der europäischen Normen folgt dies aus der Tatsache, dass zahlreiche europäische Richtlinien den nationalen Gesetzgebern Wahlmöglichkeiten zur Umsetzung eröffnen.[377] Auf Stufe der Rechtsanwendung ergibt sich dies beispielsweise daraus, dass der EuGH hinsichtlich der Auslegung einer in einer Richtlinie verwandten Generalklausel[378] zwar die Bedeutung der Generalklausel durch Auslegung bestimmen, aber nicht die Anwendung der Klausel auf den Einzelfall durch die einzelstaatlichen Gerichte überprüfen darf.[379]

Seit Inkrafttreten des Lissaboner Reformvertrags muss das „Gemeinschaftsprivatrecht“ nunmehr als „Unionsprivatrecht“ bezeichnet werden, weil der Begriff „Gemeinschaft“ im Vertrag von Lissabon nicht mehr vorkommt, sondern vollständig durch den Terminus „Europäische Union“ ersetzt worden ist.[380] Der Begriff des Unionsvertragsrechts umfasst folglich die Gesamtheit der kraft Unionsrechts unionsweit verbindlichen Privatrechtssätze im Bereich des Vertragsrechts.

2. Überblick

Die Gründungsverträge und die sonstigen zwischen den Mitgliedsstaaten abgeschlossenen Verträge, dabei insbesondere die Änderungsverträge und Beitrittsabkommen, bilden das sog. „Primärrecht“ der EU. Davon ist das „sekundäre“ Unionsrecht zu unterscheiden, welches aufgrund der in den Verträgen bestimmten Rechtssetzungsgewalt von der EU erlassen wird.[381] Dem Primärrecht kommt

---

376 Dazu ausführlich *Basedow* in *ders./Hopt/Zimmermann* (Hg.), Handwörterbuch des Europäischen Privatrechts, S. 680.

377 Als Beispiel sei die Ausgestaltung des vertraglichen Ausgleichanspruchs des Handelsvertreters (Art. 17 RL 86/653/EWG) genannt: Den Mitgliedsstaaten wird bei dessen Ausgestaltung die Wahlmöglichkeit zwischen einem Schadenersatzanspruch und einem nachvertraglichen Ausgleichsanspruch gewährt.

378 Art. 3 RL 93/13/EWG enthält eine Generalklausel, die bestimmt, unter welchen Voraussetzungen eine Klausel als missbräuchlich anzusehen ist.

379 *EuGH* Slg. 2004, I-3403, Rn. 22 (Freiburger Kommunalbauten).

380 Siehe dazu *Kotzur* in *Geiger/Khan/Kotzur*, EUV/AEUV-Kommentar, Art. 1 AEUV, Rn. 1. *Heiderhoff* wählt als Bezeichnung den Titel „EU-Privatrecht“, welchen sie synonym mit dem Begriff „Unionsvertragsrecht“ gebraucht, vgl. dazu *Heiderhoff*, Europäisches Privatrecht, Vorwort.

381 Zur Unterscheidung *Oppermann*, § 9 Rn. 19 ff.

ein hierarchischer Vorrang zu, welcher mit dem Vorrang einer Verfassung gegenüber dem einfachen Recht vergleichbar ist.[382]

Die Rechtsquellen des Unionsvertragsrechts sind das Primär- und Sekundärrecht der Union, die Rechtsprechung des EuGH sowie die allgemeinen Rechtsgrundsätze des Unionsrechts. Zwischen den EU-Staaten im Rahmen der Gemeinschaft geschlossene völkerrechtliche Abkommen gem. (dem durch den Vertrag von Lissabon aufgehobenen)[383] Ex-Art. 293 EGV existieren im Bereich des Privatrechts nicht mehr.[384]

II. Vertragsrecht im Primärrecht

1. Grundfreiheiten und Vertragsrecht

Die Grundfreiheiten des AEUV (Vertrag über die Arbeitsweise der Europäischen Union) dienen der Gewährleistung des Binnenmarkts. Sie sind zuvorderst ein Deregulierungsgebot zum Abbau unterschiedlicher nationaler Regelungen. Darüber hinaus enthalten sie ein Schutzrecht, welches auch als Angleichungsgebot verstanden wird.[385]

Die Reichweite der Grundfreiheiten misst sich an den Entscheidungen des EuGH im Vorabentscheidungsverfahren. Aus dem Anwendungsvorrang[386] des Europarechts folgt die unmittelbare Geltung der Grundfreiheiten im

---

382 Die Verträge sind „Verfassungsurkunde(n) der Rechtsgemeinschaft“, so *EuGH* Slg. 1991, I-6079 (Europäischer Wirtschaftsraum I). Siehe auch *Becker* in *Schwarze*, EU-Kommentar, Art. 34 AEUV Rn. 101, der eine „verfassungsrechtliche Qualität der Verträge“ feststellt. Davon zu unterscheiden ist der Vorrang, der dem Unionsrecht gegenüber dem Recht der Mitgliedsstaaten zukommt, vgl. *supra* 2. Kapitel A.II.2. Das Europäische Privatrecht als „Mehrebenensystem“.

383 *Geiger/Khan/Kotzur*, EUV/AEUV-Kommentar, Einleitung, S. LII.

384 Als letztes wurde das EVÜ (Übereinkommen über das auf vertragliche Schuldverhältnisse anzuwendende Recht v. 19.6.1980, BGBl. 1986 II, S. 810, konsolidierte Fassung Abl. C 27, 26.01.1998, S. 34 in die Rom-I-Verordnung (Verordnung (EG), Nr. 593/2008 des Europäischen Parlaments und des Rates v. 17.06.2008 über das auf vertragliche Schuldverhältnisse anzuwendende Recht, Abl. L 177, 4.7.2008, S. 6) überführt.

385 *Heiderhoff*, Europäisches Privatrecht, Rn. 43 f. Zu den konkreten Wirkungen der Grundfreiheiten im Bereich der Privatrechtsharmonisierung siehe *infra* 2. Kapitel C.II.1.c) Rechtsharmonisierung durch Grundfreiheiten.

386 Dazu schon *supra* 2. Kapitel A.II.2. Das europäische Privatrecht als Mehrebenensystem.

Privatrecht.[387] Allerdings sind grundsätzlich nur Normen an den Grundfreiheiten zu messen.[388] Die Grundfreiheiten entfalten ohne weiteres keine Drittwirkung zwischen Privaten.[389]

Auf den ersten Blick scheint ein Einfluss der Grundfreiheiten auf die EU-Vertragsrechtsharmonisierung nicht feststellbar, weil der EuGH bisher keine Norm aus dem Bereich des allgemeinen Vertragsrechts oder deren Auslegung für unvereinbar mit den Grundfreiheiten erklärt hat.[390] Er hat allerdings bereits entschieden, dass vertragsrechtlich relevante Vorschriften grundsätzlich gegen Grundfreiheiten verstoßen können.[391] Die Grundfreiheiten bilden zudem eine Grundlage, auf der das in Art. 2 AEUV genannte, in Art. 26 Abs. 2 AEUV konkretisierte Ziel des gemeinsamen Binnenmarktes verwirklicht werden soll.[392] Deshalb sind sie eine wichtige Basis der europäischen Rechtsharmonisierung.

Für den Bereich des allgemeinen Vertragsrechts soll im Folgenden nur der Einfluss der Warenverkehrsfreiheit (Art. 34–37 AEUV) näher betrachtet werden. Die Zahlungsverkehrsfreiheit (Art. 63–66 AEUV) betrifft im Bereich des Vertragsrechts nur die Gegenleistung. In ihrer Reichweite entspricht sie der leistungsbezogenen, jeweils „herrschenden" Produktfreiheit.[393]

---

387 Ständige Rechtsprechung des EuGH, siehe nur *EuGH* Slg. 1993, S. 509 (CMC Motorradcenter); *Bachmann*, Nationales Privatrecht im Spannungsfeld der Grundfreiheiten, AcP 2010, S. 424, 434; *Remien*, Grenzen der Privatrechtsangleichung, JZ 1994, S. 349, 352.

388 *Heiderhoff*, Europäisches Privatrecht, Rn. 48.

389 Dazu siehe im einzelnen 2. Kapitel C.II.1.c)(III) Rechtsharmonisierung auf Stufe der Rechtsanwendung.

390 *Bachmann*, Nationales Privatrecht im Spannungsfeld der Grundfreiheiten, AcP 2010, S. 424, 425; *Heiderhoff*, Europäisches Privatrecht, Rn. 48; *Leible* in *Martiny/Witzleb* (Hg.), Auf dem Wege zu einem europäischen Zivilgesetzbuch, S. 53, 69, der sogar so weit geht, dem EuGH zu attestieren, dass dieser eine Qualifizierung des Kernprivatrechts als Verkehrsbeschränkungen umgehen wollte.

391 So u.a. *EuGH* Slg. 1993, I-5009 Rn. 8–12 (CMC Motorradcenter) zur vorvertraglichen Aufklärungspflicht nach deutschem Recht bei sog. Grauimporten; *EuGH* Slg. 1991, I–107 (Alstom Atlantique) zur Sachmängelhaftung im französischen Code Civil; *EuGH* Slg. 1989, S. 1591 (Allué I) und *EuGH* Slg. 1993, I-4309 (Allué II) zur Befristung von Arbeitsverträgen; *EuGH* Slg. 1989, S. 1235 (Buet) zum einem französischen Verbot des Haustürvertriebs; *EuGH* Slg. 1982, 4575 Rn. 15 (Oosthoek) zu einem niederländischen Zugabeverbot als Behinderung eines europaweiten Marketings.

392 *Remien* in *Basedow/Hopt/Zimmermann* (Hg.), Handwörterbuch des Europäischen Privatrechts, S. 784.

393 Dazu nur *Riesenhuber*, Europäisches Vertragsrecht, Rn. 67 (m.w.N.), 68.

a) Reichweite der Warenverkehrsfreiheit, Art. 34 AEUV[394]

Die Warenverkehrsfreiheit enthält ein Verbot mengenmäßiger Einfuhrbeschränkungen und Maßnahmen gleicher Wirkung zwischen den Mitgliedsstaaten. Sie ist nicht nur ein Diskriminierungsverbot,[395] sie wird zudem als allgemeines Beschränkungsverbot des interunionalen Handels ausgelegt.[396] Dabei kann eine solche Beschränkung auch durch innerstaatliche Rechtsvorschriften erfolgen, die inländische und ausländische Angebote gleichermaßen betreffen, letztere aber faktisch schwerer belasten.[397] Somit können also auch diskriminierungsfreie Normen gegen die Warenverkehrsfreiheit verstoßen,[398] wenn sie eine Berührung zu mehreren Mitgliedsstaaten aufweisen.[399]

In Art. 36 AEUV finden sich mögliche Rechtfertigungsgründe für eine Beeinträchtigung der Warenverkehrsfreiheit, die durch eine Reihe von unterschriebenen, vom EuGH entwickelten Rechtfertigungsgründen ergänzt worden sind.[400] Der wichtigste Rechtfertigungsgrund ist derjenige der sog. „zwingenden Erfordernisse", dessen Reichweite im einzelnen unklar ist.[401]

Das grundsätzliche Beschränkungsverbot gilt außerdem nicht, wenn es sich bei der an der Warenverkehrsfreiheit zu messenden Norm um eine sog. „Verkaufsmodalität" handelt.[402] Dabei ist nach der EuGH-Rechtsprechung zwischen

---

394 Art. 34 AEUV: „Mengenmäßige Einfuhrbeschränkungen sowie alle Maßnahmen gleicher Wirkung sind zwischen den Mitgliedsstaaten verboten."

395 Die Grundfreiheiten verbieten grundsätzlich jede diskriminierende Regelung. Davon umfasst sind Vorschriften, die direkt oder indirekt an die Nationalität oder den Aufenthaltsort anknüpfen, *Heiderhoff*, Europäisches Vertragsrecht, S. 20.

396 Dies gilt sowohl für mengenmäßige Beschränkungen als auch für sog. „Maßnahmen gleicher Wirkung", also „jede Handelsregulierung, die geeignet ist, den innergemeinschaftlichen Handel unmittelbar oder mittelbar, tatsächlich oder potentiell zu behindern," *EuGH* Slg. 1974, S. 834, 837 (Dassonville). Dazu auch *Kotzur* in *Geiger/Khan/Kotzur*, EUV/AEUV-Kommentar, Art. 34 AEUV Rn. 5. Zum Schutzbereich der anderen Grundfreiheiten siehe m.w.N. nur *Heiderhoff*, Europäisches Privatrecht, Rn. 50, insbesondere Fn. 81.

397 *EuGH* Slg. 1979, S. 649, 662 (Cassis de Dijon).

398 *Bachmann*, Nationales Privatrecht im Spannungsfeld der Grundfreiheiten, AcP 2010, S. 424, 429.

399 *EuGH* Slg. 1999, S. 7319 (Jägerskjöld); m.w.N. *Heiderhoff*, Europäisches Privatrecht, Rn. 54.

400 Dazu siehe im einzelnen *Becker* in *Schwarze*, EU-Kommentar, Art. 36 AEUV Rn. 35 ff.

401 Sog. „Cassis-Formel", *EuGH* Slg. 1979, S. 649, genannt wird ausdrücklich z.B. der Verbraucherschutz.

402 *EuGH* Slg. 1993, S. 6097, 6131 (Keck und Mithouard); siehe auch *EuGH* Slg. 1993, S. 6787 ff. (Hünermund). Zu den Auswirkungen dieser Urteile auf

nicht beschränkenden Verkaufsmodalitäten, also Regelungen, die sich nur indirekt auf die Verkehrsfähigkeit des Produkts auswirken, und Produktmodalitäten[403] zu unterscheiden, wobei jedoch die genaue Abgrenzung dieser beiden Begriffe nicht geklärt ist.[404] Insgesamt ist festzustellen, dass die Abgrenzung anhand der von der Rechtsprechung des EuGH geprägten Kriterien sehr unscharf ist.[405]

b) Auswirkungen auf das nationale Vertragsrecht

Einigkeit besteht darin, dass keine uneingeschränkte Kontrolle des nationalen Privatrechts durch die Grundfreiheiten stattfinden kann.[406] Die Kriterien, anhand derer solch eine notwendige Beschränkung stattfinden soll, sind innerhalb der Literatur umstritten.[407] Mangels Präzisierung durch die Rechtsprechung bleibt die tatsächliche Relevanz der verschiedenen vorgeschlagenen Deutungsmöglichkeiten ungewiss. Es handelt sich letztlich um Deutungsansätze, die keine belastbare Aussage über die tatsächliche Geltungsweite der Grundfreiheiten im Vertragsrecht treffen können.

c) Rechtsharmonisierung durch Grundfreiheiten

Adressaten der Grundfreiheiten sind nach der Rechtsprechung des EuGH grundsätzlich die Mitgliedsstaaten, und zwar die Verwaltung, die Gesetzgebung

---

die Rechtsangleichung des EuGH siehe ausführlich *Remien*, Grenzen der Privatrechtsangleichung, JZ 1994, S. 349 ff.; *Lurger*, Grundfragen der Vereinheitlichung, S. 2 54 ff.

403 Also Regelungen zu Bezeichnung, Form, Abmessung, Gewicht, Aufmachung, Etikettierung oder Verpackung einer Ware, Oppermann, *Europarecht*, § 22 Rn. 32.

404 Der EuGH hat diese Abgrenzung noch dahingehend konkretisiert, dass Art. 34 AEUV auf andere als produktbezogende Maßnahmen nur dann anwendbar sei, wenn die nationale Maßnahme eine weniger günstige Behandlung inländischer Waren bezweckt oder bewirkt oder anderweitig den Marktzugang behindert, vgl. *EuGHE* 2009, I-519 (KOM/Italien).

405 So auch *Lurger*, Grundfragen der Vereinheitlichung, S. 255.

406 Dafür spricht schon die Rechtsprechung des EuGH, die tatsächlich noch in keiner Norm des „engen Kreises“ des Bürgerlichen Rechts einen Verstoß gegen die Grundfreiheiten erblickt hat, vgl. *Bachmann*, Nationales Privatrecht im Spannungsfeld der Grundfreiheiten, AcP 2010, S. 424, 425 f. Ausführlich dazu *Lurger*, Grundfragen der Vereinheitlichung, S. 272 ff.

407 Für einen ausführlicheren Überblick über den Meinungsstand siehe *Riesenhuber*, Europäisches Vertragsrecht, Rn. 82 ff.; *Heiderhoff*, Europäisches Privatrecht, Rn. 53 ff.

und die Justiz.[408] Bezogen auf einzelne Grundfreiheiten ist zudem ausnahmsweise eine Drittwirkung zwischen Privaten angenommen worden.[409]

(I) Rechtsharmonisierung auf europäischer Ebene

Nach dem Wortlaut des Art. 34 AEUV ist zuvorderst von einer grundfreiheitlichen Bindung der Mitgliedsstaaten auszugehen.[410] Es sprechen gewichtige Argumente dafür, auch von einer Bindung des europäischen Gesetzgebers auszugehen.[411] Eines liegt z.B. in der verfassungsähnlichen Qualität der Verträge.[412] Die Verträge bilden als „Grundnorm"[413] bzw. „Verfassungsurkunde der Rechtsgemeinschaft"[414] den Maßstab für das Handeln der Unionsorgane und entfalten als wesentliche Bestimmung eine entsprechende Bindungswirkung.[415] Evident ist eine Bindung zudem bei Maßnahmen, die auf Art. 114 AEUV gestützt werden, da diese Vorschrift gerade der Verwirklichung des Binnenmarktes dient.[416]

Aufgrund der Bindungswirklung sind die Grundfreiheiten als zwingender, institutioneller Rahmen allen Unionsrechtsakten zugrundezulegen, wobei im Einzelfall durchaus ein anderes unionsrechtliches Prinzip überwiegen kann.

(II) Rechtsharmonisierung auf der Normenstufe in den Einzelstaaten

Es fragt sich, welche denkbaren Handlungsanweisungen die Grundfreiheiten für die nationalen Gesetzgeber beinhalten können. Die Handlungsoptionen

---

408 So *EuGH* Slg. 1976, S. 455, Rn. 35–37 (Defrenne II).

409 Dazu siehe sogleich 2. Kapitel C.II.1.c)(III) Rechtsharmonsierung auf Stufe der Rechtsanwendung.

410 So auch *Remien*, Zwingendes Vertragsrecht und Grundfreiheiten des EG-Vertrags, S. 215.

411 So z.B. *Remien*, Zwingendes Vertragsrecht und Grundfreiheiten des EG-Vertrags, S. 213 ff. 217 (mit einer Auswertung der EuGH-Rechtsprechung zu diesem Thema); *Tilmann*, Wirtschaftsrecht, S. 288 Fn. 139; Becker in *Schwarze*, EU-Kommentar, Art. 34 AEUV, Rn. 101 f. mit Hinweis u.a. auf die Entscheidung *EuGH* Slg. 1984, S. 2171 Rn. 15 (Denkavit Nederland); im Ergebnis auch *Schwemer*, Die Bindung des Gemeinschaftsgesetzgebers an die Grundfreiheiten, S. 209.

412 Dazu schon *supra* 2. Kapitel C.I.2. Überblick.

413 Dazu *supra* 2. Kapitel A.I.1. Die EU als supranationaler Staatenverbund.

414 *EuGH* Slg. 1991, I-6079 (Europäischer Wirtschaftsraum I).

415 *Remien*, Zwingendes Vertragsrecht und Grundfreiheiten des EG-Vertrags, S. 216.

416 *Remien*, Zwingendes Vertragsrecht und Grundfreiheiten des EG-Vertrags, S. 219. Ausführlich zu dieser Rechtssetzungskompetenz siehe *infra* 2. Kapitel C.III.1.b) Kompetenztitel zur Vertragsrechtssetzung.

gehen dabei über die tatsächliche Reichweite der Grundfreiheiten hinaus, weil die Grundfreiheiten in ihrer Wirkungsweise ergebnisorientiert sind. Das bedeutet, dass der EuGH zur Bestimmung ihrer Reichweite letztlich allein den konkreten Einzelfall, also die Stufe der Rechtsanwendung betrachtet. Dem nationalen Gesetzgeber verbleibt somit ein nicht unerheblicher Gestaltungsspielraum. Aus den Grundfreiheiten folgen Handlungsgebote. Zudem können sie als Orientierungsrahmen verstanden werden.[417]

Wird eine Norm vom EuGH als mit den Grundfreiheiten unvereinbar erklärt, so sind die Mitgliedsstaaten verpflichtet, die betroffene Norm zu ändern.[418] Im allgemeinen Vertragsrecht ist dies jedoch, wie bereits ausgeführt, noch nicht geschehen. Ein weiteres Handlungsgebot folgt daraus, dass aufgrund der Grundfreiheiten zwar keine Normsetzung stattfindet, wohl aber eine Grenzziehung für die einzelstaatlichen Gesetzgeber. Diese sog. „negative Integration“ bildet den Rahmen, den die nationalen Gesetzgeber nicht überschreiten dürfen.[419] Häufig bildet die Rechtsprechung des EuGH dabei einen Ausgangspunkt für die Entwicklung gemeinsamer Grundsätze, welche die Vorstufe einer späteren Harmonisierung bilden können.[420] Schließlich können die Staaten durch die Grundfreiheiten auch verpflichtet werden, Maßnahmen zum Schutz vor Beschränkungen von Grundfreiheiten durch Private zu ergreifen.[421]

Eine darüber hinausgehende Orientierung der einzelstaatlichen Normen an den Grundfreiheiten wäre sicherlich wünschenswert. Sie ist jedoch, wie *Bachmann* zutreffend feststellt, bei Betrachtung der Praxis der Mitgliedsstaaten, protektionistische Normen erst nach mehrfacher Rüge durch den EuGH außer Kraft zu setzen, äußerst unrealistisch.[422]

---

417 *Bachmann*, Nationales Privatrecht im Spannungsfeld der Grundfreiheiten, AcP 2010, S. 424, 479 f.

418 So *Steindorff*, EGV und Privatrecht, S. 112 f. in Anknüpfung an *EuGH* Slg. 1991, I-621, Rn. 10 (Kommission/Italien).

419 *Remien* in *Basedow/Hopt/Zimmermann* (Hg.), Handwörterbuch des Europäischen Privatrechts, S. 784; *Heiderhoff*, Europäisches Privatrecht, S. 19 f.; *Streinz*, Europarecht, Rn. 852 spricht allgemeiner von Handlungs- und Unterlassungspflichten.

420 *Bachmann*, Nationales Privatrecht im Spannungsfeld der Grundfreiheiten, AcP 2010, S. 424, 484.

421 Siehe dazu m.w.N. *Bachmann*, Nationales Privatrecht im Spannungsfeld der Grundfreiheiten, AcP 2010, S. 424, 468.

422 *Bachmann*, Nationales Privatrecht im Spannungsfeld der Grundfreiheiten, AcP 2010, S. 424, 485.

(III) Rechtsharmonisierung auf der Stufe der Rechtsanwendung

Wie schon einleitend festgestellt, entfalten die Grundfreiheiten grundsätzlich keine Drittwirkung zwischen Privaten. Entsprechend ist es den nationalen Gerichten auch nicht gestattet, Verträge zwischen Privaten an den Grundfreiheiten zu messen.[423] Dies gilt nach der Rechtsprechung des EuGH bisher uneingeschränkt für die Warenverkehrsfreiheit.[424] Da sich diese Untersuchung nicht mit anderen Grundfreiheiten beschäftigt, soll hier keine Beschäftigung mit dieser im einzelnen höchst umstrittenen Frage der grundfreiheitlichen Drittwirkung erfolgen.[425] Durch die Kontrolle, der der EuGH die nationalen Privatrechte und deren Rechtsanwendung durch die Gerichte unterzieht, finden die Grundfreiheiten jedoch mittelbar Eingang in die nationale Rechtsanwendung. Trotz fehlender Horizontalwirkung kommt es also faktisch zu einer Wirkung von Gemeinschaftsrecht, weil die nationalen Gerichte auf diesem Wege ebenfalls an die Grundfreiheiten gebunden sind.[426]

d) Fazit: Einfluss der Grundfreiheiten im Vertragsrecht

Die Warenverkehrsfreiheit bildet zwar einen zwingenden Rahmen, in dem sich die europäische und die nationale Rechtssetzung und -ausübung grundsätzlich bewegen sollen. Zudem sorgt der EuGH als oberste Entscheidungsinstanz auf der Ebene europäischer und nationalstaatlicher Rechtssetzung sowie auf Stufe der nationalen Rechtsanwendung für eine zwingend einheitliche Auslegung der Grundfreiheiten. Die somit grundsätzlich angelegte Eignung zur Rechtsharmonisierung wird jedoch durch einige Faktoren stark diminuiert.

Der ohnehin schon begrenzte, da auf den Binnenmarkt fixierte Anwendungsbereich der Grundfreiheiten wird durch die unklare Rechtsprechung des EuGH[427] weiter eingeschränkt. In fehlenden klaren Kriterien hinsichtlich der

---

423 *Heiderhoff*, Europäisches Privatrecht, Rn. 74.

424 *EuGH* Slg. 1987, S. 3801 (Vlaamse Reisbureaus). Dazu siehe ausführlich *Bachmann*, Nationales Privatrecht im Spannungsfeld der Grundfreiheiten, AcP 2010, S. 424, 465.

425 Siehe dazu die Darstellung bei *Heiderhoff*, Europäisches Privatrecht, Rn. 74 ff.; eine knappe, strukturierte Darstellung der unterschiedlichen Auffassungen und Argumente findet sich bei *Bachmann*, Nationales Privatrecht im Spannungsfeld der Grundfreiheiten, AcP 2010, S. 424, 466 ff.; zum Thema m.w.N. auch *Riesenhuber*, Europäisches Vertragsrecht, Rn. 97 ff.; ausführlich *Jaensch*, Die unmittelbare Drittwirkung der Grundfreiheiten.

426 So nur *Klauer*, Die Europäisierung des Privatrechts, S. 101 ff.; *Riesenhuber*, Europäisches Vertragsrecht, Rn. 102.

427 Dazu *supra* 2. Kapitel C.II.1.a) Reichweite der Warenverkehrsfreiheit, Art. 34 AEUV.

Reichweite der Grundfreiheiten kann auch ein Grund für die fehlende Bereitschaft der nationalen Gesetzgeber gesehen werden, diese von vornherein bei der Rechtssetzung zu berücksichtigen. Die Tatsache, dass es sich um eine „negative" Form der Rechtsangleichung handelt, führt zudem zu einem ausschließlich reaktiven Harmonisierungsspektrum auf europäischer Seite.[428]

Aufgrund der Binnenmarktbezogenheit der Grundfreiheiten kann also nur eine fragmentarische Rechtsharmonisierung erreicht werden. Zudem können andere Ziele dabei nicht positiv berücksichtigt werden. Schließlich ist durch die unterschiedlichen Ebenen der Rechtssetzung häufig nicht erkennbar, wann eine Norm „grundfreiheitlich relevant" ist oder nicht, insoweit fehlt es also auch an Transparenz. So sehr die Grundfreiheiten für ein Zusammenwachsen der Märkte notwendig gewesen sind, ihre zukünftige Rolle für eine weitere rechtliche Integration der EU ist sehr vorsichtig zu bewerten.[429]

2. Allgemeine Rechtsgrundsätze des Unionsvertragsrechts[430]

Nach der im ersten Kapitel gefundenen Definition des Begriffs[431] sind die allgemeinen Rechtsgrundsätze des Unionsrechts solche Rechtsregeln, die trotz fehlender expliziter Normierung von der Rechtsanwendung als textliche Autorität anerkannt werden und die im Unionsrecht verankert sind.[432] Sie gehören nach überwiegender Auffassung zum primären Unionsrecht und gehen dem

428 *Riesenhuber*, Europäisches Vertragsrecht, Rn. 129.

429 So auch *Remien*, Zwingendes Vertragsrecht und Grundfreiheiten des EG-Vertrags, S. 193; *ders.*, Grenzen der Privatrechtsangleichung, JZ 1994, S. 349 ff. Gegen einen tatsächlichen Einfluss des Grundfreiheiten im Vertragsrecht auch *Stuyck*, The European Court of Justice as a motor of private law, in *Twigg-Flesner* (Hg.), The Cambridge Companion to European Union Private Law, S. 101, 105; *Wilhelmsson*, The Contract Law Acquis, 4. Europäischer Juristentag 2007, S. 111, 117.

430 Ein aktueller Überblick zu diesern Thematik findet sich auch bei *Hartkamp*, The General Principles of EU Law and Private Law, RabelsZ 2011, S. 241 ff.

431 Siehe dazu ausführlich 1. Kapitel A.IV. Allgemeine Rechtsgrundsätze.

432 Ein Überblick über die abweichenden Auffassungen hinsichtlich des Ursprungs der Rechtsgeltung findet sich bei *Metzger*, Allgemeine Rechtsgrundsätze, S. 385 ff. Die unterschiedlichen Auffassungen hinsichtlich des Geltungsursprungs allgemeiner Rechtsgrundsätze berufen sich auf die Gründungsverträge selbst, die Gemeinschaftsrechtsordnung als „Sinnganzes" und die Rechtsprechung des EuGH. Abzugrenzen sind sie von solchen allgemeinen Grundsätzen, die aus den Rechtsordnungen der Mitgliedsstaaten stammen.

sekundären Unionsrecht vor.[433] Explizite Erwähnung finden sie in Art. 340 Abs. 2 AEUV und Art. 6 Abs. 3 EUV. Wie das gesamte Unionsrecht sind sie unmittelbar anwendbar und gehen dem nationalen Recht vor, nach der Rechtsprechung des EuGH allerdings nur „im Anwendungsbereich des Vertrages."[434] Dieser Bereich ist allerdings z.B. schon dann betroffen, wenn die mitgliedsstaatliche Maßnahme in den substanziellen Anwendungsbereich einer Richtlinie fällt, deren Umsetzungsfrist bereits abgelaufen ist.[435] Die zu messende Maßnahme muss nicht etwa mit dem Ziel der Richtlinienumsetzung erlassen worden sein. Der EuGH ist gem. Art. 19 EUV[436] für die „Wahrung des Rechts bei der Auslegung und Anwendung der Verträge" zuständig. Deshalb überprüft er die Gesetzgeber auf die Einhaltung allgemeiner Rechtsgrundsätze, wobei diese als Eingriffsverbote und Schutzgebote für die privatrechtliche Gesetzgebung dienen. Weiterhin sind sie bei der privatrechtskonformen Auslegung zu berücksichtigen.[437]

Der EuGH leitet die allgemeinen Rechtsgrundsätze direkt aus dem Primärrecht ab, ausnahmsweise findet auch eine Herleitung aus dem Sekundärrecht statt. Methodisch kommen dabei eine Gesamtanalogie, eine Ableitung von Grundsätzen aus einzelnen Normen oder aus dem Geist der Verträge in Betracht.[438] Hinsichtlich der zugegeben eher dogmatischen Frage, ob es sich bei der Herleitung allgemeiner Rechtsgrundsätze um eine „Entdeckung" oder um eine „Rechtsfortbildung" handelt, herrscht Uneinigkeit.[439] Da nach der französisch geprägten Terminologie des EuGH der Begriff *interprétation* sowohl die Auslegung als auch die Rechtsfortbildung umfasst,[440] ist eine klare Abgrenzung insoweit nicht erforderlich.

Die inhaltliche Reichweite der allgemeinen Rechtsgrundsätze ist umstritten.[441] Ausdrücklich anerkannt hat der EuGH die Grundsätze „pacta sunt

433 So Schlussanträge GA Trstenjak *EuGH* Slg. 2009 I-0000, Rn. 70; *Basedow*, Der Europäische Gerichtshof und das Privatrecht, AcP 2010, S. 157, 179; *Oppermann*, Europarecht, § 9 Rn. 43.

434 *Oppermann*, Europarecht, § 9 Rn. 44.

435 *EuGH* Slg. 2010, S. 365 (Kücükdeveci). Für eine kritische Besprechung dieser Entscheidung siehe *Thüsing/Horler*, Seda Kücükdeveci v. Swedex, CMLR 2010, S. 1161 ff; kritisch auch *Oppermann*, Europarecht, § 9 Rn. 51.

436 Im wesentlichen übereinstimmend mit Ex-Art. 220 EGV.

437 *Riesenhuber*, Europäisches Vertragsrecht, Rn. 36.

438 Dazu ausführlich *Metzger*, Allgemeine Rechtsgrundsätze, S. 360 ff.

439 So *Oppermann*, Europarecht, § 9 Rn. 33.

440 *Perner*, EU-Richtlinien und Privatrecht, S. 77.

441 Dazu siehe ausführlich *Heiderhoff*, Europäisches Privatrecht, Rn. 177 ff., 220 ff.; *Riesenhuber*, Europäisches Vertragsrecht, Rn. 129a ff., 886 ff.; siehe auch *Hartkamp*, European Private Law: the Case Law of the ECJ, ZEuP 2008, S. 449, 453 ff.

servanda“[442] und „clausula rebus sic stantibus“.[443] Weiterhin bildet die Anerkennung der Vertragsfreiheit einen Grundsatz des Unionsvertragsrechts, auch wenn die Vertragsgestaltung durch Unionsrecht im einzelnen eingeschränkt wird.[444] Aus Art. 169 Abs. 1 AEUV und den Informationspflichten, die sich in allen verbraucherschützenden Richtlinien finden,[445] kann ein „Grundsatz der Information des Verbrauchers“ im Unionsrecht abgeleitet werden.[446] Zu erwähnen ist auch ein allgemeiner Grundsatz der Gleichbehandlung[447] und daraus abgeleitet ein allgemeines Diskriminierungsverbot.[448] Auch der Grundsatz von Treu und Glauben taucht in mehreren Richtlinien auf[449] und kann deshalb als allgemeiner Grundsatz angesehen werden, wobei die Reichweite allerdings von seinem Verständnis in der jeweiligen Rechtsordnung abhängt.[450] Als Unterprinzip des Gebots von Treu und Glauben anerkannt ist zudem das Verbot des Rechtsmissbrauchs.[451] Teilweise wird auch das Prinzip der „vertraglichen Solidität“ bzw. einer „Fürsorgepflicht des Unternehmers“ anerkannt.[452]

---

442 *EuGH* Slg. 2004, II-1493, Rn. 45 (Distilleria Palma). Für eine Einordnung der Widerrufsrechte siehe Riesenhuber, Europäisches Vertragsrecht, Rn. 905 ff.

443 *EuGH* Slg. 2005, II-3533, Rn. 277 (Ali Yusuf und Al Barakaat International Foundation).

444 Inhaltich dazu *infra* 2. Kapitel C.III. Vertragsrecht im Sekundärrecht; *Heiderhoff*, Europäisches Vertragsrecht, Rn. 226 ff.

445 Dazu siehe *infra* 2. Kapitel C.III.2.b) Rechtsgebiete.

446 Nach *Riesenhuber* sind die Informationsrechte notwendig, um die Vertragsfreiheit zu gewährleisten. Insofern wird die informierte Vertragsentscheidung geschützt, *Riesenhuber*, Europäisches Vertragsrecht, Rn. 897.

447 *Riesenhuber*, Europäisches Vertragsrecht, Rn. 892.

448 *Riesenhuber*, Europäisches Vertragsrecht, Rn. 896a; *Heiderhoff*, Europäisches Vertragsrecht, Rn. 252 ff. Um Anwendung zu finden, müssen die beiden letztgenannten Grundsätze allerdings in einer Richtlinie konkretisiert sein, vgl. *EuGH* Slg. 2010, S. 365 (Kücükdeveci).

449 Siehe z.B. Art. 3 Klausel-RL (RL 93/13/EWG); Art. 6 Datenschutz-RL (RL 95/46/EG).

450 *Heiderhoff*, Europäisches Privatrecht, Rn. 284 ff. Dieses Ergebnis folgt nicht zuletzt daraus, dass der EuGH sich im Hinblick auf Art. 3 der Klausel-RL zwar dazu bereit erklärt hat, eine abstrakte Definition des darin enthaltenen Gebotes von Treu und Glauben vorzunehmen, ohne jedoch zur Anwendung der gefundenen Definition auf den Einzelfall befugt zu sein - dies bleibt den einzelstaatlichen Gerichten vorbehalten (*EuGH* Slg. 2004, I-3403, Rn. 22 (Freiburger Kommunalbauten).

451 *EuGH* Slg. 1998, S. 2843, 2869 Rn. 20 (Kefalas). Gegen ein unionsrechtliches Prinzip von Treu und Glauben auch *Riesenhuber*, Europäisches Vertragsrecht, Rn. 571 f.

452 Dazu *Heiderhoff*, Europäisches Privatrecht, Rn. 276. Der Terminus der „Fürsorgepflicht des Unternehmers“ stammt von *Rösler*, Die europarechtlichen Vorgaben

Den allgemeinen Rechtsgrundsätzen kommen nach *Metzger* drei abgrenzbare Funktionen zu.[453] Sie können zum einen als Auslegungshilfe dienen, und zwar sowohl bei der Auslegung des Gemeinschaftsrechts als auch bei der gemeinschaftsrechtskonformen Auslegung nationalen Rechts. Ferner können sie zur Ergänzung und zur Fortbildung des Gemeinschaftsrechts herangezogen werden.[454] Schließlich kommt eine Korrektur des Gemeinschaftsrechts und der mitgliedsstaatlichen Rechte durch allgemeine Rechtsgrundsätze in Betracht, wobei *Basedow* zurecht darauf hinweist, dass die Grundsätze für eine Korrektur im konkreten Fall wohl zu vage sind.[455] Es handelt sich bei ihnen also zwar grundsätzlich um geltendes vorrangiges Recht, das in schwierigen Auslegungsfragen des Unionsrechts als Korrektiv dient. Jedoch bleibt ihre Reichweite unklar und bedarf weiterer, bisher noch nicht in ausreichendem Maße erfolgter Konkretisierung.

III. Vertragsrecht im Sekundärrecht

Die wichtigsten Rechtsquellen des Unionsrechts sind die sekundärrechtlichen Rechtsakte der Union. Im Rahmen des Vertragsrechts steht dabei klassischerweise das Instrument der Richtlinie im Vordergrund. Spätestens durch den Entwurf des optionalen europäischen Kaufrechts im Form einer Verordnung[456] ist auch diese Handlungsform in den Fokus der Vertragsrechtsvereinheitlichung gerückt.

1. Kompetenzen zur Vertragsrechtssetzung

a) Grundsätze der Kompetenzausübung

Die Union ist grundsätzlich nicht ermächtigt, ohne eine Kompetenzzuweisung tätig zu werden, weil die Mitgliedsstaaten aufgrund der Verträge die Reichweite der Kompetenzen bestimmen.[457] Aus dieser Beschränkung folgt das sog.

---

bei der Bewältigung der „Schrottimmobilienproblematik", ZEuP 2006, S. 869, 887, ausführlich *ders.*, Europäisches Konsumentenvertragsrecht, S. 61 ff.

453 Siehe *Metzger*, Allgemeine Rechtsgrundsätze, S. 389 ff.

454 Deren Funktion als „Lückenfüllung und Auslegungshilfe" findet sich auch bei den Schlussanträgen von Generalanwältin *Trstenjak* in *EuGH* Slg. 2009 I-0000, Rn. 68.

455 *Basedow*, Der Europäische Gerichtshof und das Privatrecht, AcP 2010, S. 157, 180, 182.

456 Verordnung des Europäischen Parlaments und des Rates über ein Gemeinsames Europäisches Kaufrecht v. 11.10.2011, KOM (2011) 635 endgültig. Dazu *infra* 5. Kapitel E. Aktuelle Entwicklung: Der CESL-Prozess.

457 Dazu *supra* 2. Kapitel A.I. Die EU als supranationaler Staatenverbund.

„Prinzip der begrenzten Einzelzuständigkeit".[458] Zudem müssen in einer Kompetenzzuweisung auch die Rechtsform des Tätigwerdens[459] und die jeweils zu beachtenden Verfahrenserfordernisse genau festgelegt werden.[460] Nach der Rechtsprechung des EuGH sollen allerdings die geschriebenen Kompetenzen durch die Anwendung des Grundsatzes der nützlichen Wirksamkeit, dem sog. „effet utile", teleologisch weit ausgelegt werden. Ziel der Auslegung ist es dabei, den Sinn jeder Vorschrift zur vollen Geltung zu bringen.[461]

Zu diesen Grundsätzen kommen zwei sog. Kompetenzausübungsregelungen. Nach dem Subsidiaritätsprinzip des Art. 5 Abs. 3 EUV darf der Unionsgesetzgeber bei einer nicht-ausschließlichen Kompetenz zur Rechtssetzung nur dann tätig werden, wenn die Ziele der Union auf der Ebene der Mitgliedsstaaten nicht ausreichend verwirklicht werden können. Das Verhältnismäßigkeitsprinzip des Art. 5 Abs. 4 EUV normiert, dass eine Unionsmaßnahme „inhaltlich wie formal nicht über das zur Erreichung der Ziele der Verträge erforderliche Maß" hinausgehen darf. Diese Beschränkung bezieht sich sowohl auf die Bindungswirkung als auch auf die Regelungsdichte einer Maßnahme.[462]

b) Kompetenztitel zur Vertragsrechtssetzung

Die Kompetenzen der EU sind darauf zugeschnitten, den gemeinsamen Markt als Hauptaufgabe der Union durch die Durchsetzung der Grundfreiheiten zu verwirklichen.[463] Deshalb sind sie nach „Lebensabschnitten" geordnet.[464] Spätere Erweiterungen beinhalteten weitere Ziele für andere Politikbereiche.[465] Aufgrund dieses funktionellen Ansatzes fehlt es an einem allgemeinen Kompetenztitel der Union zur Vertragsrechtssetzung. Die Entscheidung des Gesetzgebers für die richtige Rechtsgrundlage muss sich nach der Rechtsprechung des

---

458 Dieses Prinzip ist in Art. 4 I, 5 II EUV explizit normiert. Dazu siehe m.w.N. nur *Oppermann*, Europarecht, § 11, Rn. 3 ff.; *Streinz*, Europarecht, Rn. 539.

459 *Oppermann*, Europarecht, § 11. Rn. 2.

460 *Oppermann*, Europarecht, § 12, Rn. 3.

461 Dieser Grundsatz findet sich zuerst in *EuGH* Slg. 1960, S. 708 (Italien/Hohe Behörde) auf.

462 *Geiger* in *Geiger/Khan/Kotzur*, EUV/AEUV-Kommentar, Art. 5 EUV, Rn. 18.

463 Dazu siehe u.a. *Franzen*, Privatrechtsangleichung durch die EG, S. 20 f.; *Riedl*, Vereinheitlichung des Privatrechts in Europa, S. 114. Einen knapper Überblick über die historische Entwicklung der europäischen Integration findet sich u.a. bei *Streinz*, Europarecht, Rn. 12 ff., *van der Groeben*, Wie es begann, ZEuP 2003, S. 1, 4.

464 *Riesenhuber*, Europäisches Vertragsrecht, S. 1.

465 *Basedow*, Grundlagen des europäischen Vertragsrechts, JuS 2004, S. 89, 92.

EuGH an objektiven, auf das Ziel und den Inhalt des Rechtsaktes abgestimmten Kriterien orientieren.[466]

Die im Bereich der Harmonisierung des allgemeinen Vertragsrechts und des Kaufrechts relevante Rechtsgrundlage ist Art. 114 AEUV.[467] Art. 352 AEUV[468] enthält eine sog. „Lückenschließungskompetenz“[469] bzw. „Kompetenzabrundung“,[470] die bisher im Bereich des Vertragsrechts keine Rolle gespielt hat.[471] Bei Art. 114 AEUV[472] handelt es sich um eine sog. funktionale Querschnittskompetenz. Das bedeutet, dass ihre Funktion zur Verwirklichung des Binnenmarktes vorgegeben ist, ohne dabei auf einen Sachbereich beschränkt zu sein.[473] Die Kompetenzausübungsvorschriften des Art. 5 EUV müssen bei der Rechtssetzung auf der Grundlage des Art. 114 AEUV uneingeschränkt beachtet werden. Der Erlass nationaler Normen ist nur bei einer abschließenden Regelung durch den Unionsgesetzgeber ausgeschlossen.[474]

Nach Art. 114 Abs. 1 Satz 2 AEUV erlassen das Parlament und der Rat Maßnahmen zur Angleichung der Rechtsvorschriften, „welche die Errichtung und das Funktionieren des Binnenmarkts zum Gegenstand haben.“ Den Begriff des Binnenmarkts definiert Art. 26 Abs. 2 AEUV als „einen Raum ohne Binnengrenzen, in dem der freie Verkehr von Waren, Personen, Dienstleistungen und Kapital gemäß den Bestimmungen der Verträge gewährleistet ist.“ Dieser

---

466 Siehe z.B. *EuGH* Slg. 1997, I-2405 Rn. 12 (Einlagensicherungssysteme); *Riesenhuber*, Europäisches Vertragsrecht, Rn. 141. Etwas anderes gilt für die Reichweite der Tatbestandsmerkmale der Kompetenznormen. Diese erfordern eine wirtschaftspolitische Einschätzung des Gesetzgebers und sind deswegen nur beschränkt gerichtlich überprüfbar. Dem europäischen Gesetzgeber kommt also eine Einschätzungsprärogative zu, vgl. *Riesenhuber*, Europäisches Vertragsrecht, Rn. 141; *Franzen*, Privatrechtsangleichung, S. 76 ff. (für Ex-Art. 94 EGV).

467 Ex-Art. 95 EGV.

468 Ex-Art. 308 EGV

469 So *Ranacher/Staudigl*, Einführung in das EU-Recht, S. 31. Dazu ausführlich m.w.N. nur *Oppermann*, Europarecht, § 11, Rn. 8 ff.

470 *Roth*, Rechtssetzungskompetenzen für das Privatrecht in der EU, EWS 2008, S. 401, 407.

471 *Riesenhuber*, Europäisches Vertragsrecht, Rn. 145.

472 Dazu ausführlich *Vogenauer/Weatherill*, The European Community's Competence to Pursue Harmonisation, in *dies.* (Hg.), The Harmonisation of European Contract Law, S. 105 ff.

473 Zum Begriff der Querschnittskompetenz *Möstl*, Grenzen der Rechtsangleichung im europäischen Binnenmarkt, EuR 2002, S. 318, 324; *Roth*, Rechtssetzungskompetenzen für das Privatrecht in der EU, EWS 2008, S. 401, 403.

474 *Oppermann*, Europarecht, § 32 Rn. 14; *Riesenhuber*, Europäisches Vertragsrecht, Rn. 144.

Begriff umfasst die effektive Ausübung der Grundfreiheiten durch die Beseitigung bestehender Beschränkungen.[475] Überwiegend wird davon ausgegangen, dass Maßnahmen, die als Verkaufsmodalitäten zu verstehen sind,[476] nicht im Wege der Rechtsangleichung korrigiert werden können.[477] Zudem müssen die auf Art. 114 AEUV gestützten Maßnahmen nicht nur bei objektiver Betrachtung auf die Errichtung oder das Funktionieren des Binnenmarkts bezogen sein. Vielmehr muss tatsächlich eine Verbesserung des Binnenmarkts bezweckt werden,[478] wobei allerdings dieses nicht das Primärziel der Maßnahme sein muss.[479] Es reicht aus, wenn es wahrscheinlich ist, dass durch die Maßnahme die Entstehung von Handelshindernissen verhindert wird.[480]

Die Rechtssetzung der nach Art. 114 AEUV erlassenen Rechtsakte erfolgt im ordentlichen Gesetzgebungsverfahren (Art. 289 ff. AEUV), welches mit einer Gesetzesinitiative der Kommission beginnt und der einfachen Parlamentsmehrheit sowie einer qualifizierten Ratsmehrheit bedarf.[481]

2. *Vertragsrechtsharmonisierung durch Richtlinien*

Die Regelung vertragsrechtlich relevanter Materien findet überwiegend in Form von Richtlinien statt.

a) Allgemeines

Art. 288 Abs. 3 AEUV normiert, dass EU-Richtlinien nur hinsichtlich des zu erreichenden Ziels verbindlich sind. Die Wahl der Form und der Mittel für die

---

475 Damit sind insbesondere Beschränkungen gemeint, die gem. Art. 36 AEUV oder aufgrund der Cassis-Rechtsprechung gerechtfertigt sind, *Herrnfeld* in *Schwarze*, EU-Kommentar, Art. 114 EGV, Rn. 8. Dazu siehe *supra* 2. Kapitel C.II.1.a) Reichweite der Warenverkehrsfreiheit, Art. 34 AEUV.

476 Dazu siehe schon *supra* 2. Kapitel C.II.1.a) Reichweite der Warenverkehrsfreiheit, Art. 34 AEUV.

477 *Oppermann*, Europarecht, § 32 Rn. 9; *Herrnfeld* in *Schwarze*, EU-Kommentar, Art. 114 AEUV, Rn. 8; a.A. *Roth*, Rechtssetzungskompetenz für das Privatrecht im Bereich der EU, EWS 2008, S. 401, 410 ff.

478 So *EuGH* Slg. 2000, S. 8419 (Tabakwerberichtlinie); dazu *Roth*, Rechtssetzungskompetenz für das Privatrecht im Bereich der EU, EWS 2008, S. 401, 402, 404; *Heiderhoff*, Europäisches Privatrecht, Rn. 14.

479 *EuGH* Slg. 2002, S. 11453 (Imperial Tobacco).

480 *Heiderhoff*, Europäisches Privatrecht, Rn. 15; *EuGH* Slg. 2006, S. 11631 (Tabakwerbeverbot II).

481 Zu Einzelheiten dieses Rechtssetzungsverfahrens siehe *Oppermann*, Europarecht, § 11 Rn. 50 ff.

Umsetzung dieser Ziele ist den Mitgliedsstaaten überlassen. Es handelt sich um ein sog. „gestuftes Rechtssetzungsverfahren",[482] an dem sowohl die europäische, supranationale Ebene als auch die Ebene der nationalen Gesetzgebung mitwirkt.

(I) Adressaten und Harmonisierungsintensität

Die Mitwirkung der Mitgliedsstaaten wird durch die in Art. 4 Abs. 3 EUV normierten Loyalitätspflicht, welche eine Verpflichtung zur rechtzeitigen, vollständigen und effektiven Umsetzung beinhaltet, sichergestellt.[483] Der Grundsatz des „effet utile" fordert dabei die Umsetzung in bestgeeigneter Form.[484] Die im einzelnen an die Umsetzung zu stellenden Anforderungen variieren: Ein hohes Maß an Transparenz wird dann gefordert, wenn die umzusetzende Richtlinie zum Ziel hat, Angehörigen anderer Mitgliedsstaaten Ansprüche zu verschaffen. Je höher die Regelungsdichte einer Richtlinie ist, desto genauer hat eine Umsetzung zu erfolgen. Je wesentlicher die einzelne Bestimmung, desto eher muss sie umgesetzt werden.[485]

Die Pflicht zur Umsetzung verbietet es den Mitgliedsstaaten grundsätzlich jedoch nicht, über die in der Richtlinie gesetzten Vorgaben hinauszugehen. Diese sog. „überschießende Richtlinienumsetzung" ist sowohl hinsichtlich einer Erweiterung im persönlichen Anwendungsbereich als auch hinsichtlich der in der Richtlinie enthaltenden Schutzniveaus möglich.[486] Dies ist deshalb problematisch, weil durch sie die Harmonisierungsintensität und damit das zu erreichende Binnenmarktziel erheblich beeinträchtigt werden kann.[487]

Der europäische Gesetzgeber versucht der Praxis der überschießenden Umsetzung durch den Erlass von sog. „vollharmonisierenden" Richtlinien zu begegnen, in deren Regelungsbereich keinerlei Abweichung möglich ist.[488]

---

482 *Hilf*, Die Richtlinie der EG, EuR 1993, S. 1, 4.; *Suhr*, Richtlinienkonforme Auslegung im Privatrecht und nationale Auslegungsmethodik, S. 17.

483 *Kotzur* in *Geiger/Khan/Kotzur*, EUV/AEUV-Kommentar, Art. 288 AEUV, Rn. 11.; *Oppermann*, Europarecht, § 9 Rn. 95 ff.

484 In diesem Sinne *Perner*, EU-Richtlinien und Privatrecht, S. 9.

485 M.w.N. *Perner*, EU-Richtlinien und Privatrecht, S. 11.

486 Dazu siehe nur *Heiderhoff*, Europäisches Privatrecht, Rn. 91 ff.; ausführlich *Perner*, EU-Richtlinien und Privatrecht, S. 17 ff.

487 Teilweise wird sogar vertreten, dass diese Form der überschießenden Umsetzung unabhängig von der mit der Richtlinie angestrebten Harmonisierung die Umsetzungspflicht der Mitgliedsstaaten verletzt, so *Burmeister/Staebe*, Grenzen des sog. *Gold Planting*, EuR 2009, S. 444 ff.

488 *Roth*, Kompetenzen der EG zur vollharmonisierenden Angleichung des Privatrechts, in *Gsell/Herrensthal* (Hg.), Vollharmonisierung im Privatrecht, S. 13, 18. Die

Eine Vollharmonisierung sorgt für einen entsprechend höheren Harmonisierungsgrad, stellt aber den nationalen Gesetzgeber vor erhebliche Herausforderungen hinsichtlich der Einpassung der Richtlinie ins nationale Recht, weil dieser nicht nur eine exakte Umsetzung vornehmen, sondern darüber hinaus im Anwendungsbereich der Richtlinie die Vorschriften außer Kraft setzen muss, die zu der Richtlinie und ihrem Schutzniveau in Widerspruch stehen.[489]

Für die Privatleute als Normadressaten handelt es sich bis auf wenige Ausnahmen um zwingende Regelungen ohne Dispositionsmöglichkeit. Dies liegt darin begründet, dass die Rechtsakte, die zur Verwirklichung des Binnenmarkts erlassen werden, in der Regel der Verwirklichung eines besonderen Schutzzwecks dienen.[490]

Die Umsetzung einer Richtlinie kann auf verschiedene Art und Weise erfolgen.[491] Als Beispiel sei die Richtlinie 93/13/EWG über missbräuchliche Klauseln in Verbraucherverträgen genannt. Sie fand in Deutschland, Italien und den Niederlanden im Rahmen der Umsetzung Eingang in deren Zivilgesetzbücher. Als Teil eines gesonderten Verbrauchergesetzes wurde sie in Österreich, Frankreich, Griechenland, teilweise auch in Finnland und Spanien umgesetzt. Durch den Erlass von Einzelgesetzen wurde sie in Belgien durch Gesetz über Handelspraktiken, Schweden durch das Gesetz über Verbraucherverträge sowie in Portugal und Spanien jeweils in Form eines Gesetzes über allgemeine Geschäftsbedingungen umgesetzt. In Großbritannien und Irland wurde der Richtlinientext zudem beinahe wörtlich in ein Einzelgesetz übernommen.[492]

Praxis der Vollharmonisierung begegnet erheblichen Bedenken, insbesondere in Ansehung des Verhältnismäßigkeitsgrundsatzes, wird im Ergebnis jedoch überwiegend für zulässig erachtet, so nur *Riehm*, Grenzen der Vollharmonisierung, Jb.J.ZivRWiss. 2009, S. 159, 198 ff.

489 M.w.N. aus der Rechtsprechung des EuGH *Riehm*, Grenzen der Vollharmonisierung, Jb.J.ZivRWiss. 2009, S. 159, 163, Fn. 19. Kritisch und m.w.N. hinsichtlich der geplanten, dann aber verworfenen Richtlinie über Rechte der Verbraucher *Tonner/Tamm*, Der Vorschlag einer Richtlinie über Rechte der Verbraucher, JZ 2009, S. 277, 282.

490 Zu den einzelnen Rechtsgebieten siehe sogleich *infra* 2. Kapitel C.III.2.b) Rechtsharmonisierung auf Normenstufe in den Einzelstaaten.

491 Dazu beispielsweise *Gärtner*, Die Umsetzung der Verbrauchsgüterkaufrichtlinie in Deutschland und Großbritannien.

492 *Basedow*, Grundlagen des europäischen Privatrechts, JuS 2004, S. 89, 95.

(II) *Direkte Wirkung von Richtlinien bei Umsetzungsverstoß und weitere Sanktionsmöglichkeiten*

Es sind drei Sanktionsmöglichkeiten denkbar, falls die Mitgliedsstaaten ihrer Mitwirkungspflicht nicht nachkommen, nämlich einerseits eine direkte Wirkung von Richtlinien, daneben ein Staatshaftungsanspruch des Bürgers sowie schließlich das Vertragsverletzungsverfahren nach Art. 258 ff. AEUV.

Nach herrschender Auffassung kommt eine unmittelbare Wirkung einer Richtlinie aufgrund ihres Sanktionscharakters nicht in Betracht, wenn sie zu Lasten eines Bürgers geht.[493] Im Privatrecht ist eine solche Wirkung deshalb ausgeschlossen,[494] weil sich die Richtlinie immer für eine der beiden Parteien nachteilig auswirken würde.[495]

Allerdings steht dem Bürger gegenüber dem Mitgliedsstaat bei verspäteter Umsetzung einer Richtlinie ein Staatshaftungsanspruchs zu. Ihm wird dabei der Schaden ersetzt, der dadurch entsteht, dass er sich mangels rechtzeitiger Umsetzung nicht auf eine für ihn positive Richtlinienvorschrift berufen konnte.[496] Schließlich hat der Bürger im Falle fehlender oder mangelhafter

---

493 Siehe insbesondere *EuGH* Slg. 1986, S. 723, 749 (Marshall); *EuGH* Slg. 1994, 3325 (Faccini Dori). Eine ausführliche Besprechung dieser beiden Entscheidungen findet sich bei *Suhr*, Richtlinienkonforme Auslegung im Privatrecht und nationale Auslegungsmethodik, S. 35 ff.; kritisch dazu *van Gerven*, The Horizontal Effect of Directive Provisions, S. 12 ff.

494 Einige Urteile des EuGH werden allerdings teilweise als Ausnahmen von diesem Grundsatz aufgefasst. So hat der EuGH mit den beiden Entscheidungen *EuGH* Slg. 2005, S. 9981, Rn. 67 ff. (Mangold) und *EuGH* Slg. 2010, S. 365 (Kücükdeveci) erkennen lassen, dass nationale Normen für unanwendbar erklärt werden können, wenn sie gegen die Festsetzungen einer Richtlinie verstoßen und gleichzeitig ein allgemeiner Rechtsgrundsatz tangiert ist, *Heiderhoff*, Europäisches Privatrecht, Rn. 84. Ein Überblick über die im einzelnen höchst umstrittene dogmatische Einordnung der EuGH-Rechtsprechung findet sich bei *Herrmann/Michl*, Wirkungen von EU-Richtlinien, JuS 2009, S. 1065, 1067 f.

495 *Heiderhoff*, Europäisches Privatrecht, Rn. 82. Teilweise wird für eine horizontale Direktwirkung vorgebracht, dass deren Ablehnung eine Ungleichbehandlung von privaten und staatlichen Unternehmen zur Folge haben würde, so *van Gerven*, The Horizontal Effect of Directive Provisions, S. 12 ff. Gegen dieses Argument spricht insbesondere, dass der Staat, der letztlich mittelbar betroffen ist, diese Ungleichbehandlung durch eine rechtzeitige Umsetzung hätte verhindern können, so nur *Perner*, EU-Richtlinien und Privatrecht, S. 43; so im Ergebnis auch *Kotzur* in *Geiger/Khan/Kotzur*, EUV/AEUV-Kommentar, Art. 288 AEUV, Rn. 17.

496 So schon *EuGH* Slg. S. 5357 (Francovich), dazu ausführlich *Perner*, EU-Richtlinien und Privatrecht, S. 52 ff.

Umsetzung die Möglichkeit, ein Vertragsverletzungsverfahren gem. Art. 258 ff. AEUV anzustreben.[497]

(III) Regelungsstruktur

Die Richtlinien weisen meist eine hohe Regelungsdichte und einen hohen Konkretisierungsgrad auf, weshalb zumindest im Geltungsbereich vollharmonisierender Richtlinien[498] keine substanzielle Gestaltungsmöglichkeit für den nationalen Gesetzgeber verbleibt.[499] Die nationalen Gesetzgeber fungieren insoweit meist als „Umsetzungsmaschine,"[500] deren einziger Gestaltungsspielraum in der Entscheidung darüber besteht, an welcher Stelle die Regelungen in das nationale Recht einzufügen sind.[501] Diese ursprünglich wohl nicht intendierte Praxis ist nach allgemeiner Auffassung dennoch mit dem Wortlaut des Art. 288 Abs. 3 AEUV vereinbar, weil darin keine Festsetzung über die Art des Gestaltungsspielraums enthalten ist.[502]

Die EU-Richtlinien weisen gegenüber dem nationalem Recht die Besonderheit auf, dass sie aufgrund des Prinzips der begrenzten Einzelermächtigung in ihrer inhaltlichen Reichweite auf den Sektor beschränkt sind, den die Union aufgrund der jeweiligen Ermächtigungsgrundlage zu regeln berechtigt ist.

b) Rechtsgebiete

Im Folgenden sollen die vertragsrechtlich relevanten Richtlinien anhand ihres Regelungsinhalts in solche, die den Vertragsschluss betreffen, solche, die den Vertragsinhalt regeln und solche, die besondere Vertragsverhältnisse regeln, unterteilt werden.[503]

---

497 Dazu *Heiderhoff*, Europäisches Privatrecht, S. 40; *Perner*, EU-Richtlinien und Privatrecht, S. 67 ff.

498 Ob es sich bei einer Richtlinie um eine mindest- oder vollharmonisierende Richtlinie handelt, ist durch Auslegung zu ermitteln, dazu *Riehm*, Grenzen der Vollharmonisierung, Jb.J.ZivRWiss. 2009, S. 159, 177.

499 So z.B. *Schroeder* in *Streinz*, EUV/AEUV, Art. 288 Rn. 69.

500 *Perner*, EU-Richtlinien und Privatrecht, S. 2.

501 *Suhr*, Richtlinienkonforme Auslegung im Privatrecht und nationale Auslegungsmethodik, S. 19 f.

502 *Perner*, EU-Richtlinien und Privatrecht, S. 2; *Kotzur* in *Geiger/Khan/Kotzur*, EUV/AEUV-Kommentar, Art. 288 AEUV, Rn. 12; *Riesenhuber*, Europäisches Vertragsrecht, Rn. 38; *Oppermann*, Europarecht, § 9, Rn. 83.

503 Die Ordnung der vertragsrechtlich relevanten Richtlinien nach in europäischen Kodifikationen abgegrenzten Regelungsbereichen orientiert sich maßgeblich an dem *Magnus*, Europäisches Vertragsrecht. Es sind jedoch andere Arten der Einteilung

Die Ende des Jahres 2011 in Kraft getretene Richtlinie über die Rechte der Verbraucher (RL 2011/83/EU)[504] enthält sowohl Regelungen, die dem Vertragsschluss zuzuordnen sind, als auch Vorschriften zum Vertragsinhalt und zu den besonderen Vertragsverhältnissen. Trotz ihrer beträchtlichen inhaltlichen Reichweite handelt es sich nicht um die ursprünglich von der Kommission angestrebte „große Lösung" einer (Voll-)Harmonisierung des gesamten Verbraucherschutzrechts.[505] Vielmehr werden weiterhin nur einzelne Teilabschnitte geregelt.[506] Im Bereich des Vertragsschlusses werden vor- und nachvertragliche Informationspflichten sowie der Widerruf und die Widerrufsfolgen normiert. Für Fernabsatzgeschäfte und außerhalb von Geschäftsräumen geschlossene Verbraucherverträge werden die bisher in drei Richtlinien[507] geregelten Vorschriften über vorvertragliche Informationspflichten und das Widerrufsrecht vollharmonisiert (Kapitel III). Für sonstige Verbraucherverträge werden Informationspflichten im Wege der Mindestharmonisierung normiert (Kapitel II). Für beide Arten von Verbraucherverträgen finden sich Vorschriften, die vor überhöhten Gebührenforderungen und intransparenter Vertragsgestaltung schützen. Zusätzlich enthält die Richtlinie nähere Regelungen zur Lieferung und zum Gefahrübergang bei Verbraucherverträgen (Kapitel IV). Die genannten Regelungen sind allesamt zwingend, weil ein bestimmtes Schutzniveau erreicht werden soll.

Im Bereich des Vertragsschlusses relevant sind weiterhin die Richtlinie über den elektronischen Geschäftsverkehr (RL 2000/31/EG) sowie die Richtlinie über die gemeinschaftlichen Rahmenbedingungen für elektronische Signaturen (RL 1999/93/EG). Bei der RL 2000/31/EG handelt es sich nicht um eine Richtlinie zum Zwecke des Verbraucherschutzes. Es soll allgemein eine Rechtsharmonisierung im häufig grenzüberschreitenden, für die Verwirklichung des Binnenmarktes wichtigen elektronischen Verkehr erreicht werden (Art. 1 (1)). Wichtige

---

denkbar. So findet sich zB eine Einteilung nach „types of relationships" bei *Wilhelmsson*, The Contract Law Acquis, 4. Europäischer Juristentag 2007, S. 111, 119 ff.

504 Zu dieser Richtlinie ausführlich *Unger*, Die Richtlinie über die Rechte der Verbraucher, ZEuP 2012, S. 270 ff.

505 Zur Entstehungsgeschichte siehe *infra* 5. Kapitel B.I. Politische Entwicklung.

506 So ist diagnostiziert worden, dass die Verbraucherrichtline „insgesamt kaum mehr als eine Bündelung der Regelungen über den Widerruf und über bestimmte Informationspflichten" enthalte, *Stürner*, Das Verhältnis des Gemeinsamen Europäischen Kaufrechts zum Richtlinienrecht, in *Schulte-Nölke/Zoll/Jansen/Schulte* (Hg.), Der Entwurf für ein optionales europäisches Kaufrecht, S. 47, 49.

507 Es handelte sich um die Richtlinie über Haustürgeschäfte (RL 85/577/EWG), die Fernabsatzrichtlinie (RL 97/7/EG) und die Richtlinie über den Fernabsatz von Finanzdienstleistungen an Verbraucher (RL 2002/65/EG).

Regelungen sind die Zulassungsfreiheit von Diensteanbietern, die Festsetzung bestimmter Informationspflichten, die Bestimmungen zur Verantwortlichkeit des Diensteanbieters sowie einzelne Fragen des Vertragsschlusses im Internet. Durch die Signaturrichtlinie soll die Verbreitung und Anerkennung elektronischer Signaturen erhöht werden, die eine Grundvoraussetzung für den sog. „E-Commerce" darstellen. Gleichzeitig wurde die Sicherheit dieser Dienste durch eine Haftung der Zertifizierungsanbieter erhöht. Beide Texte bezwecken eine Mindestharmonisierung.

Eine Reihe von Richtlinien enthält Regelungen zum Vertragsinhalt. So regelt die neugefasste Zahlungsverzugsrichtlinie (RL 2011/7/EU) im Wege der Mindestharmonisierung Zahlungsfristen und die Folgen verspäteter Zahlung (insbesondere Verzugszinsen) bei gegenseitigen Verträgen. Zudem wird ein verkürztes Beitreibungsverfahren normiert. Auch diese Richtlinie dient nicht dem Verbraucherschutz sondern erfasst nur „B2B-Verträge" (Art. 3) und Verträge zwischen Unternehmen und öffentlichen Stellen (Art. 4). Ziel dieser Richtlinie ist es, den Zahlungsverzug im Binnenmarkt zu bekämpfen und damit die Gläubiger vor säumigen Schuldnern zu schützen. Die Richtlinie über missbräuchliche Klauseln in Verbraucherverträgen („Klauselrichtlinie", RL 93/13/EWG) führt die Transparenz- und Inhaltskontrolle für Klauseln in Verbraucherverträgen (AGB-Kontrolle) ein. Dadurch soll vermieden werden, dass die Verbraucher aufgrund einer ungewissen Rechtslage keine Waren aus anderen Mitgliedsstaaten bestellen. Es handelt sich um eine mindestharmonisierende, zwingende Richtlinie. Eine weitere Richtlinie, deren Regelungen den Vertragsinhalt erfassen, ist die Richtlinie über den Schutz der Verbraucher bei Angabe der Preise (RL 98/6/EG). Durch diese soll die Markttransparenz erhöht werden.

Schließlich gibt es eine Reihe von Richtlinien, die besondere Vertragsverhältnisse zum Regelungsgegenstand haben. Die „Verbrauchsgüterkaufrichtlinie" (RL 1999/44) ist der europäische Rechtsakt, der sich am meisten auf das europäische Vertragsrecht ausgewirkt hat. Geregelt werden dort für Kauf- und Werklieferungsverträge zwischen Verbrauchern und Unternehmern insbesondere der Begriff der Vertragsmäßigkeit und die Rechte des Verbrauchers bei nicht vertragsgemäßer Leistung. Weiterhin enthält die Richtlinie Regelungen zu Verjährungsfristen und Garantien. Die enthaltenden Regelungen sind mindestharmonisierend und zwingend.

Die Verbraucherkreditrichtlinie (RL 2008/48/EG) wirkt sich durch die Normierung von Widerrufsrechten und Informationspflichten sowie Regelungen zur Fälligkeit und zur Rückzahlung vor Fälligkeit auch auf das allgemeine Vertragsrecht aus. Zudem sind verbundene Verträge Gegenstand der Richtlinie. Die Richtlinie führt zur Vollharmonisierung und ist zudem unabdingbar (Art. 22).

Als im Bereich des allgemeinen Vertragsrecht relevant sind schließlich die Gleichbehandlungsrichtlinien hervorzuheben, weil sie bei möglicher Diskriminierung[508] nach Rasse (RL 2000/43/EG), Geschlecht (RL 2004/113/EG) und Beruf (2006/54/EG) die Wahl des Vertragspartners und somit die Privatautonomie in erheblicher Weise einschränken.[509]

Insgesamt lässt sich feststellen, dass das Unionsvertragsrecht inzwischen weit über das Verbraucherrecht hinausreicht[510] und dass sich zudem trotz des punktuellen Ansatzes ein „generelles Bild“[511] eines europäischen Verbraucherrechts mit „beachtlichem Harmonisierungsgrad“[512] formt. Dabei handelt es sich überwiegend um zwingendes Recht.

c) Rechtsharmonisierung auf Stufe der Rechtsanwendung

Durch die Verpflichtung der mitgliedsstaatlichen Gerichte zur „richtlinienkonformen Interpretation“[513] soll eine einheitliche Auslegung des mitgliedsstaatlichen Umsetzungsrechts erreicht werden. Die einheitliche Auslegung der zugrundeliegenden Richtlinien durch die einzelstaatlichen Gerichte wird durch den EuGH als Obergericht überwacht. Es besteht eine Verpflichtung der mitgliedsstaatlichen Gerichte, bei einer Entscheidung über eine in einer Richtlinie geregelte Materie das nationale Recht „so weit wie möglich“ nach Wortlaut und Zweck der Richtlinie auszulegen.[514] Nicht mehr davon umfasst ist eine Auslegung „gegen“ das nationale Recht.[515]

---

508 Die Festlegung eines gemeinsamen Rahmens für die Verwirklichung von Gleichbehandlung in Beschäftigung und Beruf erfolgt durch die sog. Gleichbehandlungsrahmenrichtlinie (RL 2000/78/EG).

509 Zur Reichweite der Gleichbehandlungsrichtlinien im Privatrecht siehe *Heiderhoff*, Europäisches Privatrecht, Rn. 252 ff.

510 So auch *Roth*, Europäischer Verbraucherschutz und BGB, JZ 2001, S. 475, 488.

511 *Basedow*, Grundlagen des europäischen Privatrechts, JuS 2004, S. 89, 93.

512 *Remien*, Innere Kohärenz des europäischen Privatrechts, in *Furrer*, Europäisches Privatrecht, S. 125, 126.

513 Dieser Begriff ist dem Terminus „richtlinienkonforme Auslegung“ vorzuziehen, weil nach der französisch geprägten Terminologie des EuGH der Begriff *interprétation* sowohl die Auslegung als auch die Rechtsfortbildung umfasst, *Perner*, EU-Richtlinien und Privatrecht, S. 77.

514 *EuGH* Slg. 1990, I-4135 (Marleasing); siehe schon *EuGH* Slg. 1984, S. 1891 Rn. 26 (von Colson und Kamann), weitere Nachweise bei *Höpfner*, Voraussetzungen und Grenzen richtlinienkonformer Auslegung und Rechtsfortbildung, Jb.J.ZivRWiss. 2009, S. 73, 81, Fn. 40; *Streinz*, Europarecht, Rn. 499.

515 Dazu siehe zuletzt *EuGH* 24.02.2012 Rs. C-282/10 (Dominguez) Rn. 25.

Nach herrschender Meinung ist die Verpflichtung zur richtlinienkonformen Auslegung allein aus Art. 288 Abs. 3 AEUV herzuleiten, der die Pflicht der Mitgliedsstaaten zur ordnungsgemäßen Richtlinienumsetzung enthält.[516] Der EuGH kontrolliert dabei lediglich die richtige Auslegung der Bedeutung des Richtlinienrechts und nicht etwa dessen Anwendung auf den konkreten Fall. Diese Kontrolle bleibt den einzelstaatlichen Gerichten vorbehalten.[517]

3. *Vertragsrechtsharmonisierung durch Verordnungen*

Bei Verordnungen handelt es sich um „generell-abstrakte, unionsweit geltende Regelungen gegenüber einem unbestimmten Personenkreis."[518] Anders als Richtlinien gelten sie ohne Umsetzungsakt unmittelbar und in allen Teilen für die Unionsbürger verbindlich. Entgegenstehendes nationales Recht wird durch den Erlass von Verordnungen unanwendbar.[519] Adressaten von Verordnungen können aufgrund ihrer umfassenden Geltungskraft die Institutionen der Union, die Mitgliedsstaaten und die Unionsbürger sein.[520] Durch die Verordnung kommt es im betroffenen Bereich zu einer Rechtsvereinheitlichung. Aufgrund des Verhältnismäßigkeitsprinzips des Art. 5 Abs. 4 EUV[521] ist jedoch im privatrechtlichen Bereich das Instrument der Verordnung grundsätzlich nur zur Regelung von klar abtrennbaren Bereichen zulässig, weil eine Integration von Verordnungsrecht in bestehende privatrechtliche Systeme unmöglich ist. Zudem ist eine Häufung von nicht integrierten Einzelregelungen auch im Hinblick auf das Transparenzgebot problematisch.[522]

---

516 *EuGH* Slg. 2006, I-6057 Rn. 115 (Adeneler). Siehe auch *Perner*, EU-Richtlinien und Privatrecht, S. 85; im Ergebnis auch *Höpfner*, Voraussetzungen und Grenzen richtlinienkonformer Auslegung und Rechtsfortbildung, Jb.J.ZivRWiss. 2009, S. 73, 81 ff., weitere Nachweise auf S. 81 Fn. 41; *Franzen*, Rechtsangleichung, S. 297 ff.

517 Dazu siehe *Basedow* in *Basedow/Hopt/Zimmermann*, Handwörterbuch des Europäischen Privatrechts, S. 680 ff.

518 *Oppermann*, Europarecht, § 9 Rn. 75.

519 Zum Anwendungsvorrang siehe *supra* 2. Kapitel A.II.2. Das europäische Privatrecht als Mehrebenensystem.

520 *Oppermann*, Europarecht, § 9 Rn. 81.

521 Dazu siehe schon *supra* 2. Kapitel C.III.1.a) Grundsätze der Kompetenzausübung.

522 So *Heiderhoff*, Europäisches Privatrecht, S. 6.

Die bisher erlassenen Verordnungen im Bereich des Vertragsrechts beschränken sich stets auf klar abgrenzbare Teilbereiche.[523] Für das allgemeine Vertragsrecht und das Kaufrecht gibt es bisher keine relevante Verordnung.[524]

D. Einheitsrechtliche Quellen des europäischen Vertragsrechts

Die dritte Ebene des europäischen Vertragsrechts besteht aus internationalem Recht. Viele Entscheidungen, insbesondere in der Wirtschafts- und Handelspolitik, werden inzwischen auf internationaler Ebene getroffen.[525] Das internationale Recht bildet dabei den Rahmen, in den das Recht der Mitgliedsstaaten und der europäischen Gemeinschaft eingebunden ist.[526]

I. United Nations Convention on the International Sale of Goods (CISG)

Die wichtigsten staatsvertraglichen Regelungen im Bereich des Vertragsrechts enthält das CISG aus dem Jahr 1980. Nicht unumstritten ist die Klassifizierung des CISG als Bestandteil des europäischen Vertragsrechts.[527] Sie wird jedoch ganz überwiegend mit Hinweis auf den Beitrag des CISG zur rechtlichen Integration innerhalb der EU und die Ratifizierung in 23 der 27 Mitgliedsstaaten[528] befürwortet.[529]

---

523 Für eine Liste vertragsrechtlich relevanter Verordnungen siehe *Heiderhoff*, Europäisches Privatrecht, S. 270.

524 Zum CESL-Prozess siehe *infra* 5. Kapitel E. Aktuelle Entwicklung: Der CESL-Prozess.

525 *Metzger*, Allgemeine Rechtsgrundsätze, S. 126.

526 Dazu *Basedow*, Das BGB im künftigen europäischen Vertragsrecht, AcP 2000, S. 445, 454 ff.; *Furrer*, Zivilrecht im gemeinschaftlichen Kontext, S. 127 ff.; *Müller-Graff*, Gemeinsames Privatrecht in der Europäischen Gemeinschaft, in *ders.* (Hg.), Gemeinsames Privatrecht in der Europäischen Gemeinschaft, S. 9, 24.

527 So *Riesenhuber*, Europäisches Vertragsrecht, Rn. 49 mit Hinweis auf die nicht vollständige Ratifizierung in den Mitgliedsstaaten und das Fehlen eines „spezifischen Gemeinschaftsbezuges" des CISG.

528 Zur Ratifizierungspraxis siehe *infra* 2. Kapitel D.I.3.a) Ratifizierung.

529 So nur *Metzger*, Allgemeine Rechtsgrundsätze, S. 127 f.; *Basedow*, Das BGB im künftigen europäischen Privatrecht, AcP 2000, S. 445, 456 f.; *Zimmermann*, Die Principles of European Contract Law, JURA 2005, S. 441. Ausführlich m.w.N. siehe *Schroeter*, UN-Kaufrecht und Europäisches Gemeinschaftsrecht, § 1, Rn. 3 (Fn. 13).

1. Entstehungsgeschichte

Das CISG ist die internationale Konvention, die wohl „am ausführlichsten und gründlichsten vorbereitet worden ist."[530] Es geht auf eine Anregung von *Rabel* aus dem Jahre 1928 zurück, welche sich das Römische Institut für Privatrechtsvereinheitlichung (UNIDROIT)[531] zu eigen machte. Bis 1939 wurde von einer Kommission von Rechtswissenschaftlern aus dem englischen, skandinavischen und deutschen Rechtskreis unter federführender Leitung von *Rabel* ein erster Entwurf fertiggestellt, der allerdings keine Regelungen zum Abschluss von Kaufverträgen enthielt. Diese Vorschriften wurden in einem separaten Entwurf geregelt, um so den Vorbehalten der an der Ausarbeitung beteiligten skandinavischen Wissenschaftler gegen die Widerruflichkeit des Angebots zu begegnen. Die Arbeiten wurden durch den 2. Weltkrieg unterbrochen und danach von der sog. „Haager Konferenz der Kaufrechtsvereinheitlichung" fortgesetzt. Die Entwürfe aus den Jahren 1956 zum Kaufrecht ohne Vertragsabschluss und 1958 zum Vertragsschluss wurden interessierten Regierungen zur Stellungnahme zugeleitet. Bis 1963 wurden verbesserte Entwürfe erstellt. Diese Entwürfe wurden auf der Haager Kaufrechtskonferenz im Jahre 1964 beraten und schließlich als Einheitliches Gesetz über den internationalen Kauf beweglicher Sachen (EKG) und Einheitliches Gesetz über den Abschluss von internationalen Kaufverträgen (EAG) gemeinsam mit den jeweils notwendigen Einführungskonventionen von Vertretern der 28 teilnehmenden Staaten verabschiedet. Bis zum Jahre 1974 sind die beiden Regelungswerke nur von neun Staaten unter reichlicher Inanspruchnahme von Vorbehaltsmöglichkeiten ratifiziert worden.[532] Die geringe Ratifikationspraxis lässt sich nach der Einschätzung von *Schlechtriem* in erster Linie auf die fehlende oder unzureichende Beteiligung der sozialistischen Staaten und der Entwicklungsländer zurückführen, wodurch es den Gesetzen an der für

---

530 So *Staudinger/Magnus*, Wiener UN-Kaufrecht (2013), Einl. zum CISG, Rn. 19. Siehe Rn. 19 ff. für einen knappen, instruktiven Überblick zur Entstehungsgeschichte des CISG. Zur Entstehungsgeschichte des CISG siehe m.w.N. auch *Schlechtriem*, Bemerkungen zur Geschichte des Einheitskaufrechts, in *ders.* (Hg.), Einheitliches Kaufrecht und nationales Obligationenrecht, S. 27 ff.

531 Dazu siehe *infra* 3. Kapitel D.II.1. Das UNIDROIT.

532 Diese Staaten waren Belgien, Gambia, Großbritannien, Israel, Italien, Luxemburg, Niederlande, San Marino und die BRD.

eine Umsetzung notwendigen internationalen Akzeptanz fehlte.[533] Ein weiterer Grund könnte die fehlende Beschränkung auf das Handelsrecht gewesen sein.[534]

Im Jahr 1968 hatte das UNCITRAL United Nations Commission on International Trade Law/UN-Kommission für internationales Handelsrecht)[535] eine Umfrage unter den UN-Mitgliedssaaten durchgeführt, die ein großes Interesse an einer Vereinheitlichung des Kaufrechts ergab. Im Jahr 1969 setzte sie daraufhin eine Arbeitsgruppe mit Rechtswissenschaftlern aus 14 Staaten (später wurden es 15 Staaten) aus allen Weltregionen ein, die bis 1976 auf Grundlage des EKG in Sitzungen, die jeweils von Unterausschüssen vorbereitet wurden, den sog. Genfer Entwurf erarbeitete. Dieser wurde auf den UNCITRAL-Sitzungen der Jahre 1977 und 1978 nochmals überarbeitet, mit dem überarbeiteten EAG 1978 zum sog. New Yorker Entwurf zusammengeführt und dann den Mitgliedsstaaten zur Stellungnahme übersandt. Auf der Grundlage dieses Entwurfs fanden im Jahr 1980 in Wien unter Beteiligung von insgesamt 62 Staaten Beratungen statt, an deren Ende die Konvention mit 42 Ja-Stimmen bei neun Enthaltungen ohne Gegenstimme angenommen wurde.[536]

Das CISG Anfang 1988 in Kraft, nachdem die erforderliche Anzahl von zehn Ratifikationen erreicht worden war. Inzwischen sind 78 Staaten beigetreten.[537]

2. *Kategorisierung*

Das CISG besteht aus vier Teilen mit insgesamt 101 Artikeln. Teil I bestimmt den Anwendungsbereich. Danach ist das CISG nur auf zwischenstaatliche Transaktionen anwendbar, die Parteien müssen also erkennbar Sitz oder gewöhnlichen Aufenthalt in unterschiedlichen Staaten haben. Auf Käufe durch Verbraucher findet das CISG keine Anwendung (Art. 2 lit.a CISG).[538] Zudem enthält Teil I noch Bestimmungen zur möglichst autonomen Auslegung des CISG (Art. 7

---

533 *Schlechtriem*, Bemerkungen zur Geschichte des Einheitskaufrechts, in *ders.* (Hg.), Einheitliches Kaufrecht und nationales Obligationenrecht, S. 27, 31.

534 So *Grundmann*, Verbraucherrecht, Unternehmensrecht, Privatrecht, AcP 2002, S. 40, 42.

535 Zur UNCITRAL siehe *infra* 3. Kapitel D.I.1 UNCITRAL.

536 Für Einzelheiten zur Wiener Konferenz siehe *Schlechtriem*, Einheitliches UN-Kaufrecht, S. 3 ff.

537 Zum Stand der Ratifikation siehe http://www.unilex.info.

538 Voraussetzung für eine die Anwendung des CISG ausschließende Qualifikation eines Kaufs als Verbraucherkauf ist, dass es für den Verkäufer erkennbar ist, dass die Ware für den persönlichen Gebrauch erworben worden ist, vgl. *Köhler*, Das UN-Kaufrecht (CISG) und sein Anwendungsausschluss, S. 28.

Abs. 1 CISG) und weitere allgemeine Vorschriften. Teil II enthält Vorschriften zum Vertragsabschluss. Teil III regelt den internationalen Warenkauf, allerdings nur hinsichtlich der Rechte und Pflichten aus internationalen Kaufverträgen. Er enthält keine Vorschriften zur Gültigkeit von Verträgen. Neben allgemeinen Bestimmungen (Kapitel I) sind die Pflichten des Verkäufers (Kapitel II), die Pflichten des Käufers (Kapitel III), der Gefahrübergang (Kapitel IV) und die gemeinsamen Bestimmungen für Käufer und Verkäufer insbesondere hinsichtlich der Vertragsverletzungen, des Schadensersatzes und der Zinsen geregelt. Teil IV enthält Schlussbestimmungen wie die Nachrangigkeit gegenüber anderen völkerrechtlichen Übereinkünften (Art. 90 CISG) sowie Abweichungsmöglichkeiten für die Mitgliedsstaaten (Art. 92–96 CISG).

Das CISG ist ein multilateraler Staatsvertrag, der unmittelbar anwendbar („self-executing“) ist.[539] Ziel des CISG ist die Rechtsvereinheitlichung sowohl auf der Normenstufe als auch auf der Stufe der Rechtsanwendung.[540] Die Parteien können gemäß dem in Art. 6 CISG normierten Grundsatz der Parteiautonomie die Geltung des Einheitskaufrechts ganz oder teilweise ausschließen, auch wenn seine Anwendungsvoraussetzungen vorliegen.[541] Die Ausschlussmöglichkeit, das sog. „opting out,“ zeigt, dass das CISG im Zweifel ohne weiteres gilt und seine Geltung nur durch eine gemeinsame Willensentscheidung ausgeschlossen werden kann. Dabei kann ein solcher Ausschluss auch stillschweigend erfolgen.[542] Umgekehrt können die Parteien die Geltung des CISG vereinbaren, wenn die Voraussetzungen für seine Anwendung nicht vorliegen.[543] Eine weitere Besonderheit besteht darin, dass den Mitgliedsstaaten mehrere Abweichungsmöglichkeiten zustehen. Wegen dieser beiden Besonderheiten ist das CISG als eine Art von Soft Law bezeichnet worden.[544] Eine solche Einordnung verkennt jedoch, dass es sich bei dem CISG anders als bei Soft Law um jeweils geltendes

539 Dazu siehe schon *supra* 1. Kapitel A.VII. Unterschiedliche Arten völkerrechtlicher Verträge.

540 *Ferrari*, The CISG and its Impact on National Contract Law - General Report, in *Sánchez Córdero* (Hg.), The Impact of Uniform Law on National Law, S. 121, 126.

541 Dazu siehe im einzelnen *Staudinger/Magnus*, Wiener UN-Kaufrecht (2013), Art. 6 CISG, Rn. 1 ff.

542 Siehe *Šarčević*, The CISG and Regional Unification, in *Ferrari* (Hg.), The 1980 Uniform Sales Law, S. 3, 5 ff.; *Staudinger/Magnus*, Wiener UN-Kaufrecht (2013), Art. 6 CISG, Rn. 8 ff zu den genauen Voraussetzungen für das opting out und Meinungsstreitigkeiten in diesem Bereich.

543 M.w.N. *Staudinger/Magnus*, Wiener UN-Kaufrecht (2013), Art. 6 CISG, Rn. 62 ff.

544 *Šarčević*, The CISG and Regional Unification, in *Ferrari* (Hg.), The 1980 Uniform Sales Law, S. 3, 9.

nationales Recht handelt. Bei der Möglichkeit zum „opting out" handelt es sich um ein größtmögliches Maß an Dispositivität. Man würde wohl auch in anderen Bereichen nicht auf die Idee kommen, sonstiges staatliches dispositives Recht als Soft Law zu bezeichnen.

Das CISG ist keine Kodifikation, weil es weder umfassend das Recht des internationalen Warenkaufs regelt, noch in diesem Bereich als abschließende Rechtsquelle vorgesehen ist. Was die Regelungsdichte und den Konkretisierungsgrad angeht, handelt sich meist um einfache und offene Regeln, die sich an keiner nationalen Regelung orientieren.[545] Das große Maß an Auslegungsspielraum ist auch darauf zurückzuführen, dass im Laufe der langen Entstehungsgeschichte viele Kompromisse zwischen seinen Schöpfern eingegangen worden sind, welche aus unterschiedlichen Rechtssystemen stammten.

Das CISG ist kein intentionales Modellgesetz nach der dieser Arbeit zugrundegelegten Definition, weil eine solche Wirkung von den Verfassern tatsächlich nicht angestrebt war. Da es tatsächlich eine wichtige Modellfunktion für viele nationalen und supranationalen Rechtsakte ausgeübt hat,[546] handelt es sich dennoch um ein faktisches, sog. nicht-intentionales Modellgesetz.

3. *Harmonisierungwirkung*

a) Ratifizierung

Unter den aktuell 78 Vertragsstaaten sind 23 EU-Mitglieder. Von den EU-Staaten sind nur Irland, Italien, Malta und das Vereinigte Königreich dem CISG bisher nicht beigetreten.[547] Bei Kaufverträgen zwischen den nordischen Staaten gilt das CISG nicht, da sich Dänemark, Finnland und Schweden die Geltung ihres weitgehend vereinheitlichten Kaufrechts gem. Art. 94 CISG vorbehalten haben.[548] Die nordischen Staaten haben ihren gemeinsamen Vorbehalt gegen die Vorschriften zum Vertragsschluss gem. Art. 92 CISG[549] inzwischen aufgegeben. Vorbehalte gem. Art. 95 CISG finden sich in Tschechien und der Slowakei; Erklärungen zur

545 *Ferrari*, Do courts interpret the CISG uniformly? in *ders.* (Hg.), Quo vadis CISG?, S. 3, 7 m.w.N.

546 Dazu siehe sogleich *infra* 2. Kapitel D.I.3.b) Das CISG als Modell für Gesetzgeber.

547 Für eine Auflistung der Staaten mit Ratifikationsdatum, Datum des Inkrafttretens und der einzelstaatlichen Vorbehalte siehe *Staudinger/Magnus*, Wiener UN-Kaufrecht (2013), S. 28 ff.

548 Zur nordischen Kaufrechtsvereinheitlichung siehe *infra* 3. Kapitel C. Die nordische Kaufrechtsharmonisierung.

549 Zu diesen Vorbehalten siehe *Lookofsky*, The Scandinavian Experience, in *Ferrari* (Hg.), The 1980 Uniform Sales Law, S. 95, 111, 106.

Schriftform gem. Art. 96 CISG in Lettland, Litauen und Ungarn. Im Ergebnis besteht in den 23 Staaten, von marginalen Ausnahmen abgesehen, wörtlich gleichlautendes Recht im Bereich des internationalen Warenkaufs mit Ausnahme des Verbraucherrechts.

Eine Reihe von Faktoren hat zu diesem Erfolg des CISG auf der Umsetzungsstufe beigetragen. Zunächst handelt es sich bei dem Warenkauf um einen Rechtsbereich, in dem ein hohes Bedürfnis nach Einheitlichkeit besteht. Dies bestätigt insbesondere das Ergebnis einer UNCITRAL-Umfrage im Vorfeld der Arbeiten am CISG.[550] Dem CISG kam nach dem Ende der Arbeiten eine hohe Akzeptanz zu, die einer Reihe von Faktoren geschuldet ist. Zunächst handelt es sich um ein Gesetzeswerk von unbestrittener Qualität. Diese geht auf die umfangreichen und gründlichen rechtsvergleichenden Vorarbeiten zurück. Dabei wurde versucht, die Rabelsche Maxime, die jeweils beste Lösung ohne Rücksicht auf ihre Herkunft zu berücksichtigen, bei der Ausarbeitung des CISG beizubehalten.[551] Tatsächlich ist dies jedoch nicht immer gelungen.[552] Beim Vergleich mit den Vorgängerwerken des CISG fällt ein weiterer Unterschied auf: Beim CISG wurden von Beginn an Staaten aus unterschiedlichen Rechtsordnungen an der Ausarbeitung beteiligt.[553] Ein nicht zu unterschätzender Faktor sind schließlich die vorgesehenen Abweichungsmöglichkeiten und die vollständige Dispositivität, die Möglichkeit zum „opting out." Auf diesem Wege wurde verhindert, dass durch die Ratifizierung des CISG endgültige Tatsachen geschaffen wurden.

b) Rechtsanwendung

Der bloße Hinweis auf die Zahl an Ratifikationen genügt jedoch nicht, um die tatsächliche Relevanz des CISG im Bereich des transnationalen Handelsverkehrs zu beschreiben. Der Blick auf die tatsächliche Anwendung des CISG durch nationale (Schieds-)Gerichte kann im Rahmen dieser Untersuchung allerdings nur oberflächlich erfolgen; schließlich handelt es sich nur um eine Randproblematik. Zunächst lässt sich eine weitverbreitete Beachtung des CISG in der Rechtsprechung feststellen. Diese Feststellung allein lässt jedoch keine Schlüsse über den Vereinheitlichungserfolg zu, da die bloße Fallzahl noch nichts über den Grad der

---

550 Dazu siehe schon *supra* 2. Kapitel D.I.1. Entstehungsgeschichte.

551 *Schlechtriem*, Bemerkungen zur Geschichte des Einheitskaufrechts, in *ders.* (Hg.), Einheitliches Kaufrecht und nationales Obligationenrecht, S. 27, 35.

552 Siehe dazu *Meyer*, Principles of Contract Law und nationales Vertragsrecht, S. 85, der als Beispiel Art. 28 CISG nennt.

553 *Šarčević*, The CISG and Regional Unification, in *Ferrari* (Hg.), The 1980 Uniform Sales Law, S. 3, 5.

Einheitlichkeit der Rechtsanwendung aussagt.[554] Dennoch sprechen steigende Fallzahlen vor den Gerichten für eine insgesamt steigende Bedeutung des CISG.[555]

Da es sich beim CISG um eine Harmonisierungsinitiative auf internationaler Ebene handelt, fehlt es an einem gemeinsamen Obergericht. Dies wirkt sich negativ auf die Einheit der Rechtsanwendung aus. Es wird versucht, die Einheitlichkeit der Auslegung durch das Postulat einer autonomen Auslegung zu erreichen. Die Verpflichtung zur autonomen Auslegung wird aus Art. 7 CISG abgeleitet. Inhaltlich bedeutet sie, dass die Vorschriften des CISG ohne Rückgriff auf nationales Recht und nationale Begriffsverständnisse aus sich selbst heraus zu interpretieren sind.[556] Der Grad der autonomen Auslegung differiert von Staat zu Staat. Er reicht von ihrer völligen Missachtung bis zur expliziten Anwendung des Art. 7 CISG.[557]

Damit eine autonome Auslegung auch die Einheitlichkeit der Rechtsanwendung erhöhen kann, wäre es notwendig, dass die Entscheidungen aus anderen Konventionsstaaten bekannt sind und berücksichtigt würden.[558] Tatsächlich

---

554 Die folgende Darstellung orientiert sich im wesentlichen an der aktuellen Darstellung von *Ferrari*, The CISG and its Impact on National Contract Law - General Report, in *Sánchez Córdero* (Hg.), The Impact of Uniform Law on National Law, S. 121, 125 ff. Ein Überblick über die Literatur zur Anwendung des CISG findet sich in diesem Bericht auf S. 125, Fn. 28 (Gerichte) und Fn. 29 (Schiedsgerichte).

555 So auch *Ferrari*, The CISG and its Impact on National Contract Law - General Report, in *Sánchez Córdero* (Hg.), The Impact of Uniform Law on National Law, S. 121, 155 ff.

556 *Staudinger/Magnus*, Wiener UN-Kaufrecht (2013), Art. 7 CISG, Rn. 12 m.w.N. mit dem ergänzenden Hinweis darauf, dass die im CISG enthaltenden Begriffe des Einheitsprivatrechts, wie sie auch in anderen Konventionen vorkommen, aus dem Gesamtbestand des Einheitsprivatrechts definiert werden müssen; insofern handele es sich weniger um eine autonome sondern vielmehr um eine anationale Auslegung, dazu ausführlich *Magnus*, Konventionsübergreifende Interpretation internationaler Staatsverträge, in *Basedow* u.a. (Hg.), 75 Jahre Max-Planck-Institut, S. 571 ff.

557 Dazu siehe m.w.N. *Ferrari*, The CISG and its Impact on National Contract Law - General Report, in *Sánchez Córdero* (Hg.), The Impact of Uniform Law on National Law, S. 121, 158 ff. Für den Grad der einheitlichen Rechtsanwendung siehe *Ferrari* (Hg.), The CISG and its Impact on National Legal Systems, mit Länderberichten aus Argentinien, Brasilien, Kanada, Kroatien, Tschechien, Dänemark, Frankreich, Deutschland, Griechenland, Israel, Italien, Japan, Mexiko, Neuseeland, Russland, Slowenien, Spanien, der Schweiz, des Vereinigten Königreichs, den USA, Uruguay und Venezuela.

558 *Ferrari*, Do courts interpret the CISG uniformly? in *ders.* (Hg.), Quo vadis CISG?, S. 3, 5, 12, 13 ff.; zu den Grenzen der autonomen Auslegung S. 9 ff. Zusammenfassend

findet in vielen CISG-Staaten keine solche Berücksichtigung statt.[559] Praktische Hindernisse ergeben sich insoweit insbesondere durch die fehlende Auffindungsmöglichkeit der Urteile und durch bestehende Sprachbarrieren.[560]

Um die Kenntnis der Entscheidungen zum CISG in anderen Staaten zu verbessern, hat UNCITRAL die Entscheidungssammlung CLOUT (Case Law on UNCITRAL Texts) eingerichtet. Weiterhin gibt sie mit der „Digest of Case Law on the United Nations Convention on the International Sale of Goods"[561] einen offiziellen Kommentar heraus. Für die CLOUT-Sammlung sammelt ein Netzwerk von Korrespondenten in den Mitgliedsstaaten die einschlägige Rechtsprechung und konvertiert sie zu englischen Abstracts. Bei der Digest handelt es sich um einen offiziellen UNCITRAL-Kommentar zum CISG. Zu jedem Artikel wird die relevante Rechtsprechung aus den Vertragsstaaten zusammengestellt und systematisiert. Sie erscheint in den sechs offiziellen UN-Sprachen. Zu erwähnen ist weiterhin die Sammlung UNILEX des UNIDROIT[562] sowie weitere umfangreiche Materialsammlungen.[563]

Trotz der durch diese Maßnahmen deutlich vereinfachten Möglichkeiten der Kenntnisnahme internationaler CISG-Entscheidungen aus anderen Vertragsstaaten liegt das Maß der Einheitlichkeit der Rechtsanwendung deutlich unterhalb dem einer nationalen Rechtsordnung. Hauptgrund dafür ist die nach h.M. geringere Autorität ausländischer Entscheidungen;[564] sie sind als Präzedenzfälle nicht bindend, sondern nur „persuasive", d.h. ihnen kommt ein Gewicht im Rahmen der Abwägung bei der Rechtsfindung zu.

---

zur Auslegung des CISG siehe nur *Staudinger/Magnus*, Wiener UN-Kaufrecht (2013), Art. 7 CISG m.w.N. insbesondere Rn. 12 ff.

559 Dazu siehe *Ferrari*. The CISG and its Impact on National Contract Law - General Report, in *Sánchez Córdero* (Hg.), The Impact of Uniform Law on National Law, S. 121, 163 ff.

560 *Ferrari*, Do courts interpret the CISG uniformly? in *ders.* (Hg.), Quo vadis CISG?, S. 3, 13.

561 Die 1. Auflage erschien im Jahre 2008, die 2., überarbeitete Auflage stammt aus dem Jahre 2012. CLOUT und die Digest sind über die UNCITRAL-Website http://www.uncitral.org/ abrufbar.

562 Zu finden unter http://www.unilex.info/. Dazu siehe *Liguori*, „UNILEX", ZEuP 1996, S. 600 ff. Zum UNIDROIT siehe *infra* 3. Kapitel D.II.1. UNIDROIT.

563 Für den deutschsprachigen Raum siehe http://www.globalsaleslaw.org/. Für Österreich siehe http://www.cisg.at/, für Frankreich http://www.jura.uni.sb.de/FB/LS/Witz/cisg.htm/, für Spanien http://www.uc3m.es/cisg/.

564 Für eine Auseinandersetzung mit dieser umstrittenen Frage siehe *Ferrari*, Do courts interpret the CISG uniformly? in *Ders.* (Hg.), Quo vadis CISG?, S. 3, 19 ff.

Schließlich sind weitere Faktoren erwähnenswert, welche die Ratifikationspraxis gefördert haben, aber ein Risiko für eine einheitliche Rechtsanwendung darstellen. Der erste Faktor sind die offenen Formulierungen des CISG, die einen weiten Auslegungsspielraum bieten, was wiederum eine einheitliche Rechtspraxis erschwert.[565] Auf der Stufe der Normadressaten wird die Anwendung des CISG maßgeblich durch die Möglichkeit zum „opting out" bestimmt,[566] wobei es bisher allerdings an genauen Quantifizierungen fehlt, in welchem Verhältnis im Anwendungsbereich des CISG vom „opting out" Gebrauch gemacht wird.[567]

c) Das CISG als Modell für Gesetzgeber

Wie schon ausgeführt, handelt es sich beim CISG um ein sog. nicht-intentionales Modellgesetz.[568] Trotz fehlender Intention lässt sich ein Einfluss auf unterschiedlichste Rechtsordnungen feststellen, der im Rahmen dieser Arbeit nicht unberücksichtigt bleiben kann.

(I) CISG und regionale Integration

Das CISG übt durch die Beeinflussung europäischer Richtlinien einen indirekten Einfluss auf die nationalen Rechtsordnungen aus. Das mit Abstand wichtigste Beispiel für einen solchen Einfluss ist die Verbrauchsgüterkaufrichtlinie (1999/44/EG),[569] welche von Anfang an am Vorbild des CISG ausgerichtet war[570] und entsprechend konzipiert wurde.[571] In Rechtsfragen, die sowohl im CISG als

565 Dazu siehe u.a. *Note*, Unification and Certainty, HLR 1984, S. 1984, 1998 f.

566 Dazu siehe auch *Smits*, Diversity of Contract Law and the European Internal Market, in *ders.* (Hg.), The Need for a European Contract Law, S. 153, 161 f.

567 Einen Ausgangspunkt für die Bemessung dieses Verhältnisses findet sich in der Untersuchung von *Köhler*, Das UN-Kaufrecht (CISG) und sein Anwendungsausschluss, S. 310 ff. Danach wird die Anwendung in über 70 % der Fälle in den USA und Deutschland stets oder überwiegend ausgeschlossen. Aufschlussreich sind insbesondere die praktischen und juristischen Aspekte, welche die befragten Juristen für die Ausschluss angeführt haben, dazu *Köhler*, Das UN-Kaufrecht (CISG) und sein Anwendungsausschluss, S. 314 ff.

568 Dazu siehe *supra* 2. Kapitel D.I.2. Kategorisierung.

569 Für die anderen Richtlinien, denen eine Beeinflussung durch das CISG attestiert wird, siehe m.w.N. *Troiano*, The CISG's impact on EU Legislation, in *Ferrari* (Hg.), The CISG and its Impact on National Legal Systems, S. 346, 372 ff.

570 Die Orientierung der Verbrauchsgüterkaufrichtlinie am CISG ist von der Kommission ausdrücklich kommuniziert worden, siehe KOM(1995) 520 endgültig, Rn. 6.

571 Aus Sicht des für eine Ausarbeitung der Richtlinie verantwortlichen Beamten siehe *Staudenmeyer*, Die EG-Richtlinie über den Verbrauchsgüterkauf, NJW 2003,

auch in der Richtlinie geregelt sind, sind beide Regelungswerke bis auf wenige Ausnahmen identisch.[572] Erwähnenswert in diesem Zusammenhang ist insbesondere die Einführung eines einheitlichen Verstoßtatbestandes bei fehlender „Vertragsgemäßheit," wobei diese Voraussetzung ebenfalls übereinstimmend verstanden wird. Ferner sind die Rechtsbehelfe bei nicht vertragsgemäßer Leistung vereinheitlicht.

Wie von *Troiano* festgestellt, liegen die Gründe für die weitgehende Orientierung des europäischen Gesetzgebers am CISG zum einen darin, dass das CISG durch den überwiegenden Beitritt von 4/5 der europäischen Staaten faktisch schon vorher Teil des europäischen Privatrechts war. Zum anderen handelt es sich um ein sehr umfangreiches und erfolgreiches Projekt der Rechtsvereinheitlichung, welches bei der Neufassung eines Kernbestandteils des europäischen Vertragsrechts schlichtweg nicht ignoriert werden konnte.[573] Die fast vollständige Regelungsidentität von Richtlinie und CISG ist auch deswegen bemerkenswert, weil es sich beim CISG um Regelungen zum internationalen Handelskauf, bei der Richtlinie um Verbrauchervertragsrecht handelt. Dies mag auf den ersten Blick merkwürdig anmuten. Wie *Grundmann* allerdings gezeigt hat, benötigen beide Arten von Geschäften im Wesentlichen identische Regeln, welche als allgemeines Vertragsrecht einheitlich dargestellt werden können.[574] Als Gründe[575] dafür nennt er, dass die Richtlinie weniger Verbraucherrecht, sondern mehr Markt- und Unternehmensrecht regele. Das Verbraucherrecht sei als Teil des Markt- und Unternehmensrecht zu begreifen, weil es sich ebenfalls an die Unternehmer als Marktteilnehmer richte.[576] Die

---

S. 2393 ff. Siehe auch *Schroeter*, UN-Kaufrecht und Europäisches Gemeinschaftsrecht, § 4, Rn. 32; *Troiano*, The CISG's Impact on EU Legislation, in *Ferrari*, The CISG and its Impact on National Legal Systems, S. 346, 34 jeweils m.w.N.; *Magnus*, The CISG's impact on European legislation, in *Ferrari* (Hg.), The 1980 Uniform Sales Law, S. 129, 132; *ders.*, 25 Jahre UN-Kaufrecht, ZEuP 2006, S. 96, 106.

572 *Grundmann*, Verbraucherrecht, Unternehmensrecht, Privatrecht, AcP 2002, S. 40, 44 ff. mit einem eingehenden Vergleich.

573 *Troiano*, The CISG's impact on EU Legislation, in *Ferrari* (Hg.), The CISG and its Impact on National Legal Systems, S. 345, 346 ff.

574 *Grundmann*, Verbraucherrecht, Unternehmensrecht, Privatrecht, AcP 2002, S. 40 ff. m.w.N.

575 *Grundmann*, Verbraucherrecht, Unternehmensrecht, Privatrecht, AcP 2002, S. 40, 57 ff.

576 So auch *Magnus*, The CISG's impact on European legislation, in *Ferrari* (Hg.), The 1980 Uniform Sales Law, S. 129, 130: "Consumer protection is in the first line regulation of business activities."

Beschränkung auf das Verbraucherrecht habe in erster Linie kompetenzrechtlichte Gründe gehabt. Sowohl in „B2B"- als auch in „B2C"-Verträgen sei es die vorrangige Funktion des Vertragsrechts, Informationsasymetrien auszugleichen.[577]

Ebenfalls einen großen Einfluss hat das CISG auf das einheitliche Kaufrecht der OHADA (Organisation pour l'Harmonisation en Afrique du Droit des Affaires), einer supranationalen Organisation mit einem zentralen Gerichtshof[578] gehabt.[579] Erhebliche Abweichungen bestehen allerdings im Hinblick auf die nicht vorhandenden Dispositionsmöglichkeit des OHADA-Kaufrechts.[580] Der Grund für den Einfluss des CISG dürften die hohe Qualität und die dem CISG zugrundeliegenden internationalen, für unterschiedliche Rechtsordnungen akzeptablen Standards gewesen sein,[581] die auch von den überwiegend französisch geprägten Rechtsordnungen Westafrikas[582] ohne weiteres umgesetzt werden konnten.

Auch das neue nordische Kaufrecht wurde substantiell vom CISG beeinflusst.[583] Die Verabschiedung des CISG im Jahre 1980 führte in den nordischen Ländern (Dänemark, Finnland, Norwegen, Schweden) zur Errichtung einer Kommission, die neben einer Empfehlung dazu, ob die beteiligten Länder das CISG ratifizieren sollen, auch Vorschläge zur Reform der nordischen Kaufrechte

---

577 Dazu siehe grundlegend *Fleischer*, Informationsasymmetrie im Vertragsrecht.

578 Die OHADA hat 16 Mitglieder: Äquatorialguinea, Benin, Burkina Faso, die Elfenbeinküste, Gabun, Guinea, Guinea-Bissau, der Kongo, die Komoren, Mali, Niger, Senegal, Tschad, Togo und die Zentralafrikanische Republik. Mit der Demokratischen Republik Kongo laufen gerade Beitrittsverhandlungen (Quelle: www.ohada.com).

579 Dazu siehe *Douajni*, La vente commerciale OHADA, Unif.L.R. 2003, S. 191, 194 ff.

580 Die Uniform Acts/actes uniformes der OHADA sind nicht mit den uniform acts im amerikanischen Recht zu verwechseln. Es handelt sich vielmehr um supranationale Legislativakte, die vom OHADA-Ministerrat einstimmig erlassen werden und die dem nationalen Recht vorgehen. Sie entsprechen also EU-Verordnungen, vgl. *Linhart*, Internationales Einheitsrecht und einheitliche Auslegung, S. 135 f. Für einen Überblick über die Übereinstimmungen und Unterschieden zwischen CISG und dem OHADA-Kaufrecht siehe *Hagge*, Das einheitliche Kaufrecht der OHADA, S. 168 ff.; siehe auch *Šarčević*, The CISG and Regional Unification, in *Ferrari* (Hg.), The 1980 Uniform Sales Law, S. 3, 13 ff.

581 *Šarčević*, The CISG and Regional Unification, in *Ferrari* (Hg.), The 1980 Uniform Sales Law, S. 3, 15.

582 *Douajni*, La vente commerciale OHADA, Unif.L.R. 2003, S. 191.

583 Dazu siehe *Ramberg*, Unification of Sales Law, Unif.L.R. 2003, S. 201 ff.; *Lookofsky*, The Scandinavian Experience, in *Ferrari* (Hg.), The 1980 Uniform Sales Law, S. 95, 110 ff. Dazu ausführlich 3. Kapitel C.III. Die Revision der nordischen Kaufgesetze.

ausarbeiten sollte. Nach der grundsätzlich positiven Ratifizierungsentscheidung unter den Vorbehalten[584] gem. Art. 94 CISG für internordische Verträge und gem. Art. 92 CISG unter Aussparung von Teil II[585] stellte sich die Frage nach der Einfügung des CISG in die nordischen Rechtsordnungen. Die Staaten entschieden sich dafür, das CISG neben den nationalen Kaufrecht in seinem Anwendungsbereich umzusetzen. Bei der Reform des Kaufrechts fanden die Vorschriften des CISG Berücksichtigung. Herausgekommen ist eine „merkwürdige Mischung zwischen der Weltläufigkeit des CISG und nordischer Exzentrik".[586] So wurde das Haftungssystem des CISG übernommen, allerdings wurde an der Unterscheidung zwischen „direkten" und „indirekten" Schäden festgehalten.[587] Weiterhin wurden die offenen und lückenhaften Regeln des CISG an vielen Stellen konkretisiert.[588] Ein wichtiger Faktor für den Einfluss des CISG war das Bedürfnis nach einer strukturellen Einheit des Kaufrechts für jede Art von Verträgen. Die Orientierung an den CISG-Vorschriften wurde dadurch erleichtert, dass es sich vielfach um dem geltenden nordischen Kaufrecht ähnliche Regelungen handelte. Dies rührt daher, dass die Vorschriften der ersten nordischen Kaufgesetze als Vorbild für die Haager Kaufgesetze gedient hatten.[589] Schließlich wurde schon seit 1962 an einer begrenzten Revision der nordischen Kaufgesetze gearbeitet, weil diese teilweise als unzureichend und nicht mehr zeitgemäß angesehen wurden. Es bestand also ein großes Bedürfnis nach Rechtsreform.[590]

---

584 Zu den Vorbehalten siehe *Ramberg*, Unification of Sales Law, Unif.L.R. 2003, S. 201, 206 ff.

585 Der Vorbehalt nach Art. 92 CISG ist inzwischen in allen nordischen Ländern aufgehoben worden, siehe 2. Kapitel D.I.3.a) Ratifizierung.

586 "The once grand project to "reform" the Scandinavian Sales Acts seams to have ended up as a strange mixture of CISG worldliness and Nordic eccentricity", so die Diagnose von *Lookofsky*, The Scandinavian Experience, in *Ferrari* (Hg.), The 1980 Uniform Sales Law, S. 95, 116.

587 Das Festhalten an dieser originär nordischen Rechtsregel führte dazu, dass sich Dänemark trotz entsprechender Erwartungen letztlich dafür entschied, die Modernisierung der nordischen Kaufgesetze nicht zu übernehmen, *Ramberg*, Unification of Sales Law, Unif.L.R. 2003, S. 201, 203 ff.

588 Dazu siehe im einzelnen *Ramberg*, Unification of Sales Law, Unif.L.R. 2003, S. 201, 204 ff.

589 *Sevón*, The New Scandinavian Codification and the CISG, in *Schlechtriem* (Hg.), Einheitliches Kaufrecht, S. 343 ff.

590 *Sevón*, The New Scandinavian Codification and the CISG, in *Schlechtriem* (Hg.), Einheitliches Kaufrecht, S. 343, 344.

(II) CISG und nationale Gesetzgeber

Der mannigfaltige Einfluss, den das CISG auf nationale Gesetzgeber ausgeübt hat, soll nun im Rahmen einer zusammenfassenden Darstellung beschrieben werden. In deren Mittelpunkt sollen dabei sowohl die Intensität des Einflusses als auch die Faktoren stehen, welche für den Einfluss des CISG entscheidend gewesen sind.

In Deutschland hat das CISG als Vorbild für die Schuldrechtsreform gedient, allerdings in erster Linie mittelbar durch den Einfluss, den es auf die Verbrauchsgüterkaufrichtlinie ausgeübt hat. Im Rahmen der Reform wurde das gesamte Schuldrecht überarbeitet, das CISG diente dabei auch als Vorbild für das allgemeine Schuldrecht und entfaltete so einen Einfluss über seinen eigenen kaufrechtlichen Regelungsbereich hinaus.[591]

Großen Einfluss hatte das CISG gemeinsam mit PECL[592] und PICC[593] in Estland im Rahmen der Ausarbeitung des neuen estnischen Zivilgesetzbuches. Die allgemeinen schuldrechtlichen Vorschriften und die Vorschriften zum Kaufvertrag orientieren sich am CISG. U.a. zu nennen sind hier die Vorschriften zum Vertragsschluss, zu den Rechtsbehelfen, zur Vertragsverletzung („breach of contract") und den Haftungsausschlüssen. Durch die Grundsatzentscheidung für die Orientierung am CISG wurde das Rechtsdenken insgesamt stark beeinflusst.[594] Auch in anderen osteuropäischen Staaten hat das CISG durch die direkte Orientierung oder durch die Orientierung an den PECL und den PICC, welche maßgeblich auf dem CISG beruhen, die Neuordnung des Vertragsrechts stark beeinflusst.[595]

Wichtigster Faktor für den weitgehenden Einfluss des CISG war die in Osteuropa zu diesem Zeitpunkt bestehende Notwendigkeit einer Rechtsreform. Nach dem Untergang des sozialistischen Blocks musste das Vertragsrecht den marktwirtschaftlichen Gegebenheiten angepasst werden.[596] Dadurch, dass

---

591 *Magnus*, Country Reports: Germany, in *Ferrari* (Hg.), The CISG and its impact on National Legal Systems, S. 143, 158 ff. Zu den verbleibenden Unterschieden siehe ebenda, S. 160 f. Dazu ausführlich *infra* 3. Kapitel C.III.2. Entstehung.

592 *Supra* 2. Kapitel B.III.3.a)(II) Die PECL und die Rechtsreformen in Osteuropa.

593 *Infra* 3. Kapitel D.II.5.b) Ebene der Einzelstaaten.

594 Dazu siehe *Varul*, CISG, Unif.L.R. 2003, S. 209 f.

595 Siehe *Schlechtriem*, 10 Jahre CISG, IHR 2001, S. 12. Zu den PICC und ihrem Einfluss auf die osteuropäischen Staaten siehe *infra* 3. Kapitel D.II.5.b) Ebene der Einzelstaaten.

596 Dazu siehe schon 2. Kapitel B.III.3.a)(II) PECL und Rechtsreformen in Osteuropa.

das CISG die Rechtsreform schon in vielen Ländern beeinflusst hatte, hatte es zudem eine gewisse Universalität gewonnen, was seine Akzeptanz erhöht hat.[597]

Auch in Russland hat das CISG einen wichtigen Einfluss auf das neue russische Zivilgesetzbuch ausgeübt, es lassen sich sehr viele inhaltlich übereinstimmende Normen im kaufrechtlichen Abschnitt finden.[598] Auch hier dürften die Notwendigkeit einer Anpassung des Rechtssystems und die Universalität des CISG entscheidende Faktoren gewesen sein. Weitere nennenswerte Einflusse auf das Kaufrecht lassen sich im Zuge der Rechtsreformen in den Niederlanden[599] und in Griechenland[600] feststellen.

So stark die einzelnen Rechtsordnungen auf der Normenstufe zum Teil vom CISG beeinflusst worden sind, so wenig hat sich dieser Einfluss bisher auf der Stufe der Rechtsanwendung durch die Gerichte fortgesetzt. Eine einleuchtende Begründung dafür liegt darin, dass die Berücksichtigung des CISG nicht aus der Motivation erfolgte, zwischenstaatliche Rechtseinheit zu schaffen. Stets dominierte das Bedürfnis nach einer modernen Lösung bzw. die Suche nach der besten Lösung für das nationale Vertragsrecht.

Auch außerhalb Europas hat das CISG die Rechtsentwicklung beeinflusst. Als prominentestes Beispiel sei der Einfluss des CISG auf das neue chinesische Vertragsgesetz aus dem Jahre 1999 genannt.[601] Im einzelnen sind es die Regeln zu Angebot und Annahme, zur Vertragsbeendigung, Rechtsbehelfe bei Vertragsbruch, Vertragsauslegung und die kaufvertraglichen Vorschriften, die sich vollständig oder zumindest zum Großteil an den Vorschriften des CISG orientieren.[602] Grund für diesen großen Einfluss war das von den Verfassern des Gesetzes gesetzte Ziel, das Recht zu modernisieren, innerhalb Chinas zu vereinheitlichen und nach der Öffnung für internationale Märkte ein deren Anforderungen entsprechendes Regelungswerk zur Verfügung zu haben.

---

597 Laut *Varul*, CISG, Unif.L.R. 2003, S. 209, 210 handelt es sich um eine „lingua franca."

598 So *Talapina*, Russia, in *Ferrari* (Hg.), The CISG and its Impact on National Legal Systems, S. 259, 263 f. mit Beispielen.

599 *Schlechtriem*, 10 Jahre CISG, IHR 2001, S. 12.

600 Dazu siehe *Zervogianni*, Greece, in *Ferrari* (Hg.), The CISG and its Impact on National Legal Systems, S. 163, 175 ff. Der Einfluss war jedoch eher mittelbar dadurch, dass die Verbrauchsgüterkaufrichtlinie umgesetzt wurde.

601 Dazu siehe *Han*, China, in *Ferrari* (Hg.), The CISG and its Impact on National Legal Systems, S. 71, 82 ff.

602 Zum Grad des Einflusses im einzelnen *Han*, China, in *Ferrari* (Hg.), The CISG and its Impact on National Legal Systems, S. 71, 84 ff.

Grundlage dieser notwendig gewordenen Reform sollten dabei die chinesischen Erfahrungen, erfolgreiche Modelle aus anderen Ländern und Regionen, die den modernen Gesetzmäßigkeiten moderner Marktwirtschaften entsprachen, sowie internationales Einheitsrecht sein.[603] Dem CISG kommt dabei eine besonders prominente Stellung zu, weil es durch dessen frühes Inkrafttreten in China (1988) zum Zeitpunkt der Rechtsreform bestens bekannt war und sich bewährt hatte; es galt vielfach als beste Lösung.[604] Im Vergleich mit den anderen Staaten lässt sich zudem bei der Rechtsanwendung in China eine größere Berücksichtigung des CISG und seiner Kommentare und Auslegungsmethoden beobachten.[605]

II. Weitere einheitsrechtliche Rechtsquellen

Es gibt noch eine Reihe von weiteren Konventionen, welche zum europäischen Vertragsrecht zu zählen sind, weil sie von der EU, von allen Mitgliedsstaaten oder deren überwiegender Anzahl ratifiziert worden sind. Allerdings sind diese ihrem Regelungsinhalt nach weder dem allgemeinen Vertragsrecht noch dem Kaufrecht zuzurechnen und sollen deshalb nur kurze Erwähnung finden.[606]

Von der EU selbst ratifiziert wurden das luftrechtliche Montrealer Abkommen[607] sowie das Übereinkommen über den internationalen Eisenbahnverkehr.[608] Als Konvention, die von allen oder einem Großteil der Einzelstaaten ratifiziert ist und deshalb zum europäischen Vertragsrecht zählt, ist das CMR[609]

---

603 So Prof. Huixing Liang, der spiritus rector des neuen chinesischen Vertragsrechts, zitiert nach *Han*, China, in *Ferrari* (Hg.), The CISG and its Impact on National Legal Systems, S. 71, 83.

604 *Han*, China, in *Ferrari* (Hg.), The CISG and its Impact on National Legal Systems, S. 71, 83.

605 *Han*, China, in *Ferrari* (Hg.), The CISG and its Impact on National Legal Systems, S. 71, 91.

606 Siehe dazu *Schilling*, Materielles Einheitsrecht und Europäisches Schuldvertrags-IPR, EuZW 2011, S. 776 ff.

607 Übereinkommen zur Vereinheitlichung bestimmter Vorschriften über die Beförderung im internationalen Luftverkehr v. 28.5.1999, BGBl 2004 II, 458 = ABlEG Nr. L 194 v. 18.7.2001, S. 39.

608 Übereinkommen v. 9.5.1980 über den internationalen Eisenbahnverkehr in der Form des Protokolls v. 3.6.1999, BGBl 2002 II, 2140.

609 Convention relative au Contrat de transport international de marchandises par route (Übereinkommen über den Beförderungsvertrag im internationalen Straßengüterverkehr) v. 19.5.1956, BGBl 1961 II, 1119. Zum Ratifikationsstand siehe http://www.unece.org/trans/contentn/agree_e.pdf.

aufgrund seiner weitreichenden Regelungen für den Beförderungsvertrag im Straßengüterverkehr relevant. Erwähnenswert sind weiterhin das internationale Eisenbahnrecht,[610] die Haager Regeln zur Vereinheitlichung des Seerechts,[611] das Warschauer Abkommen zum Luftbeförderungsrecht,[612] das Athener Übereinkommen von 1974 für die Personenbeförderung im Seeverkehr und das Frachtrecht der Binnenschifffahrt.[613]

Ob die PICC als Teil des europäischen Vertragsrechts angesehen werden können, soll an dieser Stelle nicht weiter erörtert werden, ihnen ist ein eigener Abschnitt bei der Untersuchung der einzelnen Modellgesetze gewidmet.[614]

E. Bewertung

Im Zusammenhang mit den besonderen inhaltlichen Charakteristika des europäischen Vertragsrechts sollen im Folgenden die damit verknüpften Probleme aufgezeigt werden.

I. Originäre Defizite des Unionsvertragsrechts

Eine Reihe besonderer Eigenschaften des Unionsvertragsrechts entstammt der Absicht, dass die Kompetenzgrundlagen für die Schaffung von Vertragsrecht zur Verfolgung von Politiken und zur Durchsetzung der Grundfreiheiten konzipiert sind.[615] Eine wichtige Konsequenz hiervon ist, dass es sich beim Unionsvertragsrecht in den überwiegenden Fällen um zwingendes Recht handelt.[616] Deshalb besteht das grundsätzliche Risiko, dass die Normen zwar

---

610 Internationales Übereinkommen über den Eisenbahnfrachtverkehr v. 14.10.1890, RGBl 1892, 793.

611 Haager Regeln über Konnossemente v. 25.8.1924, RGBl 1939 II, 1049.

612 Warschauer Abkommen zur Vereinheitlichung von Regeln über die Beförderung im internationalen Luftverkehr v. 12.10.1929, RGBl 1933 II, 1039.

613 Athener Übereinkommen über die Beförderung von Reisenden und ihrem Gepäck auf See v. 13.12.1974, ABlEU Nr. C 74 E v. 20.3.2008, S. 567.

614 Zu den PICC siehe ausführlich 3. Kapitel D.II. Principles of International Commercial Contracts (PICC).

615 Zu den Grundfreiheiten siehe *supra* 2. Kapitel C.II.1. Grundfreiheiten und Vertragsrecht. Zu den sekundärrechtlichen Kompetenzgrundlagen siehe *supra* 2. Kapitel C.III.1. Kompetenzen zur Vertragsrechtssetzung.

616 *Basedow*, Der Europäische Gerichtshof und das Privatrecht, AcP 2010, S. 157, 166; *Twigg-Flessner*, Introduction, in *ders.*, The Cambridge Companion to European Union Private Law, S. 1, 5 f. Dazu schon *supra* 2. Kapitel C.III.2.b) Rechtsgebiete.

an der Lebenswirklichkeit vorbeigehen,[617] aber dennoch aufgrund ihrer fehlenden Dispositivität angewandt werden müssen. Aus der besonderen Konzeption der Kompetenzgrundlagen folgt weiterhin die Sektorbezogenheit der Rechtsakte[618] der Union im Bereich des Vertragsrechts, weil nur marktverbessernde Rechtsakte[619] von der Reichweite der Kompetenzgrundlagen gedeckt sind.[620]

Aus dem sektorbezogenen Ansatz des Unionsgesetzgebers ergeben sich eine Reihe von Problemen. So fehlt es dem Unionsvertragsrecht an einer Systematik, weil die Rechtsakte einen punktuellen und fragmentarischen Charakter aufweisen.[621] Zudem findet innerhalb der Rechtsakte keine klare Trennung von öffentlichem Recht und Privatrecht statt.[622] Eine Änderung könnte sich zukünftig allerdings dadurch ergeben, dass Unionsrechtsakte, die auf Grundlage von Art. 65 EGV (jetzt Art. 81 AEUV) und Art. 308 EGV (jetzt Art. 352 AEUV) erlassen worden sind, keine Marktfunktionalität mehr aufweisen müssen. Diese Normen könnten nach der Auffassung von *Basedow* zu einer deutlicheren Abgrenzung zwischen Privatrecht und öffentlichem Recht führen sowie unter Wegfall sektorbezogener Zwänge ein „Einfallstor für zivilrechtliches Denken" eröffnen.[623]

617 *Heiderhoff*, Europäisches Privatrecht, Rn. 289.

618 Dazu schon *supra* 2. Kapitel C.III.2.a)(III) Regelungsstruktur.

619 *Heiderhoff*, Europäisches Privatrecht, Rn. 219.

620 In diesem Zusammenhang ist von einer „Fixierung auf den Binnenmarkt" die Rede, siehe *Weatherill*, Do we need a European Contract Law? 4. Europäischer Juristentag 2007, S. 4, 29. Zur Reichweite der EU-Kompetenzen in diesem Bereich siehe *supra* 2. Kapitel C.III.1. Kompetenzen zur Vertragsrechtssetzung.

621 Häufig zitiert wird in diesem Zusammenhang das Bild von den Richtlinien als „Inseln im Meer des nationalen Rechts" von *Rittner*, Das Gemeinschaftsprivatrecht und die europäische Integration, JZ 1995, S. 849, 851. so schon *Kötz*, Rechtsvereinheitlichung, RabelsZ 1986, S. 1, 5. Siehe auch *Smits*, Contract Law in the European Union, in 4. Europäischer Juristentag 2007, S. 45, 60; *Basedow*, Grundlagen des europäischen Privatrechts, JuS 2004, S. 89, 93; *Heiderhoff*, Europäisches Privatrecht, Rn. 96; *Jung*, Der Einfluss der UP auf das Unionsprivatrecht, in *Ritaine/Lein* (Hg.), The UNIDROIT Principles 2004, S. 77, 79; *Wilhelmsson*, The Contract Law Acquis, 4. Europäischer Juristentag 2007, S. 111, 127 f.

622 *Basedow* in *Basedow/Hopt/Zimmermann* (Hg.), Handwörterbuch des Europäischen Privatrechts, S. 680, 683.

623 *Basedow* in *Basedow/Hopt/Zimmermann* (Hg.), Handwörterbuch des Europäischen Privatrechts, S. 683.

Häufig kritisiert wird in diesem Zusammenhang auch die „fehlende Kohärenz" des Unionsrechts.[624] Bei der isolierten Betrachtung des Unionsvertragsrechts ist damit das Fehlen einer einheitlichen Terminologie - z.B. des Verbraucherbegriffs oder des Schadensbegriffs - in den Unionsrechtsakten gemeint. Der Grund dafür, so *Lurger*, ist eine häufig nicht ausreichende dogmatische Durchdringung der Rechtsmaterie sowie das Fehlen von übergreifenden Prinzipien zur Orientierung für die Unionsrechtssetzung.[625] Durch die Kompromisse, die im Laufe eines Rechtssetzungsverfahrens häufig eingegangen werden, leidet zusätzlich insgesamt die Qualität der Regelungen.[626] Weiterhin können sich einzelne Normen als inkohärent erweisen, wenn für ähnliche Sachverhalte unterschiedliche Lösungen normiert werden.[627]

Auf der Stufe der Rechtsanwendung sorgt der EuGH als gemeinsames Obergericht grundsätzlich für eine einheitliche Auslegung. Diese Funktion wird durch den unzureichenden Bestand allgemeiner Rechtsgrundsätze beeinträchtigt,[628] welche als Orientierung für die Auslegung und Rechtsfortbildung dienen können. Dennoch bleibt der EuGH eine wichtige politische Kraft im europäischen Einigungsprozess.[629] Auch wenn die Bindungswirkung seiner Urteile sich gem. Art. 4 Abs. 3 EUV jeweils nur auf das vorlegende Gericht erstreckt, kommt seinen Urteilen eine Leitbildfunktion über die konkrete Bindungswirkung hinaus zu.[630]

II. Defizite aufgrund der Wechselwirkung zwischen nationalem und Unionsvertragsrecht

Schwierigkeiten ergeben sich weiterhin aus der Einpassung der Unionsrechtsakte in die nationalen Kodifikationen.[631] Dies folgt zunächst aus dem schon

---

624 Siehe nur *Lurger*, Grundfragen der Vereinheitlichung, S. 303; *Remien*, Innere Kohärenz des europäischen Privatrechts, in *Furrer* (Hg.), Europäisches Privatrecht, S. 125, 128.

625 *Lurger*, Grundfragen der Vereinheitlichung, S. 303.

626 *Rösler*, Europäisches Konsumentenvertragsrecht, S. 201.

627 Zu unterschiedlichen Arten von Kohärenz siehe *Wilhelmsson*, The Contract Law Acquis, 4. Europäischer Juristentag 2007, S. 111, 130 ff. Die anderen dort behandelten Bedeutungen von Inkohärenz werden im Folgenden behandelt.

628 Dazu siehe *supra* 2. Kapitel C.II.2. Allgemeine Rechtsgrundsätze des Unionsvertragsrechts.

629 So *Stone Sweet*, The Judicial Construction of Europe, S. 64 ff.

630 Zur Wirkung von Vorabentscheidungen siehe *Rösler*, Europäische Gerichtsbarkeit auf dem Gebiet des Zivilrechts, S. 447 ff.

631 *Pfeiffer*, Methodik der Privatrechtsangleichung in der EU, AcP 2008, S. 229, 234 ff.

beschriebenen punktuellen und sektorbezogenen Ansatz des Unionsgesetzgebers. Das Unionsvertragsrecht und die nationalen Kodifikationen werden von unterschiedlichen Leitgedanken bestimmt.[632] Das traditionelle kodifizierte Vertragsrecht ist meist dispositiv und wird von traditionellen Privatrechtskonzepten getragen.[633] Es findet seine Grundlage in der klassischen liberalen, nicht funktionsbezogenen[634] Vertragstheorie. Auf der anderen Seite stehen die Unionsrechtsakte, die sehr detailliert sind, häufig zwingendes Recht enthalten und zudem einen bestimmten Schutzzweck verfolgen.[635] Diese unterschiedlichen Ausgangspunkte lassen sich schwer miteinander vereinbaren. Die übereinstimmende Garantie der grenzüberschreitenden Privatautonomie steht dabei in der EG-Gesetzgebung unter dem Vorbehalt teilweise zuwiderlaufender Schutzziele wie z.B des Verbraucherschutzes.[636]

Eine Einpassung wird zusätzlich durch die Marktfinalität der Unionsrechtsakte und die damit teilweise einhergehende Vermischung von vertragsrechtlichen und wettbewerbsrechtlichen Regeln erschwert.[637] Mitunter mangelt es auch schlicht an einer gemeinsamen Terminologie zwischen Unionsrecht und Einzelstaaten.[638] Die Schwierigkeiten bei der Einpassung nehmen durch die seit längerem zu beobachtende Hinwendung der Unionsrechtssetzung zum Prinzip

---

632 Dazu ausführlich am Beispiel des Verbraucherschutzrechtes *Lurger*, Grundfragen der Vereinheitlichung, S. 305 ff, 333. Ausgenommen von der Entwicklung des Auseinanderdriftens sind danach allerdings die skandinavischen EU-Mitgliedsländer und die Niederlande, in denen ein starker Zusammenhalt zwischen allgemeinem Vertragsrecht und speziellem Schutzrecht besteht.

633 *Basedow*, Der Europäische Gerichtshof und das Privatrecht, AcP 2010, S. 157, 166.

634 *Smits*, Contract Law in the European Union, 4. Europäischer Juristentag 2007, S. 45, 61 f.

635 *Remien*, Zwingendes Vertragsrecht und Grundfreiheiten des EG-Vertrags, S. 147; Zu den sich ergebenen Problemen instruktiv für Deutschland *Kreuz*, Gemeinschaftsrechtlicher Verbraucherschutz und nationale Kodifikationsidee, in Jb.J.ZivRWiss. 2009, S. 127 ff. *Lurger*, Grundfragen der Vereinheitlichung, S. 370 f. Zu den einzelnen Unionsrechtsakten im Bereich des Vertragsrechts siehe *supra* 2. Kapitel C.III.2.b) Rechtsgebiete.

636 So zitiert aus *Pfeiffer*, Methodik der Privatrechtsangleichung in der EU, AcP 2008, S. 227, 236; *Riesenhuber*, Europäisches Vertragsrecht, S. 891.

637 *Lurger*, Grundfragen der Vereinheitlichung, S. 388. Ausführlich zu dieser Entwicklung *Schmidt*, Zur Annäherung von Lauterkeitsrecht und Verbraucherprivatrecht, JZ 2007, S. 78 ff.

638 *Weatherill*, Do we need a European Contract Law? 4. Europäischer Juristentag 2007, S. 4, 12.

der Vollharmonisierung wohl noch zu.[639] Auch das Konzept der Mindestharmonisierung ist nicht frei von Problemen. Eine unterschiedliche Umsetzung mindestharmonisierender Richtlinien schmälert den Grad der Rechtseinheit.[640] Diese Gefahr besteht insbesondere dann, wenn sich die nationalen Gesetzgeber bei der Umsetzung zu sehr von nationalen Vorstellungen und Begriffsverständnissen leiten lassen.[641]

Nicht zuletzt die Probleme bei der Umsetzung von europäischem Recht haben auf der Ebene der einzelstaatlichen Rechtsordnungen zu einer Fragmentierung geführt, welcher durch eine Reihe umfassender Rechtsreformen z.B. in Deutschland, den Niederlanden und den skandinavischen Staaten abgeholfen werden sollte. Eine Reformwilligkeit kann jedoch längst nicht in allen Mitgliedsstaaten festgestellt werden, so dass vielfach eine Antinomie zwischen den praktischen Bedürfnissen und dem positiven Recht verbleibt, die durch die Rechtsprechung ausgeglichen werden muss.

III. Weitere Aspekte

Ein weiterer wichtiger Aspekt, der schon bei Untersuchung der Gemeinsamkeiten des Rechts der Einzelstaaten angeklungen ist, sind die „rechtskulturellen Verschiedenheiten" zwischen den Einzelstaaten. Im Rahmen dieser Untersuchung umfasst der Begriff der Rechtskultur die Menge von Faktoren für eine einheitliche Rechtsanwendung jenseits der abstrakten Rechtsregeln, stellt darüber hinaus aber keinen absoluten Hinderungsgrund für eine weitere Harmonisierung dar.[642] Dies folgt insbesondere aus dem hier zugrundegelegten, „dynamischen"

---

639 Zu den dadurch entstehenden Schwierigkeiten *Riehm*, Grenzen der Vollharmonisierung, Jb.J.ZivRWiss. 2009, S. 159, 162; *Heiderhoff*, Europäisches Privatrecht, Rn. 96. Im Hinblick auf die Verbraucherrechterichtlinie siehe dazu *Weatherill*, Do we need a European Contract Law? 4. Europäischer Juristentag 2007, S. 4, 27 f.; *Wilhelmsson*, Full Harmonisation, ZEuP 2008, S. 225, 226 ff.; *Berger*, Zu europäischen Entwicklungen im Internationalen Privatrecht und im Verbraucherschutz, ZEuP 2009, S. 451, 453 ff.; *Tonner/Tamm*, Der Vorschlag einer Richtlinie über Rechte der Verbraucher, JZ 2009, S. 277, 282 m.w.N; *Pfeiffer*, Methodik der Privatrechtsangleichung in der EU, AcP 2008, S. 227, 234 f. Dazu siehe schon *supra* 2. Kapitel C.III.2.a)(I) Adressaten und Harmonisierungsintensität.

640 *Smits*, Contract Law in the European Union, 4. Europäischer Juristentag 2007, S. 45, 61.

641 *Weatherill*, Do we need a European Contract Law? 4. Europäischer Juristentag 2007, S. 4, 12. Zu den systemischen Einpassungsschwierigkeiten ausführlich *Tröger*, Zum Systemdenken im europäischen Schuldvertragsrecht, ZEuP 2003, S. 525 ff.

642 Zum Begriff *supra* 1. Kapitel A.IX. Rechtskultur.

Kulturverständnis.[643] Dennoch wird durch „kulturell“ bedingte, unterschiedliche Begriffsverständnisse einzelner Rechtsbegriffe in EU-Rechtsakten in den verschiedenen einzelstaatlichen Rechten die einheitliche Rechtsanwendung teilweise in erheblichem Maße beeinträchtigt. Dies liegt auch daran, dass gerade die allgemeinen Rechtsbegriffe nicht immer eindeutig definiert sind.

Die Gemeinsamkeiten in den einzelstaatlichen Rechten, die ein gemeineuropäisches Privatrecht konstituieren, sind zwar vorhanden, jedoch für die Normadressaten häufig nicht als solche sichtbar. Sie sichtbar zu machen ist das Ergebnis vertiefter wissenschaftlicher, meist rechtsvergleichender Beschäftigung mit der jeweiligen Materie.[644] Tatsächlich divergieren die Rechte bis in grundlegende vertragsrechtliche Vorschriften z.B. über den Abschluss des Vertrages, die Beurteilung seiner Gültigkeit, die Definition der Pflichtverletzung und die Rechtsfolgen der Verletzung vertraglicher Pflichten erheblich.

Hinsichtlich der internationalen, einheitsrechtlichen Bestandteile des allgemeinen Vertrags- und Kaufrechts lässt sich konstatieren, dass die überwiegende Ratifizierung des CISG noch keine entsprechende Anwendung nach sich gezogen hat, weil das „opting out“ in der Praxis eher Regel denn Ausnahme ist.[645]

Wie schon aus dieser zusammenfassenden Darstellung des europäischen Vertragsrechts deutlich wird, handelt es sich dabei um einen kaum greifbaren oder in seiner Komplexität zu erfassenden Forschungsgegenstand in der Ausprägung eines Mehrebenensystems.[646] Das unübersichtliche Bild wird durch die Existenz unterschiedlicher Sprachen verstärkt, welche eine zwischenstaatliche Kommunikation gerade im Bezug auf Rechtsfragen zusätzlich erschwerten. So kann zu Recht behauptet werden, dass es der jetzige Zustand des europäischen Vertragsrecht trotz der schon unternommenen großen Harmonisierungsanstrengungen einem ausländischen Anwalt „schwierig bis unmöglich“ mache, die Rechtslage in einem anderen Staat mit Sicherheit zu bestimmen.[647]

---

643 *Supra* 2. Kapitel B.II. Inhaltliche Reichweite historischer und rechtsvergleichend gewonnener Übereinstimmungen.

644 Dazu *supra* 2. Kapitel B. Gemeineuropäisches Privatrecht.

645 Dazu siehe *supra* 2. Kapitel D.I.3.b) Rechtsanwendung.

646 Dazu siehe *supra* 2. Kapitel A.II.2. Das europäische Privatrecht als Mehrebenensystem.

647 *Basedow*, Grundlagen des europäischen Privatrechts, JuS 2004, S. 89, 94, *Kötz*, Rechtsvereinheitlichung, RabelsZ 1986, S. 1, 6.

3. Kapitel: Einzelne Modellgesetze

Modellgesetze als Instrument der Rechtsharmonisierung haben eine lange Tradition. Diese Methode wurde sowohl im einzelstaatlich stark fragmentierten Deutschland in der Epoche des Deutschen Bundes[648] als auch in den USA seit Ende des 19. Jahrhunderts[649] mit Erfolg praktiziert. Auch die skandinavische Rechtsharmonisierung durch eine Parallelgesetzgebung kann auf eine inzwischen mehr als hundertjährige Geschichte zurückblicken.[650] Selbst auf internationaler Ebene findet eine Harmonisierung durch Modellgesetze nunmehr seit über 40 Jahren statt.[651] Im Folgenden sollen ausgesuchte Modellgesetze mit allgemein vertragsrechtlichem bzw. kaufrechtlichem Schwerpunkt untersucht werden.

Die Untersuchung der Modellgesetze orientiert sich an der Methode, die schon bei Untersuchung der PECL[652] und des CISG[653] Anwendung gefunden hat. Zunächst sollen die Basisbedingungen bestimmt werden, auf deren Grundlage mit der Erarbeitung des jeweiligen Modellgesetzes begonnen wurde. Hierauf aufbauend wird die Entstehungsgeschichte untersucht, wobei ein besonderes Augenmerk auf den Ausarbeitungsprozess gelegt werden soll. Danach findet eine Einordnung des Modellgesetzes anhand der im ersten Kapitel aufgestellten Kategorien statt.[654] Schließlich soll versucht werden, die Harmonisierungswirkung auf der Stufe der Normsetzung und der Rechtsanwendung und die jeweils maßgeblichen Faktoren für den Erfolg oder Misserfolg eines Modellgesetzes zu identifizieren.

A. Modellgesetze in der Epoche des Deutschen Bundes

Die Modellgesetze in der Epoche des Deutschen Bundes wurden als „Allgemeine Gesetze“ bezeichnet. Das erste Gesetz dieser Art war die Allgemeine deutsche Wechselordnung (ADWO) von 1847, die vom Deutschen Zollverein

---

648 Dazu *infra* 3. Kapitel A. Modellgesetze in der Epoche des Deutschen Bundes.

649 Dazu *infra* 3. Kapitel B. US-Modellgesetze.

650 Dazu *infra* 3. Kapitel C. Die nordische Kaufrechtsharmonisierung.

651 Dazu *infra* 3. Kapitel D. Modellgesetze für die internationale Rechtsharmonisierung.

652 *Supra* 2. Kapitel B.III. Principles of European Contract Law (PECL).

653 *Supra* 2. Kapitel D.I. United Nations Convention on the International Sale of Goods (CISG).

654 Siehe dazu *supra* 1. Kapitel B. Kategorisierungskriterien.

ausgearbeitet worden war.[655] Da diese Untersuchung jedoch ausschließlich Modellgesetze auf dem Gebiet des Vertragsrechts zum Gegenstand hat, werden nur die weiteren Modellgesetze dieser Epoche, namentlich der „Entwurf eines Allgemeinen deutschen Handelsgesetzbuchs" (I.) und der „Entwurf eines Allgemeinen deutschen Gesetzes über die Schuldverhältnisse" (II.) näher untersucht.

I. Der Entwurf eines Allgemeinen deutschen Handelsgesetzbuchs (ADHGB)

1. Basisbedingungen

Die Entstehung des ADHGB fällt in die Spätphase des Deutschen Bundes, die von der Restauration monarchischer Privilegien geprägt war.[656] Die relativ lose Art des politischen Zusammenschlusses stellte nach der gescheiterten Vereinigung im Zuge der Revolution von 1848/49 den „kleinsten gemeinsamen Nenner" dar.[657] Der Deutsche Bund war eine „Mischform" zwischen Staatenbund und Bundesstaat.[658] Im Bereich des Privatrechts hatten die

---

655 Zur ADWO vgl. *Laufke*, Der deutsche Bund und die Zivilgesetzgebung, FS Nottarp, S. 1, 5, 11 ff.; *Getz*, Die deutsche Rechtseinheit im 19. Jahrhundert, S. 105 ff.; *Hudson/Feller*, The International Unification of Laws concerning Bills of Exchange, HLR 1930/31, S. 333, 335 ff.

656 *Frotscher/Pieroth*, Verfassungsgeschichte, Rn. 325.

657 *Bühler*, Die Entstehung der allgemeinen Vertragsschluss-Vorschriften im ADHGB, S. 31. Dieser Konflikt hat durch seine Eskalierung zum Krieg (1866) schließlich zum Scheitern des Bundes geführt.

658 *Gruner*, Der Deutsche Bund und die europäische Friedensordnung, in *Rumpler* (Hg.), Deutscher Bund und deutsche Frage, S. 235, 247. Eigenschaften eines Staatenbundes besaß er insofern, als dass die Staatsgewalt trotz des Zusammenschlusses in wesentlichen Bereichen weiterhin den Mitgliedsstaaten zustand und die Einzelstaaten ihre Eigenschaft als eigenständige Subjekte des Völkerrechts behielten, vgl. *Frotscher/Pieroth*, Verfassungsgeschichte, Rn. 236. Das bundesstaatliche Element war dadurch enthalten, als dass der Deutsche Bund selbst als Subjekt des Völkerrechts angesehen wurde. Mitglieder dieser besonderen politischen Konstruktion waren neben den Großmächten Österreich und Preußen im Rahmen ihrer vormalig zum Deutschen Reich zählenden Besitzungen alle anderen deutschen Partikularstaaten. Eine Liste der einzelnen Mitgliedsstaaten findet sich bei *Frotscher/Pieroth*, Verfassungsgeschichte, Rn. 233. Die ursprüngliche Mitgliederzahl von 41 Staaten reduzierte sich bis zum Ende des Deutschen Bundes durch Zusammenschlüsse einzelner Gliedstaaten auf 34 Mitglieder, *Frotscher/Pieroth*, Verfassungsgeschichte, Rn. 235.

deutschen Partikularstaaten ihre ausschließliche Rechtssetzungsbefugnis behalten.[659]

Auf dem Gebiet des deutschen Bundes galten zu dieser Zeit vier in Dogmatik und Konstruktion unterschiedliche Zivilrechtsregimes, nämlich das preußische Allgemeine Landrecht (ALR), die französischen Gesetzeswerke Code Civil und Code de Commerce, das österreichische ABGB und das römisch-rechtliche Ius Commune.[660] Das Handelsrecht war noch stärker fragmentiert. Es lassen sich lediglich zwei Gesetze hervorheben, die das Handelsrecht maßgeblich geprägt hatten. Dies sind die handelsrechtlich relevanten Teile des ALR (für Preußen) und der Code de Commerce, welcher in vielen deutschen Ländern unter napoleonischer Herrschaft eingeführt worden war und fortgalt.[661] Die Etablierung des deutsche Zollvereins (1833) und die vom Zollverein erarbeitete und von allen Einzelstaaten übernommene ADWO (1847) hatten das Handelsrecht teilweise harmonisiert.[662] Diese erfolgreichen Projekte motivierten die Einzelstaaten zu einer weitergehenden Zusammenarbeit.[663]

Das Bedürfnis nach Rechtsvereinheitlichung basierte hauptsächlich auf den wirtschaftlichen Interessen der Einzelstaaten. Aufgrund einer sich rasch entwickelnden Unternehmertätigkeit rückte dabei das lange Zeit vernachlässigte Handelsrecht in den Fokus. Diese Entwicklung steht im Zusammenhang

---

659 Dazu ausführlich *Laufke,* Der deutsche Bund und die Zivilgesetzgebung, FS Nottarp, S. 1, 2 f., weiterhin *Bühler*, Die Entstehung der allgemeinen Vertragsschluss-Vorschriften im ADHGB, S. 45 ff. Zwar kamen der Bundesversammlung als Legislativorgan des Bundes gewisse Rechtssetzungskompetenzen zu (im einzelnen dazu *Frotscher/Pieroth*, Verfassungsgeschichte, Rn. 236), auf dem Gebiet des Zivil- und Handelsrecht hatten die Beschlüsse der Bundesversammlung für die Einzelstaaten aber nur den Charakter von Empfehlungen, denen keine normative Geltung, sondern nur moralisches Gewicht beigemessen wurde (vgl. *Laufs*, Rechtsentwicklungen in Deutschland, S. 241: zunächst wurde eine Kompetenz des Bundes zur Gesetzgebung angenommen, Entwürfe zu verabschieden, die eine Verpflichtung der Länder zur Ratifizierung zur Folge hatten. Diese bindende Wirkung schwächte sich jedoch immer mehr ab, bis die Bundesbeschlüsse nur noch den Charakter von Empfehlungen hatten).

660 *Coing*, Europäisches Privatrecht II, S. 536, vgl. auch *Bühler*, Die Entstehung der allgemeinen Vertragsschluss-Vorschriften im ADHGB, S. 29.

661 *Bühler*, Die Entstehung der allgemeinen Vertragsschluss-Vorschriften im ADHGB, S. 18, 21.

662 *Helm*, Beratung des ADHGB in Nürnberg, FS Handelshochschule Nürnberg, S. 402, 403.

663 *Getz*, Die deutsche Rechtseinheit im 19. Jahrhundert, S. 136, *Thöl*, Handelsrecht, Bd. 1, S. 66.

mit der allmählichen Einführung der Gewerbefreiheit und einem Ausbau der Transportmöglichkeiten, wodurch größere Wirtschaftsräume[664] und damit das Bedürfnis nach einem größeren gemeinsamen Markt entstand.[665] Der Prozess wurde durch den allmählichen Abbau von Zöllen und der Vereinheitlichung des Wechselrechts noch beschleunigt.[666] Der Beginn der Beratungen zum ADHGB (1857) fiel zudem mit einer Wirtschaftskrise zusammen,[667] die die Einzelstaaten u.a. durch neue Impulse für den zwischenstaatlichen Handel zu überwinden suchten.

Auf politischer Ebene verfolgten die beteiligten Einzelstaaten höchst unterschiedliche Partikularinteressen, die jeweils für eine Unterstützung des Projektes sprachen.[668] Im Falle Preußens bestand zwar grundsätzlich eine ablehnende Einstellung gegenüber einer „gesamtdeutschen" Rechtsharmonisierung.[669] Dennoch opponierte die preußische Regierung aus machtpolitischen Erwägungen nicht offen gegen das Projekt des ADHGB. Weiterhin hatte die Regierung Furcht vor nationaler Diskreditierung, die vermutlich eingetreten wäre, wenn ein populäres gesamtdeutsches Unternehmen am preußischen Widerstand gescheitert wäre.[670] Österreich hingegen benötigte den Bund, um den damaligen politischen und militärischen Druck von Seiten Frankreichs auszuhalten.[671] Die Mittelstaaten schließlich sahen die Rechtseinheit als eine Vorstufe der von ihnen erwünschten politischen deutschen Einheit. Im 19. Jahrhundert herrschte nämlich die aus Frankreich stammende Vorstellung vor, dass „die Einheit der Nation auch die Rechtseinheit" voraussetze.[672] Die Mittelstaaten befürchteten zudem ein Auseinanderbrechen des Bundes, was wiederum eine Bedrohung der Souveränität der Einzelstaaten durch die Expansionspolitik der europäischen Großmächte bedeutet hätte.[673]

---

664 *Bergfeld*, Preußen und das ADHGB, Ius Commune 1987, S. 101, 103.

665 *Helm*, Beratung des ADHGB in Nürnberg, FS Handelshochschule Nürnberg, S. 402, 403.

666 *Laufs*, Rechtsentwicklungen in Deutschland, S. 240; *Getz*, Die deutsche Rechtseinheit im 19. Jahrhundert, S. 136.

667 *Rumpler*, Das ADHGB, in *ders.* (Hg.), Deutscher Bund und deutsche Frage, S. 215, 221.

668 Motive zum Gesetz, betreffend die Errichtung eines obersten Gerichtshofes für Handelssachen (1869), in *Schubert*, Die deutsche Gerichtsverfassung, S. 266.

669 *Laufke*, Der deutsche Bund und die Zivilgesetzgebung, FS Nottarp, S. 1, 49.

670 *Rumpler*, Das ADHGB, in *ders.* (Hg.), Deutscher Bund und deutsche Frage, S. 215, 225.

671 *Rumpler*, Das ADHGB, in *ders.* (Hg.), Deutscher Bund und deutsche Frage, S. 215, 230.

672 *Bergfeld*, Preußen und das ADHGB, Ius Commune 1987, S. 101, 102.

673 *Rumpler*, Das ADHGB, in *ders.* (Hg.), Deutscher Bund und deutsche Frage, S. 215, 222.

Schließlich sind zwei Gesetzesentwürfe als wichtige Vorbedingungen des ADHGB herauszustellen. Zum einen war dies der sog. „Württemberger Entwurf" von 1839,[674] der erstmals im deutschen Rechtskreis die Möglichkeit aufzeigte, ein Handelsgesetzbuch unabhängig von der Geltung eines einheitlichen Zivil- oder Obligationenrechts zu erstellen.[675] Der zweite war der sog. Frankfurter Entwurf" von 1848/49,[676] in dessen Rahmen der erste Versuch zur Ausarbeitung eines Handelsgesetzbuchs auf nationaler Ebene unternommen worden war.[677]

2. *Entstehung*[678]

Ausgangspunkt für den Beginn der unmittelbaren Arbeiten am ADHGB waren die Reformvorschläge, welche die Mittelstaaten in den Jahren 1854/55 in Hinblick auf den Bund unterbreitet hatten.[679] Neben Preußen hatten sich die Kammern Bayerns, Badens und Württembergs schon mehrfach mit Anträgen bezüglich einer Harmonisierung des Handelsrechts befasst.[680]

Auf den Antrag des bayrischen Außenministers hin fasste die Bundesversammlung im Jahr 1856 den Entschluss zur Einberufung einer „Kommission zur Berathung eines allgemeinen deutschen Handelsgesetzbuches".[681] Die Kommission tagte ab Anfang 1857 in insgesamt 589 Sitzungstagen in Nürnberg sowie

674 „Entwurf eines Handelsgesetzbuches für das Königreich Württemberg", dazu vgl. *Bergfeld*, Der Entwurf eines Handelsgesetzbuches für das Königreich Württemberg, Ius Commune VII, S. 226 ff.

675 *Mittermaier*, Über den Zustand der Gesetzgebung im Bezug auf das Wechselrecht, AcP 1843, S. 114, 116.

676 „Entwurf eines allgemeinen Handelsgesetzbuches für Deutschland", abgedruckt bei *Baums*, Entwurf eines allgemeinen Handelsgesetzbuches für Deutschland, Abhandlungen aus dem gesamten Bürgerlichen Recht, Heft 54.

677 *Bühler*, Die Entstehung der allgemeinen Vertragsschluss-Vorschriften im ADHGB, S. 26.

678 Dazu vgl. die ausführlichen Schilderungen von *Goldschmidt*, Abschluss und Einführung des ADHGB, ZHR 1862, S. 204 ff.; *Thöl*, Handelsrecht Bd. 1, S. 65 ff.; *Bühler*, Die Entstehung der allgemeinen Vertragsschluss-Vorschriften im ADHGB, S. 31 ff. und *Getz*, Die deutsche Rechtseinheit im 19. Jahrhundert, S. 136 ff.

679 *Rumpler*, Das ADHGB, in *ders.* (Hg.), Deutscher Bund und deutsche Frage, S. 215, 219.

680 *Laufs*, Rechtsentwicklungen in Deutschland, S. 243.

681 Deren Ziel war es, unter Benutzung des bisher zusammengetragenen Materials und der Vorarbeiten den Entwurf eines Handelsgesetzbuchs auszuarbeiten, welcher dann den Länderregierungen und der Bundesversammlung vorgelegt werden sollte, vgl. *Getz*, Die deutsche Rechtseinheit im 19. Jahrhundert, S. 137.

Hamburg, wo über Seerecht und Versicherungsrecht beraten wurde.[682] In der sog. „Nürnberger Kommission" waren 21 Staaten mit 17 Stimmen vertreten, in der Hamburger Kommission 17 Staaten mit 11 Stimmen.[683] Bei der Ausarbeitung des ADHGB nahmen die Einzelstaaten durch Vertreter aktiv an den Verhandlungen der Gesetzgebungskommission teil. Die dabei beteiligten Personen waren von den Einzelstaaten entsandte Fachleute, wobei neben Rechtsgelehrten und praktisch arbeitenden Juristen auch kaufmännische Sachverständige vertreten waren. Als rechtliche Grundlage diente Art. 64 der Wiener Schlussakte,[684] der ein Vorschlagsrecht der einzelnen Bundesländer für gemeinnützige Anordnungen vorsah, wobei dem Bund die Aufgabe auferlegt wurde, auf eine freiwillige Vereinbarung unter sämtlichen Gliedstaaten hinzuwirken.

Als Material für die Ausarbeitung des neuen Handelsgesetzbuchs diente ein preußischer Entwurf,[685] der durch einen österreichische Entwurf ergänzt wurde.[686] Der preußische Entwurf war bereits als Vorentwurf für ein nicht auf Preußen beschränktes gesamtdeutsches Handelsgesetz angelegt. Er war gezielt ausgearbeitet worden, damit Preußen die Führung über dieses gesamtdeutsche Harmonisierungsprojekt übernehmen konnte.[687] Die Kommission machte sich

682 *Goldschmidt*, Abschluss und Einführung des ADHGB, ZHR 1862, S. 204, 208, *Laufs*, Rechtsentwicklungen in Deutschland, S. 243.

683 *Thöl*, Handelsrecht, Bd. 1, S. 68.

684 Art. 64 der Wiener Schlussakte lautete: „Wenn Vorschläge zu gemeinnützigen Anordnungen … an die Bundesversammlung gebracht werden, und diese sich von der Zweckmäßigkeit und Ausführbarkeit solcher Vorschläge im allgemeinen überzeugt, so liegt es ihr ob, die Mittel zur Vollführung derselben in sorgfältige Erwägung zu ziehen und ihr anhaltendes Bestreben dahin zu richten, die zu dem Ende erforderliche freiwillige Vereinbarung unter den sämtlichen Bundesgliedern zu bewirken."

685 „Entwurf eines Handelsgesetzes für die Preußischen Staaten", bestehend aus 1063 Paragraphen und sechs Büchern, wobei die ersten drei Büchern dem österreichischen Entwurf entsprechen, dazu kommen „Vom Seehandel", „Von dem kaufmännischen Konkurse" und „Von der Gerichtsbarkeit in Handelssachen", abgedruckt in *Schubert* (Hg.), Protokolle ADHGB, Bd. 10, wobei die letzten beiden Bücher nicht als Vorlage für die Beratungen gedient haben, vgl. *Goldschmidt*, Abschluss und Einführung des ADHGB, ZHR 1862, S. 206.

686 „Entwurf eines Oesterreichischen Handelsrechts" in 218 §§ und vier Büchern, nämlich „Vom Handelsstande", „Von der Handelsgesellschaft", „Von den Handelsgeschäften" und „Entwurf eines Oesterreichischen Seerechts", abgedruckt in *Schubert* (Hg.), Protokolle ADHGB, Bd. 10.

687 Dazu siehe m.w.N. *John*, Politics and the Law in Late Nineteenth Century Germany, S. 35, Fn. 54.

die Ansicht der preußischen Delegation zu eigen, dass die privatrechtsordnungsübergreifende Konzeption des preußischen Entwurfs[688] ihn zu einem idealen Vorbild für eine gesamtdeutsche Vereinheitlichung mache.

In der ersten Lesung wurde somit der preußische Entwurf Artikel für Artikel verhandelt.[689] Der dabei entstandene erste Entwurf des ADHGB[690] wurde in einer zweiten Lesung in gleicher Weise beraten. Am Ende dieser Beratungen stand ein zweiter Entwurf,[691] der sukzessive der Bundesversammlung zur Kenntnisnahme vorgelegt und danach veröffentlicht wurde. Nach der Veröffentlichung gingen sog. „Monita“, d.h. Einwände, der Landesregierungen ein. Bis dahin hatten die Delegierten weitgehend autonom verhandelt.[692] Der Ausarbeitungsprozess gewann durch die zahlreichen Stellungnahmen an Komplexität.[693] Deshalb beschlossen die Delegierten, nicht mehr über einzelne Artikel, sondern nur noch über die Einwände der Landesregierungen zu beraten.

Da die Einwände immer noch äußerst zahlreich waren, setzten die drei größten Staaten (Preußen, Österreich und Bayern) unter Verletzung der Kompetenzen der Bundesversammlung und der Kommission,[694] gegen den ausdrücklichen Protest von sechs einzelstaatlichen Regierungen[695] und unter der Androhung, das gesamte Projekt scheitern zu lassen, durch, nur solche Einwände zu beraten, die im Interesse ihrer drei Regierungen waren.[696] So konnte am 14.3.1861 der fertige

---

688 Durch Berücksichtigung aller auf preußischem Gebiet bestehenden unterschiedlichen Privatrechtsordnungen, also des ALR, des Ius Commune und des französischen Rechts, vgl. *Laufs*, Rechtsentwicklungen in Deutschland, S. 243.

689 Vgl. dazu *Schubert* (Hg.), Protokolle ADHGB, Bd. 2, S. 404 ff., *Thöl*, Handelsrecht, Bd. 1, S. 69.

690 ADHGB, 1. Entwurf, in *Schubert* (Hg.), Protokolle ADHGB, Bd. 10.

691 ADHGB, 2. Entwurf, in *Schubert* (Hg.), Protokolle ADHGB, Bd. 11.

692 *Bühler*, Die Entstehung der allgemeinen Vertragsschluss-Vorschriften im ADHGB, S. 39.

693 Vor allem die seerechtlichen Beratungen in Hamburg gestalteten sich äußerst mühsam, vgl. *Bühler*, Die Entstehung der allgemeinen Vertragsschluss-Vorschriften im ADHGB, S. 39.

694 So insbesondere *Thöl*, Handelsrecht Bd. 1, S. 72, *Goldschmidt*, Abschluss und Einführung des ADHGB, ZHR 1862, S. 204, 218.

695 Die protestierenden Staaten waren Hannover, Kurhessen, Mecklenburg, Bremen, Hamburg und Lübeck, vgl. *Goldschmidt*, Abschluss und Einführung des ADHGB, ZHR 1862, S. 204, 218.

696 *Bühler*, Die Entstehung der allgemeinen Vertragsschluss-Vorschriften im ADHGB, S. 40 ff., *Getz*, Die deutsche Rechtseinheit im 19. Jahrhundert, S. 137 ff. Auszüge der entsprechenden, inhaltlich weitgehend übereinstimmenden Noten finden sich bei *Goldschmidt*, Abschluss und Einführung des ADHGB, ZHR 1862, S. 204, 218 f.

Entwurf des ADHGB[697] der Bundesversammlung überreicht werden. Diese empfahl den Entwurf am 31.5.1861 trotz der Gegenstimmen von Hamburg, Bremen, Hannover und Mecklenburg-Schwerin den einzelstaatlichen Regierungen zur möglichst unveränderten Annahme.[698]

3. *Kategorisierung*

Mit der Erarbeitung des ADHGB wurde eine Harmonisierung des gesamten handelsrechtlich relevanten Sachrechts für innerstaatliche und zwischenstaatliche Sachverhalte angestrebt. Neben rein handelsrechtlichen Regelungen enthielt der Entwurf auch Vorschriften zum allgemeinen Schuldrecht und zum Mobiliarsachenrecht. Die neuen Regelungen sollten, soweit nichts anderes bestimmt war, gem. Art. 277 ADHGB sowohl auf beiderseitige als auch auf einseitige Handelsgeschäfte Anwendung finden. Tatsächlich wurden fortan die meisten Geschäfte des täglichen Lebens nach dem ADHGB beurteilt.[699]

Insgesamt umfasste der fertige Entwurf ohne Seehandelsrecht 431 Artikel, die in vier Bücher aufgeteilt waren.[700] Aus der Perspektive der Zeitgenossen handelte es sich um ein aktuelles und modernes Gesetzeswerk, was auf die Mitwirkung

---

697 Siehe *Schubert* (Hg.), Protokolle ADHGB, Bd. 10. Der fertige Entwurf des ADHGB ist in fünf Bücher unterteilt: 1. Buch: Vom Handelsstande; 2. Buch: Von den Handelsgesellschaften; 3. Buch: Von der stillen Gesellschaft und von der Vereinigung zu einzelnen Handelsgeschäften für gemeinschaftliche Rechnung, 4. Buch; Von den Handelsgeschäften; 5. Buch: Vom Seehandel.

698 *Bühler*, Die Entstehung der allgemeinen Vertragsschluss-Vorschriften im ADHGB, S. 49.

699 *Bergfeld*, Preußen und das ADHGB, Ius Commune 1987, S. 101. 113

700 Das erste Buch („Vom Handelsstande") enthält Vorschriften zum Kaufmannsbegriff (Art. 1 ff. ADHGB), zum Handelsregister (Art. 12 ff. ADHGB), zur Firma (Art. 15 ff. ADHGB), Buchführung (Art. 28 ff. ADHGB), zu Prokuristen und Handlungsbevollmächtigten (Art. 41 ff. ADHGB), Handlungsgehilfen (Art. 57 ff. ADHGB) und „Handelsmäklern" (Art. 66 ff. ADHGB). Im zweiten Buch („Von den Handelsgesellschaften") sind die Gesellschaftsformen offene Handelsgesellschaft (Art. 85 ff. ADHGB), Kommanditgesellschaft (Art. 150 ff. ADHGB) und Aktiengesellschaft (Art. 207 ff. ADHGB) normiert. Das dritte Buch beschäftigt sich mit der stillen Gesellschaft und der Vereinigung zu einzelnen Handelsgeschäften. Das vierte Buch („Von den Handelsgeschäften") schließlich enthält neben der Normierung der einzelnen Vertragstypen Kauf (Art. 337 ff. ADHGB), Kommission (Art. 360 ff. ADHGB), Spedition (Art. 379 ff. ADHGB) und Frachtvertrag (Art. 390 ff. ADHGB) auch allgemeines Schuldrecht, u.a. zum Vertragsschluss und zur Erfüllung (Art. 317 ff. ADHGB)

von erfahrenen Praktikern, die intensive Mitwirkung des Handelsstandes und das hohe dogmatische Niveau der damaligen Rechtswissenschaft zurückgeführt wurde.[701] Weiterhin wurde ein weites Spektrum bewährter Lösungsmöglichkeiten aus verschiedenen Rechtsordnungen in Erwägung gezogen, wodurch der Entwurf zeitgemäße, allerdings keinesfalls revolutionäre Regelungen enthielt.[702]

Die einzelnen Vorschriften waren ihrer Regelungsstruktur nach relativ allgemein und offen gehalten.[703] Sie wiesen zudem eine innere Systematik auf. So enthielt der Entwurf als erstes Buch eine Art allgemeinen Teil, in dem die wichtigsten allgemeinen Begriffe und die damit verbundenen Rechte und Pflichten geregelt waren. Die anderen Bücher waren jeweils in verschiedene Titel unterteilt, welche weitere Unterabschnitte enthielten. Wenn die Thematik es zuließ, wurden den Titeln bzw. Abschnitten Definitionen[704] oder allgemeine Grundsätze[705] vorangestellt. Das Verständnis der rechtlichen Begriffe war dem Gesetzeswerk selbst zu entnehmen.[706] Für die Schließung von eventuellen Lücken im Gesetz wurde eine rechtsfortbildende Auslegung favorisiert,[707] welche sich auf

701 *Helm*, Beratung des ADHGB in Nürnberg, FS Handelshochschule Nürnberg, S. 404, *Scherner*, HGB, ZNR 2000, S. 358, 384, *ders.*, Die Modernisierung des Handelsrechts im 19. Jahrhundert, ZHR Beiheft 66 (1993), S. 9, 10. wonach auch die deutschen Universitäten einen nicht unerheblichen Teil zur Genese der modernen Rechtswissenschaft beigetragen haben. *Goldschmidt* allerdings vertritt die Ansicht, dass das ADHGB durch die Initiative der „großen Drei" in Vollendung und innerer Abrundung hinter dem bei dem damals gegenwärtigen Stand der Rechtswissenschaft und Gesetzgebungszunft zurückgeblieben sei. Dennoch bezeichnet er das Gesetz als das gründliche und beste unter den europäischen Handelsgesetzbüchern und als ein „überwiegend gutes", vgl. *Goldschmidt*, Abschluss und Einführung des ADHGB, ZHR 1862, S. 204, 225.

702 *Scherner*, HGB, ZNR 2000, S. 358, 384, *Helm*, Beratung des ADHGB in Nürnberg, FS Handelshochschule Nürnberg, S. 402, 404. Die Miteinbeziehung der Rechtsentwicklung des Auslands hatte schon *Goldschmidt*, Über die wissenschaftliche Behandlung des deutschen Handelsrechts, ZHR 1, S. 1, 21 empfohlen.

703 *Anschütz/Völderndorff*, Kommentar zum ADHGB, S. 11 f.

704 Z.B. Art. 85 ADHGB (offene Handelsgesellschaft), Art. 150 ADHGB (Kommanditgesellschaft) und Art. 271 ff. ADHGB (Handelsgeschäfte).

705 Z.B. Art. 207 ff. ADHGB für die Aktiengesellschaft, Art. 278 ff. ADHGB für die Handelsgeschäfte.

706 *Anschütz/Völderndorff*, Kommentar zum ADHGB, Bd. 1, S. 21.

707 „An Stelle ängstlicher Bevormundung durch Formvorschriften und nicht erschöpfender Kasuistik lässt [das ADHGB] wesentlich überall das freie Ermessen der Betheiligten und des Richters walten", so *Goldschmidt*, Abschluss und Einführung des ADHGB, ZHR 1862, S. 204, 225.

die „dem Gesetze innewohnenden Gedanken“ stützte und „den juristischen Willen des Gesetzgebers in seinem wirklichen vollen Gehalte“ ergründen sollte.[708] Wie schon festgestellt, erstreckte sich die Regelungsmaterie des ADHGB auf das gesamte handelsrechtlich relevante Sachrecht. Somit wurde eine umfassende Regelung bezweckt. Schließlich war nach dem Wortlaut von Art. 1 des Entwurfs die vorrangige Geltung des Entwurfs gegenüber anderen Rechtsquellen in Art. 1 ADHGB angestrebt.[709] Also handelte es sich um ein kodifikationsähnliches Werk.

Mit dem Entwurf sollte eine Rechtsharmonisierung auf Ebene der Staaten des Deutschen Bundes erreicht werden. Da dem deutschen Bund im Bereich des Privatrechts keine Rechtssetzungskompetenz zukam,[710] handelte es sich bei dem Entwurf des ADHGB nicht um verbindliche Rechtssetzung, sondern um Soft Law. Adressaten waren die Legislativorgane der unabhängigen Einzelstaaten. Dabei wurde die Verabschiedung gleichlautender Vorschriften, also eine möglichst weitgehende Vereinheitlichung des handelsrechtlich relevanten Privatrechts angestrebt.

Nach alledem erfüllte der Entwurf des ADHGB die aufgestellten Kriterien für eine Einordnung als ein intentionales Modellgesetz.[711]

4. *Wirkung auf Normenstufe*

a) Harmonisierungswirkung

Preußen hat unmittelbar nach der Empfehlung der Bundesversammlung[712] den Entwurf unverändert als Gesetz übernommen. Bis zur Auflösung des deutschen Bundes im Jahr 1866 folgten fast alle deutschen Staaten, auch die norddeutschen Länder, die die preußischen Einflussnahmen im Verlauf der Beratungen am heftigsten angeprangert hatten.[713]

Der Umsetzungsprozess führte zu einem insgesamt hohen Grad an gesetzlicher Übereinstimmung, obwohl einige nicht unerhebliche einzelstaatliche

---

708 *Anschütz/Völderndorff*, Kommentar zum ADHGB, Bd. 1, S. 11 f.

709 Art. 1 ADHGB normiert nämlich die subsidiäre Geltung der Handelsgebräuche und des allgemeinen bürgerlichen Rechts, **soweit** das ADHGB keine Bestimmungen enthält, siehe auch *Anschütz/Völderndorff*, Kommentar zum ADHGB, Bd. 1, S. 13.

710 *Supra* 3. Kapitel A.I.1. Basisbedingungen.

711 Zu dem Begriff *supra* 1. Kapitel VIII. Modellgesetze.

712 *Goldschmidt*, Abschluss und Einführung des ADHGB, ZHR 1862, S. 204, 209.

713 Eine Liste mit den genauen Daten der Verabschiedung und des Inkrafttretens des ADHGB in den deutschen Staaten findet sich bei *Thöl*, Handelsrecht, Bd. 1, S. 77 f.

Änderungen vorgenommen wurden.[714] Es entstand also ein „fast gleichlautendes Recht“ vieler Partikularrechte, welches sich aus unterschiedlichen Handelsgesetzbüchern zusammensetzte.[715] Die Intensität der erreichten Rechtseinheit lag zwischen strengem Einheitsrecht und Einheitsrahmenrecht.

Im Jahr 1869 wurde das ADHGB zum Gesetz des norddeutschen Bundes[716] und im Jahr 1871 zum Reichsgesetz, wodurch die komplette Vereinheitlichung des Handelsrechts auf Reichsebene endgültig abgeschlossen war.[717]

b) Erfolgsfaktoren

Eine Reihe von immanenten Faktoren hatte zum Harmonisierungserfolg des Entwurfs beigetragen. So wurde ihm allgemein eine hohe Qualität bescheinigt. Eine Evaluation des Gesetzes fand auf dem ersten deutschen Handelstag im Jahre 1861 statt, dessen Resultat eine Empfehlung zur möglichst baldigen und unveränderten Annahme war.[718] Weiteres Indiz für die Qualität des ADHGB ist der beträchtliche Einfluss, den es auf spätere ausländische handelsrechtliche Kodifikationen ausgeübt hat.[719] Zudem handelte es sich um ein aktuelles und modernes Gesetzeswerk, welches sich im Wesentlichen aus schon bekannten und bewährten Regelungen der zugrundeliegenden Gesetzesmaterialien zusammensetzte. Dadurch gewannen die Lösungen an Autorität, ohne an Funktionalität einzubüßen. Auch ist das Handelsrecht als Rechtsmaterie für eine Harmonisierung außerordentlich gut geeignet, da es sich bei diesem Rechtsgebiet um eine verkehrsrechtliche Materie mit abstraktem und technischen

---

714 Zur einer Übersicht über die einzelnen Änderungen siehe die „Zusammenstellung der von den Regierungen der einzelnen Bundesstaaten in Bezug auf ein die Allgemeine Deutsche Wechselordnung, die Nürnberger Novellen und das Allgemeine Deutsche Handelsgesetzbuch zu Bundesgesetzen erklärendes Gesetz gestellten Anträge“ (Bundesrats-Drucksache Nr. 6, 1869, S. 17–24.

715 *Thöl*, Handelsrecht, Bd. 1, S. 76.

716 Zu diesem Gesetzgebungsprozess ausführlich *Schubert*, Einführung der ADWO und des ADHGB als Bundesgesetze, ZHR 1980, S. 484 ff.

717 Im einzelnen dazu *Laufke*, Der deutsche Bund und die Zivilgesetzgebung, FS Nottarp, S. 1, 11, der darauf hinweist, dass das ADHGB in Österreich bis 1939, in der Tschechoslowakischen Republik sogar bis 1950 galt.

718 *Bergfeld*, Preußen und das ADHGB, Ius Commune 1987, S. 101, 112.

719 Dabei sind zu nennen: Der erste Titel des italienischen Codice di commercio (1882), der spanischen Codigo de commercio (1885) oder auch den Munzingerischen Entwurf eines schweizerischen Handelsgesetzbuchs von 1864, der sich indirekt im schweizerischen Obligationenrecht von 1883 niederschlug. Dazu siehe im einzelnen *Scherner*, HGB, ZNR 2000, S. 358, 384.

Charakter handelt,[720] der per se ein hohes Bedürfnis nach Harmonisierung innewohnt.[721] Auch der Wahl eines weiten materiellen Regelungsbereichs einschließlich der notwendigen Teile des allgemeinen Schuldrechts und des Mobiliarsachenrechts[722] hat sich positiv auf die Rechtseinheit ausgewirkt. Nur so konnte eine Rechtsharmonisierung in dem Geltungsbereich vier unterschiedlicher Privatrechtsregimes[723] erreicht werden.[724]

Positiv dürfte sich insgesamt die Beteiligung der Einzelstaaten bei der Ausarbeitung ausgewirkt haben. Die Akzeptanz in Preußen dürfte zudem durch die hauptsächliche Zugrundelegung des preußischen Entwurfs erhöht worden sein. Die Androhung von Österreich, Bayern und Preußen, das gesamte Projekt zum Scheitern zu bringen,[725] sorgte im Ergebnis für eine Verzögerung, da sie starken Widerstand heraufbeschwor, weswegen sich die Umsetzung in den Ländern bis zum Jahr 1866 hinzog und zu einigen Abänderungen bzw. Ergänzungen führte.[726] Letztlich fehlte den kleineren deutschen Staaten die politische Unabhängigkeit, um sich der Bevormundung durch die „großen Drei" zu widersetzen.[727]

Auch aus den Rahmenbedingungen zur Zeit des ADHGB ergeben sich spezifische Faktoren, die den Erfolg des ADHGB beeinflusst haben. Der Wille zur Kooperation der Länder entsprang maßgeblich ökonomischen Motiven, nämlich dem Bedürfnis nach einer Verbesserung der wirtschaftlichen Lage. Tatsächlich war ab 1862 eine deutliche Erholung des zwischenstaatlichen Handels zu beobachten, wodurch die ab 1857 grassierende Wirtschaftskrise überwunden werden konnte.[728] Dieser Umstand wird von *Rumpler* maßgeblich auf die praktische und psychologische Wirkung des ADHGB zurückgeführt

---

720 *Laufs*, Rechtsentwicklungen in Deutschland, S. 244.

721 Dazu siehe schon *supra* 1. Kapitel B.VI.1. Unterschiedliche privatrechtliche Materien.

722 Dazu siehe *supra* 3. Kapitel A.I.3. Kategorisierung.

723 Dazu siehe *supra* 3. Kapitel A.I.1. Basisbedingungen.

724 Eine andere Möglichkeit der Vereinheitlichung des Handelsrecht wäre gewesen, ein umfassendes deutsches Gesetzbuch auszuarbeiten, welches das gesamte Gebiet des bürgerlichen Verkehrsrecht (Schuld- und Mobiliarsachenrecht) umfasst. Ein solches Unterfangen wäre jedoch bei den damaligen geltenden unterschiedlichen Rechtsordnungen aller Voraussicht nach gescheitert. vgl. *Goldschmidt*, Abschluss und Einführung des ADHGB, ZHR 1862, S. 204, 212 f.

725 Vgl. *supra* 3. Kapitel A.I.2. Entstehung.

726 *Getz*, Die deutsche Rechtseinheit im 19. Jahrhundert, S. 140; *Goldschmidt*, Abschluss und Einführung des ADHGB, ZHR 1862, S. 204, 218 f.

727 *Bühler*, Die Entstehung der allgemeinen Vertragsschluss-Vorschriften im ADHGB, S. 41.

728 *Rumpler*, Das ADHGB, in *ders.* (Hg.), Deutscher Bund und deutsche Frage, S. 215, 221.

wird.[729] Abgesehen von der gemeinsamen Motivation, die Wirtschaftsleistung durch ein vereinheitlichtes Recht zu stärken, waren die Interessen der beteiligten Staaten sehr unterschiedlich.[730]

Ein nicht zu unterschätzender Faktor war das aufkommende deutsche Nationalbewusstsein,[731] das zu einer insgesamt positiven Einstellung gegenüber „gesamtdeutschen" Projekten führte. Man war allgemein der Auffassung, dass eine Rechtsvereinheitlichung ein Schritt auf dem Weg zu einer gewünschten deutschen Einigung darstellte.[732] Den sich aus dieser politischen Stimmung ergebenden „moralischen Druck" machte sich die preußische Regierung zunutze, indem sie durch eine schnelle Übernahme den Gestaltungsspielraum der anderen Staaten einschränkte. Der Druck wurde durch die Empfehlung des 1. Deutschen Handelstages verstärkt. Sie ließ die Gegner des Projekts vor der Öffentlichkeit als kleinliche Partikularisten dastehen.[733] Positiv auf den gesamten Prozess wirkte sich schließlich die gemeinsame Rechtssprache in den damaligen Staaten des deutschen Bundes aus.

5. *Wirkung auf Stufe der Rechtsanwendung*

Die Einheitlichkeit der Rechtsanwendung des Entwurfs litt von Beginn an unter seiner Auslegung durch unterschiedliche Gerichte.[734] Schon im Jahr 1862 wurde die Einrichtung von Handelsgerichten und eines höchsten deutschen Gerichtshofes für Berufungen gefordert, damit die „erzielte Einheit nicht unter einem Schwall abweichender Präjudizien begraben" werde.[735]

Die Angst vor einer divergierenden Auslegung war nicht unberechtigt. Denn das ADHGB enthielt viele offene Regelungen, die die Entscheidung der Rechtsfälle dem Ermessen der Richter überließen.[736] Dadurch entstanden zwangsläufig

---

729 *Rumpler*, Das ADHGB, in *ders.* (Hg.), Deutscher Bund und deutsche Frage, S. 215, 231.

730 Vgl. *supra* 3. Kapitel A.I.1. Basisbedingungen.

731 *Helm*, Beratung des ADHGB in Nürnberg, FS Handelshochschule Nürnberg, S. 402, 403.

732 *Bergfeld*, Preußen und das ADHGB, Ius Commune 1987, S. 101, 112 f. m.w.N.

733 *Bühler*, Die Entstehung der allgemeinen Vertragsschluss-Vorschriften im ADHGB, S. 50.

734 Motive zum Gesetz, betreffend die Errichtung eines obersten Gerichtshofes für Handelssachen (1869), in *Schubert*, Die deutsche Gerichtsverfassung, S. 266 f.; siehe auch *Goldschmidt*, Abschluss und Einführung des ADHGB, ZHR 1862, S. 204, 227.

735 *Goldschmidt*, Abschluss und Einführung des ADHGB, ZHR 1862, S. 204, 227.

736 *Goldschmidt*, Abschluss und Einführung des ADHGB, ZHR 1862, S. 204, 226 (mit Bezugnahme auf einzelne Regelungen).

größere Abweichungsmöglichkeiten. Dies war insbesondere vor dem Hintergrund der Geltung unterschiedlicher Privatrechtsordnungen mit den entsprechenden methodischen Unterschieden problematisch.[737] Zwar handelte es sich beim Entwurf um ein kodifikationsähnliches Modellgesetz mit der Möglichkeit zur autonomen Auslegung. Art. 1 des Entwurfs gestattete aber zusätzlich der Rückgriff auf die Partikularrechte, sofern das ADHGB keine Regelung zu einer bestimmten Rechtsfrage enthielt. Insgesamt erscheint es zumindest sehr zweifelhaft, dass eine einheitliche Auslegung des ADHGB ohne die Schaffung eines gemeinsames Obergerichts tatsächlich dauerhaft stattgefunden hätte.

II. Der „Dresdner Entwurf" (DE)[738]

Ein weiteres vertragsrechtliches Modellgesetz aus der Epoche des deutschen Bundes ist der Entwurf des allgemeinen deutschen Gesetzes über die Schuldverhältnisse, auch „Dresdner Entwurf"[739] genannt.

1. Basisbedingungen

Betrachtet man die verschiedenen Schuldrechtsysteme auf dem Gebiet des deutschen Bundes, erkennt man zunächst ein ähnlich heterogenes Bild wie im Handelsrecht.[740] Aufgrund des gemeinsamen Ursprungs im römischen Recht waren die Schuldrechtssysteme jedoch nicht so unterschiedlich, wie es ein erster Blick vermuten lässt.[741]

Im Jahr 1859 beantragten 10 Einzelstaaten[742] die Einrichtung eines Ausschusses zur Prüfung der Frage, „ob und inwieweit die Herbeiführung

737 Siehe *supra* 3. Kapitel A.I.1. Basisbedingungen.

738 Dazu siehe ausführlich *Hedemann*, Der Dresdner Entwurf von 1866; *Getz*, Die deutsche Rechtseinheit im 19. Jahrhundert, S. 146 ff; *Schubert* (Hg.), Protokolle ADHGB, Bd. 1, S. XIII ff.

739 Im Folgenden als DE bezeichnent.

740 Es sei dabei erneut auf die vier unterschiedlichen Zivilrechtsordnungen hingewiesen, siehe *supra* 3. Kapitel A.I.1. Basisbedingungen.

741 Dieser Gedanke stammt aus dem Antrag des Bundes-Gerichtsausschusses (Protokolle Bundesversammlung, 1861, § 248), zitiert nach *Schubert*, Protokolle Bd. 1, S. XVII f. In diesem Sinne auch *Laufs*, Rechtsentwicklungen in Deutschland, S. 246; *Laufke*, Der deutsche Bund und die Zivilgesetzgebung, FS Nottarp, S. 1, 15.

742 Den Antrag stellten Bayern, Sachsen, Württemberg, Kurhessen, das Großherzogtum Hessen, Sachsen-Meiningen, Sachsen-Altenburg, Nassau und die beiden Mecklenburg.

einer gemeinsamen Civil- und Criminal-Gesetzgebung wünschenswerth und ausführbar seyn werde".[743] Es bestand Uneinigkeit, ob die Prüfung durch den permanenten Bundes-Gerichtsausschuss[744] oder einen eigens dafür gebildeten Ausschuss stattfinden sollte. Eine Mehrheit der Staaten unterstützte die erste Option, um so eine „gewisse Institutionalisierung des Gesetzgebungsverfahrens beim Bunde" zu erreichen.[745] Gegen den Vorstoß opponierte eine von Preußen angeführte Minderheit, welche Art. 64 der Wiener Schlussakte nicht als ausreichende Kompetenzgrundlage für die Einrichtung eines permanenten Ausschusses ansah.[746]

Trotz dieser Einwände verfasste der Bundes-Gerichtsausschuss einen Bericht,[747] in dem er die Einsetzung eines neuen Ausschusses zur Ausarbeitung eines einheitlichen Obligationenrechts vorschlug. Der Bericht begründete das Bedürfnis nach Vereinheitlichung des Obligationenrechts insbesondere mit den bestehenden Parallelen zu der Vereinheitlichung des Handelsrechts.[748] Die preußische Regierung blieb jedoch bei ihrer Verweigerung.

Trotz der Widerstände wurde am 6.2.1862 durch die Bundesversammlung auf der Grundlage von Art. 64 der Bundesakte die Einsetzung einer Kommission zur Ausarbeitung eines Gesetzentwurfes über das Obligationenrecht zum 5.1.1863 in Dresden beschlossen.

---

743 Antrag vom 17.12. 1859, siehe Protokolle Bundesversammlung 1859, § 355; zitiert bei *Schubert* (Hg.), Protokolle ADHGB, Bd. 1, S. XV.

744 Dieser 1851 eingesetzte Ausschuss beschäftigte sich mit der Frage eines möglichen Ausbaus der Bundesgerichtsbarkeit, vgl. dazu *Laufke*, Der deutsche Bund und die Zivilgesetzgebung, FS Nottarp, S. 1, 21 f.

745 *Schubert (Hg.), Protokolle ADHGB*, Bd. 1, S. XVI.

746 Zum Wortlaut dieses Artikels siehe dazu schon *supra* 3. Kapitel A.I.2. Entstehung. Zu den Differenzen im Bezug auf die Auslegung dieses Artikels zwischen den beiden entgegengesetzten Parteien siehe *Hedemann*, Der Dresdner Entwurf von 1866, S. 11.

747 Antrag vom 12.8.1861, siehe Protokolle Bundesversammlung 1861, § 248.

748 Die beiden dabei urbar gemachten Argumente waren die Wesensgleichheit von Handelsrecht und allgemeinem Verkehrsrecht sowie die Feststellung, dass eine Vereinheitlichung des Handels- und des Wechselrechts ohne Vereinheitlichung des Obligationenrechts nicht vollkommen „gesichert und wohlbegründet" sei, *Schubert* (Hg.), Protokolle ADHGB, Bd. 1, S. XVIII.

2. *Entstehung*

Die Kommission bestand aus acht von den Einzelstaaten entsandten Richtern.[749] Die der Ausarbeitung zugrundegelegten Rechtsquellen waren ein Bayerischer Entwurf zum Obligationenrecht von 1861 als „Leitfaden", das römisch-gemeine Recht, das ALR von 1794, der Code civil von 1804, das Obligationenrecht des Kanton Zürich von 1855, und das sächsische BGB von 1863. Darüber hinaus fand eine Beschäftigung mit wirtschafts- und gesellschaftspolitischen Fragen statt.[750]

Methodisch wurde wie folgt vorgegangen: Zunächst arbeitete ein vorbereitender Ausschuss einen ersten Entwurf aus, die sog. „Vorlage des vorbereitenden Ausschusses". Über den Inhalt dieser Vorlage wurde dann in der Kommission beraten. Auf der Grundlage dieser Beratungen erarbeitete der Redaktionsausschuss einen Entwurf, welcher der Bundesversammlung vorgelegt wurde. Aus der Beratung darüber ging ein redigierter Entwurf hervor, welcher nach erneuter Revision den sog. „Entwurf erster Lesung" von 28.6.1865 bildete.[751] Nach nochmaliger Überarbeitung fand eine zweite Lesung statt, die am 24.4.1866 abgeschlossen wurde. Nachdem danach der Entwurf nebst Protokollen der Bundesversammlung zugeleitet und von dort aus dem Bundes-Gerichtsausschuss zugewiesen worden war, wurde dem Vorhaben durch das Auseinanderbrechen des Bundes die institutionelle Grundlage entzogen.

3. *Kategorisierung*

Der DE enthielt Regelungen zum allgemeinen und besonderen Schuldrecht. Ferner waren Bereiche geregelt, die z.B. im deutschen BGB im allgemeinen Teil vorkommen, wie z.B. die Lehre von den Willenserklärungen, die Stellvertretung und die Bedingungen.

Der fertige Entwurf enthielt insgesamt 1045 Artikel und war in zwei Teile unterteilt (erster Teil: „Von den Schuldverhältnissen im Allgemeinen"; zweiter Teil: „Von den Schuldverhältnissen im Besonderen"). Der erste Teil enthielt fünf „Abteilungen" mit allgemeinen Festsetzungen u.a. zum Wesen, der Entstehung,

---

749 Die Beteiligten Staaten waren Österreich, Sachsen, Meiningen, Bayern, Hannover, Württemberg, Hessen, Frankfurt und Mecklenburg, welches nach der 1. Lesung die Teilnahme aufgab, *Laufke*, Der deutsche Bund und die Zivilgesetzgebung, FS Nottarp, S. 1, 15 f. Für eine persönliche Vorstellung der Mitglieder siehe *Schubert* (Hg.), Protokolle ADHGB, Bd. 1, S. XIV f.

750 *Schubert* (Hg.), Protokolle ADHGB, Bd. 1, S. XXI.

751 *Laufke*, Der deutsche Bund und die Zivilgesetzgebung, FS Nottarp, S. 1, 16.

den Wirkungen und dem Erlöschen der Schuldverhältnisse. Der zweite Teil war in zehn „Abteilungen" unterteilt. Darin waren u.a. der Kauf, die Dauerschuldverhältnisse (Miete, Darlehen usw.), der Dienst- und Werkvertrag, der Auftrag, die Geschäftsführung ohne Auftrag, die Gesellschaftsverträge, die Naturalobligationen, das Bereicherungs- und das Deliktsrecht geregelt.[752] Dazu kamen das Verlags- und Versicherungsvertragsrecht.[753]

Was die zugrundeliegenden privatrechtlichen Prinzipien angeht, war der Inhalt des DE weitgehend von damals innovativem, liberalem Gedankengut geprägt. Das Hauptziel des Entwurfes lag in der Erleichterung des Wirtschaftsverkehrs durch die möglichst weitgehende Anerkennung der Privatautonomie. Gleichzeitig wurden viele Eigenheiten des gemeinen Rechts beibehalten.[754]

Der DE bestand aus gesetzesgleichen Vorschriften, die im Stil der damaligen Rechtswissenschaft weitgehend auf Kasuistik verzichteten und einen hohen Grad an Abstraktion aufwiesen.[755] Die hohe logische Durchbildung des Entwurfs [756] wurde u.a. an seinem deduktiven Aufbau[757] und der häufigen Voranstellung von Definitionen deutlich. Die gefundene Systematik war allerdings weniger konsequent als bei dem knapp vier Jahrzehnte später in Kraft getretenen BGB.[758] Der DE enthielt eine umfassende Regelung des allgemeinen und besonderen Schuldrechts. Gem. Art. 1 DE wurde das gemeine Recht, welches

752 Der gesamte Text des Dresdner Entwurfs findet sich bei *Schubert* (Hg.), Protokolle ADHGB, Bd. 6 am Ende.

753 *Schubert* (Hg.), Protokolle ADHGB, Bd. 1, S. XXIII.

754 *Schubert* (Hg.), Protokolle ADHGB, Bd. 1, S. XXIII.

755 Vgl. *Hedemann*, Der Dresdner Entwurf von 1866, S. 29.

756 Zur Illustration dieser These ein Verweis auf die Leitsätze, die dem Entwurf vorangestellt worden sind: „2. Definitionen sind nicht ausgeschlossen, wenn es zur Auslegung oder zum besseren Verständnis des Gesetzes nötig oder dienlich ist." „7. Der Richter ist zu ermächtigen, in den Fällen, in welchen das Gesetz nicht ausreicht, nach der Rechtsanalogie zu entscheiden." (Quelle: *Hedemann*, Der Dresdner Entwurf von 1866, S. 30).

757 Z.B.: Der Abschnitt über Kauf steht im zweiten Teil („Von den Schuldverhältnissen im Besonderen"), in der ersten Abteilung („Schuldverhältnisse aus Verträgen, welche auf eine Veräußerung von Sachen oder Rechten gerichtet sind"). Er enthält zunächst Festsetzungen über den Kauf im allgemeinen, danach folgen besondere Kaufverträge (Kauf auf Probe, bedingte Kaufverträge). In den allgemeinen Vorschriften sind dann zunächst die grundsätzlichen Pflichten der Vertragsparteien geregelt, wonach dann wiederum auf besondere Spielarten eingegangen wird.

758 *Schubert* (Hg.), Protokolle ADHGB, Bd. 1, S. XXII.

bisher galt, von der Geltung im Regelungsbereich des DE ausgeschlossen.[759] Somit handelte es sich um ein kodifikationsähnliches Regelungswerk.

Durch den DE wurde eine weitgehende Rechtsvereinheitlichung angestrebt. So formulierte der Bericht des Bundes-Gerichtsausschusses als Zielvorstellung die „Herstellung voller Rechtseinheit."[760] Betrachtet man die Reichweite der Regelungen und die gesetzesgleiche Ausgestaltung der einzelnen Vorschriften, lassen diese zusammen mit dem kodifikatorischen Charakter auf eine von den Urhebern beabsichtigte möglichst unveränderte Übernahme durch die Einzelstaaten schließen. Weiterhin fanden sich innerhalb der Kodifikation einzelstaatliche Vorbehalte,[761] was im Umkehrschluss für eine in den übrigen Bereichen unveränderte Übernahme spricht.

Die Harmonisierung sollte auf Ebene der Einzelstaaten stattfinden, weil der deutsche Bund keine Kompetenz zur Privatrechtssetzung besaß.[762] Wie das ADHGB war der DE also unverbindlich und deshalb dem Soft Law zuzuordnen; erst durch die Übernahme durch die einzelstaatlichen Gesetzgeber hätte er normative Geltung erlangt. Adressaten der Initiative waren erneut die einzelstaatlichen Gesetzgeber. Wie beim Entwurf des ADHGB handelte es sich beim DE nach alledem um ein Modellgesetz mit Harmonisierungsfunktion.

4. *Harmonisierungswirkung*

Kein Einzelstaat hat den DE umgesetzt bzw. zur Grundlage seiner Vertragsgesetzgebung gemacht. Insofern kann von einem „Schlag ins Wasser"[763] gesprochen werden, weil keinerlei unmittelbare Beeinflussung der Gesetzgebung der beteiligten Einzelstaaten stattgefunden hat. Auch die damalige Literatur nahm von dem Entwurf kaum Notiz.

Wenn man sich den „Nachwirkungen"[764] bzw. der Fernwirkung des DE zuwendet, ergibt sich ein differenzierteres Bild. So hat der Entwurf auf den Inhalt zweier nachfolgender Gesetzeswerke erhebliche Auswirkungen gehabt, nämlich

759 Art. 1 des Entwurfs von 1866 lautet: „Für die unter des gegenwärtige Gesetz fallenden Rechtsverhältnisse hat das gemeine Recht keine Gesetzeskraft."

760 Vgl. *Laufke*, Der deutsche Bund und die Zivilgesetzgebung, FS Nottarp, S. 1, 15.

761 Zu den „Vorbehalten" siehe *Hedemann*, Der Dresdner Entwurf von 1866, S. 24.

762 Dazu *supra* 3. Kapitel A.I.1. Basisbedingungen.

763 *Hedemann*, Der Dresdner Entwurf von 1866, S. 31 f.

764 So *Hedemann*, Der Dresdner Entwurf von 1866, S. 33.

auf das Schweizer Obligationenrecht von1881[765] und auf das Schuldrecht des BGB von 1896.[766] Die „Wirkung“ des Dresdner Entwurfes besteht also in erster Linie in einem Erkenntnisgewinn, auf dem bei folgenden Rechtssetzungsprojekten aufgebaut werden konnte.

5. *Faktoren*

Zunächst lässt sich feststellen, dass die im DE enthaltende Rechtsmaterie sehr umfassend war. Das allgemeine und besondere Schuldrecht stellt einen „Kern“ des Privatrechts dar, weshalb sich die Frage stellt, ob diese Harmonisierungsinitiative nicht als insgesamt sehr ambitioniert zu bewerten ist und eine notwendige inhaltliche Begrenzung vermissen ließ. Darüber hinaus stellt sich die Frage, inwieweit eine Übernahme in den Einzelstaaten und die dazu notwendige Einpassung in die unterschiedlichen Privatrechtssysteme überhaupt realistisch gewesen wäre.[767]

Hinsichtlich der Qualität des Entwurfes gehen die Beurteilungen auseinander. Einerseits wird dem Werk ein dogmatischer und doktrinärer Charakter bescheinigt.[768] *Schubert* relativiert im Vergleich zum BGB dieses

---

765 Wobei an vielen wichtigen Stellen „auf Schritt und Tritt vom Dresdner Entwurf ausgegangen worden ist“, so mit ausführlichen Beispielen *Hedemann*, Der Dresdner Entwurf von 1866, S. 35 ff.

766 *Schubert* (Hg.), Protokolle ADHGB, Bd. 1, S. XXIV stellt heraus, dass der 1. Entwurf des BGB jedoch nicht einfach die „Tradition“ fortgesetzt, sondern in gewissem Umfang auch gebrochen hat. In Fn. 26 findet sich außerdem eine Auflistung der einzelnen Teile des DE, die tatsächlich als Beratungsgrundlage gedient haben. Dazu ausführlich auch *Hedemann*, Der Dresdner Entwurf von 1866, S. 40 ff. Siehe auch *Zimmermann*, Das römisch-kanonische ius commune, JZ 1992, S. 8, 9 (Fn. 2).

767 Diese Problematik tritt noch mehr hervor, wenn man bedenkt, dass in Sachsen just im Jahr 1863 ein neues bürgerliches Gesetzbuch in Kraft getreten war. Darüber hinaus hatte Österreich mit dem ABGB eine systematische, in sich geschlossenes Naturrechtskodifikation vorzuweisen, weshalb äußerst fraglich erscheint, ob der Gesetzgeber bereit gewesen wäre, den DE zu übernehmen und dafür wichtige Teile des eigenen Gesetzbuches außer Kraft zu setzen.

768 *Laufs*, Rechtsentwicklungen in Deutschland, S. 245. So auch *Hedemann*, Der Dresdner Entwurf von 1866, S. 26, der dem Werk Gelehrsamkeit, Logik, Abstraktion und Prinzipien- und Theorienkult bescheinigt. Weiterhin wird der individualistische und liberale Geist des Werkes in negativer Art und Weise beurteilt (vgl. *ders.*, S. 26.) Allerdings lässt sich beim Studium dieser Monographie ein nationalsozialistischer Einschlag und die damit verbundene „völkische“ Sichtweise nicht übersehen, weswegen *Hedemanns* Einordung insgesamt vorsichtig zu bewerten ist.

Urteil in erheblichem Maße.[769] Weiterhin wird behauptet, dass die große Masse an berücksichtigtem Material, welches im Laufe der Ausarbeitung gesichtet und verarbeitet worden ist, die Qualität des Werkes negativ beeinflusst habe.[770] Dabei gilt es allerdings zu bedenken, dass es das Ziel der Kommission war, das damals geltende Recht in einer Vereinheitlichungskodifikation zusammenzufassen. Dafür war eine Berücksichtigung der unterschiedlichen Gesetzestexte notwendig.[771]

Zusätzlich ist das Verkehrsrecht zwar generell ein Bereich, in dem ein praktisches Bedürfnis für eine Rechtsharmonisierung besteht. Betrachtet man die damaligen wirtschaftlichen Gegebenheiten, war sie für die am Wirtschaftskreislauf Beteiligten jedoch längst nicht mehr so sehr von Interesse, wie dies noch bei der Vereinheitlichung des Handelsrechts der Fall gewesen war.[772]

Als Hauptgrund für das „Scheitern" des Entwurfes als Instrument auf der Stufe der Normentstehung lassen sich die politischen Rahmenbedingungen identifizieren. Die für die Verweigerung Preußens ausschlaggebenden Motive waren laut *Schubert*[773] die Auffassung, dass die Idee der Rechtseinheit von den Mittelstaaten und Österreich instrumentalisiert werde, um andere politische Ziele durchzusetzen. Zudem wurde das Bedürfnis der preußischen Wirtschaft nach einer Vereinheitlichung des Obligationenrechts weitaus geringer als im Bereich des Handelsrechts eingeschätzt. Exemplarisch für die schwierige politische Lage sei erwähnt, dass Österreich in derselben Sitzung, in der der fertiggestellte Entwurf dem Bundes-Gerichtsausschuss zur Berichterstattung überwiesen wurde, den Antrag stellte, das Bundesheer gegen Preußen zu mobilisieren.[774] Die Krise und schließlich das Ende des Bundes haben den gesamten Entstehungsprozess des Werkes überschattet.[775] Somit war es

769 Dazu *Schubert*, Protokolle Bd. 1, S. XXII ff.

770 *Hedemann*, Der Dresdner Entwurf von 1866, S. 23.

771 *Schubert* (Hg.), Protokolle ADHGB, Bd. 1, S. XXII.

772 Diese Einschätzung stützt sich auf zwei Indizien: Neben der preußischen Sichtweise (vgl. dazu *Schubert* (Hg.) Protokolle ADHGB, Bd. 1, S. XIX) wurde auch im Bericht der Bundes-Gerichtskommission das Bedürfnis nach Vereinheitlichung des Obligationenrechts in erster Linie damit begründet, dass dadurch die Vereinheitlichung des Handelsrechts komplettiert werden könne (vgl. *Schubert* (Hg.), Protokolle ADHGB, Bd. 1, S. XVIII).

773 Dazu siehe *Schubert* (Hg.), Protokolle ADHGB, Bd. 1, S. XIX.

774 *Laufke*, Der deutsche Bund und die Zivilgesetzgebung, FS Nottarp, S. 1, 16.

775 Dagegen werden teilweise pauschal die „Partikularinteressen der Bundesländer" als Grund des Scheiterns identifiziert, siehe *Laufke*, Der deutsche Bund und die Zivilgesetzgebung, FS Nottarp, S. 1, 4. *Rumpler* sieht Preußen als wichtigste Kraft bei der

letztlich vor allem der ungünstige Zeitpunkt, der einen Erfolg der Initiative unmöglich machte.[776]

B. US-Modellgesetze

Die Vereinigten Staaten bieten für die Untersuchung von Modellgesetzen ein reichhaltiges Material. Die National Conference of Commissioners on Uniform State Laws (im folgenden: NCCUSL) hat seit ihrer Gründung über 200 uniform acts mit im einzelnen sehr unterschiedlichem Ratifizierungserfolg ausgearbeitet. Aufgrund seiner außergewöhnlichen Komplexität und zur besseren Vergleichbarkeit mit dem europäischen Privatrecht soll zunächst ein kurzer Überblick über die Struktur und die Rechtsquellen des amerikanischen Privatrechts gegeben werden (I.). Auf dieser Grundlage findet anschießend eine Untersuchung der einzelnen Modellgesetze statt (II.).

I. Überblick über das amerikanische Privatrechtssystem

1. *Amerikanisches Privatrecht als „Mehrebenensystem"*

Das System des amerikanische Privatrechts setzt sich aus verschiedenen Rechtsebenen zusammen, nämlich aus bundessstaatlich anerkannten Rechtsquellen sowie nur in den Einzelstaaten anerkannten Rechtsquellen.[777] Bei einer rein technischen Betrachtung existiert also kein einheitliches „amerikanisches" Privatrecht.[778] Es handelt sich um eine Zusammensetzung aus 51 verschiedenen Einzelrechtsordnungen und Bundesrecht.[779] Durch die vielen Institutionen, die

---

Verhinderung weiterer Bundesprojekte, vgl. *Rumpler*, Das ADHGB, in *ders.* (Hg.), Deutscher Bund und deutsche Frage, S. 215, 233 f.

776 *Hedemann*, Der Dresdner Entwurf von 1866, S. 17.

777 Zum Begriff der Rechtsebene *supra* 1. Kapitel B.I. Unterschiedliche Rechtsebenen. Zum Begriff des „Mehrebenensystems", der der sozial- und politikwissenschaftlichen Literatur entstammt, siehe m.w.N. *Metzger*, Allgemeine Rechtsgrundsätze, S. 115, Fn. 24.

778 Vgl. dazu *Zweigert/Kötz*, Einführung in die Rechtsvergleichung, S. 245, *Magnus*, Die USA als Vorbild für die europäische Privatrechtsvereinheitlichung, FS Wiegand, S. 535, 536 *Kötz*, Rechtsvereinheitlichung, RabelsZ 1986, S. 1, 14, *Zimmermann*, Common law und civil law, in *ders.*, Amerikanische Rechtskultur und europäisches Privatrecht, S. 1, 5.

779 Damit sind die Einzelrechtsordnungen der 50 Bundesstaaten und zusätzlich die des District of Columbia gemeint, in dessen Rechtssystem der Bundesgesetzgeber zur Rechtssetzung befugt ist. Die Verschiedenheit der Rechtsordnungen betont *Hay*, US-amerikanisches Privatrecht, S. 7.

auf eine Übereinstimmung hinwirken, kann letztlich dennoch von einem „amerikanischen" Privatrecht gesprochen werden.[780]

a) Primärrechtliche Basis: Rechtssetzungskompetenz auf dem Gebiet des Privatrechts

Die föderale Rechtsordnung der USA besteht aus einem Nebeneinander von Bundesrecht und dem Recht der Einzelstaaten, wobei dem Bundesgesetzgeber nur solche Kompetenzen zustehen, die ihm die Verfassung ausdrücklich zuweist.[781] Art. I § 8 der Bundesverfassung enthält die sog. „Commerce Clause".[782] Durch sie wird der Bund zur Regelung des Außenhandels und des Handelsverkehrs zwischen den Einzelstaaten ermächtigt. Im Bereich dieser Kompetenzzuweisungen ist der Bund zum Erlass aller Gesetze befugt, die „notwendig und geeignet" sind, um den Handel zu fördern. Die Reichweite der Commerce Clause wurde durch die Rechtsprechung des Supreme Courts seit der Gründung der USA sukzessive erweitert,[783] so dass ein vernünftiges Interesse an einer bundeseinheitlichen Regelung im Bereich des zwischenstaatlichen Handels inzwischen für eine Gesetzgebungskompetenz des Bundes ausreicht.[784]

---

780 So *Zimmermann*, Common law und civil law, in *ders* (Hg.)., Amerikanische Rechtskultur und europäisches Privatrecht, S. 1, 5. Was den Grad der Einheitlichkeit auf materiellrechtlicher Ebene angeht, so gibt es unterschiedliche Auffassungen: Für einen allgemein hohen Grad an Übereinstimmung siehe u.a. *Eisenberg*, Why is American Contract Law so uniform, in *Weyers* (Hg.), Europäisches Vertragsrecht, S. 23 ff., *Magnus*, Die USA als Vorbild für die europäische Privatrechtsvereinheitlichung, FS Wiegand, S. 534 ff. Einschränkend dazu z.B. *Reimann*, Amerikanisches Privatrecht und europäische Rechtseinheit, in *Zimmermann* (Hg.), Amerikanische Rechtskultur und europäisches Privatrecht, S. 132 ff., *Kronstein*, Erfahrungen aus amerikanischer Rechtsangleichung, FS Hallstein, S. 275, 276, *Gray*, E pluribus unum? RabelsZ 1986, S. 111, 117. Aussagen über den Grad der Rechtsübereinstimmung finden sich bei der Untersuchung der einzelnen Modellgesetze.

781 Das Prinzip der „enumerativen Einzelermächtigung" folgt aus dem X. Amendment (Zusatzartikel zur Bundesverfassung) von 1791, vgl. *v. Mehren/Murray*, Das Recht in den Vereinigten Staaten von Amerika, S. 141, *Hay*, US-Amerikanisches Recht, S. 6.

782 So die Einschätzung von *Griswold*, Law and Lawyers in the United States, S. 82.

783 Zur Entwicklung im einzelnen vgl. *v. Mehren/Murray*, Das Recht in den Vereinigten Staaten von Amerika, S. 145 ff., *Griswold*, Law and Lawyers in the United States, S. 82 ff.

784 *Dunham*, A History of the NCCUSL, L. & Contemp. Probl. 1965, S. 233, 238.

b) Gerichtssystem und -zuständigkeiten

Die grundsätzliche Teilung der Staatsgewalt zwischen dem Bund und den Einzelstaaten führt zur Existenz zweier nebeneinander stehender, grundsätzlich voneinander unabhängiger Gerichtssysteme mit identischem Aufbau: Neben einem Supreme Court[785] gibt es Berufungsgerichte und Gerichte der ersten Instanz. Deshalb besitzt jeder Staat grundsätzlich ein eigenes, unabhängig von Bundesrecht und dem Recht anderer Staaten bestehendes Case Law.[786] Für zivilrechtliche Streitigkeiten sind grundsätzlich die Gerichtssysteme der Einzelstaaten zuständig, sofern nicht die Verfassung, föderale Gesetze oder Abkommen eine abweichende Regelung treffen.[787] Ein von den Bundesgerichte entwickeltes „Federal Common Law" existiert in diesem Bereich nicht.[788]

2. Die Rechtsquellen des amerikanischen Privatrechts[789]

Zunächst gilt es sich zu vergegenwärtigen, dass es sich bei dem US-Privatrecht mit Ausnahme desjenigen von Louisiana[790] um eine Common-Law-Rechtsordnung handelt. Dem Begriff Common Law kommt dabei eine doppelte Bedeutung zu: Zunächst ist damit ein Rechtssystem gemeint, welches grundsätzlich

---

785 Hinsichtlich des Surpreme Courts besteht die Besonderheit, dass die Richter selbst darüber entscheiden dürfen, ob die Rechtssache von so grundsätzlicher Bedeutung ist, dass sie ihre Entscheidung erfordert, *Zweigert/Kötz*, Einführung in die Rechtsvergleichung, S. 248 f.

786 Vgl. *Griswold*, Law and Lawyers in the United States, S. 61 ff. Präzedenzfälle von den anderen Staaten werden jedoch als Sekundärquelle berücksichtigt, vgl. dazu *infra* 3. Kapitel B.I.2 a) Richterliche Entscheidungen.

787 *v. Mehren/Murray*, Das Recht in den Vereinigten Staaten von Amerika, S. 156.

788 *Metzger*, Allgemeine Rechtsgrundsätze, S. 135. In sog. „diversity cases", in denen Bürger aus unterschiedlichen Einzelstaaten gegeneinander prozessieren, ist das das Sach- und Kollisionsrecht desjenigen Einzelstaates anwenden, in dem das angerufene Bundesgericht seinen Sitz hat (sog. „Eirie Doctrine", vgl. Erie Railroad Co. v. Tompkins, 304 U.S. 64 (1938)).

789 Den folgenden Erörterungen liegt ein weiter Rechtsquellenbegriff zugrunde, der neben dem zwingend geltenden Recht auch solche Faktoren erfasst, die zwar zur Rechtsbildung beitragen, aber für den Rechtsanwender nicht zwingend gelten. (zu dieser Unterscheidung vgl. z.B. *Rüthers/Fischer/Birk*, Rechtstheorie, Rn. 217). Der Grund dafür liegt in der besonderen Struktur des „amerikanischen" Privatrechts, welches nicht nur durch positives Recht, sondern maßgeblich durch sekundäre Quellen geprägt ist.

790 Bei Louisiana handelt es sich um eine Rechtsordnung französischer Prägung mit einem eigenen Zivilgesetzbuch, *Metzger*, Allgemeine Rechtsgrundsätze, S. 134.

auf Präzedenzfällen aufbaut.[791] Daneben wird auch das Fallrecht (Case Law) als Common Law bezeichnet.[792] Als „gemeinsame Wurzel" der einzelstaatlichen Rechte gilt das englische Fallrecht, welches im 19. Jahrhundert rezipiert worden ist,[793] sich in der Folge aber unterschiedlich entwickelt hat. Seit dem Ende des 19. Jahrhunderts findet eine zunehmende Verdrängung des Case Law durch Gesetzesrecht (Statute Law) statt.[794] Das Ergebnis dieser Entwicklung ist ein gemischtes Rechtssystem aus Fallrecht und gesetztem Recht.

a) Richterliche Entscheidungen

Im US-Privatrecht stellen richterliche Entscheidungen die wichtigste Rechtsquelle dar.[795] Die Doktrin der „stare decisis" sorgt für eine Bindungswirkung der richterlichen Entscheidung über die konkrete Entscheidung hinaus. Dabei betrifft der sog. „stare-decisis"-Grundsatz nur die erheblichen Entscheidungsgründe, die als „holding" bzw. „ratio decidendi" bezeichnet werden, nicht die im Rahmen eines Urteils allgemein besprochene Grundsätze, das sog. „obiter dictum."

Entscheidungen der Gerichte anderer Bundesstaaten können keine Bindungswirkung im Sinne der Doktrin der Stare Decisis entfalten, es handelt sich bei ihnen lediglich um sog. „sekundäre" Rechtsquellen.[796] Trotzdem zeigen sich die einzelstaatlichen Gerichte grundsätzlich sehr aufgeschlossen gegenüber Lösungen aus anderen Jurisdiktionen.[797] Sie bilden als sog. „persuasive authority", d.h.

---

791 Zur Unterscheidung von common law und civil law haben sich mehrere „entscheidende Stilelemente" durchgesetzt, nämlich Methodik und Rechtsquellenlehre, vgl. dazu *Zweigert/Kötz*, Einführung in die Rechtsvergleichung, S. 67, 68 ff.

792 *Fine*, American Legal Systems: A Resource and Reference Guide, S. 3, *Hay*, US-Amerikanisches Recht, S. 5.

793 *Zimmermann*, Common law und civil law, in *ders.*, Amerikanische Rechtskultur und europäisches Privatrecht, S. 5, *Magnus*, Die USA als Vorbild für die europäische Privatrechtsvereinheitlichung, FS Wiegand, S. 537. Dabei bleibt der Einfluss des englischen Rechts in den Staaten der neugegründeten USA bis zur Mitte des 19. Jahrhundert weitgehend hoch, vgl. *Hay*, US-Amerikanisches Recht, S. 4 f. Zur Rezeption siehe auch schon *supra* 1. Kapitel A.VI.2. Rechtsharmonisierung als Folge oder Begleiterscheinung geschichtlicher Ereignisse.

794 Dazu vgl. *Melin*, Gesetzesauslegung in den USA und Deutschland, S. 7 ff.

795 *Metzger*, Allgemeine Rechtsgrundsätze, S. 133; *von Mehren/Murray*, Das Recht in den Vereinigten Staaten von Amerika, S. 17.

796 *Fine*, American Legal Systems: A Resource and Reference Guide, S. 2. Zu dem hier zugrundegelegten weiten Rechtsquellenbegriff *supra* 1. Kapitel A.I. Rechtsquelle.

797 Am Beispiel eines allgemeinen Rechtsgrundsatzes zeigt dies *Metzger*, Allgemeine Rechtsgrundsätze, S. 144 ff.

als eine Rechtsauffassung mit Überzeugungskraft, einen üblichen und wichtigen Teil der Argumentation der entscheidenden Gerichte. Dadurch entstehen weitere Gemeinsamkeiten auf der Stufe der Rechtsanwendung.[798]

b) Gesetzgebung

Entsprechend ihrer verfassungsrechtlich festgelegten Kompetenzen erlassen die Legislative des Bundes[799] und die Länderlegislativen[800] unabhängig voneinander gesetzliche Vorschriften. Alle Statutes werden an der Verfassung gemessen[801] und können grundsätzlich von jedem Gericht auf ihre Verfassungsmäßigkeit überprüft werden.[802]

Weil es sich um ein Common-Law-System handelt, werden die statutes grundsätzlich nur als Korrektiv des Case Law verstanden.[803] Dementsprechend verfolgen sie keinen umfassenden Lösungsansatz, es fehlt ihnen insbesondere an dem für die kontinentaleuropäischen Gesetzesbücher charakteristischen Anspruch, so weit wie möglich andere Rechtsquellen zu verdrängen.[804] Auch bleiben sie in der Systematik hinter den kontinentaleuropäischen Gesetzesbüchern zurück.[805]

c) Restatements of the Law of Contracts

Die Restatements stellen eine einzigartige, nicht gesetzliche Rechtsquelle des amerikanischen Vertragsrechts mit einer erheblichen Harmonisierungswirkung dar. Zudem sind sie die Vorbilder für die im Rahmen dieser Untersuchung behandelten Werke zur europäischen und internationalen Rechtsharmonisierung.[806] Schon deshalb bedürfen sie einer genaueren Untersuchung.

---

798 *Lurger*, Grundfragen der Vereinheitlichung, S. 151.

799 Zur genauen Organisation vgl. *Hay*, US-amerikanisches Privatrecht, S. 17 ff.

800 Siehe *Hay*, US-amerikanisches Privatrecht, S. 25. Erwähnenswert ist diesbezüglich, dass die Legislativen in den weniger bevölkerungsreichen Staaten teilweise über äußerst geringe finanzielle und personelle Ausstattung verfügen.

801 Dieser Vorrang der Verfassung ist in Art. VI Abs. 2 der US-Verfassung geregelt.

802 *Reimann*, Amerikanisches Privatrecht und europäische Rechtseinheit, in *Zimmermann* (Hg.), Amerikanische Rechtskultur und europäisches Privatrecht, S. 132, 136; *Metzger*, Allgemeine Rechtsgrundsätze, S. 146.

803 *Von Mehren/Murray*, Das Recht in den Vereinigten Staaten von Amerika, S. 19.

804 *Melin*, Gesetzesauslegung in den USA und Deutschland, S. 50.

805 *Von Mehren/Murray*, Das Recht in den Vereinigten Staaten von Amerika, S. 20.

806 Dies gilt sowohl für die PECL (*supra* 2. Kapitel B.III.2. Kategorisierung) und die PICC (*infra* 3. Kapitel D.II.4. Kategorisierung).

(I) Das American Law Institute (ALI)

Alle Restatements werden vom ALI ausgearbeitet. Das im Jahr 1923 gegründete ALI[807] ist ein privatrechtlicher Verein, der sich aus ausgewählten Juristen zusammensetzt. Zu den insgesamt mehr als 2000 Mitgliedern[808] zählen neben Politikern, Professoren, Anwälten, Richtern und Juristen der Verwaltung auch ausländische Juristen.[809] Dabei bilden Praktiker die Mehrheit der Mitglieder, die deshalb auch bei den Entscheidungen im Rahmen der jährlichen Hauptversammlung „den Ton angeben."[810] Neben den Dekanen der Law Schools und den Vorsitzenden Richtern der Berufungsgerichte als ex-officio-Mitglieder werden die Mitglieder nach dem Vorschlag eines Mitglieds vom dafür zuständigen Komitee gewählt. Das allgemein hohe Ansehen des ALI, das den Projekten des Instituts einen besonderen Stellenwert verleiht, gründet im Wesentlichen auf der hohen Reputation seiner Mitglieder und der Tatsache, dass es sich bei ihnen überwiegend um Praktiker handelt.[811] Wichtige Entscheidungen trifft das Institut auf den jährlich abgehaltenden Hauptversammlungen.

Das amerikanische Common Law hatte sich nach dem systematisierenden Einfluss, den *Langdell* und seine unmittelbaren Nachfolger in der zweiten Hälfte des 19. Jahrhunderts durch die Erstellung von Fallbüchern ausgeübt hatten, wieder fragmentiert. Als Folge davon stellte sich die amerikanische Privatrechtsordnung in vielen Bereichen, u.a. auch im Vertragsrecht, als in sich widersprüchlich und in unnötiger Weise komplex dar.[812] Zudem funktionierten viele Regeln nicht in der Praxis bzw. führten nicht zu gerechten Ergebnissen.[813] Das ALI gab sich deswegen die Aufgabe, die Entscheidungssammlungen von „schlechten" Entscheidungen zu säubern und aus dem verbleibenden Material ein einfacheres, in sich stimmigeres System zu entwickeln.[814] Das zur Ausbesserung der vom ALI

---

807 Zum ALI ausführlich nur *Hazard*, The ALI; *Frank*, The ALI, Hof. L. R. 1998, S. 615 ff.

808 *Hyland*, The American Experience, in *Hartkamp* (Hg.), Towards a European Civil Code, S. 59, 60.

809 *Hyland*, The American Experience, in *Hartkamp* (Hg.), Towards a European Civil Code, S. 59.

810 *Basedow*, Wer Braucht ein European Law Institute? EuZW 2011, S. 41.

811 So *Basedow*, Wer Braucht ein European Law Institute? EuZW 2011, S. 41, der zudem darauf hinweist, dass bei der Gründung des ALI u.a. der Chief Justice des Supreme Courts, der vormalige Präsident der USA und ein früherer Außenminister und Friedensnobelpreisträger beteiligt waren.

812 *Williston*, Restatement of Contract is published, ABA Journal 1932, S. 775, 776.

813 Siehe dazu ausführlich *ALI*, Report of the Committee Proposing the Estabilshment of an ALI, S. 1 ff.; m.w.N. *Jansen*, Legal Authority, S. 51 f.

814 *Kessler*, Metamorphosen im Amerikanischen Vertragsrecht, JZ 1998, S. 109, 112.

diagnostizierten Mängel gebrauchte Instrument war und ist vorrangig das Restatement. Andere mögliche Instrumente wie Modellgesetze wurden zu diesem Zeitpunkt wegen der negativen Erfahrungen im Bereich des Vertragsrechts[815] als in ihrer Ausarbeitung zu langwierig und zu wenig erfolgsversprechend angesehen.[816]

Die Ausarbeitung einer zweiten Auflage des Restatements of the Law of Contract war aufgrund des verfolgten Konzeptes der Restatements zwingend notwendig, da dieses Instrument seine inhaltliche Überzeugungskraft nur dann behalten kann, wenn es durch eine regelmäßige Überprüfung und Überarbeitung auf dem neuesten Stand gehalten wird.[817]

(II) Entstehungsgeschichte

Der Entstehungsprozess der Projekte des ALI ist grundsätzlich einheitlich. Zunächst erstellt ein Experte innerhalb seines Spezialgebietes einen sog. „prospect", der die Reichweite des Projekts und die zentralen Probleme beschreibt. Als Material dient dabei das Case Law der Einzelstaaten.[818]

Wenn dieser „prospect" von einem dafür gebildeten Komitee angenommen worden ist, werden in einem zweiten Schritt ein „reporter" als Hauptverantwortlicher für das gesamte Projekt und ein „advisory committee," d.h. ein Beratungskomitee aus Experten des jeweiligen Rechtsgebiets, berufen. Der Reporter legt dem Beratungskomitee den „preliminary draft," den 1. Entwurf, zur Überprüfung vor. Sowohl beim „reporter" als auch bei den Mitgliedern des „advisory committee" handelt es sich meistens um Universitätsprofessoren.[819] Eine überarbeitete Version wird dann dem „council" des ALI zur Überprüfung zugeleitet. Nach der Einarbeitung von dessen bei dieser Gelegenheit geäußerten Einwänden wird ein „tentative draft" erstellt, der auf der jährlichen Hauptversammlung des ALI vorgestellt und diskutiert wird. Auf der Grundlage aller geäußerten Einwände erstellt der „reporter" sodann den „final draft," die endgültige Fassung, die als Restatement publiziert wird.[820]

Die 1. Auflage des Restatement of the Law of Contracts wurde ab dem Jahr 1923 unter der Führung des „reporters" *Williston*, dem damals führenden

---

815 Dazu *infra* 3. Kapitel B.II.2. Uniform Sales Act.

816 *Williston*, Restatement of Contract is published, ABA Journal (1932), S. 775, 776.

817 *ALI*, Restatement of the Law of Contracts 2nd, Foreword, S. VII.

818 *Schindler*, Die Restatements, ZEuP 1998, S. 277, 282.

819 *Basedow*, Wer Braucht ein European Law Institute? EuZW 2011, S. 41.

820 *Hazard*, The American Law Institute, S. 9 f.

Rechtswissenschaftler im Bereich des Vertragsrechts, ausgearbeitet.[821] Sein Standardwerk „Williston on contracts“ diente als Hauptgrundlage der Erarbeitung, was den Prozess insgesamt beschleunigte,[822] weil auf die darin enthaltenen umfangreichen Materialien zurückgegriffen werden konnte. Insgesamt fanden in den neun Jahren der Ausarbeitung 34 Sitzungen des „committee“ statt. Es wurden 10 „tentative drafts“ autorisiert und einzelstaatlichen Anwaltsvereinigungen zur Begutachtung vorgelegt. Im Jahr 1932 schließlich wurde der „final draft“ vom „council“ autorisiert.[823]

Mit der Ausarbeitung der 2. Auflage wurde im Jahre 1962 unter der Federführung von *Braucher* als Reporter begonnen. Dieser wurde nach seiner Berufung an ein oberstes Staatsgericht 1971 von *Farnsworth* abgelöst.[824] Bis zum Abschluss der Arbeiten im Jahre 1979 waren vom Council insgesamt 14 „tentative drafts“ autorisiert worden. Bei der Ausarbeitung wurde hauptsächlich auf die 1. Auflage zurückgegriffen, weil kein Grund für eine komplette Überarbeitung des Inhalts der enthaltenden Vorschriften gesehen wurde.

(III) Kategorisierung

Sowohl in der 1. als auch in der 2. Auflage enthalten die Restatements of the Law of Contracts ausschließlich Vorschriften des allgemeinen Schuldvertragsrechts.[825] Die einzelnen „sections“ bestehen jeweils aus einem Leitsatz („black-letter rule“) einer knappen kommentarartigen Erläuterung („comment“) und Fallbeispielen („illustrations“).[826] Die „comments“ gelten als Teile der in den

---

821 Die Mitglieder des „committee on contracts“ waren Samuel Williston, Arthur L. Corbin, Merton L. Ferson, Dudley O. McGovney, William H. Page, Geroge J. Thompson, William E. McCurdy, Zechariah Chaffee Jr. und Edgar N. Durfee.

822 *Frank*, The ALI, Hof.L.R. 1998, S. 615, 621.

823 Zur Entstehungsgeschichte ausführlich *ALI*, Restatement of the Law of Contracts, Introduction, S. ix ff.

824 Das Committee bestand aus Robert Braucher, E. Allan Farnsworth (Reporter) Arthur L Corbin (Consultant), Peter Linzer (Editorial Adviser) und aus insgesamt 15 Adviser in wechselnder Besetzung.

825 Siehe *ALI*, Restatement of the Law of Contracts 2nd, Introduction, S. 1: "The Restatement (…) deals in general with the legal relations arising from promises and the remedies available when a promise is broken."

826 *Berger*, Einheitliche Rechtsstrukturen, JZ 1999, S. 369, 373. Dabei fand von der ersten zur zweiten Auflage eine Erweiterung der illustrations und der comments statt; hinzugefügt wurden außerdem Fallreferenzen, um die Autorität der Regeln zu untermauern, siehe *Hyland*, The American Expericence, in *Hartkamp* (Hg.), Towards a European Civil Code, S. 59, 60.

„black-letter rules“ aufgestellten Regeln, sie mussten sogar von der Vollversammlung genehmigt werden. Mit der 2. Auflage wurden zusätzlich die „reporters notes“ veröffentlicht, in welchen die „black-letter rules“ sowie Gesetze und Gerichtsentscheidungen ausführlich aufgearbeitet und analysiert wurden.[827] Sie sind für das Verständnis der einzelnen Regeln häufig unerlässlich und geben einen Einblick die Denkweise des jeweiligen „reporters.“[828]

Die 1. Auflage besteht aus insgesamt 609 Einzelvorschriften („sections“), die in 18 Kapitel aufgeteilt sind. Geregelt werden nach einem einleitenden Kapitel mit Definitionen u.a. das Zustandekommen von Verträgen, die Beteiligung Dritter, die Bedingungen, die Reichweite und die Auslegung, die Vertragsverletzungen und sich daraus ergebenden Rechtsbehelfe, die Vertragsauflösung und die Ungültigkeit von Verträgen aufgrund unterschiedlicher „Anfechtungsgründe“.[829] Die 2. Auflage umfasst 385 sections, die auf 16 Kapitel verteilt sind. Hinsichtlich der inhaltlichen Reichweite ergeben sich im Vergleich zur ersten Auflage keine grundsätzlichen Abweichungen. Die wichtigsten Anpassung erfolgte aufgrund des Erfolges des Uniform Commercial Codes (UCC). Die Änderungen sollten zur Systematisierung, zur Beseitigung von Unklarheiten, zum Abbau von Wiederholungen sowie zur Vereinfachung und zu einer besseren Analyse dienen.[830]

---

827 *ALI*, Restatement of the Law of Contracts 2nd, Foreword, S. VIII; *Metzger*, Allgemeine Rechtsgrundsätze, S. 142.

828 *Frank*, The ALI, Hof.L.R. 1998, S. 615, 622.

829 In der englischsprachigen Originalversion geregelt: Chapter 1: Meaning of Terms; Chapter 2: Formation of Contract, General Principles, Chapter 3: Formation of Informal Contracts; Chapter 4: Formation of Formal Contracts, Contracts under Seal; Chapter 5: Duties and Rights where more Persons than one are Promisors or Promisees of the same Performance; Chapter 6: Contractual rights of Persons not Parties to the Contract; Chapter 7: Assignment of rights and delegation of duties or conditions; Chapter 8: The statute of frauds; Chapter 9: The Scope and Meaning of Contracts, Chapter 10: Conditions: and Breach of Promise as an Excuse for Failure to perform a return Promise; Chapter 11: Breach of Contract; Chapter 12: Judicial Remedies for Breach of Contract; Chapter 13: Discharge of Contracts; Chapter 14: Impossibility; Chapter 15: Fraud and Misrepresentation; Chapter 16: Duress and undue influence; Chapter 17: Mistake Chapter 18 Illegal Bargains. Kritisch zur inhaltlichen Reichweite des ersten Restatements of the Law of Contracts z.B. *Patterson*, The Restatement of the Law of Contracts, Col. L. R. 1933, S. 397, 410 ff.

830 *ALI*, Restatement of the Law of Contracts 2nd, Foreword, S.VIII. Im einzelnen sind geregelt: Chapter 1: Meaning of Terms; Chapter 2: Formations of Contracts, Parties and Capacity; Chapter 3: Formation of Contracts, Mutual Assent; Chapter 4: Formation of Contract, Consideration; Chapter 5: The Statue of Frauds;

Die einzelnen „black-letter rules" zeichnen sich durch eine hohe Detailliertheit aus. Grund dafür ist ihre fehlende legislative Bindungswirkung. Im Einzelfall können die Richter nämlich von den Vorschriften der Restatements abweichen.[831] Zwar sollten sie Ordnung in das einzelstaatliche Fallrecht bringen. Sie sollten jedoch keinesfalls in ähnlich systematischer und abschließender Form wirken, wie dies von europäischen Kodifikationen angestrebt wird.[832]

Die Defizite des einzelstaatlichen Fallrechts sollten durch „Klarstellung, Vereinfachung und bessere Anpassung an soziale Bedürfnisse".[833] überwunden werden. Dabei sollte die erarbeitete Neudarstellung nach dem Willen der Verfasser gleichzeitig analytisch, kritisch und konstruktiv sein.[834] Ziel war also eine autoritative Systematisierung,[835] an der sich die Rechtsanwendung, insbesondere in den einzelstaatlichen Gerichten orientieren, konnte.[836] Der angestrebte Grad an Autorität war derjenige eines Urteils des jeweils höchstinstanzlichen Gerichts innerhalb einer Jurisdiktion.[837]

Schon aus dem Namen des Instruments - Restatement bedeutet „Neudarstellung" oder „Neuformulierung" - folgt die grundsätzliche programmatische

---

Chapter 6: Mistake; Chapter 7. Misrepresetation, Duress and Undue Influence; Chapter 8: Unenforceablility on Grounds of Public Policy; Chapter 9: The Scope of Contractual Obligations; Chapter 10: Performance and Non-Performance; Chapter 11: Impracticability of Performance and Frustration of Purpose; Chapter 12: Discharge by assent or Alteration; Chapter 13: Joint and Several Promisors and Promisees; Chapter 14: Contract Beneficiaries; Chapter 15: Assignment and Delegation; Chapter 16 Remedies.

831 So die Einschätzung von *Jansen*, Legal Authority, S. 53

832 So *ALI*, Report of the Committee Proposing the Estabilshment of an ALI, S. 28. Diese Feststellung wird jedoch teilweise von amerikanischen Autoren in Frage gestellt, vgl. nur *Adams*, Blaming the Mirror, Ind.L.R. 2007, S. 205, 226 ff. m.w.N.

833 "Clarification and simplification of the law and its better adaption to social needs", *ALI*, Report of the Committee Proposing the Establishment of an ALI, S. 41.

834 *ALI*, Report of the Committee Proposing the Estabilshment of an ALI, S. 14.

835 *Jansen*, Legal Authority, S. 52.

836 Vgl. *supra* 1. Kapitel B.II. Verschiedene Adressaten bzw. Stufen. So auch *Schindler*, Die Restatements, ZEuP 1998, S. 277, 284. Dabei handelt es sich um ihre hauptsächliche Wirkungsweise. Allerdings hat auf den Virgin Islands eine gesetzliche Übernahme der Restatements unter Vorbehalt bereits in diesem Bereich geltenden Rechts stattgefunden, *Maggs*, Modern Development of Contract Law, Geo.Wash.L.R. 1998, S. 508, 529.

837 "Such authority as is now accorded a prior decision of the highest court of the jurisdiction", so *ALI*, Report of the Committee Proposing the Estabilshment of an ALI, S. 25.

Ausrichtung als Instrument mit vornehmlich deskriptivem Inhalt. Insbesondere in der ersten Auflage sollten gemeinsame Strukturen des bestehenden Case Law dargestellt werden.[838] Aufgrund der induktiven Arbeitsweise der Richter im amerikanischen Common-Law-System konnte es jedoch vorkommen, dass sich für eine bestimmte Problemstellung in den vorhandenen Gerichtsentscheidungen noch keine Lösung fand. Dann kam es trotz des konzeptionell darstellenden Charakters in Einzelfällen vor, dass eine neue, innovative Lösung, die nicht aus einer Entscheidung abgeleitet war, im Restatement präsentiert wurde.[839] Bei der 2. Auflage lässt sich grundsätzlich feststellen, dass sich die Gewichtung zugunsten eines höheren Anteils an präskriptiven Regeln verschoben hat.[840]

(IV) Harmonisierungswirkung

Die Harmonisierungswirkung der Restatements findet nach dem Willen der Urheber ausschließlich auf der Ebene der Rechtsanwendung statt. Dabei sind zwei Möglichkeiten denkbar, wie die Restatements zur Einheitlichkeit der Rechtsanwendung beitragen können. Zunächst sind sie als sog. „persuasive authority", also als Rechtsauffassung mit Überzeugungskraft, anerkannt. Deshalb werden sie in den Schriftsätzen der Anwälte häufig zitiert und finden dadurch auch Eingang in die Urteilsbegründungen der Gerichte. Darüber hinaus besteht die Möglichkeit, dass das Obergericht eines Staates eine der Regeln innerhalb seiner Jurisdiktion übernimmt und dass diese somit im entsprechenden Bereich als allgemeingültige Regel anerkannt wird.[841]

Eine exakte Aussage über die Harmonisierungswirkung, welche durch die beiden Restatements of the Law of Contracts erreicht worden ist, lässt sich vor dem Hintergrund ihres erheblichen Regelungsumfangs und der Existenz der unterschiedlichen Einzelrechtsordnungen nur schwer treffen.

---

838 *Maggs*, Modern Development of Contract Law, Geo.Wash.L.R. 1998, S. 508, 514 f.

839 Dazu *Gray*, E pluribus unum? RabelsZ 1986, S. 111, 119 f.; *Currie*, Die Vereinheitlichung des amerikanischen Privatrechts, JZ 1996, S. 930, 933; *Lurger*, Grundfragen der Vereinheitlichung, S. 149; *Patterson*, The Restatement of the Law of Contracts, Col.L.Rev 1933, S. 397, 414 ff.

840 Dazu m.w.N. *Jansen*, Legal Authority, S. 58; *Maggs*, Modern Development of Contract Law, Geo.Wash.L.R. 1998, S. 508, 516; *Metzger*, Allgemeine Rechtsgrundsätze, S. 140 f.

841 *Hyland*, The American Expericence, in *Hartkamp* (Hg.), Towards a European Civil Code, S. 59, 60. So geschehen z.B. in Arizona, wo der dortige Supreme Court eine solche Anweisung an die staatlichen Untergerichte erteilt hat, *Maggs*, Modern Development of Contract Law, Geo.Wash.L.R. 1998, S. 508, 529.

Eine Reihe von Autoren bescheinigt den vertragsrechtlichen Restatements eine Anerkennung als allgemeine Regeln für die Rechtspraxis[842] bzw. eine „rechtsvereinheitlichende Wirkung."[843] Die absolute Anzahl von Urteilen, in denen die 1. und 2. Auflage zitiert werden, ist tatsächlich sehr eindrucksvoll. So ist die erste Auflage des Restatements aus dem Jahr 1932 bis zur Fertigstellung der 2. Auflage in mehr als 12.000 Entscheidungen zitiert worden.[844] Die 2. Auflage taucht in dem Zeitraum von 1981 bis 2004 sogar in mehr als 26.000 Entscheidungen auf.[845]

Diesen absoluten Zahlen mangelt es jedoch schon deshalb an Aussagekraft, weil es ihnen angesichts der fehlenden Angabe einer Zahl der insgesamt im Regelungsbereich der Restatements im entsprechenden Zeitraum getroffenen Entscheidungen an einem Vergleichsmaßstab fehlt. Zudem bestand die erste Auflage zum überwiegenden Teil aus deskriptiven Regeln, die schon zuvor in einer Mehrzahl der Staaten galten, so dass selbst anhand eines Prozentsatzes der die Restatements zitierenden Entscheidungen in einem bestimmten Bereich keine verlässliche Aussage über die tatsächliche Harmonisierungswirkung getroffen werden kann.

Aussagekräftiger erscheint es deshalb, die neuen, präskriptiven Regeln auf ihre Akzeptanz hin zu untersuchen. Laut der Untersuchung von *Maggs* werden auch die präskriptiven Regeln weitgehend von der Rechtsprechung, meist unter Aufgabe der jeweiligen früheren Rechtsprechung, übernommen.[846] Diese Untersuchung hat solche Entscheidungen zum Gegenstand, in denen die Restatements zitiert werden. Auch durch eine solche Herangehensweise kann keine repräsentative Aussage über die tatsächliche Angleichungswirkung des

---

842 *Riedl*, Vereinheitlichung des Privatrechts in Europa, S. 145, vom „Erfolg" der Restatements spricht *Eisenberg*, Europäisches Vertragsrecht, S. 39, in diesem Sinne auch *Currie*, Die Vereinheitlichung des amerikanischen Privatrechts, JZ 1996, S. 930, 933.

843 So *Linhart*, Internationales Einheitsrecht und einheitliche Auslegung, S. 24, die die Wirkung der Restatements auf eine Stufe mit EG-Verordnungen und „self-executing-treaties" stellt.

844 Siehe *ALI*, Proceedings 1979, S. 560.

845 *ALI*, Proceedings 2004, S. 470.

846 Vgl. *Maggs*, Modern Development of Contract Law, Geo. Wash. L. R. 1998, S. 508, 518 ff., 542, wonach den in dieser Studie untersuchten neuen Regeln zu 97 % gefolgt wird ("Out of 241 cases, only eight decisions cited the new rules in a negative manner."). Nach Angaben des ALI findet eine Abweichung insgesamt eine Abweichung sogar nur in 2 % der Fälle statt, vgl. dazu *Blumenwitz*, Einführung in das anglo-amerikanische Recht, S. 82.

Restatements getroffen werden. Denn es werden dabei diejenigen Entscheidungen ausgeklammert, die in den Regelungsbereich des Restatements fallen, ohne sich mit der darin enthaltenen Rechtsregel auseinanderzusetzen.

Am realistischsten erscheint deshalb wohl die Annahme, dass sich die Wirkung der Restatements in erster Linie auf die Entscheidungsbegründung auswirkt. Bei der Entscheidungsfindung der Gerichte müssen sie demgegenüber nicht unbedingt eine Rolle spielen.[847] Die Restatements stellen bei einem solchen Verständnis Argumentationshilfen dar, auf die der Richter zurückgreift, wenn er sie für seine Entscheidungsbegründung als geeignet erachtet. Aufgrund der Tatsache, dass hochrangige Fachleute die Restatements ausgearbeitet haben, ist dann für den Fall einer entsprechenden Entscheidung keine weitere Begründung erforderlich.[848] Die Restatements bleiben jedoch ein Produkt der Rechtswissenschaft, die in Staaten des Common Law traditionell nicht denselben Stellenwert hat, welchen ihr der kontinentaleuropäische Wissenschaftler vielleicht beimessen möchte.[849] Sie stellen sekundäre Quellen[850] dar und sind hinsichtlich ihrer Autorität nicht mit kontinentaleuropäischen Kodifikationen vergleichbar.[851] Der Grad an Autorität bleibt dennoch für ein privates Kompendium außerordentlich hoch, weshalb den Restatements ohne Zweifel ein „substanzieller Einfluss" auf die Praxis bescheinigt werden kann.[852] Zusätzlich zu ihrem Gewicht in der rechtlichen Argumentation bieten sie aufgrund ihrer Autorität auch eine meist

847 Vgl. *Schindler*, Die Restatements, ZEuP 1998, S. 277, 288; in diesem Sinne wohl auch *Magnus*, Die USA als Vorbild für die europäische Privatrechtsvereinheitlichung, FS Wiegand, S. 535, 545. ähnlich auch *Gray*, E pluribus unum? RabelsZ 1986, S. 111, 120, nach dessen Auffassung die Gerichte den entscheidungserheblichen Teil des Restatements in der Rechtsfindung „berücksichtigen", und *Fine*, American Legal Systems: A Resource and Reference Guide, S. 11, der von einer Berücksichtigung der restatements durch die Gerichte auf der einen Seite und ihrer Stellung als secondary authority (zweitrangige Autorität ohne rechtliche Bindungswirkung) ausgeht. Einschränkungen hinsichtlich der Allgemeingültigkeit macht auch *Reimann*, Amerikanisches Privatrecht und europäische Rechtseinheit, in *Zimmermann* (Hg.), Amerikanische Rechtskultur und europäisches Privatrecht, S. 132, 143.

848 So auch *Snyder*, Private Lawmaking, Oh.St.L.J. 2003, S. 371, 381 ff.

849 Vgl. *Zweigert/Kötz*, Einführung in die Rechtsvergleichung, S. 247: Der Richter wird dem restatement „in der Regel doch nur ein Gewicht zuerkennen, das einige Meßstriche oberhalb desjenigen eines führenden Lehrbuchs liegt, und das ist in einem Lande des common law immer noch nicht übermäßig viel."

850 *Fine*, American Legal Systems: A Resource and Reference Guide, S. 2.

851 *Jansen*, Legal Authority, S. 55.

852 *Frank*, The ALI, Hof.L.R. 1998, S. 615, 639.

verlässliche Aussage darüber, wie ein Gericht in einem konkreten Fall entscheiden wird.[853]

(V) Faktoren für die Harmonisierungswirkung

Die Restatements wirken nur auf der Stufe der Rechtsanwendung vereinheitlichend und können deshalb nicht unmittelbar mit Modellgesetzen verglichen werden. Da es sich bei ihnen um ein sehr erfolgreiches Soft-Law-Instrument innerhalb einer föderalen Rechtsordnung handelt, soll an dieser Stelle dennoch ein Einschätzung über die maßgeblichen Erfolgsfaktoren erfolgen.

Bei den aus dem Instrument der Restatements selbst stammenden Faktoren ist zunächst der innovative Erarbeitungsprozess hervorzuheben. Die ALI-Mitglieder repräsentierten die juristische „Elite" des Landes[854] in all ihren Facetten von hochrangigen Politikern bis zu Juristen der Verwaltung, von einflussreichen Richtern bis zu bekannten Professoren.[855] Auch die transparente Art und Weise der Ausarbeitung trug zur Akzeptanz der Restatements bei.[856] So wurden die Zwischenentwürfe jeweils veröffentlicht und diskutiert. Weitere Diskussionen fanden auf der Ebene des „committee", des „council" und der Hauptversammlung statt. Zudem fand eine Beteiligung anderer Institutionen wie der American Bar Association (ABA) statt. Nicht zuletzt als Folge der vielen Diskussionen und der Beteiligung von hochrangigen Wissenschaftlern auf allen Ebenen war die Qualität der Restatements sehr hoch.

Hervorhebenswert ist schließlich eine spezifische Besonderheit der Restatements. Obwohl eigentlich eine bloße Darstellung des bestehenden Rechtszustandes erarbeitet werden sollte, bestehen sie ausschließlich aus gesetzesgleichen „black-letter rules", die eine normative Aussage über das Recht selbst dann bieten, wenn die zugrundeliegende Rechtslage tatsächlich unklar gewesen sein sollte. Auch wird die Rechtsregel zumindest in der Erstauflage der Restatements nicht durch eine Darstellung der konträren Gerichtsentscheidungen zu diesem Thema in ihrer Autorität „verwässert."[857] Die Erlangung eigener Autorität der „black-letter rules" war das erklärte Ziel der Verfasser.[858] Auf diese Weise

853 *Snyder*, Private Lawmaking, Oh.St.L.J. 2003, S. 371, 382.
854 *Snyder*, Private Lawmaking, Oh.St.L.J. 2003, S. 371, 434.
855 *Jansen*, Legal Authority, S. 100 f.
856 Siehe dazu *supra* 3. Kapitel B.I.2.c)(II) Entstehungsgeschichte.
857 *Jansen*, Legal Authority, S. 105.
858 So explizit *Williston*, Restatement of Contract is published, ABA Journal 1932, S. 775, 777. Eine Abwägung zwischen unterschiedlichen Lösungen sollte vorher stattfinden, aber dann nicht mehr im endgültigen Text auftauchen.

wurde die Grenze zwischen deskriptiven und präskriptiven Anteilen bewusst verwischt.[859] Die Autorität sollte zusätzlich, wie *Jansen* ausführt, durch das Anfügen von Kommentaren (die sich normalerweise auf schon geltendes Recht bezogen), noch gesteigert werden. So sollte die „Illusion" einer schon bestehenden legislativen Autorität hervorgerufen werden.[860]

Auch aus den Rahmenbedingungen folgten positive Faktoren für den Erfolg der Restatements. Das Bedürfnis nach einer Rechtsharmonisierung entsprang einer als sehr negativ wahrgenommenen Fragmentierung des einzelstaatlichen Case Law im Bereich des Vertragsrechts,[861] deren Folge große Rechtsunsicherheit war. Ein weiterer wichtiger Erfolgsfaktor war das Bestehen einer gemeinsamen gesamtamerikanischen Rechtswissenschaft, welche durch eine gemeinsame Rechtssprache und die Ausbildung in den Law Schools, die gesamtamerikanisches Privatrecht lehren,[862] zusammengehalten wurde.

II. US-Modellgesetze im Bereich des Vertragsrechts

1. Die NCCUSL

Vor der Untersuchung der einzelnen Modellgesetze ist die National Conference of Commissioners on Uniform State Laws (NCCUSL) genauer zu betrachten, weil sie deren primäre Urheberin ist.[863]

a) Zusammensetzung und Organisation

Die NCCUSL ist eine eigenständige Organisation der Einzelstaaten.[864] Ihre ehrenamtlichen Mitglieder setzen sich aus den „commissioners", den „associate members", den „life members" und den „advisory members" zusammen. Nur die 350 „commissioners,"[865] die die überwiegende Mehrheit der Mitglieder bilden, sind abstimmungsbefugt.[866] Sie sind Abgesandte der einzelstaatlichen Re-

---

859 *Jansen*, Legal Authority, S. 58.

860 Dazu ausführlich *Jansen*, Legal Authority, S. 111 ff., 126 ff., 136 f.

861 Siehe *supra* B.I.2.c)(I) Das American Law Institute (ALI).

862 Dazu *Eisenberg*, The Concept of National Law and the Rule of Recognition, Fl.St.U.L.R. 2001–2002, S. 1229, 1237 ff.

863 So nur z.B. *Kronstein*, Erfahrungen aus amerikanischer Rechtsangleichung, FS Hallstein, S. 275, 278.

864 Zum Folgenden vgl. http://www.nccusl.org/Update/DesktopDefault.aspx?tabindex=0&tabid=11.

865 Quelle: http://www.nccusl.org/Update/DesktopDefault.aspx?tabindex=2&tabid=16.

866 Neben ernannten Mitgliedern sind die obersten Beamten der einzelstaatlichen Gesetzgebungsbüros kraft ihres Amtes „associate members" der NCCUSL. „Associate

gierungen. Es handelt bei ihnen überwiegend um Anwälte, daneben sind Professoren und Richter vertreten. Die Mitarbeit aller Mitglieder der NCCUSL erfolgt ehrenamtlich. Die NCCUSL trifft ihre Entscheidungen auf der Jahreshauptversammlung. Bei den „advisory members" handel es um Vertreter des ALI und der American Bar Association (ABA) sowie der Bundesbehörden. An der Spitze der NCCUSL steht der von der Jahreshauptversammlung für eine einmalige Amtszeit von zwei Jahren gewählte Präsident. Neben dem „executive committee" besitzt die NCCUSL weitere Ausschüsse, wobei zwischen „standing committees",[867] „general committees"[868] und „special committees[869] unterschieden werden kann.

b) Geschichte

Im Jahr 1889 verabschiedete die American Bar Association (ABA) auf ihrer Jahreshauptversammlung eine Resolution, in der sie die Absicht kundtat, sich für die Einheitlichkeit der einzelstaatlichen Rechte einsetzen zu wollen. Im folgenden Jahr ermächtigte die New Yorker Legislative ihren Gouverneur, drei „commissioners" zu berufen, die sich der Frage der zwischenstaatlichen Rechtseinheit widmen sollten. Nachdem die ABA sich dieser Initiative angeschlossen hatte, wurde im Jahr 1892 die erste Konferenz der späteren NCCUSL abgehalten, zu der sieben Staaten „comissioners" entsandten. Ab dem Jahr 1912 waren

---

members" und „commissioners" müssen als persönliche Voraussetzung die Anwaltszulassung eines der Einzelstaaten mitbringen (vgl. Art. 2.5. NCCUSL Constitution, Quelle: http://www.nccusl.org/Update/DesktopDefault.aspx?tabindex=3&tabid=18). Zum „life member" kann auf Vorschlag des „executive committee" mit der Zustimmung von 2/3 der anwesenden „commissioners" gewählt werden, wer sich um die NCCUSL besonders verdient gemacht hat (Zu den einzelnen möglichen Voraussetzungen vgl. Art. 2.4.(a)(1) NCCUSL Constitution (z.B. das ehemalige Präsidentenamt oder eine 20-jährige Mitgliedsschaft in der NCCUSL)).

867 Die wichtigsten ständigen Ausschüsse sind der Verwaltungsausschuss, der Planungsausschuss (committee of scope and program), und der Gesetzgebungsausschuss, vgl. *Nopper*, Rechtsverschiedenheit und Rechtsvereinheitlichungsbestrebungen, S. 56.

868 Für einen Überblick über die wichtigsten allgemeinen Ausschüsse für Gesetzesvorlagen, für Einheitlichkeit der richterlichen Entscheidungen und für die Ausschüsse für die Zusammenarbeit mit anderen Institutionen, die auf eine Rechtsharmonsierung hinwirken, siehe *Nopper*, Rechtsverschiedenheit und Rechtsvereinheitlichungsbestrebungen, S. 56 f.

869 Dabei handelt es sich um Sonderausschüsse, die jeweils ein bestimmtes Rechtsgebiet zum Schwerpunkt haben, *Nopper*, Rechtsverschiedenheit und Rechtsvereinheitlichungsbestrebungen, S. 57.

alle Staaten auf den jährlichen Konferenzen vertreten.[870] Bisher hat die NCCUSL über 250 „uniform acts“[871] in vielen verschiedenen Rechtsgebieten ausgearbeitet, wobei die Zahl der einzelstaatlichen Ratifikationen zwischen den einzelnen „uniform acts“ stark variiert.[872] Im Bereich des allgemeinen Vertragsrechts und des Kaufrechts sind der Uniform Commercial Code (UCC)[873] und der Uniform Sales Act[874] relevant.

c) Programm

In ihrer ursprünglichen Form weist die NCCUSL-Verfassung das Ziel auf, den Grad der Rechtsübereinstimmung bei den einzelstaatlichen Gesetzen in denjenigen Bereichen zu fördern, in denen keine Gesetzgebungskompetenz des Bundes bestand[875] und in denen eine solche als wünschenswert und durchführbar erachtet wurde,[876] um dadurch negative Auswirkungen der zwischenstaatlichen Rechtsvielfalt für die wirtschaftliche und soziale Entwicklung zu vermeiden. Weitere Ziele waren die Modernisierung und Vereinfachung des bestehenden Rechts.[877] In der aktuellen NCCUSL-Verfassung wird das Ziel allgemein dahingehend formuliert, die Rechtseinheit zwischen den Einzelstaaten dort zu fördern, wo sie wünschenswert und praktikabel ist.[878]

Die NCCUSL arbeitet je nach zugrundeliegender Intention zwei verschiedene Arten von Modellgesetzen aus, nämlich „uniform acts“ und „model acts.“

---

870 Quelle: http://www.nccusl.org/Update/DesktopDefault.aspx?tabindex=0&tabid=11.

871 Quelle: http://www.nccusl.org/Update/DesktopDefault.aspx?tabindex=5&tabid=61. Zur Unterscheidung zwischen „uniform acts“ und „model acts“ siehe *infra* 3. Kapitel B.II.1.c) Programm.

872 Eine Übersicht der Uniform Acts mitsamt ihrer Ratifikationen (allerdings mit dem Stand von 1.9.1985) findet sich bei *Gray*, E pluribus unum? RabelsZ 1986, S. 111, 160 ff.

873 Siehe dazu *infra* 3. Kapitel B.II.3. Uniform Commercial Code.

874 Siehe dazu *infra* 3. Kapitel B.II.2. Uniform Sales Act.

875 Handbook of the NCCUSL, 1940, S. 37.

876 Art. 1.2. NCCUSL Constitution: “Its object shall be to promote uniformity in state laws on all subjects where uniformity is deemed desirable and practical.” (Quelle: Handbook of the NCCUSL, 1935, S. 300).

877 *Kronstein,* Erfahrungen aus amerikanischer Rechtsangleichung, FS Hallstein S. 275, 281.

878 Vgl. Art. 1.2. NCCSUL Constitution and Bylaws: “It is the purpose of the Conference to promote uniformity in the law among the several states on subjects as to which uniformity is both desirable and practicable.” (Quelle: http://www.nccusl.org/Update/DesktopDefault.aspx?tabindex=3&tabid=18.

Bei einem „uniform act" besteht das verfolgte Ziel seiner Ausarbeitung in einer Rechtsvereinheitlichung, die die „commissioners" deshalb verpflichtet, sich für die Übernahme einer unveränderten Fassung des Gesetzestextes in ihrem Heimatstaat einzusetzen.[879] Tatsächlich ist den einzelnen „uniform acts" ein höchst unterschiedlicher Erfolg beschieden.[880] Der Rechtsnatur nach handelt es sich um einen offiziellen Vorschlag.[881]

Das Ziel eines „model acts" ist eine Verbesserung des Rechts.[882] Den „commissioners" kommt dabei nur die Aufgabe zu, auf Anfrage interessierter Organisationen aus ihren Heimatstaaten diese mit Kopien der Gesetzestexte zu versorgen.[883] In manchen Fällen hat die NCCUSL auch erfolglose „uniform acts" zu „model acts" umdeklariert.[884]

d) Verfahren

Der Vorschlag für die Ausarbeitung eines Modellgesetzes kann z.B. aus den Ausschüssen der ABA, dem Rat der Staatsregierungen, den Industrie- und Handelsverbänden oder auch von einzelnen Anwälten stammen. Vorschläge werden an das „committee of scope and program" der NCCUSL gerichtet. Dieses Komitee reicht den Vorschlag an ein sog. „study committee" weiter, das den Vorschlag untersucht und dem „committee of scope and program" Bericht erstattet.

Daraufhin wird der Vorschlag mit einer Stellungnahme versehen an das „executive committee" weitergeleitet, das eine Entscheidung über das weitere Vorgehen trifft. Bei einer positiven Entscheidung wird ein „drafting committee" mit mindestens vier Mitgliedern berufen. Zum Vorsitzenden des „drafting committees", dem sog. „chief reporter," wird ein Experte des jeweiligen Rechtsgebietes ernannt. Dieser Ausschuss arbeitet einen Entwurf im engen Kontakt mit den betroffenen Kreisen aus. Dabei werden neben Interessengruppen und auf dem jeweiligen Gebiet anerkannten Experten auch die entsprechenden Abteilungen und Ausschüsse der ABA konsultiert. Häufig wird auch ein sog. „advisory committee" zur Unterstützung der Ausarbeitung gegründet. Der abgeschlossene erste Entwurf wird umfassend in der zuständigen Abteilung der NCCUSL

---

879 Vgl. Art. 6.1. Satz 6 NCCUSL Constitution, (Quelle: http://www.nccusl.org/Update/DesktopDefault.aspx?tabindex=3&tabid=18.

880 *Hay*, US-Amerikanisches Recht, S. 7.

881 *Lurger*, Grundfragen der Vereinheitlichung, S. 150.

882 Vgl. *Currie*, Die Vereinheitlichung des amerikanischen Privatrechts, JZ 1996, S. 930, 933.

883 *Dunham*, A history of the NCCUSL, L. & Contemp. Probl. 1965, S. 233, 247.

884 *Dunham*, A history of the NCCUSL, L. & Contemp. Probl. 1965, S. 233, 247.

präsentiert, wobei meist Vertreter der ABA und betroffener Interessengruppen anwesend sind. Zudem wird der Entwurf auf mindestens zwei jährlichen Vollversammlungen der NCCUSL Abschnitt für Abschnitt präsentiert und beraten, wobei erneut Veränderungen vorgenommen werden können. Bei der abschließenden Abstimmung in der Jahreshauptversammlung müssen über die Hälfte der abstimmenden Staaten, mindestens aber 20 Staaten, dem Entwurf zustimmen.[885] Bei einem „uniform act“ muss zusätzlich noch das „house of delegates“ der ABA zustimmen.[886]

2. *Uniform Sales Act*

a) Basisbedingungen

Die beschriebene Rechtsvielfalt[887] begann in der zweiten Hälfte des 19. Jahrhunderts ein zunehmendes Hindernis für das Wachstum des zwischenstaatlichen Handels darzustellen.[888] Grund für dessen Anwachsen waren Innovationen im Bereich der Transport- und Kommunikationstechnologien, durch die die Transportkosten sanken und sich neue Marktperspektiven für die Unternehmen eröffneten.[889] So entstanden die Voraussetzungen für die Massenproduktion. Das bestehende Common Law im Bereich des Vertragsrechts war mit den Anforderungen dieser Entwicklung überfordert, da es sich traditionell aus Regelungen für Transaktionen im kleineren, persönlicheren Rahmen zusammensetzte.[890] Unter dieser Überforderung litt der zwischenstaatliche Warenverkehr.[891] Die Komplexität des Rechtszustands wurde durch die Uneinheitlichkeit des Kollisionsrechts der Einzelstaaten weiter verschärft.[892] Um Abhilfe für diese Probleme zu schaffen, wurden im Jahr 1878 zunächst die ABA und anschließend, im Jahr 1892, die NCCUSL gegründet.[893]

---

885 Art. 8.3. NCCUSL Constitution.

886 Dieses Erfordernis entfällt, wenn es sich um einen Model Act handelt, vgl. *Philipps*, Erscheinungsformen und Methoden der Privatrechtsvereinheitlichung, S. 52, Fn. 137.

887 *Supra* 3. Kapitel B.I.2.c)(I) Das American Law Institute (ALI).

888 Siehe Report of Commissioners on Uniform State Laws (1899), S. 24 (zitiert nach *McCurdy*, Uniformity and the Proposed Federal Sales Act, Va.L.R. 1939–1940, S. 572, 573).

889 *Smythe*, Why was the Uniform Sales Act Adopted in Some States but not Others? S. 3.

890 Dazu ausführlich *Gilmore*, On the Difficulties of Codifying Commercial Law, Yale L.J. 1948, S. 1341, 1342 ff.

891 *Smythe*, Why was the Uniform Sales Act Adopted in Some States but not Others? S. 2.

892 *Llewellyn*, The Needed Federal Sales Act, Va.L.R. 1939–1940, S. 558, 560.

893 Dazu siehe schon *supra* 3. Kapitel B.II.1.b) Geschichte.

Eine weitere Wurzel der Vereinheitlichungsbewegung war der „legal formalism“, der in der zweiten Hälfte des 19. Jahrhunderts entstand. Diese Bewegung wollte zeigen, dass das bestehende Recht neutral und in sich konsistent war, also einer bestimmten Systematik folgte. Durch die Erarbeitung eines in sich schlüssigen, wissenschaftlichen Systems sollten die Voraussetzungen für eine Kodifizierung geschaffen werden.[894] Auf dieser neuen dogmatischen Grundlage wurde auf Anregung der ABA das Wechselrecht durch das Uniform Negotiable Instruments Law von 1896 weitgehend harmonisiert.[895]

b) Entstehung

Dieser im Bereich des Wechselrechts erreichte Harmonisierungserfolg war der finale Anstoß für die Ausarbeitung des Uniform Sales Acts.[896] Im Jahre 1903 wurde *Williston*[897] mit der Ausarbeitung des Uniform Acts für das Warenkaufrecht beauftragt.[898] Beteiligt an der Ausarbeitung waren Professoren aus dem Bereich des Vertragsrechts sowie andere Experten aus der Wirtschaft und Praktiker.[899] Die Grundlage des Gesetzeswerkes bildete der englische Sale of Goods Act von 1893. Viele seiner Vorschriften wurden wörtlich übernommen. Da jedoch auch andere Quellen berücksichtigt wurden, insbesondere amerikanische Handelsbräuche und amerikanisches Fallrecht, blieben

---

894 Wichtigster Vertreter dieser Richtung war *Langdell*, der u.a. das Handelsrecht entsprechend systematisierte, dazu *Langdell*, A Selection of Cases on the Law of Contracts, *ders.*, A Summary of the Law of Contracts. Zu den möglichen Ursachen für das Aufkommen des Formalismus siehe *Teeven*, A History of Legislative Reform of the Common Law of Contract, Tol.L.R. 1994, S. 35, 70 f.

895 Das Uniform Negotiable Instruments Law wurde von allen 48 Einzelstaaten übernommen, *Braucher*, Federal Enactment of the UCC, L. & Contemp. Probl. 1951, S. 100, 103.

896 *Teeven*, A History of Legislative Reform of the Common Law of Contract, Tol.L.R. 1994, S. 35, 71; *Williston*, The Law of Sales in the Proposed UCC, HLR 1950, S. 561, 563 f.

897 *Samuel Williston* war der damals führende Experte auf dem Gebiet des Kaufrechts. Sein Lehrbuch zum Kaufrecht ist ein einflussreiches Standardwerk, vgl. *Willison*, The Law Governing the Sale of Goods. Die erste Auflage stammt aus dem Jahr 1909. Er sollte später auch die Federführung über die Erstauflage des Restatements of the Law of Contracts übernehmen, vgl. *supra* 3. Kapitel B.I.2.c)(II) Entstehungsgeschichte.

898 Hinsichtlich des Verfahrens der Ausarbeitung kann auf die allgemeinen Ausführungen zur Arbeitsweise der NCCUSL verwiesen werden, vgl. *supra* 3. Kapitel B.II.1.d) Verfahren

899 *McCurdy*, Uniformity and the Proposed Federal Sales Act, Va.L.Rev 1939–1940, S. 572, 576.

substantielle Unterschiede zwischen den beiden Normenwerken bestehen.[900] Die Zugrundelegung des englischen Gesetzeswerkes sorgte für eine Beschleunigung der Arbeiten, so dass der Uniform Sales Act innerhalb von nur drei Jahren bis zum Jahr 1906 fertiggestellt werden konnte.[901]

c) Kategorisierung

Die Regelungsmaterie des Uniform Sales Acts umfasst das Recht des Warenkaufs, also den Kauf und Verkauf von beweglichen Sachen in insgesamt 79 Einzelvorschriften, sog. „sections." Dabei wird nicht nach Verbraucher- oder Kaufmannseigenschaft der an dem Vertrag Beteiligten differenziert.[902] Teil I regelt das Zustandekommen eines Kaufvertrages sowie die Formerfordernisse, den Vertragsinhalt, die Bedingungen und die Garantien. Teil II befasst sich mit dem Eigentumsübergang zwischen Verkäufer und Käufer. In Teil III ist die Vertragsdurchführung geregelt. Teil IV normiert die Rechte des Verkäufers bzgl. der Waren, wenn der Käufer noch nicht geleistet hat. Teil V enthält eine Aufzählung der Rechtsbehelfe bei Vertragsbruch. Teil VI enthält Auslegungsregeln. Die sections 71–76 schließlich enthalten die Schlussvorschriften und einige Definitionen.[903]

Es handelt sich bei dem Uniform Sales Act, wie bei den anderen Uniform Laws dieser Zeit, um ein deskriptives Regelungswerk, welches das damalige Common Law zusammenfasst.[904] Die mangelnde inhaltliche Innovation wurde durch die Zugrundelegung des eher formalistischen,[905] am Vertragsrecht des 19. Jahrhunderts orientierten englischen Sale of Goods Act noch verstärkt.[906]

Der Uniform Sales Act besteht aus konkreten Vorschriften und enthält präzise Festsetzungen. Der Grund dafür ist wiederum die Orientierung am Sale of Goods Act.[907] Zu einem kodifikationsähnlichen Modellgesetz fehlen dem Uniform Sales Act alle erforderlichen Merkmale: Weder liegt ihm ein

---

900 *McCurdy*, Uniformity and the Proposed Federal Sales Act, Va.L.Rev 1939–1940, S. 572, 578.

901 Im Hinblick auf das Verfahren der Ausarbeitung kann auf die allgemeinen Ausführungen verwiesen werden, siehe *supra* 3. Kapitel B.II.1.d) Verfahren.

902 *Scott*, The Rise and Fall of Art. 2, La.L.R. 2001–2002, S. 1009, 1032.

903 Der Gesetzestext des Uniform Sales Act findet sich z.B. bei *Mariash*, A Treatise on the Law of Sales, S. 754 ff.

904 "A mere declaration of the common law", siehe *Hawkland*, Uniform Commercial "Code" Methodology, U. of Ill.L.R. 1962, S. 291, 297.

905 *Gilmore*, On the Difficulties of Codifying Commercial Law, Yale L.J. 1948, S. 1341 ff.

906 *Teeven*, A History of Legislative Reform of the Common Law of Contract, Tol.L.R. 1994, S. 35, 71.

907 Dazu sogleich unter 2. Kapitel C.III.2.c) Entstehungsgeschichte.

logisch-systematischer Aufbau zugrunde, noch enthält er eine umfassende und abschließende Regelung in seinem Regelungsbereich.

Der Uniform Sales Act war eine Initiative innerhalb eines föderal organisierten Bundesstaates, wobei die Harmonisierung dieses Rechtsgebiets aufgrund der Rechtssetzungskompetenz auf der Ebene der Einzelstaaten stattfand.[908] Als Uniform Act zielte der Uniform Sales Act auf eine Rechtsvereinheitlichung ab.[909] Als offizieller Vorschlag entfaltete er keine unbedingte Bindungswirkung und ist demnach als Soft Law zu bezeichnen.

d) Harmonisierungswirkung

(I) Normenstufe

Bis zum Jahr 1947 war der Uniform Sales Act mit kleineren Veränderungen[910] von 34 der damals 48 Staaten übernommen worden.[911] Bemerkenswert ist, dass die damals wirtschaftlich leistungsfähigsten Staaten, die sog. „core manufactoring states", den Uniform Sales Act ohne oder mit nur unwesentlichen Änderungen übernahmen.[912] Diesem Beispiel folgten sukzessive die jeweiligen Nachbarstaaten bzw. Staaten mit einer direkten Verkehrsanbindung.[913] Allerdings haben nur zwei Südstaaten, nämlich Arkansas und Tennessee, den Uniform Sales Act übernommen. Der Grad der erreichten Rechtseinheit wurde dadurch verringert, dass die in den Jahren 1909 und 1922 gemachten Änderungsvorschläge, die sog. „amendments", von den Einzelstaaten nicht einheitlich eingearbeitet wurden.[914]

---

908 *Supra* 3. Kapitel B.I.1.a) Primärrechtliche Basis: Rechtssetzungskompetenz auf dem Gebiet des Privatrechts. Allerdings sind viele Autoren der Auffassung, dass zur Zeit der Erarbeitung des UCC eine Kompetenz des Bundes zur Verabschiedung dieses Gesetzeswerks als Bundesgesetz bestanden hätte, dazu sogleich *infra* 3. Kapitel B.II. 3. Basisbedingungen.

909 Siehe *supra* 3. Kapitel B.II.1.c) Programm.

910 *Mariash*, A Treatise on the Law of Sales, S. 4.

911 *Smythe*, Why was the Uniform Sales Act Adopted in Some States But not Others? S. 1.

912 *Mariash*, A Treatise on the Law of Sales, S. 3; *McCurdy*, Uniformity and the Proposed Federal Sales Act, Va.L.R. 1939–1940, S. 572.

913 *Smythe*, Why was the Uniform Sales Act Adopted in Some States But not Others? S. 11 ff., 16.

914 *McCurdy*, Uniformity and the Proposed Federal Sales Act, Va.L.Rev 1939–1940, S. 572, 584; *Nopper*, Rechtsverschiedenheit und Rechtsvereinheitlichungsbestrebungen, S. 62 f. Als weiteres Beispiel für diese Praxis sei neben dem Uniform Sales Act der Uniform Warehouse Receipts Act (1906) genannt, der in ursprünglicher Form von allen Einzelstaaten übernommen worden war. Die 1922 überarbeitete

Zusammenfassend lässt sich die erreichte Harmonisierungswirkung des Uniform Sales Acts auf Normenstufe nicht uneingeschränkt als Erfolg betrachten. Denn das zugrundeliegende Ziel einer Rechtsvereinheitlichung im ganzen Land wurde verfehlt. Auf der anderen Seite verschwanden viele Probleme, insbesondere im Bereich des zwischenstaatlichen Kollisionsrechts.[915]

(II) Rechtsanwendung

Die Auslegung des Uniform Sales Acts in den Staaten, die ihn ratifiziert haben, erfolgte grundsätzlich in sehr einheitlicher Art und Weise.[916] Die von verschiedenen Seiten erfolgten Ermahnungen zur einheitlichen Auslegung[917] zeigen jedoch, dass es auch Gerichtsentscheidungen gab, die die Auslegung des Acts in anderen Staaten nicht oder nicht ausreichend berücksichtigten. Ein Indiz für die nicht durchgehend einheitliche Rechtsanwendung war z.B. der Beschluss der NCCUSL aus dem Jahre 1913, der die Errichtung eines „Ausschusses für einheitliche Entscheidungen" empfahl.[918] Daraus lässt sich schließen, dass die NCCUSL insgesamt mit dem Grad der Einheitlichkeit auf Stufe der Rechtsanwendung nicht zufrieden war.

e) Faktoren mit Einfluss auf die Harmonisierungswirkung

(I) Normenstufe

Entsprechend der ambivalenten Bewertung der Harmonisierungswirkung auf der Ebene der Normbildung lassen sich sowohl diese fördernden als auch hindernde Erfolgsfaktoren ausmachen.

Betrachtet werden sollen zunächst die dem Regelungswerk immanenten Faktoren. Positiv wirkte sich aus, dass es sich um ein qualitativ und technisch hochwertiges Gesetzeswerk handelte.[919] Die Gründe dafür waren neben der Beteiligung von *Williston* und anderen hochrangigen Rechtswissenschaftlern

---

Version wurde allerdings nur von 16 Staaten ratifiziert, vgl. *Braucher*, The Legislative History of the UCC, Col.L.R. 1958, S. 798, 799; *Twining*, Karl Llewellyn, S. 273.

915 *Llewellyn*, The Needed Federal Sales Act, Va.L.R. 1939–1940, S. 558, 560.

916 *McCurdy*, Uniformity and the Proposed Federal Sales Act, Va.L.R. 1939–1940, S. 572, 580. Zur Auslegung im einzelnen siehe *Williston*, The Law Governing the Sale of Goods, § 617.

917 Einzelne Nachweise dazu bei *McCurdy*, Uniformity and the Proposed Federal Sales Act, Va.L.R. 1939–1940, S. 572, 579 ff.; *Mariash*, A Treatise on the Law of Sales, S. 4.

918 *McCurdy*, Uniformity and the Proposed Federal Sales Act, Va.L.Rev 1939–1940, S. 572, 579.

919 *McCurdy*, Uniformity and the Proposed Federal Sales Act, Va.L.Rev 1939–1940, S. 572, 584.

und Praktikern, dass der englische Sale of Good Act verwertet werden konnte.[920] Die Kehrseite dieser Orientierung war jedoch, dass der Uniform Sales Act stark vom Vertragsrecht des ausgehenden 19. Jahrhunderts beeinflusst wurde, deshalb sehr formalistisch war und einen geringen Innovationsgrad aufwies.[921] Eine stärkere Berücksichtigung der Handelsbräuche und der Bedürfnisse der Wirtschaft,[922] deren rasche Entwicklung ein Hauptmotiv für die angestrebte Reform des Warenkaufrechts gewesen war,[923] wurde allerdings versäumt.[924] Dies kann vor allem darauf zurückgeführt werden, dass in den USA noch keine Erfahrungen auf dem Gebiet der Privatrechtssetzung vorhanden waren und sich deshalb keine entsprechende Gesetzestechnik entwickelt hatte.[925] Zudem wurde der Uniform Sales Act in der sehr kurzen Zeit von gerade einmal drei Jahren erarbeitet. Der positive Effekt des geringen Innovationsgrades war, dass aufgrund des Einflusses des bestehenden Case Law eine strukturelle und institutionelle Vereinbarkeit mit dem bestehenden Recht gewährleistet war, zumal auch die einzelstaatlichen Rechte sowohl methodisch als auch sprachlich ihre gemeinsamen Wurzeln im englischen Recht hatten.[926]

Betrachtet man die Wirkung der äußeren Rahmenbedingungen, so ist an erster Stelle in positiver Hinsicht der Einfluss zu nennen, den die rasante Entwicklung von Industrie und Handel insbesondere in den sog. „core manufactoring states“ ausgeübt hat.[927] Von diesen Staaten ausgehend bestand für andere Staaten

---

920 *Nopper*, Rechtsverschiedenheit und Rechtsvereinheitlichungsbestrebungen, S. 59.

921 Dazu schon *supra* 3. Kapitel B.II.2.c) Kategorisierung.

922 Vgl. *Fonseca/Fonseca*, Williston on Sales, S. 7. Wie im veralteten common law geht der Uniform Sales Act vom Kaufvertrag über einen einzelnen Gegenstand aus. Dies mag zwar bei Verträgen zwischen Kaufmann und Endverbraucher zutreffen. Bei der überwiegenden Zahl von Handelsverträgen wurden jedoch nach Beginn der Massenproduktion nicht mehr einzelne Waren verkauft, vgl. *Gilmore*, On the Difficulties of Codifying Commercial Law, Yale L.J. 1948, S. 1341, 1347 f.

923 Siehe *supra* 3. Kapitel B.II.2.a) Basisbedingungen.

924 Dies gilt nicht für Warendokumente und Garantien, welche im Uniform Sales Act mit für die damalige Zeit innovativen, angemessenen Regelungen versehen wurden, siehe *Gilmore*, On the Difficulties of Codifying Commercial Law, Yale L.J. 1948, S. 1341, 1349.

925 *Nopper*, Rechtsverschiedenheit und Rechtsvereinheitlichungsbestrebungen, S. 61.

926 Zur Geschichte des amerikanischen Rechts siehe ausführlich m.w.N. *Zweigert/Kötz*, Einführung in die Rechtsvergleichung, S. 233 ff; *Friedman*, A History of American Law.

927 *Nopper*, Rechtsverschiedenheit und Rechtsvereinheitlichungsbestrebungen, S. 59.

ein erhöhter Übernahme - bzw. Harmonisierungsdruck.[928] Als Grund für die Ablehnung des Uniform Sales Act in den meisten Südstaaten wird eine historisch bedingte Ablehnung harmonisierter Gesetzgebung vermutet.[929]

Als weitere Faktoren, die die Bereitschaft der Politik zur Umsetzung in den Einzelstaaten schmälerten, werden Partikularismus und ein historisches Rechtsverständnis gesehen. Der daraus resultierende Glaube an den besonderen Wert eines durch „mühsam erarbeitete Präjudizien" gewachsenen Rechts führte als Kehrseite dazu, dass eine Übernahme fremden Rechts als „Eingeständnis mangelnder Intelligenz des eigenen Staatsvolks" verstanden wurde.[930] Schließlich wird als negativer Faktor angeführt, dass kein direkter Kontakt zwischen der NCCUSL und den einzelstaatlichen Parlamenten stattgefunden hatte.[931]

(II) Rechtsanwendung

Eine uneinheitliche Auslegung des Uniform Sales Act wurde nach dem letzten Stand der Rechtsprechung als grundsätzlich nicht statthaft betrachtet.[932] Der Uniform Sales Act enthält nämlich in section 74 eine Auslegungsklausel, die als Ziel der Auslegung die Schaffung eines möglichst einheitlichen Rechtszustandes bestimmt.[933] Für eine einheitliche Auslegung war allerdings wiederum hinderlich, dass viele Staaten section 74 nicht übernommen hatten. Selbst in den Staaten, die section 74 Uniform Sales Act unverändert übernommen hatten, stimmte die Auslegung nicht vollends überein.[934]

---

928 *Smythe*, Why was the Uniform Sales Act Adopted in Some States but not Others? S. 17.

929 Nur die Androhung des Erlasses bundesstaatlicher Gesetze konnte diese Staaten zu einer Übernahme des Uniform Sales Act bewegen, *Smythe*, Why was the Uniform Sales Act Adopted in Some States but not Others? S. 11 ff.

930 *Nopper*, Rechtsverschiedenheit und Rechtsvereinheitlichungsbestrebungen, S. 61.

931 *Nopper*, Rechtsverschiedenheit und Rechtsvereinheitlichungsbestrebungen, S. 62.

932 Wobei dies als sog. „letzter Stand" vor Verdrängung des Uniform Sales Act durch den UCC zu betrachten ist. Vorher bestand diesbezüglich auch eine andere Rechtsprechung, vgl. *Nopper*, Rechtsverschiedenheit und Rechtsvereinheitlichungsbestrebungen, S. 63. Zum Gerichtssystem siehe *supra* 3. Kapitel B.I.1.b) Gerichtssystem und -zuständigkeiten.

933 Section 74 Uniform Sales Act: "This act shall be so interpreted and construed, if possible, as to effectuate its general purpose to make uniform the laws of those states which enact it." (Quelle: *Mariash*, A Treatise on the Law of Sales, S. 754 ff.). Zur Auslegung dieser Vorschrift im einzelnen m.w.N. aus der zeitgenössischen Rechtsprechung *Williston*, The Law Governing the Sale of Goods, § 617.

934 *Mariash*, A Treatise on the Law of Sales, S. 4.

Der entscheidende Faktor für den insgesamt hohen Grad an einheitlicher Auslegung war die aufgeschlossene Haltung der Gerichte. Sie akzeptierten, dass das Präjudizienrecht, welches vor der Übernahme des Uniform Sales Act bestanden hatte, nicht mehr galt. Die Grundvoraussetzung für diese Akzeptanz war, dass der Uniform Sales Act auch nach seiner Übernahme als das Produkt einer Harmonisierungsinitiative erkennbar war. Zudem besaßen die einzelstaatlichen Gerichte den grundsätzlichen Willen, der Auslegung des Uniform Sales Act durch die Gerichte aus anderen Staaten zu folgen.[935] Diese aufgeschlossene Betrachtungsweise der Richter wurde durch eine einheitliche „Rechtskultur" gefördert,[936] die aus der gemeinsamen Rechtssprache Englisch, der gemeinsamen Common-Law-Tradition und einer weitgehend übereinstimmenden Auslegungsmethodik bestand.[937] Schließlich beeinflusste der 1909 erschienene Kommentar des Verfassers *Williston* die Auslegung des Uniform Sales Acts sehr nachhaltig und sorgte dafür, dass selbst bei „weniger gelungenen Vorschiften" der dahinterstehende gesetzgeberische Wille von den Richtern erfasst und umgesetzt werden konnte.[938]

3. *Uniform Commercial Code (UCC)*

Der UCC ist hinsichtlich seines Umfangs, seiner Regelungsmaterie und der Zahl der Umsetzungen in den Einzelstaaten der bedeutendste Uniform Act.[939] Er ist zudem das einflussreichste handelsrechtliche Gesetzeswerk der Vereinigten Staaten.[940]

---

935 *McCurdy*, Uniformity and the Proposed Federal Sales Act, Va.L.R. 1939–1940, S. 572, 580.

936 Zu diesem Begriff siehe *supra* 1. Kapitel A.XI. Rechtskultur.

937 Zu diesen Faktoren siehe *Eisenberg*, Why is American Contract Law so Uniform, in *Weyers* (Hrsg.), Europäisches Vertragsrecht, S. 23, 33 f.; *Reimann,* Amerikanisches Privatrecht und europäische Rechtseinheit, in *Zimmermann* (Hg.), Amerikanische Rechtskultur und europäisches Privatrecht, S. 132; *Winship*, Unification of Law in the United States, Unif.L.R. 1996, S. 633, 639.

938 Handbook NCCUSL, zitiert nach *McCurdy*, Uniformity and the Proposed Federal Sales Act, Va.L.Rev 1939–1940, S. 572, 584. A.A. *Herman*, Llewellyn the Civilian, Tul.L.R. 1982, S. 1125, 1158, der nicht davon ausgeht, dass der Kommentar von *Williston* den gesetzgeberischen Willen seines Verfassers widerspiegelte. Der Einfluss, den der Kommentar gewann, wurde unter dem Gesichtspunkt heftig kritisiert, dass er faktisch zu einer Verschiebung der legislativen Macht hin zu einer Privatperson führte, vgl. *Braucher*, The Legislative History of the UCC, Col.L.R. 1958, S. 798, 809.

939 Dazu *infra* 3. Kapitel B.II.3.d)(I) Wirkung auf Normenstufe.

940 So auch *Beutel*, The proposed UCC, L. & Contemp. Probl. 1951, S. 141.

a) Basisbedingungen

Das amerikanische Handelsrecht bot vor Beginn der Arbeiten am UCC im Jahr 1940 ein sehr unübersichtliches Bild. Durch die handelsrechtlichen Modellgesetze war nur eine fragmentarische Harmonisierung erreicht worden.[941] Zudem waren die einzelnen Rechtsakte häufig inkohärent[942] und nicht mehr den Anforderungen der Zeit gewachsen, weil sie entweder von vornherein ungeeignet

941 Die Modellgesetze waren, gemessen an ihrem Ratifizierungserfolg, nicht gleichermaßen erfolgreich gewesen. Nur das Modellgesetz zum Wechselrecht (Uniform Negotiable Instruments Law, 1896), das Modellgesetz über Lagerscheine (Uniform Warehouse Receipts Act, 1906) und das Modellgesetz zur Übertragung von Aktien (Uniform Stock Transfer Act, 1909) waren von allen damals 48 einzelstaatlichen Jurisdiktionen ratifiziert worden. Im Bereich des Warenkaufs war durch den Uniform Sales Act eine relativ weitgehende Übereinstimmung auf Stufe der Normen und der Rechtsanwendung entstanden (dazu *supra* 3. Kapitel B.II.2.d) Harmonisierungswirkung). Weitere in diesem Bereich ausgearbeitete Modellgesetze waren das Modellgesetz über Frachtbriefe/Konnossemente (Uniform Bill of Lading Act (1909), 31 Ratifizierungen), das Modellgesetz über Treuhandquittungen (Uniform Trust Receipts Act (1933), 27 Ratifizierungen) und das Modellgesetz über Warenkaufverträge unter Eigentumsvorbehalt (Uniform Conditional Sales Act (1918), 10 Ratifizierungen), *Braucher*, Federal Enactment of the UCC, L. & Contemp. Probl. 1951, S. 100, 103. Somit könnte bei einer durchschnittlichen Ratifikationszahl von 34 (≈ 73%) im späteren materiellen Geltungsbereich des UCC zwar nicht von einheitlichem Recht die Rede sein. Allerdings sorgten diese Uniform Acts für eine erhebliche Steigerung der Rechtsübereinstimmung zwischen den Einzelstaaten. Neben der unterschiedlichen Ratifikationspraxis der Ursprungsversionen der Uniform Acts führte die schon bei Untersuchung des Uniform Sales Act beschriebene Praxis der uneinheitlichen Übernahme offizieller Änderungsvorschläge im Regelungsbereich der übrigen Modellgesetze zu einer weiteren Rechtszersplitterung, dazu *supra* 3. Kapitel B.II.2.d)(I) Normenstufe. Durch diese Praxis wurde die Rechtseinheit zwischen den Staaten, die die durch Übernahme eines Uniform Acts erst entstanden war, wieder gemindert.

942 Das lag daran, dass es an einer Koordinierung zwischen den unterschiedlichen Gesetzesredaktionen mangelte, *Braucher*, The Legislative History of the UCC, Col.L.R. 1958, S. 798, 799. Was die fragmentarische Regelung der einzelnen Rechtsgebiete zusammen mit der fehlenden Kohärenz der einzelnen Modellgesetze für komplexe Rechtszustände zur Folge hatte, lässt sich am Beispiel der Mobiliarsicherheiten beschreiben: Für die Absicherung von Forderungen durch Mobilien gab es insgesamt 11 verschiedene Instrumente mit jeweils eigenen Formerfordernissen und rechtlichen Voraussetzungen, die zusätzlich noch von Staat zu Staat variierten, siehe *Twining*, Karl Llewellyn, S. 333.

gewesen waren[943] oder weil sich die wirtschaftlichen Rahmenbedingungen seit ihrer Erarbeitung verändert hatten.[944] Insgesamt lässt sich festhalten, dass es der NCCUSL in den ersten knapp 50 Jahren ihres Bestehens nicht gelungen war, ihr Ziel eines einheitlichen Handelsrechts zu erreichen, welches sich im Lauf der Zeit verbesserte und sich den sich verändernden äußeren Bedingungen anpasste.[945] Der Uniform Sales Act wurde zudem ob seiner unzureichenden materiellrechtlichen Reichweite kritisiert,[946] insbesondere hinsichtlich der Nicht- bzw. nicht ausreichenden Berücksichtigung der Bedürfnisse des internationalen Handels und Seehandels.[947]

Diese Mängel ergaben einen Anstieg von Schiedsgerichtsverfahren und eine Zunahme der Benutzung spezifisch ausgehandelter Vertragsbedingungen.[948] Die insgesamt unübersichtliche Rechtslage führte im Bereich des zwischenstaatlichen Handels, besonders im Bereich des zwischenstaatlichen Warenkaufs, zu einer enormen Komplexität des Rechts und zur Steigerung der Rechtsfindungs- und Transaktionskosten.[949]

Auch dem Bundesgesetzgeber waren diese Mängel im Bereich des Warenkaufrechts nicht verborgen geblieben. Deswegen wurde ab dem Jahr 1917 über eine bundesweite Regelung im Kongress beraten, wobei entsprechende Initiativen u.a. von der ABA, einem Komitee der New Yorker Handelskammer und

---

943 So die Einschätzung von *Gilmore* bezüglich des Conditional Sales Acts, vgl. *Gilmore*, On the Difficulties of Codifying Commercial Law, Yale L.J. 1948, S. 1341, 1350 f.

944 *White/Summers*, Uniform Commercial Code, Introduction, S. 2; Report of Special Committee on Federal Sales Bill of The Merchants' Association of New York (1937), S. 2 (zitiert nach *McCurdy*, Uniformity and the Proposed Federal Sales Act, Va.L.Rev 1939–1940, S. 572, 587). Die fehlende Aktualität führte wiederum zu uneinheitlicherer Auslegung, da die Gerichte Anpassungen an die veränderten Rahmenbedingungen vornahmen, die nicht vom Wortlaut der Modellgesetze gedeckt waren, *Nopper*, Rechtsverschiedenheit und Rechtsvereinheitlichungsbestrebungen, S. 65: Das Problem der uneinheitlichen Auslegung stellte sich insbesondere beim Negotiable Instruments Act.

945 So auch *Twining*, Karl Llewellyn, S. 273; *Schnader* in Handbook of the NCCUSL 1940, S. 58.

946 *Llewellyn*, The Needed Federal Sales Act, Va.L.R. 1939–1940, S. 558.

947 *Scott*, The Rise and Fall of Art. 2, La.L.R. 2001–2002, S. 1009, 1032.

948 *Gilmore*, On the Difficulties of Codifying Commercial Law, Yale L.J. 1948, S. 1341, 1349.

949 *Fonseca/Fonseca*, Williston on Sales, S. 8; *Llewellyn*, Why a Commercial Code?, Tenn.L.R. 1951–1953, S. 779.

von einem Spezialkomitee der New Yorker Kaufmannsvereinigung ausgingen.[950] Über den Entwurf eines Federal Sales Acts der letztgenannten Institution wurde zielführend ab dem Jahr 1940 im Kongress beraten.[951]

Die Einzelstaaten wollten den mit dem Erlass eines Bundesgesetzes verbundenen Eingriff in ihre Souveränität durch Erarbeitung eines zeitgemäßen, in sich stimmigen Modellgesetzes verhindern. Zudem wurde die gesonderte Normierung von zwischenstaatlichem Kaufrecht, welche durch den geplanten Federal Sales Act vorgenommen werden sollte, skeptisch beurteilt. Der Grund dafür war, dass es dadurch zu einer Spaltung zwischen dem Recht für innerstaatliche Kaufverträge auf der einen Seite und dem zwischenstaatlichen bzw. transnationalen Recht auf der anderen Seite gekommen wäre.[952] Eine substanzielle Steigerung auf der Stufe der Rechtsanwendung war allerdings durch die im Jahr 1932 erschienene Erstauflage des Restatement of the Law of Contracts erreicht worden.[953]

b) Entstehung[954]

Mit dem Projekt der Ausarbeitung des UCC wurde auf Anregung von *Schnader*, dem damaligen Präsidenten der NCCUSL, im Jahr 1940 begonnen.[955] Er hatte bei der jährlichen Versammlung der NCCUSL für die Schaffung eines einzigen,

---

950 *McCurdy*, Uniformity and the Proposed Federal Sales Act, Va.L.R. 1939–1940, S. 572, 585 ff.

951 *Hawkland*, Uniform Commercial "Code" Methodology, U. of Ill.L.R. 1962, S. 291, 320. Zum Entwurf des Federal Sales Act siehe *McCurdy*, Uniformity and a Proposed Federal Sales Act, Va. L. R. 1940, S. 572, 590 ff.; *Thomas*, The Federal Sales Bill as Viewed by the Merchant and the Practioner, Va.L.R. 1940, S. 537 ff. Zu diesem Zeitpunkt wäre der Bundesgesetzgeber durch die „commerce clause" nach h.M. im Bereich des zwischenstaatlichen Warenkaufs zum Erlass eines Gesetzes befugt gewesen, hatte dies jedoch mit Rücksicht auf die Souveränität der Einzelstaaten bis dahin unterlassen, *Lurger*, Grundfragen der Vereinheitlichung, S. 150; *von Mehren/Murray*, Das Recht in den Vereinigten Staaten von Amerika, S. 154; *Currie*, Die Vereinheitlichung des amerikanischen Privatrechts, JZ 1996, S. 930, 934; *Hyland*, The American Expericence, in *Hartkamp* (Hg.), Towards a European Civil Code, S. 59, 61. Zur „commerce clause" siehe schon *supra* B.I.1.a) Primärrechtliche Basis: Rechtssetzungskompetenz im Bereich des Privatrechts.

952 *McCurdy*, Uniformity and a Proposed Federal Sales Act, Va.L.R. 1940, S. 572, 589.

953 Dazu siehe ausführlich *supra* 3. Kapitel B.I.2.c)(IV) Harmonisierungswirkung.

954 Zur Gesetzesgeschichte siehe ausführlich *Braucher*, The Legislative History of the UCC, Col. L. R. 1958, S. 798 ff.; *Mooney*, Some Observations of the Past, Present and Future of the UCC, Bus. Lawyer 1986, S. 1343 ff., *Schnader*, A Short History of the UCC, U.Miami L.R. 1967, S. 1 ff; *Twining*, Karl Llewellyn, S. 278 ff.

955 *Twining*, Karl Llewellyn, S. 300.

handelsrechtlichen „uniform acts“ plädiert und dafür breite Zustimmung geerntet.

Nachdem die NCCUSL ihre üblichen Voruntersuchungen durchgeführt hatte,[956] wurde nach einem entsprechenden Entschluss der Jahreshauptversammlung im Jahre 1944 ein „drafting committee“ eingesetzt. Deren erklärtes Ziel war die Erarbeitung eines aktuellen und gleichzeitig flexiblen Handelsgesetzbuches.[957] Angesichts der Diskrepanz zwischen dem Umfang des Projekts und der bescheidenen finanziellen Ausstattung der NCCUSL wurde eine Zusammenarbeit mit dem personell und finanziell weit besser aufgestellten ALI vereinbart,[958] zunächst für einen zeitlichen Rahmen von fünf Jahren bis zur Fertigstellung. Zusätzlich wurde das „drafting committee“ - anders als bei vorherigen Modellgesetzen - mit mehr Personal ausgestattet: An seiner Spitze stand ein sog. „editorial board“ mit einem Vorsitzenden und je zwei Vertretern der beteiligten Organisationen ALI und NCCUSL. Zum „chief reporter“ mit weitreichenden Befugnissen und gleichzeitigem Mitglied des „editorial boards“ wurde *Llewellyn*, einer der bedeutendsten Vertreter des „legal realism“[959] und ausgewiesener Fachmann im Gebiet des Warenkaufs und des Handelsrechts, ernannt.[960] Er prägte den UCC in „seinem Aufbau, seinem Umfang und seiner Methodik“ weithin.[961] *Llewellyn* betraute verschiedene Wissenschaftler als „reporter“ mit

956 Siehe dazu *supra* 3. Kapitel B.II.1.d) Verfahren.

957 *Fonseca/Fonseca*, Williston on Sales, S. 9.

958 Im Dokument, welches am 1.10.1941 von beiden Organisationen unterzeichnet wurde, wird die Vorgehensweise bei der Ausarbeitung des UCC festgesetzt, zum Text siehe *Twining*, Karl Llewellyn, S. 282 ff.

959 Beim sog. „legal realism“ handelt es sich um eine Strömung innerhalb der US-Rechtswissenschaft, die sich mit dem, „was die Gerichte wirklich tun“, und weniger mit formellen Regeln der Lehrbücher, beschäftigen, vgl. dazu nur *Zweigert/Kötz*, Einführung in die Rechtsvergleichung, S. 242 ff.

960 Spätestens seit Veröffentlichung seines Maßstäbe setzenden Casebooks (*Llewellyn*, Cases and Materials on the Law of Sales) und seines Werkes über das common law (*Llewellyn*, The Common Law Tradition) war *Llewellyn* als absoluter Spezialist auf diesem Gebiet anerkannt. Weiterhin war er ein Kritiker des Uniform Sales Act und hatte deswegen auf die Verabschiedung eines Federal Sales Act durch föderale Gesetzgebung gedrungen, vgl. *Llewellyn*, The Needed Federal Sales Act, Va.L.R. 1939–1940, S. 558 ff; *Scott*, The Rise and Fall of Art. 2, La.L.R. 2001–2002, S. 1009, 1030.

961 Zur Bewertung des Beitrags von Llewellyn siehe ausführlich *Twining*, Karl Llewellyn, S. 270 ff. (Zusammenfassung des Beitrags von Llewellyn bei der Ausarbeitung auf S. 300). Siehe weiterhin *Zweigert/Kötz*, Einführung in die Rechtsvergleichung, S. 247. Aufgrund des führenden Beitrags, den *Llewellyn* bei seiner Ausarbeitung des UCC

der Ausarbeitung von Entwürfen einzelner Artikel und übernahm die Ausarbeitung der Art. 1, 2 und 5 selbst.[962]

Die fertiggestellten Teilentwürfe der „reporter" wurden einer Gruppe von fachkundigen Professoren, Richtern und Anwälten vorgelegt, um sowohl von der theoretischen Expertise der Professoren als auch von der praktischen Sichtweise der Anwälte zu profitieren.[963] Nach der Einarbeitung von Änderungsvorschlägen wurde der Entwurf dann in dem ALI-Council und der jeweils zuständigen „section" der NCCUSL zur Beurteilung und erneuten Überarbeitung vorgelegt. Danach erfolgte eine Vorlage der Teilentwürfe in den Jahreshauptversammlungen der NCCUSL und der ABA und in gemeinsamen Sitzungen beider Institutionen, wobei zum Teil scharfe Auseinandersetzungen über Einzelfragen des Gesamtentwurfes geführt wurden. Bei der zweiten Sitzung im Jahr 1949 wurde ein „tentative final draft" verabschiedet, welcher danach vom „editorial board" nochmals stilistisch bearbeitet und mit Kommentierungen versehen wurde.

Dieser Endentwurf wurde zu einer weiteren Beurteilung verschickt, unter anderem an die Mitglieder der beiden beteiligten Institutionen, an das „House of Delegates" und die entsprechenden „sections" der ABA, an Mitglieder lokaler Anwaltsvereinigungen, an Regierungsbehörden und an Organisationen von Interessenvertretern. Um alle Stellungnahmen zu berücksichtigen, wurde das „editorial board" auf 15 Mitglieder erweitert. Die geäußerten Bedenken konnten dabei allesamt ausgeräumt werden.[964] Im Jahr 1951 wurde von den Jahreshauptversammlungen der NCCUSL und der ALI und dem „House of Delgates" der ABA der „final draft" offiziell verabschiedet und als sog. „1952 official text" den Staaten zur Übernahme empfohlen.

Grundlage für die Ausarbeitung des hier relevanten Art. 2 UCC war der Entwurf des „federal sales bills" von 1937 und eine dazu von der New Yorker

---

geleistet hat, wird das Gesetz auch als „lex *Llewellyn*" bezeichnet, vgl. *Franklin*, On the Legal Method of the UCC, in L. & Contemp. Probl., 1951, S. 330.

962 *Twining*, Karl Llewellyn S. 300. Dazu siehe auch *infra* 3. Kapitel B.II.3.c) Kategorisierung.

963 *Llewellyn*, Why a Commercial Code?, Tenn.L.R. 1951–1953, S. 779, 783 f.

964 Bzgl. Art. 4 UCC wurde z.B. erwogen, ihn aufgrund der Massivität der geäußerten Vorbehalte ersatzlos aus dem Entwurf zu streichen. Es war nur dem großen persönlichen ehrenamtlichen Einsatz von *Malcolm*, einem hochangesehenen Anwalt für Bankenrecht, der den Artikel überarbeitet hat, zu verdanken, dass ihm letztlich von den Versammlungen beider Institutionen zugestimmt wurde. Auch hinsichtlich der endgültigen Fassungen von Art. 5 und 7 wurde noch nachverhandelt, *Schnader*, A Short History of the UCC, U.Miami L.R. 1967, S. 1, 7.

Anwaltsvereinigung erarbeitete Studie. Die wichtigste Erkenntnisquelle für die Ausarbeitung war allerdings die Rechtswirklichkeit, also insbesondere die Handelsbräuche und –transaktionen. Darüber hinaus wurden die thematisch relevanten Fälle - allerdings anhand der Sachverhalte und weniger mit Schwerpunkt auf rechtlich-dogmatische Fragestellungen - untersucht.[965] Weitere Erkenntnisse wurden durch die Mitglieder der Hauptversammlungen der NCCUSL und des ALI vermittelt, weil im Rahmen von deren Hauptversammlungen zum Teil die von den Bearbeitern gefundenen Regeln von Praktikern aus verschiedenen Staaten - und somit verschiedenen Rechtswirklichkeiten - auf ihre praktische Tauglichkeit hin überprüft werden konnten.[966]

c) Kategorisierung

Der UCC regelt einen großen Teil des handelsrechtlich relevanten materiellen Rechts in insgesamt 13 Artikeln.[967] Für den Bereich des allgemeinen Vertragsrechts und des Kaufrechts sind die ersten beiden Artikel relevant. Art. 1 UCC enthält Definitionen, Vorschriften über die räumliche Anwendbarkeit und einige allgemeine Rechtsgrundsätze. Seine Festsetzungen gelten für alle anderen Artikel.[968]

Art. 2 UCC regelt für den Bereich des Warenkaufs auch vom Uniform Sales Act nicht umfasste Gebiete.[969] Der Titel „sale of goods“[970] umfasst dabei nicht nur den Kauf und Verkauf von Waren, sondern z.B. auch Werklieferungsverträge.[971]

---

965 *Twining*, Karl Llewellyn, S. 279 f., 317; *Herman*, Llewellyn the Civilian, Tul.L.R. 1982, S. 1125, 1128.

966 *Twining*, Karl Llewellyn, S. 317.

967 Im einzelnen sind geregelt: Art. 1 „General Provisions“ (Allgemeine Bestimmungen); Art. 2 „Sales“ (Warenkauf); Art. 2A „Leases“ (Miete/Leasing); Art. 3 „Commercial Paper“ (Wertpapierrecht); Art. 4 „Bank Deposits and Collections“ (Bankeinlagen und –auszahlungen); Art. 4A „Funds Transfers“ „Elektronische Zahlung“; Art. 5. „Letters of Credit“ (Akkreditive); Art. 6 „Bulk Transfers“ (Übertragung von Aktiven (z.B. des Inventars)); Art. 7 „Warehouse Receipts, Bills of Lading and Other Documents of Title“ (Warendokumente); Art. 8 „Investment Securities“ (zur Geldanlage bestimmte Wertpapiere); Art. 9 „Secured Transactions“ (Mobiliarsicherheiten). Art. 10 und 11 enthalten Schluss- und Übergangsbestimmungen.

968 Vgl. Art. 1–102 UCC (Quelle: http://www.law.cornell.edu/ucc/1/article1.htm#s1-101).

969 *Llewellyn*, Why a Commercial Code?, Tenn.L.R. 1951–1953, S. 779.

970 Vgl. Art. 2–102, Art. 2–105 (1) UCC.

971 Zum sachlichen Anwendungsbereich des Art. 2 UCC siehe ausführlich *Cerutti*, Das US amerikanische Warenkaufrecht, S. 9 ff.

Schließlich sind auch einige wenige aus deutscher Sicht dem Sachenrecht zugehörige Bereiche geregelt.[972] Sein Anwendungsbereich ist, anders als es die Bezeichnung als „commercial code“ vermuten ließe, nicht auf Kaufleute beschränkt, sondern erstreckt sich grundsätzlich auch auf „B2C“- und „C2C“-Verträge.[973] Was den räumlichen Anwendungsbereich des UCC angeht, so gilt er bei rein innerstaatlichen Sachverhalten in der Form, in der der jeweilige Einzelstaat ihn übernommen hat. Bei zwischenstaatlichen Sachverhalten greift grundsätzlich das im Einzelfall äußerst komplizierte inneramerikanische Kollisionsrecht ein.[974]

Art. 2 UCC besteht aus für die damalige Zeit sehr modernen Regelungen,[975] die ein hohes Maß an Innovation und Praxisorientierung aufweisen.[976] Er enthält sowohl allgemeine Grundsätze als auch konkrete Vorschriften. Dabei sind die konkreten Vorschriften zwar in Einzelfällen sehr detailliert,[977] weil die Urheber befürchteten, dass die nicht an den Einsatz von Analogieschlüssen gewöhnten US-Richter sonst nicht mit dem Gesetzeswerk zurechtkommen würden.[978] Allerdings werden den Rechtsanwendern für ein Gesetzeswerk des Common Law außergewöhnlich weite Auslegungsspielräume belassen.[979]

---

972 So regelt Art. 2-401 UCC den Eigentumsübergang beim Warenkaufvertrag. Art. 2-403 enthält die Regelung u.a. die Regelung des gutgläubigen Erwerbs (Quelle: http://www.law.cornell.edu/ucc/2/article2.htm#s2-101).

973 *Minuth*, Der amerikanische Uniform Commercial Code und deutsches Recht, S. 13. Vorschriften, die nur unter Kaufleuten Anwendung finden sollen, enthalten einen entsprechenden Hinweis, vgl. z.B: Art. Art. 2-201 (2) UCC. Dazu siehe auch *Cerutti*, Das US amerikanische Warenkaufrecht, S. 15 f.; *Twining*, Karl Llewellyn, S. 312.

974 Zur Frage der räumlichen Anwendbarkeit siehe ausführlich *Cerutti*, Das US amerikanische Warenkaufrecht, S. 17 ff.

975 *Cerutti*, Das US amerikanische Warenkaufrecht, S. 7.

976 In diesem Sinne auch *Twining*, Karl Llewellyn, S. 279 f., 317; *Herman*, Llewellyn the Civilian, Tul.L.R. 1982, S. 1125, 1128. Als Beispiel sei die „revolutionäre“ institutionelle Innovation genannt, dass die alte Vertragslehre von „offer“ und „acceptance“ durch „promise“ ersetzte wurde. So wurden einseitige Versprechungen dem wechselseitigen Vertrag gleichgesetzt, vgl. *Twining*, Karl Llewellyn, S. 339.

977 *Herman*, Llewellyn the Civilian, Tul.L.R. 1982, S. 1125, 1167.

978 *Herman*, Llewellyn the Civilian, Tul.L.R. 1982, S. 1125, 1167.

979 *Scott*, The Rise and Fall of Art. 2, La.L.R. 2001–2002, S. 1009, 1042; *Twining*, Karl Llewellyn, S. 310 ff.; *Knippenberg/Woodward*, Uniformity and Efficiency in the UCC, Bus. Lawyer 1990, S. 2519, 2524.

Fraglich ist, ob der UCC als eine „echte" Kodifikation[980] zu qualifizieren ist. Für eine entsprechende systematische Durchbildung spricht zunächst, dass der UCC in seinen einzelnen Artikel und den darin enthaltenden Unterabschnitten einem durchgehend logisch-zusammenhängenden Aufbau folgt. Den einzelnen Teilbereichsregelungen sind mit Art. 1 UCC allgemeine Grundsätze und Definitionen vorangestellt. Auch die anderen Artikel enthalten stets einen einleitenden Abschnitt mit Grundsätzen und Definitionen.[981] Die Unterabschnitte wiederum beginnen häufig mit einer allgemeinen Regel, um sich danach den Ausnahmen zu dieser Regel zu widmen.[982] Zudem enthalten sowohl Art. 1 UCC[983] als auch Art. 2 UCC[984] Vorschriften zur Abmilderung unbilliger Härten.[985] Somit erfüllt der UCC zunächst einmal die Anforderungen, die an die Systematik einer „echten" Kodifikation gestellt werden.[986]

Eine umfassende Regelung des Warenkaufs durch Art. 2 UCC erscheint allerdings zweifelhaft.[987] Hinsichtlich des Verhältnisses zu anderen Rechtsquellen normiert Art. 1-102 (3) UCC,[988] dass der UCC bei eindeutig von ihm geregelten Fragen vorrangig ist. Im Umkehrschluss kann in eindeutig nicht geregelten Fragen somit auf das Common Law zurückgegriffen werden. Wenn unklar ist, ob eine Rechtsfrage durch den UCC geregelt ist, unterscheiden sich die Herangehensweisen der Gerichte in den Einzelstaaten: Während manche Gerichte in solchen Fällen auf eine analoge Anwendung des UCC zurückgreifen, wenden andere die

980 Die dabei maßgeblichen Kriterien sind eine entsprechende systematische Durchbildung, die umfassende Regelung eines Rechtsbereichs und die Beanspruchung vorrangiger Geltung gegenüber anderen Rechtsquellen (siehe dazu *supra* 1. Kapitel B.V.2 Einfache Gesetze und Kodifikationen.

981 Vgl. Art. 2-103, Art. 2-104, Art. 2-105, Art. 2-106; Art. 2A-103; Art. 3-103; Art. 4-104; Art. 4A-103, Art. 4A-104, Art. 4A-105; Art. 5-102; Art. 6-102; Art. 7-102; Art. 8-102, Art. 9-102 UCC (Quelle http://www.law.cornell.edu/ucc/ucc.table.htm).

982 *Hawkland*, Uniform Commercial "Code" Methodology, U.of Ill.L.R. 1962, S. 291, 301.

983 Art. 1-304 UCC: Obligation of Good Faith (Quelle: http://www.law.cornell.edu/ucc/1/article1.htm#s1-101).

984 Art. 2-103(1)(j): "Good faith"; Art. 2-302: "Unconscionable contract or term" (Quelle: http://www.law.cornell.edu/ucc/2/article2.htm#s2-101).

985 Siehe *Herman*, Llewellyn the Civilian, Tul.L.R. 1982, S. 1125, 1144 ff.

986 *Bergel*, Principial Features and Methods of Codification, La.L.Rev 1988, S. 1073, 1092: "[The UCC is] organized according to a methodical and logical plan", a.A. *Rosett*, Improving the UCC, S. 6.

987 So enthält der UCC keine Regelungen zur Gültigkeit von Verträgen, vgl. *Cerutti*, Das US amerikanische Warenkaufrecht, S. 32 f.

988 Vgl. Art. 1-103 (b) UCC des "2003 official text".

Grundsätze des Common Law an.[989] Die Frage nach dem Verhältnis zwischen UCC und Common Law kann somit nicht für alle Jurisdiktionen einheitlich beurteilt werden. Der UCC weist zwar eine mit einer Kodifikation vergleichbare Systematik auf, es mangelt aber an den für eine Klassifizierung als Kodifikation erforderlichen Merkmalen der umfassenden Regelung und der abschließenden Geltung.

Adressaten des Uniform Sales Acts waren die Einzelstaaten. Die Umsetzung erfolgt auf freiwilliger Basis, damit handelt es sich um Soft Law. Als Uniform Act ist sein Ziel die Rechtsvereinheitlichung.[990]

d) Harmonisierungswirkung

(I) Normenstufe[991]

Der „1952 official text" wurde nur in Pennsylvania ohne Änderungen übernommen. Für das Ziel einer Rechtsvereinheitlichung mussten jedoch auch die anderen Staaten zur Ratifikation des UCC bewegt werden. Problematisch war dies insbesondere im Hinblick auf die kleineren Einzelstaaten, weil deren Legislativen gar nicht über die Kapazitäten und die notwendige Fachkunde verfügten, um ein Projekt von der Komplexität des UCC beurteilen zu können. Als eine der wenigen entsprechend ausgestatteten Legislativen entschied sich der Staat New York gegen eine sofortige Übernahme und setzte eine Kommission ein, die den UCC in den Jahren 1953 bis 1956 überprüfte.[992] Aufgrund der Sonderstellung New Yorks im wirtschaftlichen Bereich und der damit verbundenen Vorbildfunktion führte die Überprüfung dazu, dass die gesetzgeberischen Prozesse auch in den anderen Staaten ausgesetzt wurden.[993] Der Kritik, die im Verlauf der Überprüfung geäußert wurde, wurde in weiten Teilen vom „editorial board" der NCCUSL schon vor Abschluss des endgültigen Berichts der Kommission im sog. „supplement No. 1 to the UCC" (1955) Rechnung getragen.[994]

---

989 *Cerutti*, Das US amerikanische Warenkaufrecht, S. 34.

990 Dieses Ziel wird in Art. 1–103 a) UCC (früherer Art. 1–102.2) UCC („to make uniform the law among the various jurisdictions") explizit formuliert.

991 Siehe *Mooney*, Some Observations of the Past, Present and Future of the UCC, Bus. Lawyer 1986, S. 1346 ff.

992 Dazu siehe *Fonseca/Fonseca*, Williston on Sales, S. 11 ff.

993 Die einzelstaatlichen Legislativen, die sich parallel mit der Verabschiedung des UCC beschäftigten, waren Kalifornien, Conneticut, Illinois, Indiana, Massachusetts, Mississippi und New Hampshire, vgl. *Schnader*, A Short History of the UCC, U.Miami L.R. 1967, S. 1, 8.

994 *Rosett*, Improving the UCC, S. 6. Die im abschließenden „report" der New Yorker Kommission enthaltene Kritik beschränkte sich im wesentlichen auf Detailprobleme und enthielt wenig grundsätzliche Punkte, *Twining*, Karl Llewellyn, S. 295 f.

Auf dieser Grundlage wurde eine weitere Revision vorgenommen, aus der eine überarbeitete Version des UCC, der sog. „1957 official text" hervorging, die von zwei Staaten übernommen wurde.[995] Im darauf folgenden Jahr wurde der UCC vom „editorial board" erneut geändert und als „1958 official text" veröffentlicht.[996] Im Jahr 1961 wurde aufgrund der Einsicht, dass einseitige Ergänzungen der Einzelstaaten verhindert werden mussten, das „permanent editorial board" (PEB) zur dauerhaften Bearbeitung des UCC eingerichtet. Bis zum Jahr 1962 wurde dieser Text von 13 zusätzlichen Staaten übernommen. Nachdem der Text im Jahr 1962 erneut geändert worden war, wurde er dann auch von New York übernommen, was dem UCC zum endgültigen Durchbruch verhalf.[997] Bis zum Jahr 1966 übernahmen ihn 30 weitere Staaten.[998] Bis zum Jahr 1966 hatten bis auf drei Jurisdiktionen alle Staaten den „1962 official text" übernommen, bis zum Jahr 1967 sogar alle Staaten außer Louisiana.[999]

Der Referenztext der vorliegenden Untersuchung bleibt trotz der 2003 abgeschlossenen Revision des UCC[1000] der „1972 official text", der von allen Einzelstaaten bis auf Louisiana im Wesentlichen übernommen worden ist,[1001] da der „2003 official text" bisher in keinem einzigen Einzelstaat ratifiziert worden ist.[1002]

Zwar besteht im Anerkennungsbereich des UCC keine vollständige Rechtseinheit,[1003] da es den einzelstaatlichen Gesetzen an einer wörtlichen

---

995 Nämlich 1957 von Massachusetts und 1958 von Kentucky.

996 Somit gab es schon 1959 drei offizielle Versionen des UCC, die in einem oder mehreren Staaten galten, vgl. *Mooney*, Some Observations of the Past, Present and Future of the UCC, Bus. Lawyer 1986, S. 1345.

997 Zu den teilweise beträchtlichen Abweichungen bei der Übernahme in New York siehe *Penney*, New York revisits the Code, Col.L.Rev 1992, S. 992 ff. Allerdings ist festzuhalten, dass Änderungen von Art. 2 UCC vom Autor nicht als erwähnenswert eingestuft werden.

998 *Twining*, Karl Llewellyn, S. 298.

999 *Gabriel*, Contracts for the Sale of Goods, S. 7. Bis 1975 hatte Louisiana Art. 1, 3, 4 und 5 UCC übernommen, später kamen Art. 9 und Teile von Art. 2 UCC hinzu, vgl. *Scott*, The Rise and Fall of Art. 2, La.L.R. 2001–2002, S. 1009, 1032.

1000 *Gabriel*, Contracts for the Sale of Goods, S. 7. Diese aktuelle Version des UCC findet sich z.B. unter http://www.law.cornell.edu/ucc/).

1001 *Cerutti*, Das US amerikanische Warenkaufrecht, S. 4.

1002 *Smythe*, Why was the Uniform Sales Act Adopted in Some States but not Others? S. 6. Einzig in Oklahoma wurde bisher der 2003 official text innerhalb der Legislative diskutiert (Quelle http://www.nccusl.org).

1003 *Mooney*, Some Observations of the Past, Present and Future of the UCC, Bus. Lawyer 1986, S. 1343, 1346; *Knippenberg/Woodward*, Uniformity and Efficiency in the UCC, Bus. Lawyer 1990, S. 2519, 2520; *Rosett*, Improving the UCC, S. 7.

Übereinstimmung mangelt. Allerdings lässt sich nicht bestreiten, dass es sich beim „Recht unter dem UCC" um ein einheitliches Handelsrecht handelt,[1004] da es aus einzelstaatlichen Rechten besteht, die eine weitgehende Übereinstimmung in ihrer Form und ihrem Wortlaut aufweisen[1005] und deren Unterschiede deswegen nicht ins Gewicht fallen.[1006] Dennoch ist festzuhalten, dass die unterschiedlichen Versionen, die in den Einzelstaaten gelten, im Einzelfall durchaus einzelne Unterschiede aufweisen.[1007]

(II) Rechtsanwendung

Die Harmonisierung des US-Handelsrechts auf der Normenstufe hat eine einheitliche Gesetzesauslegung nach sich gezogen, die sich nur in Feinheiten unterschied.[1008] Selbst bei uneinheitlichen Ratifikationen des Originaltextes kommen die Gerichte letztlich häufig zu dem Ergebnis, dass der Text gleich dem Originaltext auszulegen sei, um so das Ziel der einheitlichen Auslegung zu gewährleisten.[1009] Der Grad der erreichten Anwendungseinheit wird gerade vor dem Hintergrund eines fehlenden Obergerichts als bemerkenswert angesehen.[1010]

Unterschiede bestehen insbesondere im Hinblick auf das von den einzelstaatlichen Gerichten unterschiedlich beurteilte Verhältnis von UCC und Common

---

1004 *Gabriel*, Contracts for the Sale of Goods, S. 7, Fn. 14; *Pfeiffer*, Methodik der Privatrechtsangleichung in der EU, AcP 2008, S. 227, 232.

1005 Vgl. *Frier*, Interpreting Codes, Mich.L.R. 1990/1991, S. 2201, 2202; *Scott*, The Rise and Fall of Art. 2, La.L.R. 2001–2002, S. 1009, 1046; *Cerutti*, Das US-amerikanische Warenkaufrecht, S. 20, der allerdings auf unterschiedliche einzelstaatliche Regelungen im Bereich der Verjährungsfristen hinweist.

1006 *Zweigert/Kötz*, Einführung in die Rechtsvergleichung, S. 247. *Rosett* bescheinigt dem amerikanischen Handelsrecht „essential uniformity", siehe *Rosett*, Improving the UCC, S. 7.

1007 *Fonseca/Fonseca*, Williston on Sales, S. 16.

1008 So *Cerutti*, Das US amerikanische Warenkaufrecht, S. 20. Als Beispiel wird die unterschiedliche Auslegung einer Gewährleistungsbestimmung (Art. 2–314 UCC) genannt, die von den Gerichten in Texas und Alabama nicht auf Gebrauchtwagen angewandt wird.

1009 *Rosett*, Improving the UCC, S. 7

1010 *Hay*, US-Amerikanisches Recht, S. 7. Von *Llewellyn* wurde deswegen die Einrichtung eines Handelsgerichts gefordert, um die offenen Regelungen des UCC für die einzelnen Branchen anhand der jeweiligen Handelsbräuche zu konkretisieren. Diese Idee war jedoch aufgrund der Vorstellungen der konservativen einzelstaatlichen Legislativen nicht durchsetzbar, *Scott*, The Rise and Fall of Art. 2, La.L.R. 2001–2002, S. 1009, 1034.

Law und die daraus folgenden methodischen Implikationen.[1011] Als Auslegungsmethoden sind, unüblich für eine Rechtsordnung des Common Law, sowohl eine extensive Interpretation als auch eine Analogie aufgrund der systematischen Durchbildung des UCC grundsätzlich zulässig. Zusätzlich ist die Heranziehung von Materialien des Gesetzgebers gestattet.[1012] Diese „neuen“ Auslegungsmethoden wurden jedoch nicht von allen einzelstaatlichen Jurisdiktionen gleichermaßen rezipiert. Einige Gerichte verharrten auf einer restriktiven, wörtlichen Interpretation des Gesetzestextes[1013] und zogen weiterhin das Fallrecht der Einzelstaaten heran. Dies war allerdings eher die Ausnahme. Je länger der UCC in Kraft war, desto eher waren die Richter bereit, die neuen Rechtsanwendungsmethoden umzusetzen.[1014]

Für die Beurteilung der Einheitlichkeit der Rechtsanwendung muss jedoch berücksichtigt werden, dass die Mehrheit der handeltreibenden Vertragsparteien inzwischen in der Regel einen Geltungsausschluss für Art. 2 UCC (sog. opting-out) vereinbart.[1015]

e) Faktoren mit Einfluss auf die Harmonisierungswirkung

(I) Normenstufe

Die vielen offenen, auf eine richterliche Konkretisierung angelegten Rechtsregeln haben sich positiv auf die Ratifikationspraxis ausgeübt. Die fehlende Detailliertheit der Normen sorgte in den Einzelstaaten für eine breite Akzeptanz. Die Verfasser hatten mit einer solchen Regelungsgestaltung das Ziel verfolgt, den Widerstand in den Hauptversammlungen vom ALI und der NCCUSL zu minimieren.[1016] Darüber hinaus dürfte sich die Tatsache, dass es sich um ein handelsrechtliches Gesetz handelt, positiv auf den Harmonisierungserfolg ausgewirkt haben.[1017]

1011 Siehe *supra* 3. Kapitel B.II. 3.c) Kategorisierung.

1012 *Nopper*, Rechtsverschiedenheit und Rechtsvereinheitlichungsbestrebungen, S. 67.

1013 Ein Beispiel nach Umsetzung des UCC ist *Fairchild Industries v. Maritime Air Service, Ltd* (274 Md. 181, 333 A2d 313 (1975), zitiert nach *Herman*, Llewellyn the Civilian, Tul.L.R. 1982, S. 1125, 1138). Judge Singley folgte einem dictum aus der Zeit vor dem UCC: „If Parliament does not mean what it says, it must say so.“ Siehe zur uneinheitlichen Auslegung auch *Cerutti*, Das US amerikanische Warenkaufrecht, S. 34.

1014 Dazu exemplarisch mit Fallbeispielen zu Art. 2–207 UCC („battle of forms“) *Herman*, Llewellyn the Civilian, Tul.L.R. 1982, S. 1125, 1140 ff.

1015 *Scott*, The Rise and Fall of Art. 2, La.L.R. 2001–2002, S. 1009, 1060.

1016 *Scott*, The Rise and Fall of Art. 2, La.L.R. 2001–2002, S. 1109, 1043.

1017 Siehe *supra* 1. Kapitel B.VI.1. Unterschiedliche privatrechtliche Materien.

Als weiterer wichtiger Faktor für den Erfolg des UCC insgesamt wird die Neuregelung der Mobiliarsicherheiten in Art. 9 UCC genannt, obwohl diese im einzelnen nicht unumstritten war.[1018] In diesem Bereich war die Rechtszersplitterung vor Ausarbeitung des UCC besonders eklatant gewesen.[1019] Art. 9 UCC schaffte zwar die unterschiedlichen Instrumente nicht ab, vereinfachte das System der Mobiliarsicherheiten aber erheblich.[1020]

Die inhaltliche Überzeugungskraft spielte eine entscheidende Rolle für die Akzeptanz des Art. 2 UCC in den einzelnen Legislativen.[1021] Die überwiegend positiven Beurteilungen reichen dabei von „modern und ausgewogen"[1022] über „eindrucksvoll"[1023] bis zu „qualitativ hochwertig".[1024] Insgesamt gab es für ein solch umfassendes Gesetzeswerk erstaunlich wenig grundsätzliche Kritik.[1025] Kritisiert wurde im einzelnen neben der übertriebenden Detailliertheit[1026] insbesondere der große Einfluss, den bestimmte Interessengruppen wie Banken und Anwaltskanzleien auf die Ausarbeitung des UCC genommen hatten.[1027]

Gegen Art. 2 UCC, der weitgehend unabhängig von der Einflussnahme durch Lobbyisten geblieben war,[1028] wurden grundsätzliche Einwände nur von *Williston* vorgebracht.[1029] Er bemängelte die aus seiner Sicht unnötige Radikalität des von den Verfassern verfolgten Ansatzes gegenüber dem bestehenden Recht. Als Folge davon prognostizierte er eine schwierige Übergangsperiode mit erheblicher Rechtsunsicherheit, da viele kritische Fälle erneut entschieden werden müssten. Weiterhin würde durch die neue Terminologie die bisher bestehende rechtliche

---

1018 So *Twining*, Karl Llewellyn, S. 290; Kötz, Rechtsvereinheitlichung, RabelsZ 1986, S. 1, 9.

1019 Siehe schon *supra* 3. Kapitel B.II.3.a) Basisbedingungen.

1020 Zu den einzelnen Kategorien siehe *Twining*, Karl Llewellyn, S. 334 f.

1021 *Lurger*, Grundfragen der Vereinheitlichung, S. 150.

1022 *Cerutti*, Das US amerikanische Warenkaufrecht, S. 7.

1023 Zum revised sales act, einem Vorgänger von Art. 2 UCC *Gilmore*, On the Difficulties of Codifying Commercial Law, Yale L.J. 1948, S. 1341, 1354.

1024 Dazu ausführlich *Reimann/Hahn*, Die Revision des US-amerikanischen Kaufrechts, IPRax 2004, S. 146 ff.

1025 *Twining*, Karl Llewellyn, S. 287.

1026 *Gilmore*, On the Difficulties of Codifying Commercial Law, Yale L.J. 1948, S. 1341, 1355 f.

1027 *Beutel*, The Proposed Uniform (?) Commercial Code Should Not Be Adopted, Yale L.J. 1952, S. 334, 362 f., *ders.*, The Proposed Uniform Commercial Code as a Problem in Codification, L. & Contemp. Probl. 1951, S. 141.

1028 *Scott*, The Rise and Fall of Art. 2, La.L.R. 2001–2002, S. 1009, 1053.

1029 Vgl. *Williston*, The Law of Sales in the Proposed UCC, HLR. 1950, S. 561 ff.

Übereinstimmung mit England zerstört. In der Formulierung dieser Kritik versäumte es *Williston* jedoch, sich mit den Problemen auseinanderzusetzen, die zuvor im Bereich des Warenkaufs bestanden hatten.[1030] Vielmehr beschrieb er in erster Linie das klassische Dilemma der Reform eines Uniform Acts. Daher blieben seine Einwände ohne Wirkung.[1031]

Positiv auf die Qualität des UCC hat sich das Wirken des „chief reporters" *Llewellyn* ausgewirkt. Ihm kam nach dem Übereinkommen zwischen dem ALI und der NCCUSL, durch das Vertrauen *Schnaders* und durch die Loyalität *Menschikoffs* bei der Ausarbeitung des UCC eine herausragende Position zu. Trotzdem war die Art und Weise, in der der UCC unter seiner Ägide ausgearbeitet wurde, demokratisch und kooperativ, wenn auch der kleinen Gruppe um *Llewellyn* letztlich die Entscheidungskompetenz zustand.[1032] Der kooperative Stil bei der Ausarbeitung sorgte für die Miteinbeziehung vieler unterschiedlicher Interessen. Die Tatsache, dass Llewellyn als „regal realist"[1033] stets die tatsächliche Rechtswirklichkeit und ihre tatsächlichen Abläufe in den Vordergrund stellte, sorgte dafür, dass die Realität wirtschaftlicher Transaktionen[1034] zum Beurteilungsmaßstab für den UCC wurde. Die schon beschriebenen offenen Regelungen sollten dafür sorgen, dass die Richter sich bei der Lösung von Fällen an Tatsachen und nicht an rechtlichen Konstruktionen orientierten.[1035]

Durch die Beteiligung der NCCUSL, dem ALI und der ABA konnten viele unterschiedliche Interessen berücksichtigt werden. Die NCCUSL konnte bei Beginn der Arbeiten am UCC bereits auf beinahe 50 Jahre Erfahrung mit der Rechtsharmonisierung durch Modellgesetze zurückgreifen. Weiterhin war die NCCUSL als Zusammenschluss von Praktikern mit einer offenen Diskussionskultur maßgeblich für die starke Praxisorientierung des UCC verantwortlich.[1036] Das ALI konnte seine bereits bei der Ausarbeitung der Restatements gewonnenen Erfahrungen einbringen. Weiterhin sorgte seine Beteiligung aufgrund der unbestrittenen juristischen Kompetenz und Prominenz seiner Mitglieder

---

1030 Siehe *supra* 3. Kapitel B.II.3.a) Basisbedingungen.

1031 *Twining*, Karl Llewellyn, S. 288 ff.

1032 *Twining*, Karl Llewellyn, S. 300 f.

1033 Dazu schon *supra* 3. Kapitel B.II.3.b) Entstehung.

1034 *Schnader*, A Short History of the UCC, U.Miami L.R. 1967, S. 1, 4, dazu auch *Minuth*, Der amerikanische Uniform Commercial Code und deutsches Recht, S. 17, Fn. 67.

1035 Siehe *Gilmore*, In Memoriam: Karl Llewellyn, Yale L.J. 1962, S. 813, 814 f. Als Beispiele seien die Begriffe reasonableness, good faith und usage of trade genannt.

1036 *Llewellyn*, Why a Commercial Code?, Tenn.L.R. 1951–1953, S. 779, 783.

für einen Autoritätsgewinn des Projektes.[1037] Nicht zu vernachlässigen ist das Wirken des „ways and means committee" des ALI, welches eine ausreichende finanzielle Ausstattung des Projekts gewährleistete.[1038]

Auch wirkten sich eine Reihe von äußeren Rahmenbedingungen positiv auf die Harmonisierungsintensität aus. Zu nennen ist dabei zuvorderst das aus dem fragmentierten veralteten Rechtszustand im Bereich des Warenkaufs entspringende Bedürfnis nach einer Neuregelung. Durch die Übernahme von Art. 2 UCC konnten tatsächlich messbare Effizienzgewinne im Bereich von zwischenstaatlichen Transaktionen erzielt werden, die wiederum positive wirtschaftliche Effekte im Bereich des zwischenstaatlichen Handels auslösten. Der finanzielle Anreiz spielte im Bereich des Handelsrechts die entscheidende Rolle, da dessen Regelungsziel die Gewährleistung eines reibungslosen Ablaufs wirtschaftlicher Transaktionen und die daraus resultierende Senkung der Transaktionskosten ist.[1039] Betrachtet man die politischen Vorbedingungen, so war die Befürchtung der Einzelstaaten, durch eine einheitliche Regelung des Bundesgesetzgebers an Souveränität zu verlieren, ein wichtiger Grund für die Kooperation und die Übernahme des UCC.[1040] Die Übernahme durch New York ebnete als „Initialzündung" den Weg des UCC insgesamt maßgeblich.

Der Erfolg des Art. 2 UCC relativiert sich jedoch in jüngerer Zeit durch die Nichtratifizierung des „2003 official text". Verantwortlich für die Schwierigkeiten bei der Revision des Art. 2 UCC waren die gegenläufigen Interessen der beiden Gruppen, die von seinem Regelungsbereich am meisten betroffen waren, nämlich den Produzenten für den Einzelhandel auf der einen Seite und den Verbraucherschutzverbänden auf der anderen Seite. Beide Seiten standen sich lange Zeit unversöhnlich gegenüber und versuchten, Vorteile für die jeweils gegnerische Seite zu blockieren.[1041] Die Gruppe der Verbraucher machte dabei besondere Schwierigkeiten, weil sie nicht wie andere Interessengruppen durch ein gemeinsames Arbeitsfeld verbunden ist, sondern nur durch den Willen zur

---

1037 *Twining*, Karl Llewellyn, S. 281.

1038 Der größte finanzielle Beitrag stammte von der Maurice and Laura Falk Foundation; hinzu kamen ergänzende Spenden von insgesamt 98 Unternehmen, Finanzorganisationen und Law Firms, siehe *Fonseca/Fonseca*, Williston on Sales, S. 9.

1039 Vgl. *Knippenberg/Woodward*, Uniformity and Efficiency in the UCC, Bus. Lawyer 1990, S. 2519, 2521 f.

1040 *Kronstein*, Erfahrungen aus amerikanischer Rechtsangleichung, FS Hallstein, S. 275, 280; *Gray*, E pluribus unum? RabelsZ 1986, S. 111, 117 f.

1041 *Scott*, The Rise and Fall of Art. 2, La.L.R. 2001–2002, S. 1009, 1052.

Durchsetzung bestimmter politischer Ziele.[1042] Zwar wurde die Revision trotz dieser Hindernisse inzwischen zu einem Abschluss gebracht, die Blockade setzt sich jedoch nach wie vor auf der Ebene der einzelstaatlichen Legislativen fort.

(II) Rechtsanwendung

Ein wichtiger positiver Umstand auf der Stufe der Rechtsanwendung war die Einheitlichkeit der Gesetzestexte in den unterschiedlichen Staaten. Denn weder die Bundesgerichte noch die Gerichte der Einzelstaaten befassten sich ausschließlich mit den jeweiligen einzelstaatlichen Adaptionen.[1043] Die im Vergleich zu sonstigen US-Statutes offeneren Regeln[1044] des UCC wirkten sich positiv aus, indem die Rechtsprechung sich aus diese Weise leichter auf neue wirtschaftliche Entwicklungen und die daraus folgenden Bedürfnisse anpassen konnte. So wurde die Entwicklung des Handels von der Rechtsprechung weniger behindert.[1045] Die Gefahr eines stärkeren Auseinanderdriftens durch die Erweiterung des Gestaltungspotentials der Richter[1046] konnte verhindert werden.

Ein weiteres für die einheitliche Auslegung prägendes Element war das der Ausarbeitung zugrunde gelegte „principle of patent reason".[1047] Dieser in Art. 1-102 UCC[1048] normierte Grundsatz postuliert, dass der Grund des Bestehens jeder Regelung dem Rechtsanwender unmittelbar ersichtlich werden soll. Die vor Verabschiedung des UCC bestehenden, uneinheitlichen Auslegungsmethoden der einzelstaatlichen Gerichte sollten sukzessive durch eine an der „reason" orientierte Auslegung ersetzt werden.[1049] So sollte der Spielraum für sprachliche Manipulationen durch Anwälte eingeschränkt werden, da deren

1042 *Scott*, The Rise and Fall of Art. 2, La.L.R. 2001–2002, S. 1009, 1053.

1043 Dazu schon *supra* 3. Kapitel B.I.2.a) Richterliche Entscheidungen.

1044 Dazu *supra* 3. Kapitel B.II.3.c) Kategorisierung.

1045 *Knippenberg/Woodward*, Uniformity and Efficiency in the UCC, Bus. Lawyer 1990, S. 2524; *Twining*, Karl Llewellyn, S. 335.

1046 *Knippenberg/Woodward*, Uniformity and Efficiency in the UCC, Bus. Lawyer 1990, S. 2519, 2524.

1047 "Every provision should show its reason on its face. (…) Reasonably uniform interpretation by judges of different schooling, learning and skill is tremendously furthered of the reason which guides application of the same language is the same reason in all cases." So *Llewellyn*, zitiert nach *Twining*, Karl Llewellyn, S. 322.

1048 Vgl. Art. 1-102 UCC (Art. 1-103 a) UCC (2003): "This Act shall be liberally construed and applied to promote its underlying purposes and policies."

1049 *Herman*, Llewellyn the Civilian, Tul.L.R. 1982, S. 1125, 1136.

Vortrag immer schlüssig im Hinblick auf die zugrundegelegte „reason" sein müsste.[1050] Schließlich sollte ein ausführlicher Kommentar[1051] die Zwecke der einzelnen Vorschriften in den Vordergrund rücken.[1052] Zwar wurde der Kommentar von den Einzelstaaten nicht gesetzlich übernommen.[1053] Allerdings handelt es sich um einen halboffiziellen Text, der von den Urhebern des UCC selbst verfasst wurde, was ihm eine besondere Autorität verlieh. Den Richtern wurde eine Rechtsgewinnungsquelle zur Verfügung gestellt, an der sie sich bei der Auslegung des UCC stark orientierten[1054] und von der sie nur in sehr wenigen Fällen abwichen.[1055] So konnte der befürchtete „potentiell negative" Einfluss der Richter und des akademischen Schrifttums[1056] auf die einheitliche Auslegung des UCC gering gehalten werden.[1057]

Betrachtet man den bei der Auslegung des UCC angewandten Maßstab genauer, so wurden von den Gerichten allerdings nicht, wie von den UCC-Schöpfern vorgesehen, zuvorderst die Handelsbräuche zum Maßstab der Auslegung gemacht und somit eine Betrachtung aus der ex-ante-Perspektive vorgenommen, sondern der Parteiwille als maßgebliches Entscheidungskriterium in den Vordergrund gestellt. Somit erfolgte eine Beurteilung der unter dem UCC geschlossenen Verträge aus der ex-post-Perspektive.[1058] Die Folge davon war, dass nicht, wie beabsichtigt, ein Fundus von Standardformulierungen entstand. Die sich daraus ergebende Rechtsunsicherheit führte zu höheren Transaktionskosten, die wiederum ein Ausweichen wichtiger an Handelsverträgen beteiligter

1050 So *Llewellyn*, zitiert nach *Twining*, Karl Llewellyn, S. 322.

1051 Offizielle Bezeichnung: „Comments of the National Conference of Commissioners on Uniform State Laws and the American Law Institute." Dazu ausführlich siehe *Skilton*, Some Comments on the Comments to the UCC, Wis.L.R. 1966, S. 597 ff.

1052 *Twining*, Karl Llewellyn, S. 328.

1053 *White/Summers*, Uniform Commercial Code, Introduction S. 2.

1054 Vgl. *White/Summers*, Uniform Commercial Code, S. 12: "The courts take to the comments like ducks take to water, even though the legislatures did not enact the Code comments."

1055 *Herman*, Llewellyn the Civilian, Tul.L.R. 1982, S. 1125, 1170; *Twining*, Karl Llewellyn, S. 329 f.

1056 *Herman*, Llewellyn the Civilian, Tul.L.R. 1982, S. 1125, 1158.

1057 Dazu kritisch *Gilmore*, der auf Überlassung der Auslegung durch die Rechtsprechung pocht, vgl. *Gilmore*, On the Difficulties of Codifying Commercial Law, Yale L.J. 1948, S. 1341, 1355.

1058 *Scott*, The Rise and Fall of Art. 2, La.L.R. 2001–2002, S. 1009, 1055 ff.

Gruppen in spezifische Regelungswerke für die jeweiligen Gruppen und gruppenübergreifenden „standard terms" zur Folge hatten.[1059]

Für die einzelstaatlichen Richter ist es insgesamt einfacher geworden, Entscheidungen aus den anderen Einzelstaaten aufzufinden, was die Grundvoraussetzung für eine einheitliche Auslegung ist. Dies resultiert daraus, dass durch den UCC eine einheitliche Rechtsterminologie und Methodik entstanden waren.[1060]

Ein weiterer wichtiger positiver Faktor, der gerade im Vergleich mit Europa häufig genannt wird, ist die amerikanische Rechtskultur.[1061] Sie entstammt der gemeinsamen Tradition des Common Law der Einzelstaaten, der weitgehenden Bezugnahme der rechtswissenschaftlichen Literatur auf „gesamtamerikanisches Privatrecht",[1062] der einheitlichen Juristenausbildung in den nationalen Law Schools und der weitgehend einheitlichen Anwaltsexamina.[1063]

Trotz der grundsätzlichen Anpassungsfähigkeit der offenen Regelungen des UCC ist die Relevanz von Art. 2 UCC im heutigen Wirtschaftsleben durch das opting-out begrenzt. Deswegen nimmt die Zahl der Schiedsgerichtsverfahren und der individuell ausgehandelten Vertragsbedingungen in diesem Bereich zu,[1064] was auf eine fehlende Aktualität bzw. Praktikabilität der gesetzlichen Regelungen schließen lässt.[1065] Ein weiterer Grund ist, dass die offenen Regelungen vage sind und die Vertragsparteien sich lieber auf individuell ausgearbeitete Alternativen verlassen.[1066] Schließlich ist der gesamte Bereich der sich aus dem Auftauchen der neuen Informationstechnologien ergebenen rechtlichen Fragen nicht geregelt.[1067] Die verbleibende Funktion des Art. 2 UCC ist die Regelung

---

1059 Dazu mit konkreten Beispielen *Scott*, The Rise and Fall of Art. 2, La.L.R. 2001–2002, S. 1009, 1058 f.

1060 *Scott*, The Rise and Fall of Art. 2, La.L.R. 2001–2002, S. 1009, 1046 f.

1061 Zum Begriff der Rechtskultur siehe schon *supra* 1. Kapitel B.IX. Rechtskultur.

1062 Tatsächlich ist dieses „gemeinamerikanische Privatrecht eine Zusammensetzung der unterschiedlichen einzelstaatlichen Rechte", siehe dazu schon *supra* 3. Kapitel B.I.1. Amerikanisches Privatrecht als „Mehrebenensystem".

1063 *Lurger*, Grundfragen der Vereinheitlichung, S. 151 ff.

1064 *Scott*, The Rise and Fall of Art. 2, La.L.R. 2001–2002, S. 1009, 1012.

1065 In einem vergleichbaren Aktualitätsdefizit befand sich das US-Kaufrecht vor Beginn der Ausarbeitung des UCC, vgl. *supra* 3. Kapitel B.II.3.a) Basisbedingungen.

1066 *Scott*, The Rise and Fall of Art. 2, La.L.R. 2001–2002, S. 1009, 1047.

1067 *Scott*, The Rise and Fall of Art. 2, La.L.R. 2001–2002, S. 1009, 1049 f.: Der ursprünglich für die Regelung von „computer information contracts" vorgesehene Art. 2 B UCC wurde nach Ablehnung durch die Jahreshauptversammlung des ALI im Jahre 1999 von der NCCUSL als Uniform Computer Information Transactions Act (UCITA) veröffentlicht und in zwei Staaten übernommen. Das zuständige Komitee

von Kaufverträgen für Massenprodukte zwischen Unternehmern als Verkäufer und Verbrauchern als Käufer („B2C“).[1068]

C. Die nordische Kaufrechtsharmonisierung

Zu den „nordischen Staaten“ gehören die skandinavischen Staaten Schweden, Norwegen und Dänemark sowie Finnland und Island. Die erstgenannten drei Staaten bilden den Kern der nordischen Gemeinschaft.[1069] Die gemeinsamen nordischen Gesetze zum Vertragsschluss aus den Jahren 1915–1918[1070] sollen wegen ihres fehlenden Einflusses auf die Entwicklung des skandinavischen Rechts[1071] und des Fehlens an verfügbarer Literatur nicht untersucht werden.

I. Institutionen der nordischen Zusammenarbeit

Wichtige Institutionen der nordischen Rechtsharmonisierung sind der Nordische Juristentag, der Nordische Rat und der Nordische Ministerrat.

Der Nordische Juristentag geht auf eine schwedische Initiative zurück. Ab der Mitte des 19. Jahrhunderts entwickelte sich aufgrund der Verbesserung der Verkehrsverbindungen und der Ausweitung des zwischenstaatlichen Handels ein immer drängenderes Bedürfnis nach Rechtsharmonisierung.[1072] Zudem befanden sich die skandinavischen Länder nach dem deutsch-dänischen Krieg

---

der NCCUSL wurde 2003 aufgelöst und damit das Projekt offiziell für gescheitert erklärt.

1068 *Scott*, The Rise and Fall of Art. 2, La.L.R. 2001–2002, S. 1009, 1013.

1069 *Malmström*, Die Zusammenarbeit der Nordischen Staaten, in *Zweigert* (Hg.), Europäische Zusammenarbeit im Rechtswesen, S. 18, 19.

1070 Ein solches Gesetz wurde in Schweden 1915, in Dänemark 1917 und in Norwegen 1918 verabschiedet. Finnland erhielt 1929 ein weitgehend übereinstimmendes Vertragsrecht, obwohl es noch nicht an der Gesetzeszusammenarbeit beteiligt war. Das Gesetz trifft allerdings keine umfassende Regelung der Rechtsgeschäftslehre, sondern befasst sich mit wenigen, als besonders wichtig empfundenen Problemen wie Vertragsabschluss, Vollmacht und Ungültigkeit von Rechtsgeschäften, vgl. *Zweigert/Kötz*, Einführung in die Rechtsvergleichung, S. 276. Siehe auch *Lookofsky*, The Scandinavian Experience, in *Ferrari* (Hg.), The 1980 Uniform Sales Law, S. 95, 104 ff.

1071 *Hagstrøm*, The Scandinavian Law of Obligations, Skand. Studies in Law Vol. 50, S. 116, 120. Für eine kurze inhaltliche Analyse siehe *Ramberg*, The Hidden Secrets of Scandinavian Contract Law, Skand. Studies in Law Vol. 50, S. 249 ff.

1072 *Zweigert/Kötz*, Einführung in die Rechtsvergleichung, S. 274,

(1863–64) in einer politischen Krise.[1073] Im Jahr 1872 tagte der Nordische Juristentag zum ersten Mal. Durch seine Einrichtung sollte die nordische Zusammenarbeit in Rechtsfragen vorangebracht werden.[1074] In der Folge fand diese Zusammenkunft in der Regel alle drei Jahre statt. Obwohl es sich um eine private Institution handelte,[1075] spielte sie eine für das Rechtsleben in den Nordischen Staaten insgesamt und speziell bei Fragen der gemeinsamen Gesetzgebung wichtige Rolle.[1076]

Durch den Nordischen Rat, gegründet im Jahr 1952, wurde die nordische Zusammenarbeit institutionalisiert.[1077] Der Rat ist eine Art ständige Kommission mit dem Ziel, die Zusammenarbeit der nordischen Staaten in Rechtsfragen zu fördern. Im Jahr 1962 wurde die Zusammenarbeit durch das Helsinki-Abkommen auf eine staatsvertragliche Grundlage gestellt.[1078] Das Abkommen enthält allerdings keine völkerrechtlichen Verpflichtungen, sondern ausschließlich Sollvorschriften, nach denen unter anderem eine weitere Privatrechtsharmonisierung angestrebt wird.[1079] Es handelt sich um eine offizielle Einrichtung, d.h. die Mitglieder sind Parlamentarier der Einzelstaaten und Vertreter der einzelstaatlichen Regierungen. Getagt wird jedes Jahr für mehrere Wochen in einer nordischen Hauptstadt, um über Themen von gemeinsamem Interesse zu diskutieren. Der Nordische Rat gibt Empfehlungen ab, denen trotz ihrer

1073 *Modeen*, Rechtsvereinheitlichungsbedingungen in den nordischen Staaten, Zeitschrift für vgl. Rechtswissenschaft 1970, S. 156, 159.

1074 *Malmström*, Die Zusammenarbeit der Nordischen Staaten, in *Zweigert* (Hg.), Europäische Zusammenarbeit im Rechtswesen, S. 18, 21. Zunächst waren nur Juristen aus Norwegen, Dänemark und Schweden anwesend; Finnland beteiligte sich erst, nachdem es 1917/1918 seine Unabhängigkeit erlangt hatte, vgl. *Kjelland*, Das neue Kaufrecht der nordischen Länder, S. 37; *Linhart*, Internationales Einheitsrecht und einheitliche Auslegung, S. 111.

1075 *Linhart*, Internationales Einheitsrecht und einheitliche Auslegung, S. 112.

1076 *Modeen*, Rechtsvereinheitlichungsbedingungen in den nordischen Staaten, Zeitschrift für vgl. Rechtswissenschaft 1970, S. 156, 159.

1077 Gründungsmitglieder des Nordischen Rates waren Dänemark, Island, Norwegen und Schweden. Finnland trat im Jahre 1955 bei.

1078 Die aktuelle Version des Abkommens von 1996 ist in englischer Sprache unter http://www.norden.org/en/publications/publications/1999-801/at_download/publicationfile abrufbar. Allerdings handelt es sich dabei nicht um einen bindenden völkerrechtlichen Vertrag; das Abkommen enthält ausschließlich Sollvorschriften, vgl. *Carsten*, Nordische Zusammenarbeit, ZEuP 1993, S. 335, 343.

1079 So bestimmt Art. 1 des Abkommens, dass die nordische Zusammenarbeit weiter ausgebaut werden soll. Nach Art. 4 ist das Ziel der Gesetzeszusammenarbeit eine größtmögliche Übereinstimmung auf dem Gebiet des Privatrechts.

fehlenden Verbindlichkeit ein großes Gewicht beigemessen wird.[1080] So kann bei einer einhelligen Empfehlung des nordischen Rates von einer Übernahme in den Einzelstaaten ausgegangen werden, solange es sich nicht um ein Thema handelt, hinter dem kontroverse politische Interessen stehen.[1081] Die Mitglieder verteilen sich auf inzwischen sieben Ausschüsse,[1082] die die jährlichen Sitzungen vorbereiten.[1083] Da sich der Rat aus Parlamentariern zusammensetzt, spielt er eine entscheidende Rolle beim Ausgleich von Meinungsverschiedenheiten zwischen den einzelstaatlichen Parlamenten.[1084]

Die dritte prägende Institution der nordischen Rechtsharmonisierung ist der im Jahre 1971 gegründete Nordische Ministerrat, der die schon vorher abgehaltenen regelmäßigen Zusammenkünfte der Justizminister[1085] institutionalisiert. Als höchste Ebene der nordischen Zusammenarbeit koordiniert er die Kooperation der nordischen Regierungen mit dem Nordischen Rat sowie untereinander.[1086] Der Nordische Ministerrat setzt sich aus den nordischen Kooperationsministern der einzelnen Regierungen zusammen. Ferner tagen teilweise auch die jeweiligen Fachminister.[1087] Zudem bestehen gute informelle Kontakte zwischen den Beamten der Ministerien.[1088]

1080 *Kjelland*, Das neue Kaufrecht der nordischen Länder, S. 39 f.; *Hellner*, Rechtsvereinheitlichung im skandinavischen Rechtskreis, in *Coing/Schmidthoff/Hellner/Gleichmann* (Hg.), Methoden der Rechtsvergleichung, S. 27, 29.

1081 *Modeen*, Rechtsvereinheitlichungsbedingungen in den nordischen Staaten, Zeitschrift für vgl. Rechtswissenschaft 1970, S. 156, 166.

1082 Die sieben Ausschüsse sind der Wirtschafts- und Industrieausschuss, der Kultur- und Bildungsausschuss, der Bürger- und Verbraucherrechtsausschuss, der Umweltausschuss, der Sozialausschuss, der Kontrollausschuss und der Wahlausschuss (Quelle: http://www.norden.org/en/nordic-council/organisation-and-structure/committees).

1083 *Modeen*, Rechtsvereinheitlichungsbedingungen in den nordischen Staaten, Zeitschrift für vgl. Rechtswissenschaft 1970, S. 156, 162.

1084 *Modeen*, Rechtsvereinheitlichungsbedingungen in den nordischen Staaten, Zeitschrift für vgl. Rechtswissenschaft 1970, S. 156, 165.

1085 Zu dieser Zusammenarbeit siehe *Modeen*, Rechtsvereinheitlichungsbedingungen in den nordischen Staaten, Zeitschrift für vgl. Rechtswissenschaft 1970, S. 156, 164.

1086 *Linhart*, Internationales Einheitsrecht und einheitliche Auslegung, S. 113.

1087 *Linhart*, Internationales Einheitsrecht und einheitliche Auslegung, S. 113.

1088 *Hellner*, Rechtsvereinheitlichung im skandinavischen Rechtskreis, in *Coing/Schmidthoff/Hellner/Gleichmann* (Hg.), Methoden der Rechtsvergleichung, S. 27, 29.

II. Die ersten nordischen Kaufgesetze

Zunächst sollen die ersten gemeinsamen nordischen Kaufgesetze als ein klassisches Produkt der nordischen Rechtsharmonisierung untersucht werden.[1089]

1. *Basisbedingungen*

Gemeinsam haben die Staaten eine lange (sozial-) demokratische Tradition,[1090] die neben einer relativ homogenen Gesellschaftsstruktur[1091] auch eine Übereinstimmung der „tragenden rechtspolitischen Ideen" zur Folge hat.[1092] Diese Entwicklung wurde neben der geographischen Nähe der nordischen Staaten stets dadurch gefördert, dass Norwegisch, Dänisch, Schwedisch und Isländisch einem gemeinsamen Sprachstamm angehören, weshalb relativ geringe Verständigungsschwierigkeiten zwischen den Ländern bestehen.[1093] Finnisch als ugrische Sprache wird in den anderen Ländern nicht verstanden; allerdings ist Schwedisch in Finnland die zweite Amtssprache.[1094]

Seit Ende des 17. Jahrhunderts besaßen Schweden, Norwegen und Dänemark zivilrechtliche Gesetzgebungen, die als Zusammenfassungen des damaligen Richterrechts lückenhaft und kasuistisch waren.[1095] Trotz einer im einzelnen unterschiedlichen Rechtspraxis folgten die nordischen Rechte einer langen gemeinsamen Rechtstradition. Ende des 19. Jahrhunderts waren die Kaufgesetze in den nordischen Staaten weitgehend veraltet und benötigten

---

1089 *Carsten*, Nordische Zusammenarbeit, ZEuP 1993, S. 335, 346.

1090 *Kjelland*, Das neue Kaufrecht der nordischen Länder, S. 37 f.

1091 *Kjelland*, Das neue Kaufrecht der nordischen Länder, S. 7.

1092 *Malmström*, Die Zusammenarbeit der Nordischen Staaten, in *Zweigert*, Europäische Zusammenarbeit im Rechtswesen, S. 18, 19. *Kjelland*, Das neue Kaufrecht der nordischen Länder, S. 11. Die gemeinsamen Wertvorstellungen werden auch daran deutlich, dass die Rechtsangleichung sich z.B. auch auf das Familienrecht erstreckt, einem sehr stark von Moralvorstellungen geprägten Bereich, dazu *Hellner*, Rechtsvereinheitlichung im skandinavischen Rechtskreis, in *Coing/Schmidthoff/Hellner/Gleichmann* (Hg.), Methoden der Rechtsvergleichung, S. 27, 28.

1093 *Zweigert/Kötz*, Einführung in die Rechtsvergleichung, S. 274. Dazu siehe ausführlich *Modeen*, Rechtsvereinheitlichungsbedingungen in den nordischen Staaten, Zeitschrift für vgl. Rechtswissenschaft 1970, S. 156.

1094 *Kjelland*, Das neue Kaufrecht der nordischen Länder, S. 37.

1095 *Lookofsky*, The Scandinavian Experience, in *Ferrari* (Hg.), The 1980 Uniform Sales Law, S. 95, 98 f.

eine Neufassung, um sich den veränderten wirtschaftlichen Gegebenheiten anzupassen.[1096]

Die nordische Zusammenarbeit auf dem Gebiet der Rechtsharmonisierung war seit dem Jahr 1872 durch die Nordischen Juristentage institutionalisiert worden und hatte u.a. zur Verabschiedung eines gemeinsamen Wechselrechts von 1880 und von gemeinsamen Gesetzen über Handelsregister, Firma und Prokura geführt. Der entscheidende Impuls zum Beginn der Gesetzgebungsarbeiten wird dem berühmten dänischen Professor *Lassen*[1097] zugeschrieben, der in einer Rede im Jahr 1899 die Notwendigkeit eines einheitlichen nordischen Zivilgesetzbuches beschwor.[1098]

2. *Entstehung*

Unter dem Eindruck der Rede von *Lassen* wurde im Jahr 1901 ein Ausschuss mit dem Ziel eingesetzt, gemeinsame nordische Kaufgesetze auszuarbeiten.[1099] Auf der Grundlage des Entwurfs dieses Ausschusses wurden von den Regierungen eigene Gesetzesentwürfe erarbeitet, wobei sowohl auf ministerialer Ebene[1100] als auch im Wege informeller Zusammenarbeit zwischen den beteiligten Beamten[1101] ein fortwährender Austausch stattfand. Das Ergebnis dieser Prozesse waren drei im Wesentlichen übereinstimmende Gesetzesentwürfe, die an die betroffenen Kreise zur Stellungnahme weitergeleitet wurden. Im Jahr 1904 stimmten die Delegierte der Einzelstaaten erneut über bestimmte

---

1096 Diese Diagnose gilt zumindest für das schwedische Gesetz von 1734, vgl. *Almén*, Das skandinavische Kaufrecht, Bd. 1., S. 1., und für das dänische Kaufrecht, vgl. dazu die Rede des dänischen Professors Lassen (1899), vgl. *Malmström*, Die Zusammenarbeit der Nordischen Staaten, in *Zweigert* (Hg.), Europäische Zusammenarbeit im Rechtswesen, S. 18, 24.

1097 Der Einfluss von *Lassen* ist insbesondere in seinem Handbuch zum allgemeinen Obligationenrecht begründet, welches schon kurz nach Erscheinen als allgemeiner Referenztext für die Einordnung dänischer Gerichtsentscheidungen fungierte, vgl. *Hagstrøm*, The Scandinavian Law of Obligations, Skand. Studies in Law Vol. 50, S. 117, 119 f.

1098 *Malmström*, Die Zusammenarbeit der Nordischen Staaten, in *Zweigert* (Hg.), Europäische Zusammenarbeit im Rechtswesen, S. 18, 24.

1099 *Lookofsky*, The Scandinavian Experience, in *Ferrari* (Hg.), The 1980 Uniform Sales Law, S. 95, 100; *Hallstein*, Nordisches Kaufrecht, S. 111. Siehe auch *Kjelland*, Das neue Kaufrecht der nordischen Länder, S. 9, der als Einsetzungsjahr des Ausschusses allerdings 1902 nennt.

1100 *Kjelland*, Das neue Kaufrecht der nordischen Länder, S. 9.

1101 *Linhart*, Internationales Einheitsrecht und einheitliche Auslegung, S. 114.

Änderungen ab.[1102] Schließlich wurde der fertige Entwurf in die Parlamente von Schweden, Dänemark und Norwegen eingebracht und dort verabschiedet.

Inhaltlich orientierten sich die nordischen Kaufgesetze primär an einem schwedischer Entwurf von 1894, der auf einer gescheiterten Gesamtkodifikation des schwedischen Handelsrechts beruhte. Auf der Grundlage einer Begutachtung dieses Entwurfs durch den schwedischen obersten Gerichtshof begann die Zusammenarbeit der nordischen Staaten.[1103] Weitere Gesetzeswerke, die von der Kommission berücksichtigt wurden, waren der englische Sale of Goods Act von 1893[1104] und das BGB als Beispiele für damals „moderne Gesetzgebung" sowie der französische Code Civil.[1105] Die wichtigsten Gesetzesmaterialien waren allerdings entsprechend der pragmatischen Ausrichtung der nordischen Juristen das bereits in den Staaten existierende Richterrecht[1106] sowie die Stellungnahmen der betroffenen Handelsverbände, weshalb sich die Gesetze insgesamt stark an den praktischen Bedürfnissen des Handels orientieren.[1107]

3. *Kategorisierung*

Die ersten nordischen Kaufgesetze regelten den Kauf und den Tausch von beweglichen Sachen und die dazu notwendigen Teile des allgemeinen Vertragsrechts[1108] ohne Vorschriften zum Vertragsschluss. Insgesamt 71 Einzelvorschriften regelten Bereiche wie die Gefahrtragung, den Verzug, die Sachmängelhaftung, die Auflösung von Verträgen sowie eine Reihe von Definitionen gebräuchlicher Ausdrücke.[1109] Es handelte sich um durchgehend dispositives Recht (§ 1), wobei auch Tausch-, Werk- und Werklieferungsverträge umfasst waren. Es fand keine Differenzierung hinsichtlich des persönlichen Anwendungsbereichs statt, sofern dies nicht besonders gekennzeichnet war (§ 4). Der

---

1102 *Almén*, Das skandinavische Kaufrecht, Bd. 1, S. 2 f.

1103 *Almén*, Das skandinavische Kaufrecht, Bd. 1, S. 2.

1104 Dazu siehe schon *supra* 3. Kapitel C.II.2. Entstehung.

1105 *Hagstrøm*, The Scandinavian Law of Obligations, Skand. Studies in Law Vol. 50, S. 117, 120.

1106 *Lookofsky*, The Scandinavian Experience, in *Ferrari* (Hg.), The 1980 Uniform Sales Law, S. 95, 101.

1107 Dazu *Zweigert/Kötz*, Einführung in die Rechtsvergleichung, S. 275 f.

1108 *Lookofsky*, The Scandinavian Experience, in *Ferrari* (Hg.), The 1980 Uniform Sales Law, S. 95, 101.

1109 Dazu siehe im Einzelnen *Almén*, Das skandinavische Kaufrecht, Bd. 3, S. 1 ff.

Schwerpunkt der Regelungssammlung lag auf Rechtsbehelfen für den Fall, dass bei der Durchführung des geschlossenen Vertrages „etwas schiefgeht."[1110]

Die ersten nordischen Kaufgesetze enthielten eine Mischung aus innovativen und deskriptiven Regeln. In die Richtung einer eher deskriptiven Tendenz hat sich die Orientierung an der bisherigen skandinavischen Rechtsprechung ausgewirkt. Die Orientierung am Sale of Goods Act von 1893 führte zu einer teilweise eher konservativen Ausrichtung des Inhalts.[1111] Auf der anderen Seite wurden auch das BGB als damals modernes, innovatives Gesetzeswerk und die Handelsbräuche in der den nordischen Juristen eigenen pragmatischen Herangehensweise berücksichtigt.[1112] Es kann konstatiert werden, dass die Gesetze für die damalige Zeit moderne, auf die Bedürfnisse des Handels zugeschnittene[1113] Regelungen trafen.[1114] Dies wiederum hängt mit der Miteinbeziehung der betroffenen Handelsverbände zusammen, die „deutliche Spuren" im Werk hinterlassen haben.[1115]

Die Resultate der nordischen Parallelgesetzgebung sind keine kodifikationsartigen, also umfassenden und systematischen Regelungswerke, sondern stets Spezialgesetze, die begrenzte Rechtsmaterien zum Gegenstand haben.[1116] Trotz ihrer spezialgesetzlichen Struktur enthielten die Gesetzeswerke häufig offene Regelungen, die dem Rechtsanwender bedeutende Auslegungsspielräume beließen.[1117]

Es handelte sich bei den nordischen Kaufgesetzen um eine regional begrenzte, zwischenstaatliche Initiative mit dem Ziel einer möglichst weitgehenden Harmonisierung der unterschiedlichen nationalen Kaufgesetze[1118] und um drei national begrenzte Gesetzgebungsverfahren, zwischen denen eine

---

1110 *Lookofsky*, The Scandinavian Experience, in *Ferrari* (Hg.), The 1980 Uniform Sales Law, S. 95, 112. Auch hier zeigt sich die pragmatische Herangehensweise der nordischen Juristen.

1111 Zur eher konservativen Ausrichtung des Sale of Goods Act (1893) siehe supra 3. Kapitel B.II.2.b) Entstehung.

1112 Siehe 3. Kapitel C.II.2. Entstehung.

1113 *Sevón*, The New Scandinavian Codification and the CISG, in *Schlechtriem* (Hg.), Einheitliches Kaufrecht, S. 343, 344.

1114 *Kjelland*, Das neue Kaufrecht der nordischen Länder, S. 9.

1115 *Hallstein*, Nordisches Kaufrecht, S. 111.

1116 *Kjelland*, Das neue Kaufrecht der nordischen Länder, S. 5 f.; *Lookofsky*, The Scandinavian Experience, in *Ferrari* (Hg.), The 1980 Uniform Sales Law, S. 95, 97.

1117 Vgl. *Kjelland*, Das neue Kaufrecht der nordischen Länder, S. 6, der als Beispiel den häufigen Verweis auf Billigkeit oder Angemessenheit nennt.

1118 *Kjelland*, Das neue Kaufrecht der nordischen Länder, S. 11.

unverbindliche Koordinierung stattfand, also um legislatorische Maßnahmen unter Wahrung der einzelstaatlichen Gesetzgebungsautonomie.[1119]

Der Unterschied zwischen der nordischen Rechtsharmonisierung und anderen Modellgesetzen besteht darin, dass die nordische Zusammenarbeit auf der Ebene der einzelstaatlichen Legislativen zu einem früheren Zeitpunkt einsetzte. So wurde nicht erst ein Entwurf ausgearbeitet, der sukzessive den beteiligten Staaten zur Beurteilung übergeben wurde. Vielmehr wurde auf Grundlage eines Kommissionsentwurfs von jeder Gesetzeskommission ein eigener Entwurf erarbeitet, wobei eine Koordinierung schon während der Ausarbeitung stattfand. Das Resultat dieser Zusammenarbeit war also nicht ein Text, der dann in den sich beteiligenden Staaten auf die eine oder andere Art und Weise übernommen wurde, sondern es handelte sich vielmehr um von vornherein unterschiedliche Texte, die einen bestimmten Grad an Übereinstimmung aufwiesen.

4. Harmonisierungswirkung

a) Normenstufe

Die im Wesentlichen gleichlautenden Gesetze traten in Schweden im Jahr 1905, in Dänemark im Jahr 1906 und in Norwegen im Jahr 1907 in Kraft.[1120] Der Grad der Harmonisierungsintensität zwischen Schweden, Dänemark und Norwegen war also inhaltlich sehr hoch.[1121] Island verabschiedete im Jahr 1911 ein Gesetz mit ähnlichem Inhalt,[1122] Finnland hingegen behielt die Regelung aus dem schwedischen Handelsgesetzbuch von 1734 bei und nahm nur auf der Rechtsanwendungsstufe angleichende Korrekturen vor.[1123]

b) Rechtsanwendung

Die Rechtsanwendung der ersten nordischen Kaufgesetze kann als weitgehend einheitlich bezeichnet werden.[1124] Diese Einheit wurde dadurch erweitert, dass

---

1119 *Hellner*, Rechtsvereinheitlichung im skandinavischen Rechtskreis, in *Coing/Schmidthoff/Hellner/Gleichmann*, Methoden der Rechtsvergleichung, S. 29.

1120 *Almén*, Das skandinavische Kaufrecht, Bd. 3, S. XII; *Linhart*, Internationales Einheitsrecht und einheitliche Auslegung, S. 115.

1121 Insbesondere einige formale Unterschiede bleiben bestehen, u.a. die Titel der Einzelgesetze Im einzelnen siehe dazu *Almén*, Das skandinavische Kaufrecht, Bd. 3, S. XII.

1122 *Almén*, Das skandinavische Kaufrecht, Bd. 1, S. 3.

1123 *Kjelland*, Das neue Kaufrecht der nordischen Länder, S. 9. Dazu siehe sogleich *infra* 3. Kapitel C.II.5.b) Rechtsanwendung.

1124 So *Hellner*, Unification of Law in Scandinavia, AJCL 1968, S. 88, 91.

das schwedische Kaufgesetz in Finnland von der Rechtsprechung rezipiert wurde.[1125] In Ermangelung umfassender Zivilrechtskodifikationen erlangten die nordischen Kaufgesetze auch in anderen, nicht-kodifizierten Bereichen im Wege einer analogen Anwendung Geltung.[1126]

5. *Faktoren mit Einfluss auf die Harmonisierungswirkung*

a) Normenstufe

Gemeinsam war den nordischen Juristen schon zu dieser Zeit eine pragmatische, problemorientierte Herangehensweise, die sich in der Ablehnung von Formalismus und Dogmatismus und in der Suche nach möglichst praxisnahen Regeln und Lösungen äußerte.[1127] Entsprechend setzte die nordische Gesetzgebung eher auf flexible Einzelfallgesetzgebung als auf Kodifikationen, was auf der einen Seite die Aktualität durch schnelle Reaktionsmöglichkeiten der Gesetzgeber förderte,[1128] auf der anderen Seite aber weniger vor übereilten Neuregelungen schützte.[1129]

Ein wichtiger Faktor für den Erfolg dieser Harmonisierungsinitiative war ihre hohe Qualität.[1130] Eine Kooperation im Bereich der Gesetzgebung war schon unter ökonomischen Erwägungen geboten,[1131] weil die einzelnen Staaten aufgrund ihrer Größe und vergleichsweise geringen Einwohnerzahl über wenig Erfahrungsmaterial für die Formulierung von Gesetzen verfügten.[1132] Hervorzuheben ist weiter die Aktualität der Gesetze und ihre Ausrichtung an den damaligen Bedürfnissen des Handels.[1133] Zudem fanden aktuelle ausländische Gesetzeswerke Berücksichtigung.

1125 *Lookofsky*, The Scandinavian Experience, in *Ferrari* (Hg.), The 1980 Uniform Sales Law, S. 95, 100.

1126 *Hellner*, Unification of Law in Scandinavia, AJCL 1968, S. 88, 91.

1127 *Lookofsky*, The Scandinavian Experience, in *Ferrari* (Hg.), The 1980 Uniform Sales Law, S. 95, 97; *Hagstrøm*, The Scandinavian Law of Obligations, Skand. Studies in Law Vol. 50, S. 117, 118.

1128 Als Beispiel seien die nordischen Regelungen im Bereich des Verbraucherschutzes genannt, vgl. *Kjelland*, Das neue Kaufrecht der nordischen Länder, Teil E.

1129 *Kjelland*, Das neue Kaufrecht der nordischen Länder, S. 6.

1130 Siehe *Hallstein*, Nordisches Kaufrecht, S. 111, 114, der die Sicherheit, Angemessenheit und Einfachheit der Lösungen lobt.

1131 *Modeen*, Rechtsvereinheitlichungsbedingungen in den nordischen Staaten, Zeitschrift für vgl. Rechtswissenschaft 1970, S. 156, 170.

1132 *Zweigert/Kötz*, Einführung in die Rechtsvergleichung, S. 275.

1133 Dazu schon *supra* 3. Kapitel C.II.3. Kategorisierung. So auch *Hagstrøm*, The Scandinavian Law of Obligations, Skand. Studies in Law Vol. 50, S. 117, 120.

Die Harmonisierung wurde durch die Begrenzung auf drei bzw. vier Staaten erleichtert. Die durch die langjährig bestehende Zusammenarbeit aufgebauten Beziehungen führten zu einer großen Kompromissbereitschaft in den Einzelstaaten.[1134] Herauszustellen ist dabei Rolle der Nordischen Juristentage. Sie wurden wegen ihrer die Rechtsharmonisierung fördernden Wirkung auch als „inoffizielles (…) Organ des Vereinheitlichungswerks“ [1135] bzw. als „Motor und Diskussionsforum der nordischen Zusammenarbeit“ bezeichnet. Hier durch eine intensive Rechtsvergleichung die theoretische Grundlage für eine gemeinsame Rechtswissenschaft geschaffen.[1136] Zwischen den an den Treffen teilnehmenden Juristen, später häufig selbst Mitarbeiter bei Projekten der nordischen Rechtsharmonisierung,[1137] wurden, erleichtert durch die Ähnlichkeit der nordischen Sprachen, wichtige persönliche Kontakte geknüpft.[1138] Sicherlich spielten auch die gesellschaftlichen, politischen,[1139] wirtschaftlichen und kulturellen Gemeinsamkeiten zwischen den nordischen Staaten eine wichtige Rolle beim Erfolg der nordischen Kaufrechtsharmonisierung.

Die strukturelle Vereinbarkeit der neuen Kaufgesetze mit den bestehenden nordischen Rechtsordnungen war unproblematisch gegeben, weil in keinem der Staaten die Umsetzung durch eine Zivilrechtskodifikation behindert wurde. Die Rechtsinstitutionen der Reformgesetze bauten zum überwiegenden Teil auf dem Fallrecht auf, welches zuvor das Recht des Warenkaufs geregelt hatte. Dieses war zwar in den Staaten im Einzelfall unterschiedlich, stellte aber aufgrund der tiefgreifenden historischen Verbindungen zwischen den Staaten keinen Hinderungsgrund dar.

b) Rechtsanwendung

Die sehr weitgehende Übereinstimmung der Normen in Dänemark, Norwegen und Schweden wirkte sich positiv auf die Rechtanwendung aus. Als weiterer Faktor ist der mehr detailliert-kasuistische als abstrakt-generelle Stil[1140] der

1134 *Modeen*, Rechtsvereinheitlichungsbedingungen in den nordischen Staaten, Zeitschrift für vgl. Rechtswissenschaft 1970, S. 156, 165.

1135 *Malmström*, Die Zusammenarbeit der Nordischen Staaten, in *Zweigert* (Hg.), Europäische Zusammenarbeit im Rechtswesen, S. 18, 23.

1136 *Malmström*, Die Zusammenarbeit der Nordischen Staaten, in *Zweigert* (Hg.), Europäische Zusammenarbeit im Rechtswesen, S. 18, 32.

1137 *Carsten*, Nordische Zusammenarbeit, ZEuP 1993, S. 335, 343 f.

1138 *Linhart*, Internationales Einheitsrecht und einheitliche Auslegung, S. 118.

1139 Auch das Auseinanderbrechen der Union zwischen Norwegen und Schweden im Jahre 1905 hat dem Projekt offensichtlich nicht geschadet.

1140 *Malmström*, Die Zusammenarbeit der Nordischen Staaten, in *Zweigert* (Hg.), Europäische Zusammenarbeit im Rechtswesen, S. 18, 30 f.

Normen zu erwähnen. So bestanden weniger Abweichungsmöglichkeiten für die Rechtsanwender.[1141] Zudem war die Haltung der Richter gegenüber der Berücksichtigung von Urteilen aus anderen nordischen Staaten grundsätzlich aufgeschlossen, die rechtsvergleichende Auslegung entsprechend verbreitet. Seit dem Jahr 1959 veröffentlichen die Staaten vierteljährig gemeinsame Berichte über die nationale Rechtsprechung in den angeglichenen Rechtsgebieten; sie werden vom Nordischen Rat herausgegeben und kostenlos an alle skandinavischen Gerichte verteilt.[1142]

Der Kommentar von *Almén*, einem der Hauptverfasser der Gesetze,[1143] fand weitgehende Akzeptanz. Es handelt sich dabei um einen „Ausdruck einer gemeinsamen Rechtswissenschaft".[1144] Durch seine Existenz wurde die Rechtsanwendungsgleichheit in Finnland ermöglicht.[1145] Er ist inzwischen als wichtiger Referenztext des skandinavischen Vertragsrechts anerkannt.[1146]

Wenn man von einem „gesamtnordischen Recht" spricht, bedeutet dies also nicht, dass in allen nordischen Ländern in bestimmten Bereichen identische Gesetze gelten, die einheitlich ausgelegt werden.[1147] In diesem Fall ist eine „einheitliche Rechtsanschauung" wichtiger als eine textliche Übereinstimmung,[1148] weil trotz fehlender textlicher Übereinstimmung zumindest dieselben Grundsätze angewandt werden.[1149] Das Ergebnis der beschriebenen Gemeinsamkeiten ist, dass die nordische Rechtstradition als eigener europäischer Rechtskreis betrachtet wird.[1150]

1141 *Linhart*, Internationales Einheitsrecht und einheitliche Auslegung, S. 118.

1142 *Linhart*, Internationales Einheitsrecht und einheitliche Auslegung, S. 117 f.

1143 *Almén*, Das skandinavische Kaufrecht, Bd. 1–3.

1144 *Hallstein*, Nordisches Kaufrecht, S. 111.

1145 *Hellner*, Unification of Law in Scandinavia, AJCL 1968, S. 88, 91.

1146 *Hagstrøm*, The Scandinavian Law of Obligations, Skand. Studies in Law Vol. 50, S. 117, 120: "This commentary came to form on of the cornerstones of practical and theoretical law in Scandinavia."

1147 Dazu instruktiv *Carsten*, Nordische Zusammenarbeit, ZEuP 1993, S. 335, 345. Weiterhin vgl. *Malmström*, Die Zusammenarbeit der Nordischen Staaten, in *Zweigert* (Hg.), Europäische Zusammenarbeit im Rechtswesen, S. 18.

1148 *Hellner*, Rechtsvereinheitlichung im skandinavischen Rechtskreis, in *Coing/Schmidthoff/Hellner/Gleichmann* (Hg.), Methoden der Rechtsvergleichung, S. 28.

1149 *Hellner*, Rechtsvereinheitlichung im skandinavischen Rechtskreis, in *Coing/Schmidthoff/Hellner/Gleichmann* (Hg.), Methoden der Rechtsvergleichung, S. 33.

1150 *Lookofsky*, The Scandinavian Experience, in *Ferrari* (Hg.), The 1980 Uniform Sales Law, S. 95, 97; *Zweigert/Kötz*, Einführung in die Rechtsvergleichung, S. 271; *Bernitz*, What is Scandinavian Law?, Skand. Studies in Law Vol. 50, S. 13, 17 ff.

Die Einheitlichkeit der Rechtsanwendung erscheint erstaunlich, wenn man bedenkt, dass die Auslegung der Kaufgesetze nicht von einem gemeinsamen Obergericht kontrolliert oder durch Auslegungsklauseln zu beeinflussen versucht wurde.[1151]

III. Die Revision der Nordischen Kaufgesetze

Die neuen nordischen Kaufgesetze traten in Norwegen am 1.1.1989, in Schweden am 1.1.1991 und in Finnland am 1.1.1988 in Kraft. Dänemark hingegen behielt sein altes Kaufgesetz bei und führte keine Revision durch.[1152]

1. Basisbedingungen

Ab der Mitte des 20. Jahrhunderts zeigte sich durch häufig von den Vertragsparteien vereinbarte Geltungsausschlüsse und die Vereinbarung von Standardvertragsklauseln, dass die nordischen Kaufgesetze nicht mehr den Realitäten des modernen Wirtschaftsverkehrs gerecht wurden.[1153]

Im Falle Finnlands kam hinzu, dass dort zwar weite Teile des schwedischen Kaufgesetzes durch die Rechtspraxis der Gerichte übernommen worden waren, die gesetzlichen Normen jedoch immer noch aus dem Jahre 1734 stammten. Eine gesetzliche Neuregelung war also aus finnischer Sicht dringend erforderlich. Der finnische Gesetzgeber hatte jedoch kein Interesse an der Übernahme damals schon veralteter nordischer Kaufgesetze.[1154]

Eine Neuregelung sollte zudem die Abweichungen beseitigen, die im Laufe der Zeit in den Staaten entstanden waren und bei internordischen Kaufverträgen zu international-privatrechtlichen Problemen führten. So sollte die Voraussehbarkeit der Rechtsfolgen eines Kaufvertrages erhöht[1155] und damit dem

---

1151 Dabei hatte der Rechtsausschuss des nordischen Rates zu einem späteren Zeitpunkt die Schaffung eines Organs zur Überwachung der einheitlichen Auslegung erwogen. Dieses Projekt wurde jedoch ad acta gelegt, weil der Grad der einheitlichen Auslegung als zufriedenstellend eingeschätzt wurde, *Linhart*, Internationales Einheitsrecht und einheitliche Auslegung, S. 116.

1152 *Kjelland*, Das neue Kaufrecht der nordischen Länder, S. 41.

1153 Zu den Unterschieden zwischen den Standardvertragsklauseln und den ersten nordischen Kaufgesetzen *Sevón*, The New Scandinavian Codification and the CISG, in *Schlechtriem* (Hg.), Einheitliches Kaufrecht, S. 343, 344.

1154 *Hellner*, Rechtsvereinheitlichung im skandinavischen Rechtskreis, in *Coing/Schmidthoff/Hellner/Gleichmann* (Hg.), Methoden der Rechtsvergleichung, S. 27, 31.

1155 *Kjelland*, Das neue Kaufrecht der nordischen Länder, S. 10.

politischen Ziel der Entwicklung eines gemeinsamen Binnenmarktes Vorschub geleistet werden.[1156]

2. *Entstehung*

Ab dem Jahr 1961 hatte sich eine finnische Kommission aus den genannten Gründen und unter Beobachtung von Experten aus Dänemark, Norwegen und Schweden damit befasst, eine Revision des finnischen Kaufrechts vorzubereiten. Die anderen Regierungen entschieden sich daraufhin, eigene Entwürfe durch Experten erarbeiten zu lassen. Resultat waren ein finnischer Entwurf im Jahr 1973 sowie jeweils ein norwegischer und ein schwedischer Gesetzesvorschlag aus dem Jahr 1976. Die Entwürfe wurden jedoch allesamt zu einem ungünstigen Zeitpunkt veröffentlicht, weil in Dänemark als Neumitglied der EWG alle gesetzgeberischen Kapazitäten in Justizministerium und Gesetzgebung für die Übernahme der EWG-Vorschriften als Voraussetzung des Eintritts in den Gemeinsamen Markt gebunden waren. In Schweden wurde zudem um die aus politischer Sicht vorrangige Einführung eines Konsumentenkaufgesetzes gerungen.[1157] Schließlich war das CISG im Entstehen begriffen. Deshalb wurde entschieden, mit der weiteren Ausarbeitung der Kaufgesetze auf die Fertigstellung des CISG zu warten.[1158]

Nach dem Abschluss der Arbeiten am CISG im Jahr 1980[1159] wurde noch im selben Jahr von den nordischen Justizministern eine gemeinsame Arbeitsgruppe mit je drei Mitgliedern aus Finnland, Norwegen, Schweden und Dänemark einberufen.[1160] Diese Kommission sollte Einschätzungen darüber abgeben, ob die nordischen Staaten dem CISG beitreten sollten. Im Falle einer positiven Beurteilung sollte dann erforscht werden, ob und inwieweit das CISG als Modell für die Revision der nordischen Kaufgesetze dienen könne.[1161] Die Kommission kam zu dem Ergebnis, dass das CISG wegen seiner institutionellen Ähnlichkeiten mit

---

1156 *Kjelland*, Das neue Kaufrecht der nordischen Länder, S. 2.

1157 *Hellner*, Rechtsvereinheitlichung im skandinavischen Rechtskreis, in *Coing/Schmidthoff/Hellner/Gleichmann* (Hg.), Methoden der Rechtsvergleichung, S. 27, 31.

1158 *Kjelland*, Das neue Kaufrecht der nordischen Länder, S. 10.

1159 Zur Entstehung des CISG siehe *supra* 2. Kapitel D.I.1. Entstehungsgeschichte.

1160 *Sevón*, The New Scandinavian Codification and the CISG, in *Schlechtriem* (Hg.), Einheitliches Kaufrecht, S. 343, 345.

1161 *Lookofsky*, The Scandinavian Experience, in *Ferrari* (Hg.), The 1980 Uniform Sales Law, S. 95, 111; *Sevón*, The New Scandinavian Codification and the CISG, in *Schlechtriem* (Hg.), Einheitliches Kaufrecht, S. 343, 345 f.

dem nordischen Kaufrecht für die Regelung von transnationalen Verträgen unproblematisch übernommen werden könne. Weiterhin wurde empfohlen, dass das CISG bei Ausarbeitung der neuen Kaufgesetze bezüglich der Gesetzesstruktur[1162] besondere Berücksichtigung finden solle.

Die Ausarbeitung der nordischen Kaufgesetze unternahm dann eine gemeinsame, aus jeweils drei Vertretern der vier beteiligten Staaten gebildete Kommission.[1163]. Grundlage der Ausarbeitung waren die Vorarbeiten unterschiedlicher Kommissionen, die seit 1961 mit dem Projekt befasst gewesen waren.[1164] Allerdings hat auch das CISG die neuen Kaufrechte der nordischen Staaten zu einem erheblichen Teil geprägt,[1165] wobei das CISG selbst in Schweden und Finnland als Folge einer Inkorporation im Originaltext gilt, während Norwegen im Wege der Transformation (also durch Umarbeitung und Übersetzung) das CISG in sein heimisches Kaufrecht übernommen hat.[1166] Der fertige Entwurf wurde dem Nordischen Rat und interessierten Kreisen zur Beurteilung vorgelegt. Weiterhin fand eine Koordinierung im Rahmen des Nordischen Ministerrates statt.

3. *Kategorisierung*

Wie in den ersten nordischen Kaufgesetzen handelt es sich bei der Revision um eine Teilkodifizierung dispositiver Regeln zum Kauf beweglicher Sachen mit Ausnahme des Vertragsschlusses.[1167] Der Schwerpunkt der Regeln liegt gleichfalls auf den Rechtsbehelfen. Anders als in den ersten nordischen Kaufgesetzen

---

1162 *Sevón*, The New Scandinavian Codification and the CISG, in *Schlechtriem* (Hg.), Einheitliches Kaufrecht, S. 343, 350.

1163 Dazu siehe *Sevón*, The New Scandinavian Codification and the CISG, in *Schlechtriem* (Hg.), Einheitliches Kaufrecht, S. 343, 345.

1164 *Lookofsky*, The Scandinavian Experience, in *Ferrari* (Hg.), The 1980 Uniform Sales Law, S. 95, 111.

1165 *Kjelland*, Das neue Kaufrecht der nordischen Länder, S. 3. Zum Einfluss des CISG auf das neue schwedische und finnische Kaufrecht *Lookofsky*, The Scandinavian Experience, in *Ferrari* (Hg.), The 1980 Uniform Sales Law, S. 95, 112 ff. für Norwegen S. 116. Zum Grad des inhaltlichen Einflusses des CISG auf die skandinavischen Kaufgesetze schon *supra* 2. Kapitel D.I.3.c)(I) CISG und regionale Integration.

1166 *Kjelland*, Das neue Kaufrecht der nordischen Länder, S. 3; *Lookofsky*, The Scandinavian Experience, in *Ferrari* (Hg.), The 1980 Uniform Sales Law, S. 95, 117.

1167 Ein Überblick über den Regelungsbereich der neuen nordischen Kaufgesetze findet sich bei *Sevón*, The New Scandinavian Codification and the CISG, in *Schlechtriem* (Hg.), Einheitliches Kaufrecht, S. 343, 350 f.

findet eine Konkretisierung des Begriffs der Vertragsverletzung statt. Zudem sind keine Spezialregelungen für Kaufleute mehr enthalten.[1168]

Der Entwurf enthält viele zeitgemäße, progressive Regeln, die insbesondere durch die Orientierung am CISG[1169] sowie an der skandinavischen Rechtsprechung entstanden. Scharfe Kritik hat allerdings die neue, als „exzentrisch" bezeichnete Differenzierung der Haftung des Verkäufers zwischen direktem und indirektem Schaden des Käufers erfahren.[1170]

Hinsichtlich der Strukturmerkmale des Entwurfs, der Rechtsebenen, der Adressaten und der Mitgliederstruktur der Kommission ergeben sich im Vergleich zu den ersten nordischen Kaufgesetzen keine Unterschiede.[1171] Die Orientierung am CISG hat sich insoweit ausgewirkt, als die Normen weniger kasuistisch sind und den Richtern Anwendungsspielräume belassen.

4. *Harmonisierungswirkung*

a) Normenstufe

Das neue finnische Kaufgesetz trat am 1.1.1987 in Kraft, das norwegische am 13.5.1988 und das schwedische am 1.1.1991. In Dänemark wurde das neue Kaufgesetz bis heute nicht ratifiziert,[1172] obwohl ein entsprechender Entwurf vorliegt.[1173]

Es lässt sich feststellen, dass die neuen Kaufrechte von Schweden und Finnland nahezu identisch sind.[1174] Auch das neue norwegische Kaufgesetz enthält im wesentlichen mit den anderen Kaufgesetzen übereinstimmende Regelungen. Die verbleibenden Unterschiede beschränken sich meist auf

---

1168 *Lookofsky*, The Scandinavian Experience, in *Ferrari* (Hg.), The 1980 Uniform Sales Law, S. 95, 112.

1169 *Lookofsky*, The Scandinavian Experience, in *Ferrari* (Hg.), The 1980 Uniform Sales Law, S. 95, 116.

1170 Dazu ausführlich *Lookofsky*, The Scandinavian Experience, in *Ferrari* (Hg.), The 1980 Uniform Sales Law, S. 95, 114 ff; siehe auch *Ramberg*, The Vanishing Scandinavian Sales Law, Skand. Studies in Law Vol. 50, S. 257, 260 f.

1171 Dazu siehe *supra* 3. Kapitel C.II.3. Kategorisierung.

1172 *Lookofsky*, The Scandinavian Experience, in *Ferrari* (Hg.), The 1980 Uniform Sales Law, S. 95, 111, 121.

1173 Dieser Entwurf weicht in seiner Gesetzesstruktur weniger als die Neuregelungen in den anderen Staaten von den ersten skandinavischen Kaufgesetzen ab, trifft aber materiell im wesentlichen übereinstimmende Regelungen, vgl. *Kjelland*, Das neue Kaufrecht der nordischen Länder, S. 1, Fn. 2.

1174 *Kjelland*, Das neue Kaufrecht der nordischen Länder, S. 41.

kleinere Bestandteile einzelner Vorschriften. Selten sind davon komplette Vorschriften oder mehrere zusammenhängende Vorschriften betroffen.[1175] Problematisch ist, dass das neue norwegische Kaufgesetz die CISG-Vorschriften in das nationale Kaufrecht integriert hat, die für nationale und internationale Kaufverträge gleichermaßen Anwendung finden. Die mit dieser Konstruktion verbundenen Hoffnungen einer Vereinfachung und einer Steigerung der Verständlichkeit des Kaufrechts haben sich nicht erfüllt. Bei dem neuen norwegischen Kaufgesetz handelt es sich um ein komplexes, schwer verständliches Regelungswerk.[1176] Zudem ergibt sich eine Rechtsverschiedenheit auch durch die unterschiedliche Integration verbraucherschützender Vorschriften. Sie finden sich in Schweden und Finnland in einem eigenen Gesetz, während sie in Norwegen und Dänemark in die allgemeinen Kaufgesetze integriert sind.[1177]

Insgesamt lässt sich feststellen, dass der hohe Grad der Rechtsübereinstimmung auf der Normenstufe, der während der Geltung der ersten nordischen Kaufgesetze herrschte, durch die Revision nicht im gleichen Maße erreicht werden konnte. Dies gilt insbesondere im Bereich des Konsumentenkaufs.[1178] Die Revision der Nordischen Kaufgesetze ist ein anschauliches Beispiel dafür, dass die relative Rechtseinheit, die im Wege einer freiwilligen Kooperation zwischen verschiedenen Staaten geschaffen worden ist, im Rahmen einer Aktualisierung, die aufgrund der Veränderungen der wirtschaftlichen Prozesse angezeigt war, in ihrer Existenz bedroht sein kann.

b) Rechtsanwendung

Im Vergleich zu den ersten nordischen Kaufgesetzen ist ein Rückgang des Grades einer einheitlichen Auslegung schon deshalb festzustellen, weil Dänemark nicht mehr am nordischen Kaufrecht beteiligt ist. Zwischen den drei teilnehmenden Staaten hat sich der Grad der textlichen Übereinstimmung zwar verringert;

1175 Zu den einzelnen Unterschieden siehe *Kjelland*, Das neue Kaufrecht der nordischen Länder, S. 41 ff.

1176 *Lookofsky*, The Scandinavian Experience, in *Ferrari* (Hg.), The 1980 Uniform Sales Law, S. 95, 116 ff., 118: Das neue norwegische Kaufgesetz enthält z.B. drei unterschiedliche Arten von Regelungen, nämlich solche, die für alle Kaufverträge gelten, solche, die nur für nationale und solche, die für internationale Kaufverträge gelten. Je nachdem um welche Art von Kaufvertrag es sich handelt, müssen die Regelungen zudem nach unterschiedlichen Maßstäben ausgelegt werden. Zusätzlich sei auf das schwierige Normenverhältnis zwischen dem Originaltext des CISG und der norwegischen Übersetzung hingewiesen.

1177 *Kjelland*, Das neue Kaufrecht der nordischen Länder, S. 49 f.

1178 *Carsten*, Nordische Zusammenarbeit, ZEuP 1993, S. 335, 347.

tatsächlich besteht er immer noch weitestgehend. Der norwegische Sonderweg enthält zusätzliches Potential für eine divergierende Anwendung. Im Übrigen sei auf die Ausführungen zu den ersten nordischen Kaufgesetzen verwiesen.[1179]

5. *Faktoren*

a) Normenstufe

Die im Vergleich zu den ersten nordischen Kaufgesetzen deutlich geringere Harmonisierungswirkung hängt zuvorderst mit seiner bemängelten Qualität zusammen. Diese führte maßgeblich zur Ablehnung einer Übernahme durch Dänemark.[1180] Hauptkritikpunkt war dabei das formalistische System der differenzierten Haftung, welches unterschiedliche Rechtsgründe für die direkten und die indirekten Schäden vorsah.[1181] Neben der kritischen Beurteilung der Qualität der Resultate wurde eine institutionelle Vereinbarkeit mit dem bisherigen Recht bezweifelt, weil sich das neue Recht stark am CISG orientierte.[1182]

Neben den schon genannten positiven Faktoren der nordischen Rechtsangleichung[1183] sind eine Reihe von hindernden Rahmenbedingungen zu erwähnen. In Dänemark kam es u.a. aufgrund des neu entwickelten Haftungssystems zu einem massiven Widerstand der Industrieverbände gegen eine Übernahme.[1184] Zudem wird spekuliert, dass das Justizministerium nach dem EU-Beitritt Dänemarks so sehr mit der Umsetzung europäischer Richtlinien beschäftigt war, dass für die nordische Kaufrechtsharmonisierung keine ausreichenden Kapazitäten verblieben.[1185]

Auch hatten sich die Rahmenbedingungen gegenüber den ersten Kaufgesetzen geändert. Das Kaufrecht hatte sich von einem unpolitischen, rein den Gesetzen der Effizienz und den Interessen des Handels folgenden Rechtsmaterie

---

1179 Siehe *supra* 3. Kapitel C.II.4.b) Rechtsanwendung.

1180 *Ramberg*, The Vanishing Scandinavian Sales Law, Skand. Studies in Law Vol. 50, S. 257, 258.

1181 Dazu schon *supra* 3. Kapitel C.III.3. Kategorisierung.

1182 *Kjelland*, Das neue Kaufrecht der nordischen Länder, S. 1. Dieses Argument ist jedoch fragwürdig, weil sich die Vorgänger des CISG (EAG und EKD) wesentlich an den ersten nordischen Kaufgesetzen orientiert haben, vgl. supra 2. Kapitel D.I.1. Basisbedingungen und Entstehungsgesichte. Vgl auch *Hagstrøm*, The Scandinavian Law of Obligations, Skand. Studies in Law Vol. 50, S. 116, 121.

1183 Siehe *supra* 3. Kapitel C.II.5.a) Normenstufe.

1184 *Kjelland*, Das neue Kaufrecht der nordischen Länder, S. 1.

1185 *Lookofsky*, The Scandinavian Experience, in *Ferrari* (Hg.), The 1980 Uniform Sales Law, S. 95, 122.

zu einem rechts- und sozialpolitisch relevanten Bereich - insbesondere im Gebiet des Verbraucherschutzes - entwickelt. Durch die politische Dimension stieg die Dringlichkeit der Gesetzesverabschiedung, was sich negativ auf die nordische Zusammenarbeit auswirkte, da ein „Warten“ auf die Gesetzgebung der anderen Staaten gerade bei wechselnder Zusammensetzung der Regierungen wenig zielführend erschien.[1186]

Die Tatsache, dass trotz dieser insgesamt eher ungünstigen Faktoren zumindest in den drei teilnehmenden Staaten eine Revision des bestehenden Kaufrechts geglückt ist, lässt sich darauf zurückführen, dass die Regierungen als Akteure durch die Entscheidung, die Kommissionen zusammenzustellen, von Beginn des Prozesses an mitwirkten und diese Beteiligung im Rahmen der Ausarbeitung durch die politischen Organe Nordischer Rat und Nordischer Ministerrat noch intensiviert wurde. Dennoch ist im Rahmen einer Gesamtbetrachtung fraglich, ob das Resultat dieses insgesamt sehr aufwendigen Prozesses, insbesondere die Unterschiede zu Dänemark, überhaupt eine Verbesserung gegenüber dem vorherigen Rechtszustand bewirkt hatte.

b) Rechtsanwendung

Auch im Hinblick auf die Einheitlichkeit der Rechtsanwendung kann auf die schon im Rahmen der ersten Kaufgesetze genannten Faktoren verwiesen werden.[1187]

Der Grad der erreichten Übereinstimmung auf Normenebene war dabei insgesamt geringer, was sich auch auf die Einheit der Rechtsanwendung auswirkte. Die problematische Transformation der CISG-Vorschriften in Norwegen schmälert dabei zusätzlich die Chancen auf eine einheitliche Auslegung, weil den Einzelvorschriften dadurch teilweise andere gesetzliche Wertungen als in den anderen nordischen Kaufgesetzen zugrundeliegen. Diese Wertungsdivergenzen dürfen aber wegen der Verwandtschaft des CISG zu den ersten nordischen Kaufgesetzen nicht überbewertet werden.

D. Modellgesetze für die internationale Rechtsharmonisierung

Im letzten Abschnitt dieses Kapitels soll auf zwei Modellgesetze auf internationaler Ebene eingegangen werden.

1186 *Hellner*, Rechtsvereinheitlichung im skandinavischen Rechtskreis, in *Coing/ Schmidthoff/Hellner/Gleichmann* (Hg.), Methoden der Rechtsvergleichung, S. 27, 33.

1187 Siehe *supra* 3. Kapitel C.II.5.b) Rechtsanwendung.

I. UNCITRAL-Modellgesetz über den elektronischen Geschäftsverkehr (MLEC)

1. United Nations Commission on International Trade Law (UNCITRAL)

Die UNCITRAL ist eine rechtlich unselbstständige Kommission der UN, die im Jahr 1966 durch eine Resolution der UN-Vollversammlung gegründet wurde.[1188] Sie besteht aus sechzig Mitgliedsstaaten, wobei alle drei Jahre jeweils dreißig Mitglieder von der UN-Vollversammlung neu gewählt werden. Die Zusammensetzung der Mitgliedsstaaten soll dabei stets die unterschiedlichen geographischen Regionen und die wichtigsten Wirtschafts- und Rechtssysteme repräsentieren.[1189]

Das vorrangige Ziel der UNCITRAL ist der Abbau von zwischenstaatlichen Rechtsunterschieden, die den transnationalen Handel erschweren. Um diese zu verringern, wird die internationale Rechtsangleichung auf dem Gebiet des internationalen Handelsrechts gefördert.[1190] Nachdem die Funktion der UNCITRAL in der Zeit nach ihrer Gründung in erster Linie in der Ausarbeitung von Konventionen bestand,[1191] richtet sich ihr Fokus seit ungefähr 25 Jahren zunehmend auf die Erarbeitung von Modellgesetzen und Principles.[1192] Neben der Ausarbeitung von Harmonisierungsinstrumenten versucht die UNCITRAL, auf die Übernahme der ausgearbeiteten Instrumente in möglichst vielen Staaten hinzuwirken. Zudem unterstützt sie die Kodifikation internationaler Handelsbräuche und allgemeiner Geschäftsbedingungen und arbeitet auf eine einheitliche Auslegung internationaler Konventionen und Modellgesetze hin.[1193]

Die Entscheidung der UNCITRAL, in einem bestimmten Rechtsgebiet tätig zu werden, hängt ihrem Programm zufolge primär von dessen Relevanz für den internationalen Handel ab. Die Entscheidung, ob eine Konvention oder ein Modellgesetz erarbeitet werden soll, richtet sich nach dem jeweils notwendigen

---

1188 Resolution 2205 vom 17.12.1966.

1189 Für eine Liste früherer und aktuellen Mitgliedsstaaten siehe A Guide to UNICITRAL, S. 37 ff. (Quelle: http://www.uncitral.org/pdf/english/texts/general/12-57491-Guide-to-UNCITRAL-e.pdf).

1190 Quelle: http://www.uncitral.org/uncitral/en/about/origin.html.

1191 Die wichtigste Konvention ist das CISG, siehe dazu ausführlich *supra* 2. Kapitel D.I. CISG.

1192 Für einen Überblick über die UNCITRAL-Texte siehe *UNCITRAL*, A Guide to UNICITRAL, S. 51 ff. (Quelle: http://www.uncitral.org/pdf/english/texts/general/12-57491-Guide-to-UNCITRAL-e.pdf).

1193 *Kreuzer*, Entnationalisierung des Privatrechts, FS Universität Würzburg, S. 247, 253.

Maß an Rechtseinheit.[1194] Weiterhin wird prognostiziert, inwieweit eine Zustimmung der Staaten zu einer potentiellen Konvention realistisch erscheint.[1195]

An der Ausarbeitung von Modellgesetzen beteiligt sind die UNCITRAL selbst, sog. „working groups" und das UN-Sekretariat.[1196] Die UNCITRAL selbst setzt sich aus Regierungsvertretern der Mitgliedsstaaten zusammen. Bei den jährlichen Sitzungen werden die Entwürfe, die von den „working groups" ausgearbeitet worden sind, diskutiert und ggf. verabschiedet. Entscheidungen müssen von der UNCITRAL stets einstimmig getroffen werden, um wirksam zu sein. In den „working groups"[1197] erfolgt die Ausarbeitung der Instrumente. Häufig ist zudem eine Koordinierung zwischen den unterschiedlichen „working groups" notwendig. Sie setzen sich ebenfalls aus Vertretern der Mitgliedsländer zusammen. Die Sitzungen finden ein- bis zweimal im Jahr statt. Neben den Vertretern der Mitgliedsstaaten nehmen auch solche aus Nichtmitgliedsstaaten sowie auf Einladung auch NGOs an den Sitzungen teil. Diese Delegationen setzten sich meist aus Rechtsexperten des jeweiligen Rechtsgebiets zusammen. Die Diskussionen folgen einem formellen Ablauf, d.h. jeder Delegation wird vom Vorsitzenden sukzessive das Wort erteilt. Als UNCITRAL-Sekretariat fungiert die Abteilung für internationales Handelsrecht des „office of legal affairs" des UN-Sekretariats. Es besteht aus einer kleinen Gruppe qualifizierter Anwälte und Experten des jeweiligen Rechtsbereichs.

Von den acht Modellgesetzen, die die UNCITRAL bisher erarbeitet hat,[1198] ist nur das MLEC[1199] für den Bereich des allgemeinen Vertragsrechts von größerer Bedeutung. Allein dieses soll daher hier untersucht werden.

1194 Zu nennen sind dabei „legal guides," „legislative guides," „rules" oder „practice notes", vgl. http://www.uncitral.org/uncitral/en/about/origin_faq.html.

1195 *Lurger*, Grundfragen der Vereinheitlichung, S. 154.

1196 Dazu ausführlich *UNCITRAL*, A Guide to UNICITRAL, S. 5. ff. (Quelle: http://www.uncitral.org/pdf/english/texts/general/12-57491-Guide-to-UNCITRAL-e.pdf).

1197 Momentan gibt es sechs „Working Groups", dazu siehe http://www.uncitral.org/uncitral/en/about/methods.html. Für eine Übersicht der bisherigen „Working Groups" und ihrer jeweiligen Vorsitzenden siehe *UNCITRAL*, A Guide to UNCITRAL, S. 45 ff. (Quelle: http://www.uncitral.org/pdf/english/texts/general/12-57491-Guide-to-UNCITRAL-e.pdf).

1198 Siehe *UNCITRAL*, A Guide to UNICITRAL, S. 53 f. (Quelle: http://www.uncitral.org/pdf/english/texts/general/12-57491-Guide-to-UNCITRAL-e.pdf).

1199 Der Text des MLEC findet sich unter http://www.uncitral.org/pdf/english/texts/electcom/05-89450_Ebook.pdf.

2. *Basisbedingungen und Entstehung*

Im Bereich des elektronischen Geschäftsverkehrs bestand vor der Ausarbeitung des MLEC ein besonderes Bedürfnis für eine Rechtsangleichung. Dieses Bedürfnis folgte aus der Entwicklung des Internets und den dadurch auftretenden erweiterten, potentiell globalen Vertriebsmöglichkeiten bei gleichzeitig bestehender äußerst unterschiedlicher Rechtslage in den Einzelstaaten.[1200] Ziel der Verfasser des MLEC war es, für alle Rechtsordnungen gleichermaßen akzeptable Regeln bereitzustellen, um so für den Bereich des E-Commerce bestehende rechtliche Hindernisse zu beseitigen und die Rechtssicherheit zu erhöhen.[1201]

Schon in einem Gutachten, über das die UNCITRAL im Jahr 1985 beriet, wies das Sekretariat auf die Probleme für den internationalen Handel hin, die aus den Erfordernissen an Dokumenten hinsichtlich Schriftform und Unterschrift folgten.[1202] Daraufhin empfahl die UNCITRAL den Regierungen, in diesem Bereich für Rechtssicherheit zu sorgen. Als diese Empfehlung folgenlos blieb, beauftrage im Jahr 1988 die UNCITRAL das Sekretariat mit einer Studie, ob für diesen Bereich Grundsätze ausgearbeitet werden sollten. Die Studie des Sekretariats fasste die bisherige Arbeit der Europäischen Gemeinschaften und der USA in diesem Bereich zusammen. In der UNCITRAL wurde im Jahr 1990 über sie diskutiert. Im Jahr 1991 beriet die UNCITRAL einen Report des Sekretariats über den elektronischen Informationsaustausch; es wurde das Bedürfnis für die Setzung rechtlicher Rahmenbedingungen identifiziert.

Auf dieser Grundlage fiel der UNCITRAL-Beschluss zur Ausarbeitung rechtlicher Grundsätze im Bereich des E-Commerce. Die „Working Group on International Payments“ wurde mit der Ausarbeitung eines Vorschlags für mögliche gesetzliche Regelungen in diesem Bereich beauftragt. Diese „Working Group“ empfahl die Ausarbeitung einheitlicher Rechtsregeln im Bereich des E-Commerce im Wege eines Uniform Law, um zu möglichst einheitlichen Regeln zu kommen. Gleichzeitig sollten sie eine gewisse Flexibilität enthalten, weshalb die Unverbindlichkeit eines Modellgesetzes notwendig war. Im Jahr 1992 übertrug die Kommission der „Working Group“ die Ausarbeitung

---

1200 *Overby*, UNCITRAL Model Law on Eletronic Commerce, Tul. J. of Int'l & Comp. Law 1999, S. 219, 220; *Lurger*, Grundfragen der Vereinheitlichung, S. 154.

1201 Diese Zielvorstellungen werden von der UNCITRAL im MLEC selbst unter „Objectives“ formuliert, siehe *UNCITRAL*, MLEC, S. 16 f. (Quelle: http://www.uncitral.org/pdf/english/texts/electcom/05-89450_Ebook.pdf).

1202 Zur Entstehungsgeschichte des MLEC ausführlich *UNCITRAL*, MLEC, S. 63 ff. (Quelle: http://www.uncitral.org/pdf/english/texts/electcom/05-89450_Ebook.pdf

dieses Instruments. In deren Rahmen wurde die inzwischen in „Working Group on Electronic Data Interchange“ umbenannte Arbeitsgruppe vom Sekretariat unterstützt, welches für die einzelnen Bereiche jeweils Hintergrundrecherchen durchführte. Nach der Fertigstellung des Textes entschied die „Working Group“, dass ein „Guide to Enactment“ das MLEC begleiten sollte, um die Staaten bei der Umsetzung und Anwendung des MLEC zu unterstützen. Im Jahr 1996 wurde das MLEC von UNCITRAL und der UN-Generalversammlung verabschiedet.[1203]

3. *Kategorisierung*

Das MLEC regelt in 17 Artikeln die Anerkennung von Datennachrichten im elektronischen Geschäftsverkehr.[1204] Der erste Teil des MLEC (Art. 1–15) enthält allgemeine Vorschriften über den elektronischen Geschäftsverkehr. Er besteht aus allgemeinen Bestimmungen (Kapitel 1). Zudem normiert er die rechtlichen Voraussetzungen für Datennachrichten (Kapitel 2) sowie die Regelungen zum Austausch von Datennachrichten (Kapitel 3). Der zweite Teil (Art. 16 und 17) regelt einige Spezialfragen hinsichtlich des E-Commerce bei Transportverträgen. Für das Vertragsrecht relevant ist insbesondere „Art. 11 MLEC, der die grundsätzliche Geeignetheit von Datennachrichten zum Abschluss eines Kaufvertrages zum Gegenstand hat.[1205]

Die Artikel sind einzelfallbezogen und gesetzesgleich.[1206] Allerdings beinhalten sie keine umfassende Regelung aller Bereiche des E-Commerce. Es werden nur die von der Kommission und der „Working Group“ als besonders wichtig identifizierten Bereiche normiert.[1207] Meist sind die Bestimmungen innovativ, insbesondere, da sie sich nicht in der Darstellung bestehender Regeln erschöpfen. Häufig fehlt es in den nationalen Rechtsordnungen an einer Entsprechung.

1203 Resolution 2205 vom 17.12.1996.

1204 Die einzelnen Regelungen finden sich unter *UNCITRAL*, MLEC, S. 3 ff. (Quelle: http://www.uncitral.org/pdf/english/texts/electcom/05-89450_Ebook.pdf).

1205 Art. 11 MLEC: “In the context of contract formation, unless otherwise agreed by the parties, an offer and the acceptance of an offer may be expressed by means of data messages. Where a data message is used in the formation of a contract, that contract shall not be denied validity or enforceability on the sole ground that a data message was used for that purpose.”

1206 *UNCITRAL*, MLEC, S. 71 (Quelle: http://www.uncitral.org/pdf/english/texts/electcom/05-89450_Ebook.pdf).

1207 *Overby*, UNCITRAL Model Law on Eletronic Commerce, Tul.J.of Int'l & Comp. Law 1999, S. 219, 222.

Das MLEC ist ein Instrument des Soft Law. Die Regelungen sollten auch bei Übernahme dispositiv bleiben, was sich aus Art. 4 MLEC[1208] ergibt. Sie sind als Vorbild für die Rechtsharmonisierung zwischen verschiedenen Rechtsordnungen geeignet und bestimmt. Die Verfasser zielten nicht auf eine vollständige Rechtsvereinheitlichung ab, vielmehr sollte durch eine Angleichung der einzelstaatlichen Vorschriften den Bedürfnissen des internationalen Handels Rechnung getragen werden. Den einzelstaatlichen Gesetzgebern sollte ein Spielraum für eine Übernahme der Vorschriften in das nationale Recht belassen werden.[1209] Nach alledem handelt es sich um ein Modellgesetz mit einer Harmonisierungsintention.

4. Modellwirkung

Das MLEC hat die Gesetzgebung in insgesamt 49 Staaten auf allen fünf Kontinenten beeinflusst,[1210] unter anderem in China und den USA.[1211] Durch die Übernahme der Staaten ist in dem sehr begrenzten, aber enorm relevanten Regelungsbereich des MLEC der weltweite Grad an Rechtsübereinstimmung signifikant gestiegen. Insgesamt stellt das MLEC gerade vor dem Hintergrund seiner ambitionierten, globalen Ausrichtung einen bemerkenswerten Erfolg dar.

5. Faktoren

Der Erfolg des MLEC auf legislativer Ebene fußt auf einer Reihe von Faktoren, welche sich aus dem Gesetz selbst und aus dessen Rahmenbedingungen ergeben. Zunächst hat sich die inhaltliche Beschränkung auf einen sehr kleinen Regelungsbereich positiv ausgewirkt. Zudem enthält es offene, qualitativ hochwertige Regelungen. Schließlich gründet seine Akzeptanz darauf, dass viele Staaten schon während seiner Ausarbeitung durch UNCITRAL beteiligt waren.

1208 Art. 4 Abs. 1 MLEC: "As between parties involved in generating, sending, receiving, storing and otherwise processing data messages, and except as otherwise provided, the provisions of Chapter III may be varied by agreement." Chapter III enthält insbesondere Art. 11 MLEC.

1209 Zur Diskussion über die Form des MLEC bei der Ausarbeitung siehe *UNCITRAL*, MLEC, S. 71 f. (Quelle: http://www.uncitral.org/pdf/english/texts/electcom/05-89450_Ebook.pdf).

1210 Für den aktuellen Umsetzungsstatus siehe http://www.uncitral.org/uncitral/en/uncitral_texts/electronic_commerce/1996Model_status.html.

1211 Hier hat das MLEC den Uniform Electronic Transactions Act beeinflusst, welcher inzwischen von 48 Staaten übernommen worden ist.

Betrachtet man die Rahmenbedingungen, so handelt es sich beim E-Commerce um einen vertragsrechtlichen Rechtsbereich mit einem sehr starken Bedürfnis nach Rechtsharmonisierung, weil unter seiner Anwendung im elektronischen Geschäftsverkehr zwischenstaatliche Transaktionen ohne Probleme realisiert werden können. Entsprechend hoch hatte die UNCITRAL die Bereitschaft der nationalen Gesetzgeber zur Umsetzung eingeschätzt.[1212] Die Umsetzung wurde zusätzlich durch den offiziellen „Guide to Enactment" unterstützt.

II. Principles of International Commercial Contracts (PICC)

Das letzte hier zu untersuchende Modellgesetz sind die PICC. Vor einer vertieften Beschäftigung soll eine kurze Vorstellung des UNIDROIT verfolgen, das bei der Erarbeitung der PICC eine maßgebliche Rolle gespielt hat.

1. Institut pour l'unification du droit privé (UNIDROIT)

Das „Institut international pour l'unification du droit privé" (UNIDROIT) wurde 1926 als Spezialorganisation des Völkerbundes gegründet. Im Jahr 1940 wurde das UNIDROIT zu einer eigenständigen intergouvernementalen Organisation.[1213] Es besteht inzwischen aus 63 Mitgliedsstaaten[1214] auf allen 5 Kontinenten, darunter allen Industriestaaten, allen EU-Mitgliedern und allen großen und wichtigen Schwellen- und Entwicklungsländern.[1215] Die Mitgliedsstaaten beschließen in der „general assembly" das Budget und das Arbeitsprogramm (Art. 16 ff. UNIDROIT-Statute). Der „governing council" ist ein aus insgesamt 27 namhaften Experten für Rechtsvergleichung[1216] zusammengesetztes Gremium, welches die Arbeit des Instituts überwacht und die Entscheidung über die finalen Entwürfe der ausgearbeiteten Instrumente trifft (Art. 1 Abs. 2a, 14 Abs. 3 UNIDROIT-Statute). Das Sekretariat verrichtet die tägliche Arbeit des Instituts unter der Leitung des Generalsekretärs.

1212 *Lurger*, Grundfragen der Vereinheitlichung, S. 154.

1213 Zur Entstehungsgeschichte des UNIDROIT siehe m.w.N. *Meyer*, Principles of Contract Law und nationales Vertragsrecht, S. 75.

1214 Siehe http://www.unidroit.org/englisch/members/main.htm.

1215 *Kronke*, Perspektiven der Privatrechtsharmonisierung, JZ 2001, S. 1149.

1216 Es besteht aus dem Präsidenten, einem ex-officio-Mitglied des internationalen Gerichtshofs und 25 gewählten Mitgliedern. Die Mitglieder sind Richter, Professoren, Juristen des öffentlichen Dienstes und andere Praktiker, *Vogenauer* in *Vogenauer/Kleinheisterkamp* (Hg.), PICC-Commentary, Introduction, S. 14.

Das UNIDROIT ist eine kleine Spezialorganisation mit begrenzten Ressourcen. Das Ziel jedes Projekts ist die Erreichung des sachlich besten Ergebnisses. Alle an der Ausarbeitung der Projekte Beteiligten sind Juristen, die rechtsvergleichend ausgebildet und international erfahren sind und als Spezialisten der jeweiligen Materie gelten.[1217] Das Programm des Instituts ist die globale Harmonisierung des Privatrechts, insbesondere des Handelsrechts (Art. 1 UNIDROIT-Statute). Das UNIDROIT hat hauptsächlich Konventionen ausgearbeitet.[1218] Dazu kommen beträchtliche Erfolge im Bereich des Soft Laws.[1219]

2. *Basisbedingungen*

Den Anstoß für die Ausarbeitung der ersten Auflage der PICC gab der als unbefriedigend empfundene Zustand des handelsrechtlich relevanten transnationalen Vertragsrechts Anfang der 1980er Jahre.[1220] Trotz des rapiden Wachstums der internationalen Handelsvolumina und einer zunehmenden Integration der Märkte unterlagen grenzüberschreitende Transaktionen weiterhin den nationalen Privatrechten, welche häufig nicht auf die Bedürfnisse des internationalen Handelsverkehrs passten.[1221] Allerdings enthielten die einzelstaatlichen Rechtssysteme häufig Sonderregeln für internationale Vertragsbeziehungen, deren Unterschiede nicht zuletzt aufgrund der Existenz des CISG weit weniger gravierend waren als in anderen Rechtsgebieten.[1222]

Hieraus entstand das Bedürfnis nach einer Rechtsverbesserung des „internationalen" Vertragsrechts, welches durch internationale Konventionen geschaffen worden war. Ziel war es, die Komplexität des auf Konventionen beruhenden

---

1217 *Kronke*, Perspektiven der Privatrechtsharmonisierung, JZ 2001, S. 1149, 1151 f.

1218 Die erfolgreichsten Konventionen des UNIDROIT sind das Haager Kaufrechtsabkommen (1964) (bildet die Grundlage für das von der UNCITRAL erarbeitete CISG), das internationale Transportrecht für den Straßengüterverkehr im Rahmen der CMR (Übereinkommen über den Beförderungsvertrag im internationalen Straßengüterverkehr (1956, BGBl. 1961 II, 1119; zum Ratifikationsstand http://www.unece.org/trans/contentn/agree_e.pdf); siehe *Kronke*, Perspektiven der Privatrechtsharmonisierung, JZ 2001, S. 1149, 1150.

1219 Neben den PICC sind insbesondere der UNIDROIT Guide to International Master Franchise Arrangements (1998) und die gemeinsam mit dem ALI ausgearbeiteten Principles and Rules of Transnational Civil Procedure (2004) zu nennen.

1220 So die Diagnose u.a. von *Bonell*, An International Restatement of Contract Law, 3. Auflage, S. 11.

1221 *Bonell*, An International Restatement of Contract Law, 3. Auflage, S. 11.

1222 *Basedow*, Germany, in *Bonell* (Hg.), New Aproach to Internaitonal Commerical Contracts, S. 125, 144.

internationalen Einheitsrechts mithilfe eines restatement-ähnlichen Instruments zu überwinden. Die Ausarbeitung der PICC geht auf einen Vorschlag des damaligen UNIDROIT-Generalsekretärs *Matteucci* aus dem Jahr 1968 zurück, ein internationales Restatement nach amerikanischem Vorbild als ersten Schritt zu einem später verbindlichen Regelwerk zu erarbeiten.[1223] Insbesondere sollten die Konventionen und Modellgesetze in Zukunft mit einer einheitlichen Terminologie ausgestattet werden, damit Missverständnisse und falsche Auslegungen vermieden werden können.[1224] Diese Funktion der PICC soll nicht weiter untersucht werden, da sie sich von der Funktionsweise eher an einem Restatement und weniger an einem Modellgesetz orientiert.[1225]

3. *Entstehung*

Vor der Ausarbeitung der PICC wurde ein dreiköpfiges „Steering Committee"[1226] mit der Erarbeitung einer Machbarkeitsstudie betraut, die die Reichweite des zu erarbeitenden Instruments auf das allgemeine Vertragsrecht eingrenzte.[1227] Im Jahr 1980 setzte der Direktionsrat des UNIDROIT eine rund 20-köpfige Arbeitsgruppe ein, um Grundregeln des Rechts der internationalen Handelsverträge zu erarbeiten. Diese von *Bonell* geleitete Arbeitsgruppe bestand überwiegend aus Professoren. Hinzu kamen hochrangige Richter und Beamte, die unabhängig von den Rechtsauffassungen ihrer jeweiligen nationalen Regierungen agierten. Die Mitglieder wurden ausschließlich aufgrund ihrer persönlichen Kompetenz ausgewählt.[1228] Die Arbeitsgruppe arbeitete weitgehend unabhängig vom UNIDROIT und seinen Organen. Die Beratungen fanden in englischer

1223 Zu den Vorarbeiten siehe ausführlich m.w.N. *Meyer*, Principles of Contract Law und nationales Vertragsrecht, S. 76 ff.

1224 So Official Comment zur Präambel Abs. 7 UP (Quelle: http://www.unilex.info).

1225 Dazu siehe ausführlich *Felemegas* in *Felemegas* (Hg.), An International Approach of the CISG as Uniform Sales Law, S. 31 ff.; zitiert: *Basedow*, Uniform law Conventions and the Unidroit Principles, Unif.L.R. 2000, S. 129 ff.; *Bonell*, The UNIDROIT Principles in Practice, S. xvii.

1226 Das „Steering Committee" repräsentierte mit den Professoren *David* (Frankreich), *Schmitthoff* (England) und *Popescu* (Rumänien) die wichtigen Rechtskreise des Civil Law, Common Law und des sozialistischen Rechts.

1227 Zur Vorgeschichte der PICC siehe *Bonell*, An International Restatement of Contract Law, 3. Auflage, S. 27 ff; *Riedl*, Vereinheitlichung des Privatrechts in Europa, S. 175 ff; *Meyer*, Principles of Contract Law und nationales Vertragsrecht, S. 76 ff.

1228 Siehe *Bonell*, An International Restatement of Contract Law, 3. Auflage, S. 31. Das war aufgrund des erklärten Zieles, die beste Lösungen zu ermitteln, auch notwendig.

Sprache statt. Nur wenige Auseinandersetzungen aus dem inneren Kreis der Gruppe wurden an den „governing council“ weitergegeben.[1229]

Für jedes Kapitel wurde zunächst ein unterschiedlicher Berichterstatter berufen,[1230] der, nachdem er umfangreiche rechtsvergleichende Vorarbeiten durchgeführt hatte, einen ersten Entwurf der „black-letter rules“ und der zugehörigen „comments“ für den jeweiligen ihm zugewiesenen Bereich erarbeitete. Diese Entwürfe wurden der „working group“ vorgelegt und dort in einer ersten Lesung beraten, verfeinert und kritisiert. Danach wurden sie an die Berichterstatter zurückverwiesen und anhand der Einwände der ersten Lesung überarbeitet.[1231]

Nach einer zweiten Lesung und der anschließender Überarbeitung wurden die Entwürfe an eine größere Gruppe von Experten, bestehend aus Akademikern und Praktikern, mit der Aufforderung zur Stellungnahme übersandt. Weiterhin befasste sich auch der Rat des UNIDROIT mit dem überarbeiteten Entwurf. Schließlich wurde auch den Regierungen der Mitgliedsstaaten des UNIDROIT Gelegenheit zur Äußerung von Einwänden gegeben. Alle im Laufe dieses Konsultierungsprozesses vorgebrachten Einwände wurden in der dritten und letzten Lesung erörtert. Danach nahm das „editorial committee“ eine abschließende Bearbeitung vor.[1232] Weil die PICC weitgehend unabhängig formuliert worden waren, beschloss der „governing council“ sie nicht formell. Er autorisierte allerdings die Veröffentlichung und empfahl eine möglichst weitreichende Verbreitung. Schließlich konnte im Jahr 1994 nach 14-jähriger Bearbeitungszeit die Erstauflage der PICC veröffentlicht werden.[1233]

Schon im Jahr 1997 wurde mit Ausarbeitung einer zweiten Auflage begonnen.[1234] Deren Ziel war zuvorderst eine Erweiterung des materiellen Regelungsbereichs[1235]

1229 *Jansen*, Legal Authority, S. 69.

1230 Für die Namen der Berichterstatter zu den einzelnen Kapiteln siehe *Bonell*, An International Restatement of Contract Law, 3. Auflage, S. 36.

1231 *Zimmermann*, Die UNIDROIT-Grundregeln der internationalen Handelsverträge, ZEuP 2005, S. 264, 267.

1232 *Bonell*, An International Restatement of Contract Law, 3. Auflage, S. 36 f.

1233 Sie sind inzwischen (Stand 2005) in 17 Sprachen erschienen, nämlich in Englisch, Französisch, Deutsch, Italienisch, Spanisch, Arabisch, Chinesisch, Tschechisch, Niederländisch, Farsi, Ungarisch, Japanisch, Portugiesisch, Rumänisch, Russisch, Slowakisch und Vietnamesisch. Dazu kommen fünf weitere Sprachen, in die nur die black-letter rules übersetzt wurden, nämlich Bulgarisch, Kroatisch, Hebräisch, Koreanisch und Serbo-Kroatisch (Serbisch).

1234 Zu den Mängeln siehe *infra* 3. Kapitel D.II.6. Faktoren für die Modellwirkung.

1235 Zu den Modifizierungen der 1. Auflage im einzelnen siehe *Bonell*, An International Restatement of Contract Law, 3. Auflage, S. 41 ff.

und erst sekundär eine Überarbeitung der schon in der ersten Auflage enthaltenen Vorschriften.[1236] Der Grund dafür war, dass man den Erfolg, der der ersten Auflage beschieden war, nicht durch zu viele Änderungen gefährden wollte.[1237] Eine besondere Schwierigkeit bestand darin, die neu erarbeiteten Abschnitte in die erste Auflage zu integrieren.[1238]

Wiederum wurde eine 17-köpfige Arbeitsgruppe einberufen, wobei bei der Auswahl der Mitglieder eine möglichst vollständige Repräsentanz aller geopolitischen Regionen und aller großen Rechtssysteme der Welt angestrebt wurde. Darüber hinaus wurden Beobachter interessierter internationaler Organisationen, der UNCITRAL oder des IHK-Schiedsgerichtshofes zugelassen.[1239] Der Fortgang der Ausarbeitung entsprach im Wesentlichen demjenigen der ersten Auflage.[1240] Diesmal wurde der Text vom „governing council" im April 2004 einstimmig verabschiedet. Die dritte Auflage aus dem Jahr 2010 erstreckt sich auf weitere zusätzliche Regelungsbereiche.[1241] Die Methode der Ausarbeitung wurde beibehalten. Die PICC in ihrer 3. Auflage sind in den fünf offiziellen UNIDROIT-Sprachen Englisch, Französisch, Deutsch, Italienisch und Spanisch sowie daneben in Chinesisch, Griechisch, Ungarisch, Japanisch, Portugiesisch, Russisch Ukrainisch erschienen.[1242]

Eine Vielzahl von unterschiedlichen Materialien wurden bei den Arbeiten an den PICC im Wege der funktionellen Rechtsvergleichung auf der Suche nach der

---

1236 *Probst*, The UP 1994 and 2004: A Brief Introduction, in *Ritaine/Lein* (Hg.), The UNIDROIT Principles 2004, S. 17, 18.

1237 *Bonell*, An International Restatement of Contract Law, 3. Auflage, S. 41. Eine Zusammenfassung der Erfolge, die nicht auf der Stufe der Normbildung stattgefunden haben, findet sich bei *Bonell*, UNIDROIT-Principles 2004, Unif.L.R. 2004, S. 5, 7, 9 ff.

1238 Deswegen wurden die Abschnitte über Stellvertretung und Verträge zugunsten Dritter in Artikel über Abschluss und Inhalt integriert, während die anderen zusätzlichen Neuerungen in den neuen Artikeln 8, 9 und 10 angefügt wurden, *Bonell*, An International Restatement of Contract Law, 3. Auflage, S. 60.

1239 Eine Aufzählung aller Mitglieder der Working Group und der Beobachter findet sich bei *UNIDROIT* (Hg.), UNIDROIT Principles of International Commercial Contracts (2004), S. x f. bzw. bei *Bonell*, An International Restatement of Contract Law, 3. Auflage, S. 40 f.

1240 Dazu siehe *Bonell*, An International Restatement of Contract Law, 3. Auflage, S. 43 f.

1241 Dazu *infra* D.II.4. Kategorisierung.

1242 Abrufbar sind die verschiedenen Versionen unter http://www.unidroit.org/english/principles/contracts/principles2010/translations/blackletter2010-main.htm.

jeweils besten Lösung[1243] verwendet.[1244] Aus der Gruppe der nationalen Rechtsordnungen wurden insbesondere die aktuelleren Regelungswerke berücksichtigt, also der UCC, die 2. Auflage der Restatements, die Zivilrechtsgesetzbücher aus Algerien, den Niederlanden sowie das modernisierte deutsche Schuldrecht. Weiterhin wurde ein besonderes Augenmerk auf sog. Mischrechtsordnungen gelegt, um für mehrere Rechtskreise gleichermaßen akzeptable Rechtsregeln zu gewinnen.[1245] Als internationale Regelungswerke wurden das CISG,[1246] das MLEC sowie viele weitere Modellgesetze, Konventionen und Instrumente[1247] zugrunde gelegt, wobei allgemein davon ausgegangen wird, dass das CISG den größten Einfluss auf die PICC entfaltet hat.[1248]

Zusätzlich fand eine intensive Konsultierung von Experten aus den jeweils betroffenen Bereichen der Wirtschaft, den sog. „stakeholder", statt. Weil diese allerdings nur indirekt durch die Mitglieder der „working group" beteiligt wurden, die gleichzeitig Mitglieder der „Working Group on International Contracts" waren,[1249] war ihr Einfluss begrenzt.

1243 *Jansen*, Legal Authority, S. 70.

1244 Dazu siehe *Bonell*, An International Restatement of Contract Law, 3. Auflage, S. 45 ff.; für eine knappe Zusammenfassung *Meyer*, Principles of Contract Law und nationales Vertragsrecht, S. 82 ff.

1245 Z.B. Schottland, Louisiana, Südafrika, Quebec; vgl. *Berger*, The Creeping Codification of the New Lex Mercatoria, S. 150 f.

1246 Dazu siehe *supra* 2. Kapitel D.I. United Nations Convention on the International Sale of Goods (CISG). Für einen ausführlichen inhaltlichen Vergleich von PICC und CISG siehe *Felemegas* (Hg.), An International Approach of the CISG as Uniform Sales Law.

1247 Als weitere Materialien wurden berücksichtigt: Konventionen: UN Convention on the Limitation Period in the International Sale of Goods(1974), Geneva Convention on Agency in the International Sale of Goods (1983), Ottawa Conventions on International Factoring (1988), UN Convention on Assignment of Receivables in International Trade (2001). Modellgesetze: UNCITRAL Model Law on Credit Transfers (1993), UNCITRAL Model Law on International Commercial Arbitration (1985), UNCITRAL Model Law on International Commercial Conciliation (2002). Andere Instrumente: z.B. die INCOTERMS der ICC. Dazu vgl. *Bonell*, An International Restatement of Contract Law, 3. Auflage, S. 48.

1248 Mit Beispielen fast wörtlicher Übernahme bestimmter Vorschriften *Riedl*, Vereinheitlichung des Privatrechts in Europa, S. 185 f. Für einen großen Einfluss des CISG spricht auch die Tatsache, dass es als einziges Regelwerk in den PICC-Kommentaren gelegentlich auftaucht, *Meyer*, Principles of Contract Law und nationales Vertragsrecht, S. 82.

1249 *Volders*, The UP and Dutch Law, in *Ritaine/Lein* (Hg.), Die UNIDROIT Principles 2004, S. 135, 140 f.

4. *Kategorisierung*

Die insgesamt drei bisherigen Auflagen aus den Jahren 1994, 2004 und 2010 der PICC enthalten allgemeine Regelungen zu internationalen[1250] Handelsverträgen.[1251]

Die erste Auflage von 1994 setzt sich aus sieben Artikeln mit insgesamt 119 Einzelvorschriften und einer Präambel zusammen. Im einzelnen sind folgende Rechtsinstitutionen geregelt: Die allgemeinen Bestimmungen (Art. 1 UP),[1252] der Vertragsschluss (Art. 2 UP), die Gültigkeit von Verträgen (einschließlich der Willensmängel, Art. 3 UP), die Auslegung (Art. 4 UP) und der Inhalt von Verträgen (Art. 5 UP), die Erfüllung (Art. 6 UP), die Nichterfüllung und die Rechtsbehelfe bei Nichterfüllung (Art. 7 UP).

Die 185 Einzelvorschriften der 2. Auflage[1253] umfassen zusätzliche Regelungsbereiche, wobei die schon in der ersten Auflage enthaltenen Bereiche weitgehend unangetastet blieben[1254] und nur in geringfügigem Maße überarbeitet wurden. Im einzelnen neu hinzugekommen sind die Verjährung (Art. 10 UP), die Aufrechnung (Art. 8 UP), die Abtretung (Art. 9.1 UP), die Schuldübernahme (Art. 9.2 UP) und der Vertragsübergang (Art. 9.3 UP), die Stellvertretung (Art. 2.2 UP) sowie der Vertrag zugunsten Dritter (Art. 5.2 UP), also Bereiche, die nach deutschem Verständnis zum allgemeinen Schuldrecht bzw. zum

---

1250 Das Verständnis des Begriffs „international" reicht dabei von unterschiedlichen Nationalitäten bzw. Wohnorten der Parteien über „Verträge, die eine Wahl zwischen verschiedenen Rechtsordnungen enthalten" bis zu Verträgen, die „die Interessen des internationalen Handels tangieren"; siehe dazu *Bonell*, An International Restatement of Contract Law, 3. Auflage, S. 71 f.

1251 Der Begriff der „Handelsverträge" wird nicht anhand der Begriffe „Kaufmann" oder „Handelsgeschäft" definiert. Er soll vielmehr als Abgrenzung zum Verbrauchervertrag dienen, welcher von den UP nicht erfasst wird, siehe *Bonell*, An International Restatement of Contract Law, 3. Auflage, S. 74 ff.; *Gabriel*, Contracts for the Sale of Goods, S. 13.

1252 Die allgemeinen Grundsätze sind Vertragsfreiheit, Formfreiheit, Verbindlichkeit des Vertrages, Zwingende Regeln, Ausschluss oder Abänderung durch die Parteien, Auslegung und Ergänzung der Grundregeln, Treu und Glauben und redlicher Geschäftsverkehr. Daneben sind auch Definitionen in Art. 1 UP enthalten.

1253 Vgl. *UNIDROIT* (Hg.), UNIDROIT Principles of International Commercial Contracts (2004).

1254 Zu den Modifizierungen der Vorschriften der ersten Auflage siehe *UNIDROIT* (Hg.), UNIDROIT Principles of International Commercial Contracts (2004), S. vii; *Probst*, The UP 1994 and 2004: A Brief Introduction, in *Ritaine/Lein* (Hg.), The UNIDROIT Principles 2004, S. 17, 18.

allgemeinen Teil des bürgerlichen Rechts zählen.[1255] In der dritten Auflage von 2010 finden sich neben marginalen Überarbeitungen der Vorauflage[1256] in 211 Artikeln zusätzlich Vorschriften zu Restitution bei fehlgeschlagenen Verträgen, Illegalität (Art. 3.3), Bedingungen (Art. 5.3.) und zur Mehrheit von Schuldnern und Gläubigern (Art. 11).[1257]

Bei der Art der Darstellung orientieren sich die PICC an den Restatements.[1258] Jeder Regelung, der sog. „black-letter rule," folgt ein offizieller Kommentar mit Anwendungsbeispielen. Im Gegensatz zu den Restatements fehlt es den PICC allerdings an rechtsvergleichenden Anmerkungen.[1259] Diese häufig kritisierte Auslassung[1260] hatten die Verfasser bewusst vorgenommen. Durch den fehlenden Bezug zu einzelnen nationalen Regeln sollte der internationale Charakter der PICC hervorgehoben[1261] und die autonome Auslegung gestärkt werden. Weiterhin sollte davon abgelenkt werden, dass manche Rechtssysteme bei der Ausarbeitung in größerem Umfang als andere berücksichtigt worden waren.[1262]

Hinsichtlich der gebrauchten Terminologie lässt sich feststellen, dass bewusst auf Anleihen aus bestimmten Rechtsordnungen verzichtet wurde, um der angestrebten autonomen Auslegung Vorschub zu leisten.[1263] Was den Inhalt der einzelnen Regelungen angeht, bestehen die PICC zum Großteil aus bereits

---

1255 Eine übersichtliche Gegenüberstellung des Inhaltes beider Auflagen findet sich bei *Probst*, The UP 1994 and 2004: A Brief Introduction, in *Ritaine/Lein* (Hg.), The UNIDROIT Principles 2004, S. 17, 18 ff.

1256 Von den schon in der zweiten Auflage vorkommenden Vorschriften wurden insgesamt nur 5 Einzelvorschriften geändert, nämlich Art. 3.1. (jetzt Art. 3.1.1.), Art. 3.19 (jetzt Art. 3.1.4.), Art. 3.17 Abs. 2 (jetzt Art. 3.2.15.) Art. 7.3.6. Abs. 1 (jetzt Art. 7.3.6.) und Art. 7.3.6. Abs. 2 (jetzt Art. 7.3.7.), vgl. *UNIDROIT*, UNIDROIT Principles of Commerical Contracts 2010, Intr., S. vii.

1257 Eine vollständige Synopse findet sich in *UNIDROIT*, UNIDROIT Principles of Commerical Contracts 2010, Intr., S. xxxvii.

1258 Dazu *supra* 3. Kapitel B.I.2.c)(III) Kategorisierung.

1259 *Zimmermann*, Die UNIDROIT-Grundregeln der internationalen Handelsverträge, ZEuP 2005, S. 264, 265.

1260 Siehe dazu m.w.N. *Meyer*, Principles of Contract Law und nationales Vertragsrecht, S. 80, Fn. 313.

1261 *Bonell*, An International Restatement of Contract Law, 3. Auflage, S. 68; *Berger*, The Creeping Codification of the New Lex Mercatoria, S. 199.

1262 *Bonell*, An International Restatement of Contract Law, 3. Auflage, S. 57 ff.; *Berger*, The Creeping Codification of the New Lex Mercatoria, S. 199.

1263 *Bonell*, The UNIDROIT Principles of International Commercial Contracts, Tul.L.R. 1995, S. 1121, 1128.

existierenden, umformulierten Lösungen.[1264] Zudem sind auch Neuregelungen enthalten,[1265] welche aus der Sicht der Verfasser den Bedürfnissen des Handels eher gerecht werden als die Regelungen in den Einzelstaaten. Das Ziel der Verfasser war nämlich die Schaffung eines in sich kohärentes Regelwerkes,[1266] bestehend aus den jeweils „besten" Lösungen für den internationalen Handel.[1267]

Die PICC enthalten trotz ihrer Bezeichnung als „Principles" überwiegend konkrete Rechtsregeln.[1268] Die meisten Normen sind darüber hinaus knapp, allgemein und offen formuliert. Weiterhin handelt es sich um eine umfassende[1269] und systematische[1270] Behandlung des Rechts der internationalen Handelsverträge.[1271] Zudem enthält Art. 1.6 PICC die grundsätzliche Verpflichtung zur

---

1264 *Bonell*, UNIDROIT-Regeln für internationale Handelsverträge, RabelsZ 1992, S. 274, 281.

1265 *Bonell*, An International Restatement of Contract Law, 3. Auflage, S. 11 f., 24, 48 ff.: „mixture of both tradition and innovation". In den UP 1994 z.B. Art. 1.10 UP (neue Kommunikationstechniken), Art. 6.1(7) UP (neue Zahlungsmittel), Art. 4.7 UP (für Abweichungen zwischen unterschiedlichen sprachlichen Versionen der UP (PICC)); siehe *Riedl*, Vereinheitlichung des Privatrechts in Europa, S. 180.

1266 *Bonell*, An International Restatement of Contract Law, 3. Auflage, S. 46.

1267 *Bonell*, An International Restatement of Contract Law, 3. Auflage, S. 47; *Berger*, The Creeping Codification of the New Lex Mercatoria, S. 191.

1268 *Michaels*, Privatautonomie und Privatkodifikation, RabelsZ 1998, S. 580, 586.

1269 Zumindest bei der 2. Auflage, die durch einen erweiterten sachlichen Anwendungsbereich die Lücken der 1. Auflage und die damit verbundenen Schwierigkeiten bei der Anwendung schließen konnte, *Zimmermann*, Die UNIDROIT-Grundregeln der internationalen Handelsverträge, ZEuP 2005, S. 264, 266.

1270 Die Schlussfolgerung, dass den PICC eine Systematik zugrundeliegt, ergibt sich anhand der dafür festgesetzten Indizien, vgl. 1. Kapitel B.V.2. Einfache Gesetze und Kodifikationen: Es handelt sich um ein Zusammenspiel aus konkreten Rechtsregeln und allgemeinen Prinzipien. Die Bedeutung der konkreten Regeln kann dabei nur mithilfe der allgemeinen Grundsätze des ersten Abschnittes exakt bestimmt werden, siehe *Bonell*, An International Restatement of Contract Law, 3. Auflage, S. 61 f.; *Berger*, The Creeping Codification of the New Lex Mercatoria, S. 202 ff. Weiterhin soll bei Regelungslücken so weit wie möglich auf die allgemeine Grundsätze zurückgegriffen werden, vgl. Art. 1.6(2) UP. Als kohärentes Regeln („coherent set of principles") werden die UP auch von *Rosett*, UP and Harmonization of International Commercial Law, in Unif.L.R. 1997, S. 441, 447 bezeichnet. Zu den allgemeinen Grundsätzen der PICC im einzelnen siehe *Bonell*, An International Restatement of Contract Law, 3. Auflage, S. 87 ff.

1271 *Jung*, Der Einfluss der UP auf das Gemeinschaftsprivatrecht, in *Ritaine/Lein* (Hg.), The UNIDROIT Principles 2004, S. 77, 79.

autonomen Auslegung.[1272] Der Folgerung, dass es sich deswegen bei den PICC um eine Kodifikation des internationalen Handelsvertragsrechts handele,[1273] lässt sich jedoch entgegenhalten, dass keine vorrangige Geltung gegenüber den Gesetzen der nationalen Rechtsordnungen oder anderen internationalen Instrumenten angestrebt ist. Somit besitzen die PICC eine „kodifikationsähnliche Form“[1274] ohne den für eine Kodifikation vorausgesetzten Anspruch abschließender Geltung.[1275]

Aus der Präambel der PICC ergibt sich die Intention der Verfasser, dass die PICC als Rechtsgewinnungsquelle auf der Stufe der Normbildung, also als Vorbild für nationale und internationale Gesetzgeber dienen sollen.[1276]

Fraglich ist allerdings, ob es sich bei den PICC tatsächlich um ein Modellgesetz handelt.[1277] Dies wird vielfach angezweifelt.[1278] Sie stellen zunächst eine Zusammenstellung konkreter, gesetzesgleicher Vorschriften dar. Weiterhin wird in Abs. 7 ihrer Präambel[1279] die intendierte Modellfunktion für nationale und

---

1272 Art. 1.6 PICC: (1) In the interpretation of these principles, regard is to be had to their international character and to their purposes including the need to promote uniformity in their application. (2) Issues within the scope of these Principles but not expressly settled by them are as far as possible to be settled in accordance with their underlying principles.

1273 *Jung*, Der Einfluss der UP auf das Gemeinschaftsprivatrecht, in *Ritaine/Lein*, The UNIDROIT Principles 2004, S. 77, 79.

1274 *Zimmermann*, Die UNIDROIT-Grundregeln der internationalen Handelsverträge, ZEuP 2005, S. 264. Auf die relative Nähe zum kontinentaleuropäischen Gesetzesstil weist auch *Bonell*, An International Restatement of Contract Law, 3. Auflage, S. 61 hin.

1275 Zur Abgrenzung von echter und einfacher Kodifikation siehe 1. Kapitel B.V.2. Einfache Gesetze und Kodifikationen.

1276 Erstaunlicherweise wird die Zielsetzung, ein Modell für den *supra*nationalen Gesetzgeber zu bilden, nicht erwähnt, vgl. auch *Jung*, Der Einfluss der UP auf das Gemeinschaftsprivatrecht, in *Ritaine/Lein* (Hg.), The UNIDROIT Principles 2004, S. 77, 82.

1277 Zu der dieser Untersuchung zugrundelegten Begriffs des Modellgesetzes siehe *supra* 1. Kapitel A.VIII. Modellgesetze.

1278 *Berger*, The Creeping Codification of the New Lex Mercatoria, S. 189. wobei er allerdings von der unzutreffenden Definition des Modellgesetzbegriffs von *Philipps* ausgeht, dazu schon *supra* 1. Kapitel A.VIII. Modellgesetze. Den Modellgesetzcharakter bestreitet auch *Riedl*, Vereinheitlichung des Privatrechts in Europa, S. 187, allerdings ohne Angabe von Gründen. Dagegen auch *Jansen*, Legal Authority, S. 74, der die Modellfunktion jedoch inzwischen als eine der Hauptfunktionen ansieht.

1279 Abs. 7 Präambel lautet: „Sie [die PICC] können als Modell für nationale und internationale Gesetzgeber dienen.“ Abgedruckt ist die offizielle deutsche Übersetzung in *Bonell*, An International Restatement of Contract Law, 3. Auflage, S. 489 ff.

internationale Rechtsordnungen explizit erwähnt. Anders als in den bisher untersuchten Modellgesetzen findet sich jedoch kein Hinweis auf die Intention der Verfasser, dass durch die Modellwirkung der PICC einer Rechtsharmonisierung Vorschub geleistet werden soll. Nach der hier zugrundegelegten Definition handelt es sich also um ein Modellgesetz mit intendierter Vorbildfunktion.[1280]

5. *Modellwirkung*

Trotz der fehlenden Harmonisierungsintention sollen die (allerdings intendierte) Vorbildwirkung und die hierfür maßgeblichen Faktoren untersucht werden. Tatsächlich kommt den PICC nämlich eine beachtliche Wirkung auf eine Reihe nationaler Vertragsrechte zu.

a) Supranationale Ebene

Die Modellfunktion, die die PICC für supranationale Gesetzgeber entwickelt hatten, war insgesamt gering und darüber hinaus auch von den Verfassern nicht intendiert.[1281] Betrachtet man zunächst die Wirkungen auf das Europäische Gemeinschaftsprivatrecht, lässt sich weder ein direkter noch ein indirekter Einfluss der PICC sicher feststellen.[1282]

Zum Beleg der Vorbildfunktion der PICC auf supranationaler Ebene wird häufig auf den Entwurf der OHADA[1283] zur Harmonisierung des allgemeinen Vertragsrechts (Uniform Contract Act) verwiesen.[1284] Dabei handelt es sich um eine Kooperation zwischen der supranationalen OHADA und dem UNIDROIT auf der Basis der PICC.[1285] Von den 13 Artikeln des Entwurfs sind 10 fast identisch mit den PICC. Die anderen enthalten Regelungen, welche nicht in den

---

1280 Zu den unterschiedlichen Arten von Modellgesetzen siehe *supra* 1. Kapitel A.VIII. Modellgesetze. Für eine Einordnung als Modellgesetz auch *Probst*, The UP 1994 and 2004: A Brief Introduction, in *Ritaine/Lein* (Hg.), The UNIDROIT Principles 2004, S. 17, 18; *Huang*, UP and Modernisation of Chinese Contract Law, Unif. L.R. 2003, S. 107, 109; *Meyer*, Principles of Contract Law und nationales Vertragsrecht, S. 149 f.

1281 Die Präambel sieht in diesem Zusammenhang nur eine Modellwirkung für nationale und internationale Gesetzgeber, nicht aber für supranationale Gesetzgeber vor, vgl.Abs. 7 der Präambel.

1282 So die Diagnose von *Jung*, Der Einfluss der UP auf das Gemeinschaftsprivatrecht, in *Ritaine/Lein* (Hg.), The UNIDROIT Principles 2004, S. 77, 83 f.

1283 Zur OHADA siehe *supra* 2. Kapitel D.I.3.c)(I) CISG und regionale Integration.

1284 Dazu siehe *Fontaine*, The draft OHADA Uniform Act on Contracts and the UP, Unif. L. Rev 2004, S. 573 ff.; *Date-Bah*, The UP and the Harmonisation of the Principles of Commercial Contracts in West and Central Africa, Unif.L.R. 2004, S. 269 ff.

1285 Dazu UNIDROIT News, Unif.L.R. 2003, S. 682 ff.

PICC vorkommen. Allerdings ist es bisher nicht gelungen, den Entwurf zu verabschieden.[1286]

b) Ebene der Einzelstaaten

Entsprechend der fehlenden Harmonisierungsintention der PICC kann trotz deren beachtlichen Einflusses keine substanzielle Steigerung der weltweiten Rechtseinheit im Bereich des Vertragsrechts festgestellt werden. Dies liegt insbesondere daran, dass die PICC nie in ihrer Gesamtheit in nationales Recht umgesetzt worden sind. Allerdings haben sie gelegentlich größeren Regelungskomplexen sowie häufig Einzelvorschriften als Vorbild gedient. So führt die Übernahme der PICC zwar zu einigen Übereinstimmungen, diese sind jedoch fragmentarisch und eher zufällig.

Die nationalen Rechtsordnungen, die die PICC zum Vorbild für eine Neuregelung ihres Vertragsrechts genommen haben, lassen sich in drei unterschiedliche Gruppen unterteilen: Zuerst sind dabei Staaten zu nennen, denen es bisher an einem internationalen Standards genügendem Vertragsrechtssystem mangelte. Die zweite Gruppe von Staaten besaß zwar schon ein differenziertes Rechtssystem, war aber in jüngster Zeit mit einem Umbruch ihres gesamten politischen Systems konfrontiert.[1287] Schließlich wurden die PICC als Gesetzesmaterialien auch dann herangezogen, wenn in einem Staat, der zu keiner der vorherigen Gruppen zu zählen ist, eine substanzielle Reform des Vertragsrechts in Angriff genommen wurde.

In der Gruppe der Staaten ohne vorheriges, den internationalen Standards angemessenes Vertragsrechtssystem ist China der wichtigste Vertreter. Das chinesische Vertragsrecht (Chinese Contract Law, 1999)[1288] ist von den PICC nachhaltig

---

1286 Eine Liste der bisher verabschiedeten actes uniformes findet sich unter http://www.ohada.com. Zu den aktuellen Problemen der Vertragsrechtsharmonisierung in der OHADA siehe u.a. *Toe*, La problématique actuelle de l'harmonisation du droit des affaires, Unif.L.R. 2008, S. 23 ff.; *Kéré*, L'OHADA et l'harmonisation du droit des contrats, Unif.L.R. 2008, S. 197, 199.

1287 So Official Comment zur Präambel Abs. 7 UP: "At the national Level, the Principles may be particularly useful to those countries which lack a developed body of legal rules relating to contracts and which intend to update their law, at least with respect to foreign economic relationships, to current international standards. Not too different is the situation of those countries with a well-defined legal system, but which after the recent dramatic changes in their socio-political structure have an urgent need to rewrite their laws, in particular those relating to economic and business activities." (Quelle: http://www.unilex.info).

1288 Zur Entstehungsgeschichte siehe *Xi*, The Impact of the UP on Chinese Legislation, in *Ritaine/Lein* (Hg.), Die UNIDROIT Principles 2004. S. 107, 109 ff.

beeinflusst worden,[1289] besonders im Hinblick auf die allgemeinen Grundsätze.[1290] Darüber hinaus sind die Rechtsbereiche von der Einflussnahme betroffen, die in den drei vorausgegangenen chinesischen Werken[1291] zum Vertragsrecht bisher nicht vorkamen.[1292] Allerdings darf der Einfluss der PICC in China nicht überschätzt werden, weil zusätzlich viele weitere vertragsrechtliche Gesetzeswerke berücksichtigt worden sind,[1293] da die thematische Reichweite des chinesischen Vertragsrechts über diejenige der 1. Auflage der PICC[1294] hinausging.[1295] Hinzu kommt, dass es im neuen chinesischen Vertragsrecht nach wie vor Vorschriften gibt, deren Existenz nur innerhalb einer Planwirtschaft denkbar ist und die somit die besonderen chinesischen Rahmenbedingungen widerspiegeln.[1296] Dennoch

---

1289 *Huang*, UP and Modernisation of Chinese Contract Law, Unif. L. R. 2003, S. 107, 119 ff. nennt exemplarisch folgende Bereiche, welche durch die UP 1994 und das CISG beeinflusst worden sind: Vertragsschluss, Gültigkeit von Verträgen, Vertragsauslegung, stillschweigende Verpflichtungen, Musterverträge und Haftung bei Vertragsbruch. Vgl. auch *Xi*, The Impact of the UP on Chinese Legislation, in *Ritaine/Lein* (Hg.), Die UNIDROIT Principles 2004. S. 107, 111.

1290 Vgl. *Zhang/Huang*, The New Contract Law in the People's Republic of China and the UP, Unif.L.R. 2000, S. 429, 430 ff. Insbesondere sind die Grundsätze über Parteiautonomie, Gleichwertigkeit der Parteien, Gutglaubensvorschriften und öffentliches Interesse übernommen worden.

1291 Die unterschiedlichen Regelwerke waren das Economic Contract Law (1981), Foreign Economic Contract Law (1985), General Principles of Civil Law (1985) und Technology Contract Law (1987); dazu *Xi*, The Impact of the UP on Chinese Legislation, in *Ritaine/Lein* (Hg.), Die UNIDROIT Principles 2004. S. 107, 108 f.

1292 *Zhang/Huang*, The New Contract Law in the People's Republic of China and the UP, Unif.L.R. 2000, S. 429, 439.

1293 Zum Einfluss des CISG *supra* 2. Kapitel D.I.3.c)(II) CISG und nationale Gesetzgeber.

1294 Dazu siehe *supra* 3. Kapitel D.II.4. Kategorisierung.

1295 So sind auch Stellvertretung, Abtretung, Verträge zugunsten Dritter und Verjährung geregelt, *Huang*, UP and Modernisation of Chinese Contract Law, Unif.L.R. 2003, S. 107, 116. Dabei handelt es sich übrigens ausnahmslos um Materien, die zum Regelungsbereich der 2. Auflage der UP zählen.

1296 *Xi*, The Impact of the UP on Chinese Legislation, in *Ritaine/Lein* (Hg.), Die UNIDROIT Principles 2004. S. 107, 115: Als Beispiel sei u.a. Art. 38 des chinesischen Vertragsrechts genannt, wonach die Vertragsfreiheit der Parteien eingeschränkt werden darf, wenn der Staat einen zwingenden Plan vorgegeben hat oder selbst bestimmte Güter zu kaufen beabsichtigt. *Huang*, UP and Modernisation of Chinese Contract Law, Unif.L.R. 2003, S. 107, 114 ff. nennt folgende Bereiche: Unvollkommene Umsetzung der Vorschriften über die Formfreiheit, Verträge, die der öffentlichen Zustimmung oder der Registrierung bedürfen, und Ablösungsmöglichkeiten für die öffentliche Hand in bestimmten Bereichen.

gehörten die PICC zu den wichtigsten Rechtsgewinnungsquellen bei der Ausarbeitung.[1297]

Bei der zweiten Gruppe von Staaten handelt es sich um die ehemals „kommunistischen" Staaten Osteuropas. Innerhalb dieser Gruppe lassen sich in vielen Ländern Einwirkungen der PICC als Rechtsgewinnungsquelle ausmachen. Bei der Ausarbeitung des neuen Zivilrechtsgesetzbuches der russischen Föderation von 1995 haben die vorläufigen Entwürfe der PICC Einfluss auf den Inhalt der gesetzlichen Vorschriften genommen. Dabei ist es schwierig, eine genaue Aussage über das Ausmaß zu machen, in dem die PICC den vertragsrechtlichen Teil des russischen Zivilgesetzbuches beeinflusst haben. Es steht jedoch außer Frage, dass sie als Inbegriff von modernem Vertragsrecht häufig in Erwägung gezogen worden sind.[1298] Als Beispiel sei die Regelung über „hardship"[1299] in PICC[1300] genannt.[1301]

Ein gewichtigerer Einfluss wird den PICC im Hinblick auf die Entstehung des neuen litauischen Zivilgesetzbuches zugeschrieben.[1302] Der Einfluss der PICC beschränkt sich auf das 6. Buch, welches das Schuldrecht regelt. Im Laufe des Entstehungsprozesses fand eine intensive Konsultierung vieler Mitglieder der „working group" der ersten Auflage der PICC statt.[1303] Das Ziel einer weitgehenden Parallelität ist erreicht worden.[1304] Daneben haben auch

1297 U.a. waren das neben dem BGB auch der Code Civil, der UCC, das CISG und das UNCITRAL-Modellgesetz über den elektronischen Geschäftsverkehr, siehe *Xi*, The Impact of the UP on Chinese Legislation, in *Ritaine/Lein* (Hg.), Die UNIDROIT Principles 2004. S. 107, 111.

1298 *Skala*, The UP: a Russian Perspective, in *Ritaine/Lein* (Hg.), Die UNIDROIT Principles 2004, S. 119, 120.

1299 Entspricht in etwa der deutschen Regelung zum „Wegfall der Geschäftsgrundlage".

1300 Vgl. Art. 6.2 PICC.

1301 Dazu *Doudko*, Hardship in contract: The Approach of the UNIDROIT Principles and Legal Developments in Russia, Unif.L.R. 2000, S. 483 ff.

1302 Dazu siehe *Žukas*, Reception of the UPICC and PECL in Lithuania, in *Ritaine/Lein* (Hg.), The UNIDROIT Principles 2004, S. 231, 233 ff.

1303 *Mikelenas*, Unification and Harmonisation of Law at the Turn of the Millenium: The Lithuanian Experience, Unif.L.R. 2000, S. 243, 251 f.

1304 *Bonell*, The UP in Practice: The Experience of the First Two Years, Unif.L.R. 1997, S. 34, 37. Bestimmte Vorschriften wurden allerdings modifiziert. Z.B. kam es zu einer Einschränkung der in den PICC bestehenden grundsätzlichen Formfreiheit. Dazu im einzelnen *Žukas*, Reception of the UPICC and PECL in Lithuania, in *Ritaine/Lein* (Hg.), The UNIDROIT Principles 2004, S. 231, 233 ff.

andere Rechtsgewinnungsquellen eine wichtige Rolle gespielt.[1305] Weitere postkommunistische Staaten, denen die PICC als Modell für eine Reformgesetzgebung gedient hat, sind Ungarn und Estland.[1306]

Schließlich soll noch auf die Modellwirkung der PICC in denjenigen Staaten eingegangen werden, die schon über ein marktwirtschaftliches Rechtssystem verfügten. So wird z.B. im Entwurf für die Neufassung des Art. 2 UCC von 1997 an mehreren Stellen auf den Einfluss der PICC verwiesen.[1307] Sie wurden in begrenzter Form auch bei der Ausarbeitung des neuen deutschen Schuldrechts berücksichtigt.[1308] Weitere Einflüsse werden den PICC u.a. im Bezug auf das neue niederländische Bürgerliche Gesetzbuch von 1992,[1309] und das neue Zivilrechtsgesetzbuch Québècs zugeschrieben.[1310]

Zur Modellwirkung der PICC auf nationaler Ebene lässt sich feststellen, dass sie zwar in vielen Fällen einen messbaren Einfluss ausgeübt haben, sie aber dabei bis auf wenige Ausnahmen (z.B. Litauen) nur eine unter mehreren

---

1305 Zu nennen sind das CISG, die PECL, einigen EG-Richtlinien sowie die modernen Zivilrechtsgesetzbücher Québecs und der Niederlande. Dazu siehe im einzelnen *Mikelenas*, Unification and Harmonisation of Law at the Turn of the Millenium: The Lithuanian Experience, Unif.L.R. 2000, S. 243 ff.

1306 Dazu siehe schon *supra* 2. Kapitel D.I.3.c)(II) CISG und nationale Gesetzgeber.

1307 Vgl. dazu NCCUSL (Hg.), UCC: Revised Art. 2 Sales, 1997 Draft. Dies sind im einzelnen: Standardklauseln (S. 6), das sog. „battle of forms" (S. 33), Mängelbehebung („cure", S. 127). Laut *Bonell*, CISG, European Contract Law, AJCL 2008, S. 1, 20, Fn. 104 sind weiterhin darin enthaltenden Regeln über überraschende Klauseln („suprising terms", S. 26–29) und Fusionsklauseln („merger clauses", S. 18–21) grundlegend von den entsprechenden Vorschriften der UP 1994 inspiriert. Allerdings tauchen diese Verweise im endgültigen Entwurf von 2003 nicht mehr auf. Eine detaillierte Vergleichung zwischen Art. 2 UCC, CISG und UP findet sich bei *Gabriel*, Contracts for the Sale of Goods.

1308 Vgl. dazu *Bundesminister für Justiz* (Hg.), Abschlussbericht der Kommission zur Überarbeitung des Schuldrechts, S. 149, 165. In erster Linie ist das neue deutsche Schuldrecht jedoch vom CISG beeinflusst worden, dazu *Schlechtriem*, 10 Jahre CISG, IHR 2001, S. 12 ff; *Zimmermann*, The New German Law of Obligations, S. 40 f.; *Bonell*, CISG, European Contract Law, AJCL 2008, S. 1, 19; *Magnus*, Country Reports: Germany, in *Ferrari*, The CISG and its impact on National Legal Systems, S. 143 ff.

1309 Dazu siehe *Volders*, The UP and Dutch Law, in *Ritaine/Lein* (Hg.), Die UNIDROIT Principles 2004, S. 135, 137 ff,

1310 Dazu siehe *Bonell*, CISG, European Contract Law, AJCL 2008, S. 18 ff; *Bonell*, An International Restatement of Contract Law, 3. Auflage, S. 268 ff., *Riedl*, Vereinheitlichung des Privatrechts in Europa, S. 188 ff.

Rechtsgewinnungsquellen darstellen. Außerdem ist der Einfluss meist nicht in der Gesamtstruktur der Reformgesetze erkennbar, sondern beschränkt sich auf die Übernahme von Einzelvorschriften.[1311]

Aufgrund der fehlenden Harmonisierungswirkung auf der Normenebene und der fehlenden Erkennbarkeit, welche Normen der Einzelstaaten von den PICC beeinflusst sind, lässt sich bisher keine PICC-konforme Auslegung auf supranationaler Ebene oder auf der Ebene der Einzelstaaten feststellen. Die wichtigste Relevanz kommt den PICC im Bereich der internationalen Schiedsgerichtsbarkeit zu.[1312]

6. *Faktoren für die Modellwirkung*

Bei den Modellwirkungsfaktoren, die aus den Eigenschaften der PICC selbst folgen, ist zuvorderst die Qualität der PICC-Regelungen[1313] zu nennen. Dafür spricht deren hohe Akzeptanz in der Praxis und vor den Schiedsgerichten[1314] sowie die Tatsache, dass die PICC von Wissenschaftlern kommentiert wurde, die nicht an ihrer Ausarbeitung mitwirkten und damit kein persönliches Interesse an ihrer weiteren Verbreitung hatten.[1315] Dadurch gewann der Text zusätzlich an Autorität.[1316] Auch die Methode der Erarbeitung, nämlich auf der Basis einer funktionalen Rechtsvergleichung nach der besten Lösung zu suchen, wirkte sich positiv auf die Qualität der Regelungen aus.[1317] Schließlich färbte das hohe Renommée einiger Beteiligter auch auf das Produkt ihrer Arbeit ab.[1318] Hinzuweisen ist zudem auf die Aktualität der Regelungen.[1319] Sie stellen eine aktuelle Fassung eines global einheitlichen Vertragsrechts zur Verfügung, indem sie sich

---

1311 *Bonell*, CISG, European Contract Law, AJCL 2008, S. 1, 20.

1312 Dazu m.w.N. *Meyer*, Principles of Contract Law und nationales Vertragsrecht, S. 86 ff.; *Jansen*, Legal Authority, S. 72 f.; für eine ausführliche Literaturliste siehe *Michaels* in *Vogenauer/Kleinheisterkamp* (Hg.), PICC-Commentary, Preamble II.

1313 So nur *Michaels* in *Vogenauer/Kleinheisterkamp* (Hg.), PICC-Commentary, Preamble I, Rn. 6; *Meyer*, Principles of Contract Law und nationales Vertragsrecht, S. 150.

1314 *Jansen*, Legal Authority, S. 71 ff. Dazu ausführlich *Michaels* in *Vogenauer/Kleinheisterkamp* (Hg.), PICC-Commentary, Preamble II.

1315 Siehe *Vogenauer/Kleinheisterkamp* (Hg.), PICC-Commentary.

1316 *Jansen*, Legal Authority, S. 75.

1317 *Meyer*, Principles of Contract Law und nationales Vertragsrecht, S. 150; *Žukas*, Reception of the UPICC and PECL in Lithuania, in *Ritaine/Lein* (Hg.), The UNIDROIT Principles 2004, S. 231, 235.

1318 Siehe dazu *supra* 3. Kapitel D.II.3. Entstehung.

1319 *Žukas*, Reception of the UPICC and PECL in Lithuania, in *Ritaine/Lein* (Hg.), The UNIDROIT Principles 2004, S. 231, 235.

am CISG orientieren, dieses aber graduell weiterentwickeln.[1320] Da es sich anders als beim CISG nicht um eine Konvention handelt, musste auch nicht auf bestimmte politische Einzelinteressen im Rahmen von Verhandlungen Rücksicht genommen werden.[1321]

Darüber hinaus zeichnen sich die PICC durch ihre verständlichen, offenen und neutralen Formulierungen aus.[1322] Durch die fehlende Bezugnahme auf eine einzelne oder eine Gruppe von nationalen Rechtsordnungen sind die PICC allgemein verständlich.[1323] Zudem wird hierdurch auch die Akzeptanz und somit die Übernahmebereitschaft gefördert, weil ein Staat im Falle der Übernahme der Regeln keine fremde nationale, sondern eine neutrale Rechtsordnung übernimmt.[1324]

Die fehlende Harmonisierungsintention der Verfasser setzt sich auf der Ebene der einzelstaatlichen Legislativen, deren Vorhaben von den PICC beeinflusst worden sind, fort. Stets bestand die primäre Motivation für die Übernahme einzelner oder mehrerer Vorschriften nicht in der Schaffung von global oder regional einheitlichem Recht. Vielmehr suchten die Bearbeiter nach den „besten", neutralsten und aktuellsten, den internationalen Standards entsprechenden Regelungen im Rahmen einer Rechtsreform, und zwar unabhängig davon, ob eine komplette Neuformulierung des Rechts oder nur eine Weiterentwicklung angestrebt war.

Je nach dem Maß des Bedürfnisses nach einer Neuregelung konnte der Grad des Einflusses dabei variieren. In Osteuropa und China war er höher, weil hier eine komplette Neuregelung des Vertragsrechts vorgenommen wurde.

1320 *Meyer*, Principles of Contract Law und nationales Vertragsrecht, S. 82 ff., 150.

1321 Dazu schon *supra* 2. Kapitel D.I.3. Ratifizierung.

1322 *Zimmermann*, Die UNIDROIT-Grundregeln der internationalen Handelsverträge, ZEuP 2005, S. 264, 267; *Rosett*, UP and Harmonization of International Commercial Law, Unif.L.R. 1997, S. 441, 449.

1323 *Bonell*, An International Restatement of Contract Law, 3. Auflage, S. 23.

1324 So auch *Meyer*, Principles of Contract Law und nationales Vertragsrecht, S. 150; *Xi*, The Impact of the UP on Chinese Legislation, in *Ritaine/Lein* (Hg.), Die UNIDROIT Principles 2004. S. 107, 112; *Huang*, UP and Modernisation of Chinese Contract Law, Unif.L.R. 2003, S. 107, 109.

4. Kapitel: Faktoren für den Erfolg von Modellgesetzen

Auf der Grundlage des 3. Kapitels soll nun ermittelt werden, ob und ggf. inwiefern sich die Eigenschaften und die Rahmenbedingungen von Modellgesetzen auf deren Harmonisierungserfolg auswirken.

A. Faktoren auf Normenstufe

Allgemein besteht darüber Einigkeit, dass eine Harmonisierung des Zivilrechts keinen Selbstzweck darstellt.[1325] Gegen die Realisierung eines „Weltrechts“[1326] als vermeintliches Ziel aller Harmonisierungsinitiativen spricht in erster Linie der soziale Bezug des Rechts, wonach unterschiedliche Verhältnisse natürlicher, wirtschaftlicher und sozialer Art in einzelnen Ländern bzw. Kulturen auch eine Vielzahl von unterschiedlichen Rechtsordnungen erfordern.[1327] Die Verkennung dieser Tatsache hätte die Gleichbehandlung von Ungleichem zur Folge.[1328] Fallen diese Unterschiede in einem bestimmten Teilbereich zwischen einzelnen Staaten jedoch nicht ins Gewicht, ist eine Rechtsharmonisierung zwischen einzelnen Ländern grundsätzlich denkbar.

I. Grundbedürfnis für die Ausarbeitung

Der Erfolg einer Harmonisierungsinitiative setzt immer voraus, dass ein konkretes Bedürfnis nach Rechtseinheit besteht. Ohne ein solches besitzen etwaige Initiativen insbesondere im Hinblick auf den regelmäßig hohen mit

---

1325 Vgl. nur *Gruber*, Methoden des internationalen Einheitsrechts, S. 25, *Taupitz*, Europäische Privatrechtsvereinheitlichung, S. 5, *Kropholler*, Internationales Einheitsrecht, S. 22 f., *Lurger*, Grundfragen der Privatrechtsvereinheitlichung, S. 24; *Bonell*, UNIDROIT-Principles 2004, Unif.L.R. 2004, S. 5, 6.; *Kötz*, Rechtsvereinheitlichung, RabelsZ 1986, S. 1, 11 ff. Für Europa in diesem Sinne *Oppermann*, Europarecht, § 33, Rn. 1.

1326 Also die Schaffung eines einheitlichen Rechtszustandes in sämtlichen bestehenden Privatrechtsordnungen, vgl. schon *Zitelmann*, Die Möglichkeit eines Weltrechts, S. 35.

1327 So *Kropholler*, Internationales Einheitsrecht, S. 22; *Kronke*, Perspektiven der Privatrechtsharmonisierung, JZ 2001, S. 1149, 1156; zum Vertragsrecht *Huang*, UP and Modernisation of Chinese Contract Law, Unif.L.R. 2003, S. 107, 116 f.

1328 *Gruber*, Methoden des internationalen Einheitsrechts, S. 25, *Kötz*, Rechtsvereinheitlichung, RabelsZ 1986, S. 2.

ihnen verbundenen Aufwand keine Daseinsberechtigung.[1329] Ob ein solches Bedürfnis besteht, richtet sich nach dem Vorhandensein bestimmter Triebkräfte bzw. verfolgter staatlicher und individueller[1330] Interessen.[1331] Das Grundbedürfnis kann, muss aber nicht mit den wirtschaftlichen und politischen Faktoren, die später für eine teilweise oder vollständige Übernahme sprechen,[1332] identisch sein. Dies ist zwar häufig der Fall, die Voraussetzungen können sich jedoch während der teilweise langjährigen Ausarbeitung eines Instruments ändern.

1. Finanzielle Interessen

Den Marktteilnehmern kann durch eine Rechtsharmonisierung insofern gedient sein, als durch eine Vereinheitlichung des Rechts eine Steigerung der Rechtssicherheit im zwischenstaatlichen Verkehr erreicht werden kann.[1333] Zum einen können der durch die Rechtsermittlung und -verfolgung hervorgerufene Informationsaufwand bei einer wirtschaftlichen Betätigung im Ausland und die damit verbundenen Kosten gesenkt werden.[1334] Ein solcher Aufwand fällt nicht erst im Falle einer (schieds-) gerichtlichen Auseinandersetzung an, sondern kann schon bei der Vorbereitung des Marktzutritts eines ausländischen Unternehmens eine Rolle spielen. Selbst wenn dies tatsächlich nicht der Fall sein sollte, kann der potentielle Informationsaufwand noch im Rahmen einer bewussten oder intuitiven Risikoabschätzung von Bedeutung sein.[1335]

Zum anderen sorgt die Harmonisierung für eine Erhöhung der Rechtssicherheit.[1336] Aus Sicht der Betroffenen werden etwaige finanzielle Risiken

1329 So *Kropholler*, Internationales Einheitsrecht, S. 23; für Europa nochmals betont bei *Basedow*, Kodifikationsrausch und kollidierende Konzepte, ZEuP 2008, S. 673, 676; *Kronke*, Perspektiven der Privatrechtsharmonisierung, JZ 2001, S. 1149, 1154.

1330 Diese Unterscheidung findet sich auch bei *Basedow*, Grundlagen des europäischen Vertragsrechts, JuS 2004, S. 89, 91.

1331 So schon *Zweigert*, Rechtsvergleichung im Dienste der Rechtsvereinheitlichung, in *Wolff* (Hg.), Beiträge zur Rechtsforschung, S. 251, 254, der auf die Zweckbetonung der Rechtsvereinheitlichung (hier: Rechtsharmonisierung) verweist.

1332 Dazu *infra* 4. Kapitel A.II.2.a) Harmonisierungsdruck.

1333 Dazu ausführlich *Wagner*, Economic Analysis of Cross-Border Legal Uncertainty, in *Smits* (Hg.), The Need for a European Contract Law, S. 25, 31 ff.

1334 *Gruber*, Methoden des internationalen Einheitsrechts, S. 26 f.

1335 *Pfeiffer*, Methodik der Privatrechtsangleichung in der EU, AcP 2008, S. 227, 230.

1336 *Kropholler/Neuhaus*, Rechtsvereinheitlichung – Rechtsverbesserung? RabelsZ 1981, S. 73, 75. Dazu lässt sich anführen, dass die Rechtssicherheit mit einer höheren Intensität an Rechtsübereinstimmung steigt, vgl. *Remien*, Innere Kohärenz des europäischen Privatrechts, in *Furrer* (Hg.), Europäisches Privatrecht, S. 125, 128 f.

vorhersehbarer, wodurch die Planbarkeit ihrer wirtschaftlichen Betätigungen erhöht wird. Dadurch wird auch der Handelsverkehr auf zwischenstaatlicher Ebene gestärkt. Deshalb sind die meisten Harmonisierungsprojekte im wirtschaftlich relevanten Bereich zu verorten. Insbesondere auf europäischer Ebene wurde bis vor kurzem in erster Linie ein einheitliches Wirtschaftsgebiet - der sog. gemeinsame Binnenmarkt - angestrebt.[1337] Durch niedrigere Transaktionskosten fallen die Preise für Güter, was sich in einem höheren Konsum niederschlägt. Die Zunahme zwischenstaatlicher Transaktionen ist deshalb auch im Interesse der Staaten,[1338] weil dadurch eine höhere Investitionstätigkeit, ein höherer Konsum und ein größeres nationales Gesamteinkommen erreicht werden können.

Finanzielle Interessen der Marktteilnehmer und der Staaten waren bei allen untersuchten Modellgesetzen ein entscheidender Ausgangspunkt für ihre Ausarbeitung. Beim ADHGB erhoffte man sich eine Überwindung der grassierenden Wirtschaftskrise.[1339] Auch der DE sollte die Durchführung des zwischenstaatlichen Handels vereinfachen, wobei hier das geringere Bedürfnis der preußischen Wirtschaft zu einer Opposition der preußischen Regierung führte.[1340] Die Entstehung des Uniform Sales Act fällt in das Zeitalter aufkommender Massenproduktion und verbesserter Transportmöglichkeiten. Durch eine Rechtsvereinheitlichung sollten breitere Absatzmärkte erschlossen werden.[1341] Der Beginn der Arbeit am UCC war durch die Probleme, die sich aus der uneinheitlichen Ratifikation des Vorgängerwerks, den daraus resultierenden Komplexitäten im Bereich des Kollisionsrechts, der fehlenden materiellen Reichweite und der fehlenden Geeignetheit des Uniform Sales Act für den Außenhandel ergaben, veranlasst. Diese Probleme hatten zu einem immensen Anstieg der Transaktionskosten geführt.[1342] Auch die Überarbeitung der nordischen Kaufgesetze war wesentlich durch Probleme mit dem Kollisionsrecht im innernordischen Verkehr und das Ziel eines gemeinsamen Binnenmarktes

1337 So schon *Zimmermann*, Das römisch-kanonische ius commune, JZ 1992, S. 8, 9. Für einen Überblick über die EG-Richtlinien mit Auswirkungen auf das Vertragsrecht siehe *infra* 2. Kapitel C.III.2.b) Rechtsgebiete.

1338 *Wagner*, Economic Analysis of Cross-Border Legal Uncertainty, in *Smits* (Hg.), The Need for a European Contract Law, S. 25, 32 f.

1339 *Supra* 3. Kapitel A.I.1. Basisbedingungen.

1340 *Supra* 3. Kapitel A.II.1. Basisbedingungen.

1341 *Supra* 3. Kapitel B.II.2.a) Basisbedingungen.

1342 *Supra* 3. Kapitel B.II.3.a) Basisbedingungen.

motiviert.[1343] Beim MLEC stand die Schaffung einer relativen Rechtssicherheit in seinem speziellen materiellrechtlichen Regelungsbereich im Vordergrund.[1344] Auch bei den hier untersuchten privaten Initiativen, d.h. den PECL und den PICC, standen die ökonomischen Motive der Marktteilnehmer an vorderster Stelle.[1345]

Ausgangspunkt aller in dieser Untersuchung betrachteten Harmonisierungsinitiativen war also eine Unzufriedenheit mit dem bestehenden Rechtszustand, die aus der im jeweiligen Rechtsgebiet und Rechtsbereich bestehenden Rechtsvielfalt[1346] bzw. der mangelnden Qualität und Aktualität des bestehenden Rechts[1347] resultierte.[1348]

Auch Gerechtigkeitserwägungen können eine Harmonisierung sinnvoll machen. Denn durch vereinheitlichtes Recht können auf verschiedenen Ebenen Ungleichbehandlungen der Parteien, die am Wirtschaftsleben teilnehmen, vermieden werden.[1349] So kann bei Bestehen unterschiedlicher sachrechtlicher Vorschriften beispielsweise einer inländischen Vertragspartei gegenüber der ausländischen ein Vorteil durch die bessere Kenntnis des anwendbaren Rechts zukommen.[1350] Auf kollisionsrechtlicher Ebene können bestimmte internationalprivatrechtliche Anknüpfungspunkte dazu führen, dass in- und ausländische Wettbewerber gleiche Verträge nur zu unterschiedlichen Konditionen anbieten können.[1351]

1343 *Supra* 3. Kapitel C.III.1. Basisbedingungen.

1344 Für UNCITRAL siehe *supra* 3. Kapitel D.I.2. Basisbedingungen und Entstehung.

1345 Für PICC siehe *supra* 3. Kapitel D.II.2. Basisbedingungen; für PECL *supra* 2. Kapitel B.III.1. Entstehung der PECL.

1346 Häufig wird der Rechtszustand aufgrund einer Rechtszersplitterung als gleichzeitig als qualitativ minderwertig empfunden, so beim ADHGB (*supra* 3. Kapitel A.I.1. Basisbedingungen), dem Uniform Sales Act (*supra* 3. Kapitel B.II.2.a) Basisbedingungen), dem UCC (*supra* 3. Kapitel B.II.3.a) Basisbedingungen, dem MLEC (*supra* 3. Kapitel D.I.2. Basisbedingungen und Entstehung) und den PICC (*supra* 3. Kapitel D.II.2. Basisbedingungen).

1347 So insbesondere bei den ersten nordischen Kaufgesetzen (*supra* 3. Kapitel C.II.1 Basisbedingungen) und deren Revision (*supra* 3. Kapitel C.III.1 Basisbedingungen).

1348 *Supra* 3. Kapitel A.I.1.; A.II.1.; B.II.2.a), 3.a).

1349 Ähnlich auch *Stein*, Einheitlichkeit und Verschiedenheit des Rechts, RabelsZ 1986, S. 166, 177, der als eine maßgebliche Triebkraft für die Rechtsharmonisierung (in den USA) das Bedürfnis nach bundesweiten Garantien der Freiheit und Gleichheit und nach einer einheitlichen Politik in vielen Lebensbereichen identifiziert.

1350 *Gruber*, Methoden des internationalen Einheitsrechts, S. 54.

1351 *Gruber*, Methoden des internationalen Einheitsrechts, S. 55.

2. *Andere politische Interessen*

Im Einzelfall kann sich ein Bedürfnis nach Rechtsharmonisierung aus politischen Interessen ergeben. Allerdings lässt sich ein maßgeblicher Einfluss nur bei den Modellgesetzen des deutschen Bundes und bei der Ausarbeitung des UCC feststellen. Beim ADHGB ist bemerkenswert, dass sehr unterschiedliche, teilweise entgegengesetzte politische Interessen die Partikularstaaten zu einer Mitarbeit bewegten.[1352] Die Vorstellung, dass die Rechtsvereinheitlichung als eine Vorstufe der politischen Einheit anzusehen ist, entstammt dem 19. Jahrhundert und ist als überholt anzusehen.

Beim UCC wurde die Kooperation der Einzelstaaten bei der Ausarbeitung u.a. dadurch besonders motiviert, dass sie eine zwingende bundeseinheitliche Regelung des Handelsrechts zu verhindern suchten.[1353]

II. Maßgebliche Faktoren für eine Harmonisierungs- bzw. Modellwirkung

Entsprechend der mit der Ausarbeitung eines Modellgesetzes verfolgten Zielsetzung[1354] kann zwischen einer Harmonisierungswirkung und einer bloßen Modellwirkung, d.h. einer Übernahme ohne entsprechende Harmonisierungsintention, unterschieden werden. Aufgabe dieses Abschnitts ist es, die wichtigsten im 3. Kapitel identifizierten Faktoren für die Harmonisierungs- und Modellwirkung herauszuarbeiten und zu gewichten.

Die Faktoren sollen dabei danach unterteilt werden, ob sie sich aus den Eigenschaften des Instruments selbst ergeben, oder ob sie mit den äußeren Rahmenbedingungen zusammenhängen. Wegen der Interdependenz vieler Faktoren[1355] ist die Unterteilung teilweise schwierig. Dennoch ist sie aus Gründen der Systematisierung geboten, wobei an gegebener Stelle auf etwaige Beziehungen, Abhängigkeiten und Kausalzusammenhänge zwischen den unterschiedlichen Faktoren hingewiesen werden soll.

1352 *Supra* 3. Kapitel A.I.1. Basisbedingungen.
1353 *Supra* 3. Kapitel B.II.3.e)(I) Normenstufe.
1354 Dazu schon *supra* 1. Kapitel A.VII. Modellgesetze.
1355 So auch *Taupitz*, Europäische Rechtsvereinheitlichung, S. 2.

1. Immanente Faktoren

a) Qualität, Aktualität und Innovation

Eine Grundvoraussetzung für den Harmonisierungserfolg eines Modellgesetzes ist seine Qualität. Alle erfolgreichen untersuchten Modellgesetze wurden von den umsetzenden Staaten und der Rechtswissenschaft als überwiegend qualitativ hochwertig wahrgenommen.[1356] Die Qualität der untersuchten weniger erfolgreichen Modellgesetze, dies waren vor allem die Revision der nordischen Kaufgesetze sowie der DE, wurde dagegen angezweifelt. Dies hatte in beiden Fällen negative Auswirkungen auf ihren Harmonisierungserfolg.[1357]

Auch die untersuchten Modellgesetze ohne unmittelbare Harmonisierungsintention, d.h. die PECL, die PICC und das CISG, haben ihre Modellwirkung in erster Linie aufgrund der ihnen allgemein attestierten Qualität entfaltet, da die Gesetzgeber in den aus den Regelungswerken übernommenen Vorschriften die „beste Lösung" sahen.[1358]

Eng mit seiner Qualität sind die Aktualität und der Innovationsgrad eines Modellgesetzes verknüpft. Die Aktualität misst sich ebenfalls an den Bedürfnissen der Praxis. Auf der Normenstufe ist für deren Beurteilung dabei der Zeitpunkt der Übernahme durch die Adressaten, also regelmäßig das Ende der Ausarbeitung maßgeblich.[1359] Ist das Harmonisierungsinstrument im Wesentlichen deskriptiver Natur, kann sich dies sowohl positiv als auch negativ auf seine Übernahme auswirken. Auf der einen Seite kann die Akzeptanz höher sein, wenn es sich um schon bekannte und bewährte Regelungen handelt.[1360] Auf der anderen Seite besteht die Gefahr, dass ein Instrument ohne innovative und aktuelle Regeln den Bedürfnissen der Praxis nicht gerecht wird und deshalb

---

1356 Dies gilt für das ADHGB (*supra* 3. Kapitel A.I.4.b) Erfolgsfaktoren); den UCC (*supra* 3. Kapitel B.III.2.e)(I) Normenstufe); die ersten nordischen Kaufgesetze (*supra* 3. Kapitel C.II.5.a) Normenstufe); und das MLEC (*supra* 3. Kapitel D.I.5. Faktoren).

1357 Siehe dazu *supra* 3. Kapitel A.II.5. Faktoren; 3. Kapitel C.III.5.a) Normenstufe.

1358 Siehe dazu *supra* 2. Kapitel B.III.3.a) Die PECL als Modellgesetz, 2. Kapitel D.I.3.c) Das CISG als Modell für Gesetzgeber; 3. Kapitel D.II.6. Faktoren für die Modellwirkung.

1359 Auf der Anwendungsebene muss bei dispositivem Recht die Aktualität stets gegeben sein, weil die Parteien sonst regelmäßig einen Ausschluss vereinbaren, dazu siehe *infra* 4. Kapitel B.II.1. Immanente Faktoren.

1360 Als Beispiel sei hier der Uniform Sales Act genannt, der sich im wesentlichen an dem bestehenden Case Law und dem englischen Sale of Goods Act orientierte, siehe *supra* 3. Kapitel B.II.2.c) Kategorisierung.

nicht übernommen wird. In einem solchen Fall erscheint nämlich oftmals der mit einer legislativen Übernahme verbundene Aufwand als nicht notwendig. Daher ist es möglich, dass die nicht vollständige Ratifikation des Uniform Sales Act auch auf die mangelnde Innovationsbereitschaft seiner Verfasser zurückzuführen ist.[1361]

Für den Erfolg eines Harmonisierungsinstruments muss also ein Gleichgewicht zwischen deskriptiven, d.h. schon im angestrebten räumlichen Bereich der Rechtsharmonisierung enthaltenen Regelungen und innovativen, aktuellen Regelungen gefunden werden.[1362] Es sei an dieser Stelle allerdings darauf hingewiesen, dass der Einordnung von Regeln als innovativ oder deskriptiv stets eine Wertung zugrundeliegt, die nur schwer objektiv messbar ist.[1363] Allerdings hat diese Untersuchung ergeben, dass auch Modellgesetze mit hohem Innovationsgrad erfolgreich sein können. Dies entweder, weil sie - wie das MLEC - Regelungen enthalten, welche bisher in den zu harmonisierenden Rechtsordnungen ohne Entsprechung sind,[1364] oder weil ihre Qualität und ihre Praxistauglichkeit als besonders hoch eingeschätzt werden.[1365]

b) Beteiligte und Verfahren der Ausarbeitung

Es kann ein Zusammenhang zwischen den als qualitativ hochwertig bewerteten Modellgesetzen und der Art und Weise ihrer Ausarbeitung festgestellt werden. Maßgeblich für die hohe Qualität war in allen Fällen die Beteiligung anerkannter Experten, eine Berücksichtigung unterschiedlicher Rechtsordnungen im Wege rechtsvergleichender Vorarbeiten sowie die Orientierung an den Bedürfnissen der Praxis.[1366] Allerdings lassen sich diese Merkmale im Wesentlichen auch bei den anderen Modellgesetzen feststellen, wobei jedoch zumindest beim Uniform

---

1361 Dazu *supra* 3. Kapitel B.II.2.e)(I) Normenstufe.

1362 So geschehen beim ADHGB (*supra* 3. Kapitel A.I.4.b) Erfolgsfaktoren); den ersten nordischen Kaufgesetzen (*supra* 3. Kapitel C.II.3. Kategorisierung) und den PICC (*supra* 3. Kapitel D.II.4. Kategorisierung).

1363 So schon *Jansen*, Legal Authority, S. 58.

1364 Siehe *supra* 3. Kapitel D.I.3. Kategorisierung.

1365 Z.B. beim UCC, siehe *supra* 3. Kapitel B.II.3.e)(I) Normenstufe. A.A. *Röthel*, Der Referenzrahmen als Modellgesetz, in *Schmidt-Kessel* (Hg.), Der gemeinsame Referenzrahmen, S. 287, 295.

1366 Siehe zum ADHGB *supra* 3. Kapitel A.I.2. Entstehung; zum UCC *supra* 3. Kapitel B.II.3.b) Entstehung; zu den ersten nordischen Kaufgesetzen *supra* 3. Kapitel C.II.2. Entstehung; zum MLEC *supra* 3. Kapitel D.I.2. Basisbedingungen und Entstehung; zu den PECL *supra* 2. Kapitel B.III.1. Entstehung; zu den PICC *supra* 3. Kapitel D.II.3. Entstehung; zum CISG *supra* 2. Kapitel D.I.1. Entstehungsgeschichte.

Sales Act und bei der Revision der nordischen Kaufgesetze eine unzureichende Orientierung an den Bedürfnissen der Praxis stattfand.[1367] Dagegen war ein genereller Zusammenhang zwischen der zur Ausarbeitung benötigten Zeit und der Qualität der Modellgesetze nicht erkennbar.

Als außerordentlich maßgeblich für einen Harmonisierungserfolg hat sich die Beteiligung der für eine Übernahme zuständigen einzelstaatlichen Entscheidungsträger erwiesen.[1368] Da die Politik die Entscheidung über den Erlass von Normen trifft, ist gegen ihren Willen keine Rechtsharmonisierung im legislativen Bereich durchführbar.[1369] Auf der anderen Seite ist der Einfluss der Politik auf die inhaltliche Gestaltung der Instrumente auch nicht zu überschätzen. Die Systeme der Kodifikationen beispielsweise beruhen nicht auf politischen Entscheidungen, sie sind vielmehr das Resultat akademischer Debatten. Als Ziel wurde bei ihnen stets primär die Vereinfachung und die Erreichung einer bessere Zugänglichkeit des Rechts verfolgt.[1370] So wird argumentiert, dass sich die Entwicklung des Privatrechts - zumindest bis zu einem gewissen Grad - unabhängig von dem politischen, sozialen und moralischen Diskurs vollzieht.[1371]

Im einzelnen divergieren die untersuchten Verfahren zur Ausarbeitung in nicht unerheblicher Art und Weise. Insbesondere kann zwischen der Beteiligung offizieller Stellen schon bei der Erarbeitung eines ersten Entwurfs (bei dem ADHGB,[1372] dem DE,[1373] den nordischen Kaufgesetzen,[1374] dem CISG[1375]) und einer weitgehend autonomen Erarbeitung mit anschließender Abstimmung durch Vertreter der anvisierten Staaten (bei dem Uniform Sales Act,[1376] dem

1367 Zum Uniform Sales Act *supra* 3. Kapitel B.II.2.e)(I) Normenstufe.; zur Revision der nordischen Kaufgesetze *supra* 3. Kapitel C.III.5.a) Normenstufe.

1368 Nur bei Erarbeitung der PECL, der PICC und der Restatements wurde darauf verzichtet, siehe *supra* 2. Kapitel B.III.1. Entstehung; 3. Kapitel D.II.3. Entstehung.

1369 Vgl. *Limpens*, Les constantes de l'unification du droit privé, Revue internationale de droit comparé 1958, S. 277, 297.

1370 *Jansen*, Legal Authority, S. 17. Für Deutschland siehe dazu *Koschaker*, Europa und das römische Recht, S. 205. Für Frankreich siehe *Zweigert/Kötz*, Einführung in die Rechtsvergleichung, S. 78 ff.

1371 *Jansen*, Legal Authority, S. 19. Im Hinblick auf das 19. Jahrhundert siehe dazu *Rückert*, Autonomie des Rechts, S. 56 ff.

1372 *Supra* 3. Kapitel A.I.2. Entstehung.

1373 *Supra* 3. Kapitel A.II.2. Entstehung.

1374 *Supra* 3. Kapitel C.II.2. Entstehung; 3. Kapitel C.III.2. Entstehung.

1375 *Supra* 2. Kapitel D.I.1. Entstehungsgeschichte.

1376 *Supra* 3. Kapitel B.II.2.b) Entstehung.

UCC[1377] und dem MLEC[1378]) unterschieden werden. Eine frühzeitige intensive Beteiligung offizieller Vertreter kann einerseits die Akzeptanz erhöhen und damit eine spätere möglichst weitreichende Ratifizierung erleichtern.[1379] Auf der anderen Seite kann durch viele politisch motivierte Kompromisse die Qualität des Modellgesetzes leiden, was letztlich einen negativen Einfluss auf seine Akzeptanz hat.[1380]

Stets positiv wirkt sich eine Beteiligung anerkannter Experten aus, deren besonderes Renommée unter Umständen dauerhaft mit dem jeweiligen Regelungswerk verknüpft wird.[1381] Als Beispiele seien *Williston* beim Uniform Sales Act und der 1. Auflage des Restatement of the Law of Contracts, *Llewellyn* beim UCC, *Lando* bei den PECL, *Bonell* bei den PICC sowie mittelbar *Rabel* als wichtiger Wegbereiter des CISG genannt.

Auch kann es die Akzeptanz eines Regelungswerkes positiv beeinflussen, wenn Institutionen ein besonderes Renommée besitzen.

So übertrug sich das hohe Ansehen des ALI und seiner Mitglieder auf die Akzeptanz der Gerichte hinsichtlich der Restatements[1382] und des UCC.[1383] Unabhängig von einem persönlichen Renommée der Mitglieder können bestimmte Institutionen wie die NCCUSL,[1384] die Institutionen der nordischen Zusammenarbeit,[1385] das UNIDROIT[1386] und die UNCITRAL[1387] eine Rechtsharmonisierung erleichtern, indem sie sowohl im Rahmen der Ausarbeitung als auch in der Phase der Umsetzung eine Gelegenheit zum regelmäßigen

---

1377 *Supra* 3. Kapitel B.II.3.b) Entstehung.

1378 *Supra* 3. Kapitel D.I.2. Basisbedingungen und Entstehung.

1379 So auch *Basedow*, Grundlagen des europäischen Vertragsrechts, JuS 2004, S. 89, 92.

1380 Als Beispiel für eine Verringerung der Qualität durch Kompromisse seien insbesondere die Unterschiede zwischen CISG und PICC genannt: Während beim CISG als Konvention viele Kompromisse gemacht werden mussten, um eine möglichst weitgehende Ratifizierung zu erreichen, stellte sich dieses Problem den Urhebern des PICC nicht, siehe dazu *supra* 2. Kapitel D.I.3. Ratifizierung.

1381 Dies gilt in gleicher Form auf für die Vorbereitung von Kodifikationen oder andere größeren Gesetzesvorhaben der Neuzeit, dazu eine Übersicht bei *Wagner*, Die soziale Frage und der Gemeinsame Referenzrahmen, ZEuP 2007, S. 180, 187 ff.

1382 *Supra* 3. Kapitel B.I.2.c)(V) Faktoren für die Harmonisierungswirkung.

1383 *Supra* 3. Kapitel B.II.3.e)(I) Normenstufe.

1384 *Supra* 3. Kapitel B.II.1. Die NCCUSL.

1385 *Supra* 3. Kapitel C.I. Institutionen der nordischen Zusammenarbeit.

1386 *Supra* 3. Kapitel D.II.1. UNIDROIT.

1387 *Supra* 3. Kapitel D.I.1. United Nations Commission on International Trade Law (UNCITRAL).

zwischenstaatlichen Austausch bieten und die Umsetzung der ausgearbeiteten Instrumente nach Kräften vorantreiben.

c) Rechtsmaterie und inhaltliche Reichweite

Wie schon an anderer Stelle festgestellt,[1388] divergiert je nach zu regelnder Rechtsmaterie das Harmonisierungsbedürfnis. Von den in dieser Untersuchung thematisierten Rechtsgebieten lässt sich das Handelsrecht als am stärksten für eine Rechtsharmonisierung geeignet identifizieren. In diesem Bereich ist es gelungen, durch das CISG im wichtigen Teilbereich der transnationalen Kaufverträge eine substanzielle europäische Einheit auf der Normenstufe herbeizuführen.[1389] An zweiter Stelle der zu harmonisierenden Rechtsmaterien steht das Kaufrecht als Regelung der wohl am häufigsten vorkommenden Vertragsform. Eine Hinwendung zum allgemeinen Vertragsrecht als eigener Rechtsmaterie fand im europäischen und internationalen Maßstab erst später statt.[1390]

Weiterhin kann eine vernünftige Begrenzung des Regelungsbereichs einer vollständigen Übernahme Vorschub leisten.[1391] Als Beispiele seien hier insbesondere die ersten skandinavischen Kaufgesetze genannt, welche sich in pragmatischer Weise auf die notwendigsten der zu vereinheitlichenden Vorschriften beschränkten.[1392] Auf der anderen Seite steht der DE, der nicht zuletzt wegen seines zu umfassenden Regelungsbereichs nicht übernommen wurde.[1393] Dass eine solche Begrenzung nicht immer notwendig ist, zeigt allerdings der durch den UCC und das ADHGB trotz ihres sehr weiten und umfassenden Regelungsbereiches erreichte Harmonisierungserfolg.[1394]

1388 Siehe dazu grundsätzlich schon *supra* 1. Kapitel B.VI.1. Unterschiedliche privatrechtliche Materien; A.I.1. Finanzielle Interessen.

1389 *Supra* 2. Kapitel D.I.3.a) Ratifizierung.

1390 So sind substantielle Teile des Kaufrechts auf europäischer Ebene durch die Verbrauchsgüterkaufsrichtlinie (dazu schon *supra* 2. Kapitel C.III.2.b) Rechtsgebiete) harmonisiert worden, während im Bereich des allgemeinen Vertragsrechts bisher nur nicht-legislative Initiativen, insbesondere PECL und PICC, eine Steigerung der Rechtseinheit bewirkt haben, vgl. *supra* 2. Kapitel B.III.3. Harmonisierungswirkung; 3. Kapitel D.II.5. Modellwirkung.

1391 So schon *Kropholler*, Internationales Einheitsrecht, S. 22.

1392 *Supra* 3. Kapitel C.II.3. Kategorisierung.

1393 *Supra* 3. Kapitel A.II.5. Faktoren.

1394 *Supra* 3. Kapitel B.II.3.d)(I) Wirkung auf Normenstufe; 3. Kapitel A.I.4. Harmonisierungswirkung.

d) Strukturmerkmale und angestrebte Intensität

Auf der Normenstufe kann sich die offene Formulierung von Vorschriften eines Modellgesetzes positiv auf die Ratifikationspraxis auswirken, weil dann auf der Stufe der Rechtsanwendung leichter eine Korrektur bzw. Anpassung an geänderte Rahmenbedingungen erfolgen kann. Auf diese Weise wird die Akzeptanz des Modellgesetzes gesteigert. Als Beispiele seien der UCC[1395] und die PICC[1396] genannt. Eine übertriebene Detailliertheit kann eher dazu führen, dass bestimmte Regelungen in Teilen des anvisierten Geltungsbereichs aus unterschiedlichen Gründen, insbesondere wegen fehlender struktureller Vereinbarkeit mit einzelnen Rechtsordnungen, nicht akzeptiert werden.[1397]

e) Strukturelle Vereinbarkeit

Ein wichtiger Faktor für den Harmonisierungserfolg eines Modellgesetzes ist schließlich die strukturelle Vereinbarkeit mit den einzelstaatlichen Regelungen im erstrebten Geltungsbereich.[1398] Dieser Faktor lässt sich weder eindeutig den immanenten Faktoren noch den Rahmenbedingungen zuordnen. Die Vereinbarkeit folgt jedoch in erster Linie aus den besonderen Eigenschaften des Modellgesetzes, so dass sie unter die immanenten Faktoren eingeordnet werden sollte, da sie eng mit den Strukturmerkmalen verknüpft ist.

Auf der anderen Seite besteht ein enger Zusammenhang mit dem Grad der Unterschiedlichkeit der Rechtsordnungen.[1399] Ist das Modellgesetz für eine Harmonisierung in sehr unterschiedlichen Rechtsordnungen vorgesehen, kann eine Vereinheitlichung eines Rechtsbereichs nur durch dessen möglichst umfassende Regelung erfolgen. Dementsprechend enthielt das ADHGB, das das Handelsrecht in vier unterschiedlichen Zivilrechtsordnungen vereinheitlichen sollte, auch Vorschriften zum allgemeinen Schuldrecht.[1400] Auch das CISG enthält Regelungen zum Vertragsschluss, weil in seinem weltweit angestrebten Geltungsbereich bezogen auf dieses Rechtsgebiet eine Vielzahl von unterschiedlichen Regelungen

1395 *Supra* 3. Kapitel B.II.3.e)(I) Normenstufe.

1396 *Supra* 3. Kapitel D.II.6. Faktoren für die Modellwirkung.

1397 Das detaillierte System differenzierter Haftung führte zur fehlenden Umsetzung der Revision der nordischen Kaufgesetze in Dänemark, vgl. *supra* 3. Kapitel C.III.5.a) Normenstufe. Zur strukturellen Vereinbarkeit siehe *infra* 4. Kapitel A.II.1.e) Strukturelle Vereinbarkeit.

1398 So schon *Kropholler*, Internationales Einheitsrecht, S. 25.

1399 Dazu *infra* 4. Kapitel A.II.2.b) Unterschiedliche Rechtsysteme und Rechtssprachen.

1400 *Supra* 3. Kapitel A.I.1 Basisbedingungen; 3. Kapitel A.I.3. Kategorisierung.

bestehen.[1401] Die Normierung von Vorschriften zum allgemeinen Schuldrecht waren hingegen im UCC nicht notwendig, weil im Bereich des allgemeinen Vertragsrechts durch das Restatement of the Law of Contracts schon vorher eine substanzielle Einheit auf der Rechtsanwendungsebene erreicht worden war.[1402] Auch die nordischen Kaufgesetze mussten keine umfassende Regelung beinhalten, weil sie auf einer gemeinsamen Rechtstradition aufbauen konnten.[1403]

Ohne eine strukturelle Vereinbarkeit besteht die Möglichkeit, dass sich eine Integration der neuen Regelungen deutlich schwieriger gestaltet, weil z.B. durch eine Implementierung Wertungswidersprüche in der staatlichen Rechtsordnung hervorgerufen werden können. Dem Faktor der strukturellen Vereinbarkeit kommt im Rahmen einer Rechtsvereinheitlichung eine größere Wirkung zu als bei einer bloßen Rechtsangleichung, da hier auf die Probleme mangelnder Vereinbarkeit flexibler reagiert werden kann.[1404]

2. *Rahmenbedingungen*

Nicht nur aus den Eigenschaften des Instruments, sondern auch aus den Rahmenbedingungen, unter denen eine Harmonisierung stattfinden soll, ergeben sich fördernde und hindernde Faktoren für den Erfolg von Modellgesetzen. Dabei ist grundsätzlich der gesamte Hintergrund, vor dem eine bestimmte Initiative stattfindet, zu untersuchen. Es sind also sowohl rechtliche als auch außerrechtliche Faktoren miteinzubeziehen. Im Rahmen dieser Zusammenfassung soll ein Überblick über die maßgeblichsten Faktoren gegeben werden.

a) Harmonisierungsdruck

Aus dem Grundbedürfnis für die Ausarbeitung eines Harmonisierungsinstruments[1405] folgt nach Fertigstellung des Modellgesetzes der Harmonisierungsdruck für eine Übernahme. Dieser kann sich entweder aus finanziellen oder aus politischen Interessen ergeben.

Finanzielle Interessen sind bei der Umsetzung eines Modellgesetzes stets ein entscheidender Faktor. Die Unzufriedenheit mit dem Rechtszustand kann sich aus einer Rechtszersplitterung oder aus der mangelnden Qualität des Rechts

1401 *Supra* 2. Kapitel D.I.2. Kategorisierung.
1402 *Supra* 3. Kapitel B.I.2.c)(II)(4) Harmonisierungswirkung.
1403 *Supra* 3. Kapitel C.II.1. Basisbedingungen.
1404 So schon *Kropholler*, Internationales Einheitsrecht, S. 27.
1405 Siehe dazu *supra* 4. Kapitel A.I.1. Finanzielle Interessen.

ergeben.[1406] Je höher die Unzufriedenheit mit dem bestehenden Rechtszustand ist, desto größer ist auch der Harmonisierungsdruck. Beispiele für als besonders unzulänglich empfundene Zustände sind das Handelsrecht im Bereich des deutschen Bundes vor der Übernahme des ADHGB[1407], das US-Handelsrecht vor der Übernahme des UCC[1408] sowie der Bereich des E-Commerce auf internationaler Ebene bei der Fertigstellung des MLEC.[1409]

Eine Wechselwirkung der Harmonisierungsinitiative mit der Politik kann positive und negative Auswirkungen haben. Politischer Druck kann zu einer Umsetzung insbesondere in kleineren Einzelstaaten führen, wenn einflussreiche Staaten eine Umsetzung vornehmen. Als Beispiele seien die Übernahme des ADHGB durch Preußen,[1410] die Übernahme des Uniform Sales Act durch die „core manufactoring states"[1411] sowie die Übernahme des UCC durch den Bundesstaat New York genannt.[1412] Andererseits führten im Fall des UCC gegenläufige politische Interessen dazu, dass die Revision von Art. 2 UCC (2003) bisher in keinem einzigen Bundesstaat übernommen worden ist.[1413] Stets ist es denkbar, dass durch eine positive Einstellung der entscheidungsbefugten Politiker auftretende Hindernisse überwunden werden können.[1414]

b) Unterschiedliche Rechtssysteme und Rechtssprachen

Je mehr Staaten und damit unterschiedliche Rechtssysteme von einer Rechtsharmonisierung erfasst werden sollen, desto komplexer gestaltet sich grundsätzlich die Herstellung einer substanziellen Rechtseinheit. Dies gilt schon für die Erarbeitung von Konventionen, weil hier eine Einigung nur bei Konsolidierung vieler unterschiedlicher Einzelinteressen möglich ist. Bei nicht-legislativen Instrumenten wie den Modellgesetzen vergrößert sich unabhängig davon, ob es sich um eine offizielle oder private Initiative handelt, die Gefahr einer abweichenden Übernahme oder Nichtteilnahme durch die Staaten. Eine Ausnahme von dieser grundsätzlichen Feststellung stellen die hier untersuchten US-Modellgesetze dar, bei denen es gelungen ist, trotz der großen Anzahl an Einzelstaaten eine

---

1406 Siehe dazu *supra* 4. Kapitel A.I.1. Finanzielle Interessen.
1407 *Supra* 3. Kapitel A.I.1. Basisbedingungen.
1408 *Supra* 3. Kapitel B.II.3.a) Basisbedingungen.
1409 *Supra* 3. Kapitel D.I.2. Basisbedingungen und Entstehung.
1410 *Supra* 3. Kapitel A.I.4.b) Erfolgsfaktoren.
1411 *Supra* 3. Kapitel B.II.2.e)(I) Normenstufe.
1412 *Supra* 3. Kapitel B.II.3.e)(I) Normenstufe.
1413 *Supra* 3. Kapitel B.II.3.e)(I) Normenstufe.
1414 So schon *Kropholler*, Internationales Einheitsrecht, S. 30.

substanzielle Einheit zu schaffen. Dies war nur möglich, weil die insoweit schwierigen Rahmenbedingungen durch andere Faktoren kompensiert wurden.[1415]

Eine Rechtsangleichung auf europäischer oder internationaler Ebene wird auch durch die Existenz unterschiedlicher Rechtssprachen erschwert.[1416] Instrumente wie die PECL oder PICC wurden von Kommissionen in englischer Sprache erarbeitet.[1417] Dabei wurde versucht, neue und innovative Begrifflichkeiten zu schaffen, die keinen Bezug zu einer bestimmten Rechtsordnung aufweisen.[1418] Eine weiteres Problem besteht bei der Implementierung dieser transnationalen Instrumente in das Recht der Einzelstaaten. Wenn es nämlich an einem einheitlichen Begriffsverständnis der englischen Begriffe fehlt, wird selbst bei einer wörtlichen Umsetzung möglicherweise schon durch den Übersetzungsprozess textlich unterschiedliches Recht geschaffen.

Aus dieser Feststellung kann jedoch nicht geschlossen werden, dass eine substanzielle Rechtsharmonisierung auf Normenebene nur dann denkbar ist, wenn eine gemeinsame Rechtssprache existiert. Dagegen spricht nicht zuletzt die funktionierende nordische Rechtsangleichung, auch wenn hier überwiegend eine große Ähnlichkeit der Rechtssprachen und eine gemeinsame Rechtstradition bestehen. Richtig ist jedoch, dass vor einer Harmonisierung der Rechtsnormen zunächst eine einheitliche Terminologie geschaffen werden muss. In Europa wurde eine solche Entwicklung insbesondere durch die PECL und weitere wissenschaftliche Projekte angestoßen und befindet sich nach wie vor in der Entwicklung.

c) Detailliertheit der bestehenden Regelungen

Der Harmonisierungserfolg eines Modellgesetzes hängt weiter davon ab, inwieweit in dem erstrebten Regelungsbereich schon detaillierte einzelstaatliche Regelungen bestehen.[1419] Je geringer das Maß an detaillierter Durchbildung der bestehenden Normen, desto höher ist grundsätzlich die Wahrscheinlichkeit einer Übernahme des Modellgesetzes. Exemplarisch für eine fehlende legislative Detailliertheit seien der Rechtszustand vor der Übernahme des Uniform

1415 *Supra* 3. Kapitel II.2.e)(I) Normenstufe; 3. Kapitel II.3.e)(I) Normenstufe.

1416 So schon *Riedl*, Vereinheitlichung des Privatrechts in Europa, S. 49 ff.

1417 Siehe *supra* 2. Kapitel B.III.1. Entstehung; 3. Kapitel D.II.3 Entstehung.

1418 *Supra* 2. Kapitel B.III.2 Kategorisierung; 3. Kapitel B.III.4. Harmonisierungswirkung.

1419 *Röthel*, Der Referenzrahmen als Modellgesetz, in *Schmidt-Kessel* (Hg.), Der Gemeinsame Referenzrahmen, S. 287, 301.

Sales Acts[1420] und vor der Ratifizierung der nordischen Kaufgesetze[1421] genannt. Auf der anderen Seite kann der Bestand an detaillierten Regelungen in den Einzelstaaten die Harmonisierungswirkung eines Modellgesetzes beeinträchtigten. Als Beispiel hierfür seien die PECL und die PICC genannt, welche als Modelle für eine Reihe legislativer Vorhaben gedient haben,[1422] ohne dass damit eine wirkliche Steigerung der Rechtseinheit einherging. Der Grund dafür ist insbesondere darin zu sehen, dass wegen der Detailliertheit der schon bestehenden Regelungen nur dort eine legislative Übernahme stattfand, wo die Modellregeln als qualitativ höherwertiger als die bestehenden Bestimmungen eingeschätzt wurden.

d) Aktualisierung

Eine Aktualisierung des Normtextes nach einer erfolgten Umsetzung wird dann notwendig, wenn sich das geschaffene Recht als nicht mehr praxistauglich erweist. Im Bereich des Vertragsrechts zeigt sich dieses Phänomen häufig an einer Zunahme von „opt-out"-Vereinbarungen durch die Vertragsparteien.[1423] Eine Zunahme des „opting out" konnte bei allen länger in „Geltung" befindlichen Modellgesetzen wie dem Uniform Sales Act,[1424] dem UCC[1425] sowie den ersten nordischen Kaufgesetzen[1426] beobachtet werden. Eine Aktualisierung erwies sich jedoch nur im Falle des Uniform Sales Act, der durch den UCC ersetzt wurde, als erfolgreich. Durch die Revision der nordischen Kaufgesetze wurde die vorher mit Dänemark bestehende Rechtseinheit wieder aufgehoben.[1427] Der „2003 official text" des UCC ist, wie dargelegt, bisher in keinem Bundesstaat übernommen worden. Die Entscheidung für eine Aktualisierung bewegt sich also in einem Spannungsverhältnis: Auf der einen Seite besteht die Gefahr, bei nicht mehr vorhandender Aktualität im Bereich des dispositiven Vertragsrechts eine uneinheitliche Rechtsanwendung durch das „opting out" zu fördern. Auf der anderen Seite kann durch eine Aktualisierung des Modellgesetzes eine bereits bestehende Einheitlichkeit auf Normenebene wieder verringert werden, weil der Ratifikationsprozess von neuem beginnt und sich

---

1420 *Supra* 3. Kapitel B.II.2.a) Basisbedingungen.
1421 *Supra* 3. Kapitel C.II.1. Basisbedingungen.
1422 *Supra* 2. Kapitel B.III.3. Modellwirkung; 3. Kapitel D.II.5. Modellwirkung.
1423 Dazu siehe auch *infra* 4. Kapitel B.II.1.b) Aktualität und Qualität.
1424 *Supra* 3. Kapitel B.II.3.a) Basisbedingungen.
1425 Supra 3. Kapitel B.II.3.d)(II) Rechtsanwendung.
1426 *Supra* 3. Kapitel C.III.1. Basisbedingungen.
1427 *Supra* 3. Kapitel C.III.4.a) Normenstufe.

das Risiko der damit verbundenen möglichen negativen Auswirkungen auf die Rechtseinheit erneut stellt.

Der Notwendigkeit einer textlichen Aktualisierung kann allerdings durch möglichst qualitativ hochwertige, flexible, offene und anpassungsfähige Regelungen - zumindest teilweise - vorgebeugt werden.[1428] Als Beispiel können die PICC dienen. Deren Verfassern ist es gelungen, die Regeln so zu konzipieren, dass in den jeweiligen Folgeauflagen nur marginale Änderungen der schon bestehenden Regelungen vorgenommen werden mussten.[1429] So kann einer Uneinheitlichkeit durch die variierende Umsetzung unterschiedlicher „Versionen" vorgebeugt werden.

e) Legislative „Ressourcen"

Begrenzte legislative Ressourcen der Einzelstaaten können sich sowohl positiv als auch negativ auf die Harmonisierungswirkung eines Modellgesetzes auswirken. Einerseits kann die Überlastung der beteiligten Institutionen eine Umsetzung verhindern,[1430] was z.B. als ein Grund für die fehlende Umsetzung der Revision der nordischen Kaufgesetze durch Dänemark[1431] und die zunächst nicht erfolgte Übernahme des UCC in den kleineren US-Bundesstaaten[1432] angeführt wird. Andererseits lässt sich beobachten, dass viele osteuropäische Staaten aufgrund von fehlenden Kapazitäten auf der Grundlage ökonomischer Erwägungen bei der Reform ihrer Zivil- und Vertragsgesetzbücher auf das CISG,[1433] die PECL[1434] und die PICC[1435] zurückgegriffen haben.

B. Faktoren auf Stufe der Rechtsanwendung

Es gibt unzählige Faktoren, die eine einheitliche Rechtsanwendung beeinflussen können.[1436] Ihre abschließende Darstellung ist deshalb kaum möglich.[1437] Entsprechend dem Schwerpunkt dieser Untersuchung soll nur auf diejenigen

---

1428 Dazu ausführlich *infra* 4. Kapitel B.II.1.b) Aktualität und Qualität.

1429 *Supra* 3. Kapitel D.II.3. Entstehung.

1430 *Kronke*, Perspektiven der Privatrechtsharmonisierung, JZ 2001, S. 1149, 1150 f.

1431 *Supra* 3. Kapitel C.III.5.a) Normenstufe.

1432 *Supra* 3. Kapitel B.II.3.d)(I) Normenstufe.

1433 *Supra* 2. Kapitel D.I.3.c)(II) CISG und nationale Gesetzgeber.

1434 *Supra* 2. Kapitel B.III.3.a)(II) PECL und die Rechtsreformen in Osteuropa.

1435 *Supra* 3. Kapitel D.II.6. Faktoren für die Modellwirkung.

1436 Dazu im einzelnen *Linhart*, Internationales Einheitsrecht und einheitliche Auslegung, S. 24 ff.

1437 So auch *Jansen*, Legal Authority, S. 95.

Faktoren eingegangen werden, die für die einheitliche Auslegung der hier untersuchten Modellgesetze als wesentlich identifiziert worden sind.

I. Grundlagen einheitlicher Auslegung

Eine einheitliche Rechtsauslegung innerhalb eines durch ein Modellgesetz harmonisierten Rechts- und Geltungsbereichs ist grundsätzlich nur dann möglich, wenn auf der Normenebene ein hohes Maß an Rechtseinheit erreicht worden ist.[1438] Fehlt den auszulegenden Normen die erforderliche Einheitlichkeit, so kann auch nicht von einer einheitlichen „Auslegung" gesprochen werden. Die trotzdem denkbare Wirkung auf der Ebene der Rechtsanwendung ist dann mangels gemeinsamer positiv-rechtlicher Grundlage nämlich keine „Auslegung" bestimmter textgleicher oder -ähnlicher Normen, sondern nur eine einheitliche Rechtsanwendung, bei der auf unterschiedlicher textlicher Grundlage gleiche bzw. ähnliche Ergebnisse erzielt werden. So bietet z.B. die von den PECL und den PICC im Rahmen ihrer Modellwirkung erreichten Einheitlichkeit auf der Normenstufe zwar keine ausreichende Grundlage für eine einheitliche *Auslegung*. Dennoch haben beide Regelungswerke in verschiedenen Rechtsordnungen Einfluss auf die Rechts*anwendung* ausgeübt.[1439]

II. Faktoren für eine einheitliche Auslegung

Ist ein gewisser Grad an textlicher Einheit erreicht, gibt es eine Reihe von Faktoren, welche einen Einfluss auf die einheitliche Auslegung von Modellgesetzen haben können. Dabei kann zwischen solchen, welche aus den Eigenschaften des Modellgesetzes stammen, und solchen, welche sich aus den Rahmenbedingungen ergeben, unterschieden werden. Im Vergleich mit der Normenstufe spielen die Rahmenbedingungen dabei insgesamt eine wichtigere Rolle.

1. Immanente Faktoren

a) Regelungsstruktur

Die Regelungsstruktur eines Modellgesetz wirkt sich auf den Grad der Einheitlichkeit seiner Auslegung aus. Im Gegensatz zur Übernahmeentscheidung der

---

1438 Diese Feststellung folgt schon daraus, dass alle untersuchten Modellgesetze mit einer substanziell einheitlichen Rechtsanwendung ein hohes Maß an textlicher Einheitlichkeit aufweisen, vgl. 3. Kapitel B.II.2.d)(I) Normenstufe; 3. Kapitel B.II.2.d)(I) Normenstufe; 3. Kapitel C.II.4.a) Normenstufe.

1439 Zu den PECL *supra* 2. Kapitel B.III.3.b) Einfluss auf Rechtsanwendung und in der Rechtswissenschaft; zu den PICC *supra* 3. Kapitel D.II.5.b) Ebene der Einzelstaaten.

Einzelstaaten[1440] wirkt sich eine möglichst detaillierte, kasuistische Regelung positiv auf eine einheitliche Rechtsanwendung aus, weil die Normen so weniger Abweichungsmöglichkeiten bieten. Als Beispiele können der Uniform Sales Act[1441] und die ersten nordischen Kaufgesetze[1442] gelten. Da bei generell-abstrakten bzw. offenen Normen der Gestaltungsspielraum für den Rechtsanwender größer ist, besteht generell eine größere Gefahr einer uneinheitlichen Auslegung.[1443]

An den beiden genannten Beispielen wird jedoch auch deutlich, dass kasuistische Regelungen bei längerer Geltungsdauer eines Modellgesetzes eine Anpassung der Rechtsanwendung an veränderte Bedürfnisse und Umstände erschweren,[1444] weil sie weniger Spielraum zur Auslegung lassen. Soll die Aktualisierungsnotwendigkeit verringert werden, sind demnach offene Regeln vorzugswürdig.[1445]

b) Aktualität und Qualität

Eine Aktualisierung stellt sich bei Modellgesetzen als besonders problematisch dar.[1446] Sie ist jedoch notwendig, wenn andernfalls die dispositiven Vorschriften des Vertragsrechts durch Parteivereinbarungen bzw. opting out umgangen werden und so die Einheitlichkeit der Rechtsanwendung gefährdet ist. Dies zeigt sich momentan im Bereich des Art. 2 UCC. Der in den Einzelstaaten geltende Text wird als veraltet angesehen. Weil aber der „2003 official text" bisher nicht ratifiziert worden ist, wird vielfach von den Parteien ein Ausschluss von Art. 2 UCC vereinbart.

c) Existenz einer Auslegungsklausel

Bei Instrumenten des positiven Rechts erfüllt eine Auslegungsklausel die Funktion, die Verpflichtung zur einheitlichen Auslegung gesetzlich festzuschreiben. Wenn es allerdings an einem gemeinsamen Obergericht fehlt,

---

1440 *Supra* 4. Kapitel A.II.1.d) Stukturmerkmale und angestrebte Intensität.

1441 *Supra* 3. Kapitel B.II.2.b) Kategorisierung.

1442 *Supra* 3. Kapitel C.II.3. Kategorisierung.

1443 So schon *Hallstein*, Angleichung des Privat- und Prozessrechts in der EWG, RabelsZ 1964, S. 211, 228. In diesem Sinne auch *Kropholler*, Internationales Einheitsrecht, S. 244 ff.

1444 Siehe für den Uniform Sales Act *supra* 3. Kapitel B.II.3.a) Basisbedingungen; für die ersten nordischen Kaufgesetze *supra* 3. Kapitel C.III.1. Basisbedingungen.

1445 Dazu schon *supra* 4. Kapitel A.II.2.e) Aktualisierung.

1446 Dazu siehe schon *supra* 4. Kapitel A.II.2.e) Aktualisierung.

besteht die Gefahr, dass die Auslegungsklausel zu einer bloßen Deklaration guten Willens verkommt. Eine solche Entwicklung ließ sich insbesondere bei der Auslegung des CISG in den ersten Jahren nach seiner Ratifizierung beobachten.[1447] Im Hinblick auf die Modellgesetze gilt diese Feststellung entsprechend. Zwar ist es notwendig, das Ziel einer einheitlichen Auslegung explizit zu normieren. Allerdings enthalten alle hier untersuchten Modellgesetze bis auf die nordischen Kaufgesetze entsprechende Auslegungsklauseln. Ihnen wird jedoch ein im einzelnen sehr unterschiedliches Gewicht beigemessen. Letztlich hängt die tatsächliche Umsetzung des Postulats einer einheitlicher Auslegung bei Modellgesetzen von der Bereitschaft der Gerichte ab, ihm zu folgen. Diese Bereitschaft bestimmt sich in erster Linie durch die jeweiligen Rahmenbedingungen.[1448]

2. Rahmenbedingungen

a) Mitwirkung der Gerichte

In keinem angestrebten oder tatsächlichen „Geltungsbereich" eines der hier untersuchten Modellgesetze wachte oder wacht ein gemeinsames Obergericht über die einheitliche Auslegung. Dieser Umstand kann teilweise dadurch kompensiert werden, dass die Gerichte die durch die Rechtsharmonisierung entstandenen Normen mit einer aufgeschlossenen Haltung gegenüber anderen Jurisdiktionen einheitlich anwenden.[1449]

Dafür ist zunächst Voraussetzung, dass ein entsprechendes Bewusstsein für die Herkunft der Norm und die Bedeutung der einheitlichen Auslegung geschaffen worden ist. Es muss also erkennbar sein, dass das einzelstaatliche Recht das „Produkt" einer Harmonisierungsinitiative ist. Wird diese Dimension vom Rechtsanwender nicht erkannt, kann eine einheitliche Auslegung höchstens zufällig erfolgen. Diese Erkennbarkeit fehlt beispielsweise bei denjenigen Rechtsregeln, welche im europäischen und internationalen Rahmen aus dem CISG, den PECL und den PICC übernommen worden sind. Dem Rechtsanwender die Bedeutung der einheitlichen Auslegung bewusst zu machen, ist dabei die Aufgabe der Wissenschaft.

Die Möglichkeit der Kenntnisnahme von Entscheidungen aus fremden Rechtsordnungen kann insbesondere durch Entscheidungssammlungen und Kommentare gefördert werden. Hervorhebenswerte Beispiele sind die CLOUT-Datenbank

1447 *Supra* 2. Kapitel D.III.1.b) Rechtsanwendung.

1448 Dazu sogleich *infra* 4. Kapitel B.II.2.a) Mitwirkung der Gerichte.

1449 *Supra* 3. Kapitel B.I.2.c)(I) Gerichtsentscheidungen anderer Staaten.

zum CISG[1450] sowie die vom nordischen Rat vierteljährlich herausgegebenen Rechtsprechungsberichte.[1451]

Die Untersuchung der Modellgesetze hat weiterhin gezeigt, dass sich ein von den Verfassern des Modellgesetzes verfasster offizieller oder halboffizieller Kommentar positiv auf die einheitliche Rechtsanwendung auswirken kann. Dadurch wird den Gerichten das Erkennen des hinter einer Regelung stehenden Zwecks erleichtert, sie können sie dann entsprechend der Intention der Verfasser auslegen. Als besonders einflussreiche Beispiele für solche Kommentare können der Kommentar von *Williston* zum Uniform Sales Act,[1452] der offizielle Kommentar zum UCC[1453] und der Kommentar von *Almén* zu den ersten nordischen Kaufgesetzen[1454] gelten. Auch die einheitliche Anwendung des CISG wird durch die „Digests" als offiziellen Kommentar gefördert.[1455] Bei den PECL und den PICC ist der Kommentar Teil der jeweiligen Rechtsregel. Der durch sie erreichte Grad an Einheitlichkeit auf der Normenstufe bietet jedoch keine ausreichende Grundlage für eine einheitliche Auslegung.

Im amerikanischen Recht spielen sekundäre Rechtsquellen zudem von jeher eine wichtige Rolle. Die einzelstaatlichen Gerichte erkennen die grundsätzlich nicht bindenden Entscheidungen der Einzelstaaten als „persuasive authority" an.[1456] Das gleiche gilt für die Restatements, die so einen beträchtlichen Einfluss auf die Rechtsharmonsierung ausüben.[1457]

b) Faktoren aus dem Bereich der „Rechtskultur"

Schließlich sind eine Reihe von Faktoren zu nennen, die gemeinhin unter dem Begriff der „Rechtskultur" zusammengefasst werden.[1458]

Auch für die Einheitlichkeit der Auslegung spielt eine gemeinsame Rechtssprache eine tragende Rolle.[1459] Gerade im Bezug auf eine internationale bzw. europäische Rechtsharmonisierung ist es wichtig, die mit einem textlich

---

1450 *Supra* 2. Kapitel D.I.3.b) Rechtsanwendung.
1451 *Supra* 3. Kapitel C.II.5.b) Rechtsanwenundung.
1452 *Supra* 3. Kapitel B.II.2.e)(II) Rechtsanwendung.
1453 *Supra* 3. Kapitel B.II.3.e)(II) Rechtsanwendung.
1454 *Supra* 3. Kapitel C.II.5.b) Rechtsanwendung.
1455 *Supra* 2. Kapitel D.I.3.b) Rechtsanwendung.
1456 *Supra* 3. Kapitel B.I.2.c)(II) Gerichtsentscheidungen anderer Staaten.
1457 *Supra* 3. Kapitel B.I.2.c)(II)(4) Harmonisierungswirkung.
1458 Zu diesem höchst streitigen Begriff siehe *supra* 1. Kapitel IX. Rechtskultur.
1459 Dazu schon *supra* 4. Kapitel A.II.2.b) Unterschiedliche Rechtssysteme und Rechtsprachen.

gleichlautenden Begriff („concept“) potentiell verbundenen unterschiedlichen Vorstellungen („conceptions“) zu unterscheiden, weil daraus eine bleibende Auslegungsdivergenz folgen kann. Dies gilt sogar dann, wenn die Rechtsanwender den Begriff bewusst abweichend von ihrem nationalen Recht auslegen.[1460] Allerdings folgt aus einer auf diese Weise entstehenden uneinheitlichen Auslegung noch nicht zwangsläufig der Misserfolg einer Rechtsharmonisierungsinitiative.[1461] Auf der Grundlage einer textlichen Übereinstimmung[1462] kann sich nämlich eine Einheitlichkeit des Begriffsverständnisses und daraus eine einheitliche Rechtsanwendung auch mit der Zeit entwickeln.

Die Untersuchung hat weiterhin gezeigt, dass ein gemeinsamer Methodenkanon wie er im amerikanischen oder skandinavischen Privatrecht besteht, im Hinblick auf eine einheitliche Rechtsanwendung sehr vorteilhaft ist.[1463] Das Beispiel des UCC macht jedoch ebenso deutlich, dass ein Modellgesetz in der Lage sein kann, den bestehenden Methodenkanon zu beeinflussen und eine neue Auslegungsmethode zu etablieren.[1464] Auch die einheitliche Rechtswissenschaft und Juristenausbildung tragen im amerikanischen Privatrecht in hohem Maße zu einer einheitlichen Rechtsanwendung bei, weil die amerikanischen Juristen deshalb vielfach die gleiche „Mentalität“ besitzen.

Die nordische und die amerikanische Rechtsharmonisierung zeigen zudem, dass sich eine gemeinsame Mentalität der Rechtsprofession auch nach und nach entwickeln kann. In Skandinavien spielten dabei die Institutionen der nordischen Zusammenarbeit eine wichtige Rolle.[1465] In den USA schufen die Restatements einen Bezugspunkt für eine einheitliche Privatrechtswissenschaft.[1466]

1460 Dazu exemplarisch für den Begriff des „Angebots“ *Legrand*, Law is also Culture, in *Ferrari* (Hg.), The Unification of International Commercial Law, S. 245, 250. *Teubner* hat in diesem Zusammenhang für die Übernahme von Begriffen von einer Rechtsordnung in einer andere den Begriff der „Rechtsirritation“ (legal irritant) geprägt; vgl. *Teubner*, Legal Irritants, M.L.R. 1998, S. 12 ff.

1461 *Michaels* in *Basedow/Hopt/Zimmermann*, Handwörterbuch des Europäischen Privatrechts, S. 1255, 1258.

1462 Dazu schon *supra* 4. Kapitel A.II.2.b) Unterschiedliche Rechtssysteme und Rechtssprache.

1463 Siehe u.a. *supra* 3. Kapitel B.II.2.e)(II) Rechtsanwendung; 3. Kapitel C.II.5.b) Rechtsanwendung.

1464 So geschehen beim sog. „principle of patent reason“, dazu *supra* 3. Kapitel B.II.3.e) (II) Rechtsanwendung.

1465 *Supra* 3. Kapitel C.I. Institutionen nordischer Zusammenarbeit.

1466 *Supra* 3. Kapitel B.I.2.c) Die Restatements of the Law of Contracts.

Weitere wichtige Faktoren der externen Rechtskultur, insbesondere die Gemeinsamkeiten und Unterschiede in den sozialen Verhältnissen der einzelnen Staaten und das allgemeine Rechtsbewusstsein[1467] sind zwar sicherlich relevant, aber kaum messbar[1468] und in ihrem Zusammenspiel äußerst komplex. Im Rahmen dieser Untersuchung soll auf sie deshalb nicht weiter eingegangen werden.

1467 *Kropholler*, Internationales Einheitsrecht, S. 245.
1468 So schon *Riedl*, Vereinheitlichung des Privatrechts in Europa, S. 51.

5. Kapitel: Modellgesetze im Prozess der europäischen Vertragsrechtsharmonisierung

Es soll unter Zugrundelegung der bisher gewonnenen Erkenntnisse eine Einschätzung dahingehend vorgenommen werden, ob und gegebenenfalls unter welchen Voraussetzungen sich Modellgesetze im allgemeinen und der DCFR im besonderen als Instrument der weiteren Harmonisierung des europäischen Vertragsrechts eignen.

A. Basisbedingungen einer weiteren europäischen Vertragsrechtsharmonisierung

I. Das Bedürfnis für eine (weitere) Harmonisierung des europäischen Vertragsrechts

Die Frage, ob das europäische Vertragsrecht einer weiteren Harmonisierung bedarf, ist seit vielen Jahren umstritten. Die Diskussion über die von manchen behauptete Unüberwindbarkeit nationaler Rechtskulturen soll an dieser Stelle nicht geführt werden. Diese These vermag, wie schon an anderer Stelle erörtert, in ihrer Pauschalität nicht zu überzeugen.[1469] Vielmehr stellt sich die Frage, ob die identifizierten Defizite[1470] des bestehenden europäischen Vertragsrechts seine weitere Harmonisierung rechtfertigen.

Als empirischen Beweis für das Fehlen des Bedürfnisses nach einer weiteren Rechtsharmonisierung wird auf die Reaktionen auf die Mitteilung der Kommission zum europäischen Vertragsrecht vom 11.7.2001[1471] verwiesen.[1472] Tatsächlich sind darin eine Vielzahl an Stellungnahmen von Unternehmen und Branchenverbänden zu finden, die eine unterschiedliche Rechtslage in den Einzelstaaten nicht als problematisch für die Ausübung ihres Geschäfts

---

1469 Dazu *supra* 1. Kapitel A.IX. Rechtskultur. Eine ausführliche Zusammenfassung und Analyse der Diskussion findet sich bei *Weatherill*, Do we need a European contract law? 4. Europäischer Juristentag, S. 3, 29 ff.

1470 *Supra* 2. Kapitel E. Bewertung.

1471 Mitteilung der Kommission an den Rat und das europäische Parlament zum europäischen Vertragsrecht v. 11.7.2001, KOM(2001) 398 endgültig.

1472 *Smits*, Diversity of Contract Law and the European Internal Market, in *ders.* (Hg.), The Need for a European Contract Law, S. 155, 170.

betrachten.[1473] Diese Feststellung gilt allerdings in erster Linie für große Unternehmen, die aufgrund höherer Gesamtumsätze pro verkaufter Einheit geringere Informations- und Koordinationskosten haben. Zudem schaffen solche Unternehmen häufig ihr eigenes Recht in Form von Standardverträgen oder gemeinsamen Regeln.[1474]

Auf der anderen Seite gibt es empirische Forschungsergebnisse,[1475] die ein Bedürfnis der Wirtschaftsteilnehmer für eine weitere Vereinheitlichung des Vertragsrecht nahelegen.[1476] Dies gilt insbesondere für kleine und mittlere Unternehmen (im folgenden: KMU).[1477] Diesen Marktteilnehmern fehlen nämlich die Ressourcen, um im Bereich internationaler Transaktionen ihr eigenes Recht zu schaffen.[1478] Hier sind die Staaten gefordert, durch eine Rechtsangleichung die

---

1473 Reactions to the Communication on European Contract Law, KOM(2003) 30 ff.

1474 *Wagner*, Economic Analysis of Cross-Border Legal Uncertainty, in *Smits* (Hg.), The Need for a European Contract Law, S. 24, 42.

1475 Siehe dazu *Gómez/Ganuza*, Economic Underpinnings of European Private Law Harmonization, in *Schulze/Schulte-Nölke* (Hg.), European Private Law - Current Status and Perspectives, S. 27, 34 m.w.N.

1476 Gemeint ist z.B. die Survey on European Contract Law: The Clifford Chance Survey - Does Business want a EU contract law. Für eine Auswertung dieser Studie siehe *Vogenauer/Weatherill*, The European Community's Competence to Pursue Harmonisation, in *dies.* (Hg.), The Harmonisation of European Contract Law, S. 105 ff. In der Studie sprachen sich in sieben von acht in die Untersuchung einbezogenen Mitgliedsstaaten 83 % der befragten Unternehmen für ein harmonisiertes europäisches Vertragsrecht aus (insgesamt wurden für die Studie 175 Unternehmen in acht Staaten befragt). Die geringere Zustimmung englischer Unternehmen (60 %) ist wohl auf die häufigere Anwendung englischen Rechts in internationalen Verträgen zurückzuführen, *Brödermann*, Die Arbeit am CFR aus Sicht eines Stakeholders, ZEuP 2007, S. 304, 311. Allerdings ergab die Studie jedoch auch, dass die Transaktionskosten, welche insbesondere durch die Inanspruchnahme ausländische Rechtsberatung entstehen, keine allzu hohe Relevanz haben, vgl. *Chirico*, The Function of European Contract Law: An Economic Analysis, in *Larouche/Chirico* (Hg.), Economic Analysis of the DCFR, S. 9, 14. Eine knappe Zusammenfassung der Ergebnisse der Studie findet sich bei *Weatherill*, Do we need a European Contract Law? 4. Europäischer Juristentag, S. 4, 37 ff.

1477 Laut der Clifford Chance Survey sprachen sich 88 % der KMU für ein harmonisiertes europäisches Vertragsrecht aus, wobei die größte Gruppe dabei ein europäisches Vertragsrecht favorisierte, welches die nationalen Vertragsrechte verdrängte.

1478 So auch KOM (2001), 398 endgültig, Rn. 30 f.; KOM (2003), 68 endgültig, Rn. 26 ff.

Komplexität des Rechtszustandes zu verringern und damit die Transaktionskosten signifikant zu senken.[1479]

Die Frage nach dem „ob“ einer weiteren Harmonisierung wird häufig mit dem „wie“ einer Harmonisierung verknüpft, insbesondere im Zusammenhang mit der Diskussion um ein zukünftiges europäisches Vertragsgesetzbuch. Inzwischen ist die Kommission jedoch sowohl von dem Konzept der Vollharmonisierung im Bereich des Vertragsrechts als auch von dem Ziel des Erlasses eines europäischen Vertragsrechts, welches die einzelstaatlichen Rechte vollständig ersetzt, abgerückt,[1480] so dass eine Darstellung der darüber geführten Diskussion an dieser Stelle unterbleiben kann.[1481]

II. Wissenschaftliche Projekte außerhalb des DCFR-Prozesses

In der Folge sollen kurz die wichtigsten wissenschaftlichen Initiativen zum europäischen Privatrecht vorgestellt werden, soweit dies an anderer Stelle noch nicht erfolgt ist.[1482]

Die „Académie des Privatistes Européens - Academia die Guisprivatisti Europei“ arbeitet seit ihrer Gründung durch den Mailänder Anwalt Gandolfi - daher rührt der inoffizielle Name „Gandolfi-Gruppe“ - im Jahr 1990 an einer Kodifizierung des Vertragsrechts der EU.[1483] Anders als bei den PECL wurde dabei tatsächlich versucht, einen einheitlichen und umfassenden Gesetzesentwurf zu schaffen.[1484] Der Ausgangspunkt war dabei die Feststellung, dass das Instrument der Richtlinie für die Schaffung eines europäischen Binnenmarkts

---

1479 *Wagner*, Economic Analysis of Cross-Border Legal Uncertainty, in *Smits* (Hg.), The Need for a European Contract Law, S. 24, 43; *ders.*, The Economics of Harmonization, CMLR 2002, S. 995, 1013 f.; *Pfeiffer*, Methodik der Privatrechtangleichung in der EU, AcP 2008, S. 227, 230 f.; *Eidenmüller/Jansen/Kieninger/Wagner/Zimmermann*, Der Vorschlag für eine Verordnung über ein Gemeinsames Kaufrecht, JZ 2012, S. 269, 286; siehe auch *Brödermann*, Die Arbeit am CFR aus Sicht eines Stakeholders, ZEuP 2007, S. 304, 307 ff.

1480 Siehe dazu *infra* 5. Kapitel B.I. Politische Entwicklung und insbesondere 5. Kapitel E. Akutelle Entwicklung: Der CESL-Prozess.

1481 Für eine knappe Zusammenfassung verschiedenen Standpunkte im Hinblick auf eines europäischen Zivilgesetzbuchs siehe z.B. *Kadner Graziano*, Die Zukunft der Zivilrechtskodifikation in Europa, ZEuP 2005, S. 523, 530 ff. m.w.N. Dazu siehe u.a. *Weatherill*, Do we need a European contract law? 4. Europäischer Juristentag, S. 3, 29 ff.

1482 *Supra* 2. Kapitel B.III. Principles of European Contract Law.

1483 Dazu ausführlich m.w.N. *Riedl*, Vereinheitlichung des Privatrechts in Europa, S. 191 ff.

1484 *Heiderhoff*, Europäisches Privatrecht, Rn. 553.

ungeeignet ist.[1485] Die Hauptquellen des späteren Entwurfs waren der italienische Codice Civile und der von *McGregor*, dem britischen Repräsentanten innerhalb der Gruppe, entworfene Contract Code.[1486] Auf der Grundlage dieser beiden Regelungswerke wurden drei Fragebögen an die Mitglieder der Gruppe verschickt. Nach insgesamt 10 Treffen in den Jahren 1990–1998 wurde die Arbeit beendet. Die Gruppe konstituierte sich insgesamt aus 45 Teilnehmern aus unterschiedlichen EU-Staaten und der Schweiz, wobei Italien, Frankreich und Deutschland zahlenmäßig am stärksten repräsentiert waren.[1487] Resultat war ein Vertragsrechtsentwurf, der im Jahre 2000 mit den Stellungnahmen der Kommissionsmitglieder in französischer Sprache veröffentlicht wurde.[1488] Damit wird das Projekt als abgeschlossen betrachtet.

Die Ius Commune Casebooks for the Common Law of Europe, das sog. „Casebook-Projekt,"[1489] haben zum Ziel, in einzelnen abgegrenzten Rechtsbereichen eine Zusammenstellung von Entscheidungen und Gesetzgebungsmaterialien sowie anderen wichtigen Quellen[1490] vorzunehmen, die durch Erklärungen und rechtsvergleichende Anmerkungen ergänzt werden sollen. Die Casebooks sind dabei in erster Linie für den Rechtsunterricht an den Universitäten gedacht.[1491] Sie verfolgen einen deskriptiven Ansatz und legen ihren Schwerpunkt auf das deutsche, das englische und das französische Recht.[1492] Sie werden in multinationalen Teams erarbeitet, die Koordinierung findet auf sog. „meetings" der jeweiligen Fachbereiche statt. Für das Vertragsrecht relevant sind das Casebook zum Vertragsrecht[1493] und dasjenige zum Verbraucherrecht.[1494]

Das „Common Core of European Private Law Project" (Trento-Projekt) zielt ausschließlich auf eine Darstellung des tatsächlichen Zustandes des europäischen

---

1485 Vgl. *Académie des Privatistes Européens* (Hg.), Avant-Projet I, S. 1.

1486 Dieser sog. McGregor-Code war ein Vertragsrechtsentwurf für die English Law Commission aus dem Jahre 1972, der Common Law und Civil Law miteinander zu verbinden suchte, vgl. *McGregor*, Contract Code.

1487 Zu den einzelnen Mitgliedern siehe *Riedl*, Vereinheitlichung des Privatrechts in Europa, S. 192 f.

1488 *Académie des Privatistes Européens* (Hg.), Codes Européen des Contrats.

1489 Dazu ausführlich unter http://www.casebooks.eu/.

1490 Für das Vertragsrecht sind neben Rechtsprechung und Gesetzesrecht der Einzelstaaten auch das CISG, die PICC und die PECL berücksichtigt worden.

1491 Ausführlich m.w.N. *Riedl*, Vereinheitlichung des Privatrechts in Europa, S. 196 ff.

1492 *Riedl*, Vereinheitlichung des Privatrechts in Europa, S. 197.

1493 *Beale/Hartkamp/Kötz/Tallon* (Hg.), Cases, Materials and Text on Contract Law, 2. Auflage.

1494 *Micklitz/Stuyck/Terryn/Droshout* (Hg.), Cases, Material and Text on Consumer Law.

Privatrechts ab. Mithilfe der „Methode der dynamischen Rechtsvergleichung“ sollen detaillierte „Landkarten“ der unterschiedlichen einzelstaatlichen Privatrechte entworfen werden. Dabei wird nicht unmittelbar eine Vereinheitlichung bezweckt.[1495] Die Arbeiten beruhen auf einer Initiative der beiden Professoren *Mattei* und *Bussani*. Inzwischen sind über 100 Rechtswissenschaftler aus Europa und den USA an dem Projekt beteiligt. Die ursprüngliche Zielsetzung der Erstellung einer umfassenden „Landkarte“[1496] ist jedoch angesichts des Missverhältnisses zwischen dem unternommenen Aufwand und dem Umfang der bisher erschienenen Werke als unrealistisch zu bewerten.[1497] Bisher sind 12 Bücher aus dieser Initiative hervorgegangen, die entsprechend dem verfolgten Ansatz die gesamteuropäische „Rechtslage“ im Hinblick auf bestimmte Rechtsinstitute sehr präzise und ausführlich darstellen.[1498]

Weiterhin sind eine Reihe von Zeitschriften zu nennen, die sich ausschließlich mit dem europäischen Privatrecht[1499] oder speziell mit dem europäischen Vertragsrecht (European Review of Contract Law) befassen.

Nach jahrzehntelanger Diskussion wurde im Jahr 2011 in Athen das European Law Institute (ELI) als europäisches Pendant zum ALI gegründet.[1500] Art. 3 der „Articles of Association“ normiert die Ziele des ELI. Sie bestehen in dem Studium und der Stimulierung der europäischen Rechtsentwicklung im globalen Kontext, der Betrachtung und Analyse der Rechtsentwicklung in den Mitgliedsstaaten, der Untersuchung der Rolle der EU beim Entwurf internationaler Rechtsinstrumente, der Koordinierung und Förderung gesamteuropäischer Forschung insbesondere durch Entwurf, Bewertung oder

---

1495 *Riedl*, Vereinheitlichung des Privatrechts in Europa, S. 203. Für einen instruktiven Überblick über Arbeitsweise und -ergebnisse des Projekts siehe *Reimann*, Of Products and Process, in *Bussani/Mattei* (Hg.), Opening Up European Law, S. 83 ff.

1496 Zu diesem und weiteren Zielen der Gruppe http://www.common-core.org/index.php?option=com_content&view=article&id=47&Itemid=54.

1497 *Reimann*, Of Products and Process, in *Bussani/Mattei* (Hg.), Opening Up European Law, S. 83, 95 ff. Für einen knappen Überblick über die historischen Gemeinsamkeiten siehe auch *Jansen*, Binnenmarkt, Privatrecht und europäische Identität, S. 23 ff.; ausführlicher dazu *Glenn*, On Common Laws, S. 1 ff.

1498 Eine Übersicht der bisher erschienenen Werke findet sich unter http://www.common-core.org/index.php?option=com_content&view=article&id=49&Itemid=56.

1499 Zeitschrift für Europäisches Privatrecht, European Review of Private Law, Maastricht Journal of European and Comparative Law, Columbia Journal of European Law.

1500 Zur Entstehungsgeschichte http://www.europeanlawinstitute.eu/about-eli/history/.

Verbesserung europäischer „principles“ und in der Bereitstellung eines Forums für den Austausch zwischen europäischen Juristen.[1501] Die vom ELI erarbeiteten Projekte sind entweder reaktive „statements“ oder eigene, meist proaktive Instrumente.[1502] Die Arbeitsweise orientiert sich stark an derjenigen des ALI.[1503] Die Auswahl der Projekte erfolgt durch das „projects committee“. Nach der grundsätzlichen Entscheidung für die Durchführung eines Projekts wird ein Vorschlag durch ein Mitglied des Komitees oder durch einen externen Spezialisten des jeweiligen Rechtsgebiets erarbeitet. Über die Durchführung des Projekts entscheidet dann der Council. Bei einer positiven Entscheidung wird ein „project team“ aus den „reporters“, die das Projekt tatsächlich erarbeiten, und einem beratenden „advisory committee“, welches aus Experten des jeweiligen Rechtsgebiets zusammengesetzt ist, eingesetzt. Zusätzlich kann der Council ein sog. „members consultative committee“ bilden, dem alle an dem jeweiligen Projekt interessierten ELI-Mitglieder beitreten dürfen. Auf den jährlichen Sitzungen aller Mitglieder, der „general assembly“, werden die Projekte diskutiert und verabschiedet. Die Mitglieder des ELI sind sog. „fellows“, wobei die Voraussetzung für eine Mitgliedsschaft eine aktive Teilnahme an der europäischen Rechtsentwicklung ist.[1504] Es gibt zudem „ex-officio fellows“ wie die Vorsitzenden der europäischen Notarkammer und der europäischen Anwaltskammer. Die „fellows“ sind überwiegend Wissenschaftler, die sich im Bereich der Rechtsvergleichung bzw. Rechtsvereinheitlichung einen Namen gemacht haben. Neben „fellows“ gibt es auch Beobachter, die sowohl natürliche Personen als auch Institutionen sein können.[1505] Unter den beobachtenden Institutionen finden sich oberste nationale Gerichte, der EuGH, die Europäische Kommission, nationale und europäische Richter- und Anwaltsvereinigungen, die UNCITRAL sowie einige Universitäten.[1506] Im Bereich des Vertragsrechts hat das ELI bereits

1501 Abrufbar unter http://www.europeanlawinstitute.eu/about-eli/.

1502 Siehe zu den Projekten http://www.europeanlawinstitute.eu/projects/.

1503 *Supra* 3. Kapitel B.I.2.c)(II)(1) Das American Law Institute (ALI).

1504 Für eine Liste der Mitglieder, sortiert nach Herkunftsstaaten, siehe http://www.europeanlawinstitute.eu/fileadmin/user_upload/p_eli/Members_lists/Fellows_by_country_June_2013.pdf.

1505 Voraussetzung für einen „individual observer“ ist ein aktives Interesse an der europäischen Rechtsentwicklung. Voraussetzung für einen „institutional observer“ ist eine aktive Rolle bei der europäischen Rechtsentwicklung, dazu http://www.europeanlawinstitute.eu/membership/.

1506 Für eine Liste siehe https://www.europeanlawinstitute.eu/membership/institutional-observers/.

ein „Statement on the Proposal for a Common European Sales Law (CESL)“, veröffentlicht, welches derzeit überarbeitet wird.[1507]

B. Entstehungsgeschichte des Draft Common Frame of Reference

Die Entstehungsgeschichte des DCFR ist keine geradlinig verlaufende Entwicklung, sondern spiegelt in ihrer Komplexität, ihren unterschiedlichen Akteuren und ihrer teilweisen Intransparenz die Wirklichkeit der Entscheidungsfindungsprozesse der EU wieder. Obwohl der DCFR selbst von einem sog. „Exzellenznetzwerk“ (CoPECL[1508] Joint Network on European Private Law, im Folgenden: CoPECL-Netzwerk) von Wissenschaftlern ausgearbeitet worden ist, kann der Prozess nicht ohne Betrachtung der vorher und parallel vollzogenen politischen Entwicklungen verstanden werden (dazu siehe I.). Zeitgleich zum „Exzellenznetzwerk“ befasste sich die sog. „Acquis Group“ mit der Systematisierung des bestehenden Unionsvertragsrechts (dazu siehe II.). Nur vor diesem Hintergrund kann der eigentliche Entstehungsprozess der Schaffung des DCFR mit seinen vielfältigen Wechselwirkungen zu den politischen und wissenschaftlichen Prozessen betrachtet werden (dazu siehe III.).

I. Politische Entwicklung

In zwei Entschließungen aus den Jahren 1989[1509] und 1994[1510] hatte das Parlament die Kommission aufgefordert, die Ausarbeitung eines europäischen Zivilgesetzbuches vorzubereiten. Die Kommission reagierte allerdings erst auf eine Entschließung des Rates aus dem Jahr 1999, der eine Untersuchung über die Frage der Erforderlichkeit einer weiteren Rechtsharmonisierung im Zivilrecht forderte.[1511] In einer Mitteilung zum Europäischen Vertragsrecht[1512] bat die Kommission Mitte

---

1507 Für eine Liste der bereits abgeschlossenen Projekte siehe http://www.europeanlawinstitute.eu/projects/completed-projects/, für eine Liste aktueller Projekte siehe http://www.europeanlawinstitute.eu/projects/current-projects/.

1508 CoPECL: Common Principles of European Contract Law.

1509 Entschließung des Europäischen Parlaments v. 26.5.1989, AblEG Nr.C 158 v. 26.6.1989, S. 400 (abgedruckt in ZEuP 1993, S. 613 ff.).

1510 Entschließung des Europäischen Parlaments vom 6.5.1994, ABlEG Nr.C 205 vom 25.7.1994, S. 518 (abgedruckt in ZEuP 1995, S. 669).

1511 Europäischer Rat von Tampere am 15./16.10.1999, Slg. 1999, S. 800, Rn. 39.

1512 Mitteilung der Kommission an den Rat und das europäische Parlament zum europäischen Vertragsrecht v. 11.7.2001, KOM(2001) 398 endgültig, abgedruckt in EuZW 2001, Beilage zu Heft 16.

des Jahres 2001 um Stellungnahmen des Parlaments und des Rates sowie der Wissenschaft, der Praxis und der Verbraucherverbände zu der Frage, ob durch die bisher durchgeführte sektorale Rechtsharmonisierung Probleme entstanden seien. Die Kommission stellte im Fall der Bejahung dieser Frage insgesamt vier Handlungsoptionen zur Diskussion, wobei sie sich offen für weitere Lösungsansätze zeigte. Nach der 1. Option sollten die etwaigen Probleme dem Markt überlassen werden. Die 2. Option enthielt die Ausarbeitung von „Vertragsrechts-Grundsätzen" als Vorbild für eine Vertragsgestaltung, zur Anwendung durch (Schieds-) Gerichte und als Modell für nationale Gesetzgeber. Die 3. Option sah eine Verbesserung der Qualität der bereits bestehenden Rechtsvorschriften vor. In diesem Zusammenhang tauchte auch der Begriff des „Gemeinsamen Referenzrahmens" auf. Die 4. Option schließlich war der Erlass von neuen, umfangreichen gemeinschaftsrechtlichen Vorschriften. Ebenfalls im Jahr 2001 erließ das europäische Parlament eine Resolution, in der es die sofortige Aufnahme von Vorarbeiten an einem europäischen Vertragsbuch forderte.

Als Reaktion auf die Vielzahl von Stellungnahmen - insgesamt waren es über 180 - veröffentlichte die Kommission im Jahr 2003 einen „Aktionsplan" für ein europäisches Vertragsrecht.[1513] Dabei wurde angekündigt, die Kohärenz der Richtlinien zu erhöhen und den acquis communautaire insgesamt zu vereinfachen. Zugleich sollte an einem europäischen Vertragsgesetzbuch gearbeitet werden. In diesem Zusammenhang tauchte auch erstmals die Idee der Erarbeitung eines „optionalen Instruments" auf. Um diese Ziele zu erreichen, sollte als Sofortmaßnahme ein „Gemeinsamer Referenzrahmen", der Common Frame of Reference (im Folgenden CFR), erarbeitet werden.[1514] Dieser sollte die Grundsätze sowie die Begrifflichkeiten eines gemeinsamen europäischen Vertragsrechts enthalten, sich dabei aber über das reine Vertragsrecht hinaus auch auf die Bereiche der Kreditsicherheiten und des Bereicherungsrechts erstrecken. Diese Entscheidung wurde sowohl vom Parlament[1515] als auch vom Rat[1516] begrüßt.

Im Oktober 2004 konkretisierte die Kommission die Funktion des Referenzrahmen dahingehend, dass dieser sowohl als Grundlage für ein europäisches

---

1513 Mitteilung der Kommission an den Rat und das Europäische Parlament zum Europäischen Vertragsrecht vom 12.2.2003, KOM(2003) 68 endgültig: ABlEG Nr. C 063 v. 15.3.2003.

1514 KOM(2003) 68 endgültig, Rn. 59 ff.

1515 Mitteilung der Kommission an das Europäische Parlament und den Rat v. 11.10.2004, Europäisches Vertragsrecht und Überarbeitung des gemeinschaftlichen Besitzstands - weiteres Vorgehen, KOM(2004) 651 endgültig.

1516 ABl. EG 2003, C 246.

Zivilgesetzbuch als auch als Basis für das geplante optionale Instrument dienen sollte.[1517] Zudem enthielt die Mitteilung neue Fragenkataloge für die Verbesserung des EU-Rechts und zur Rechtsform des optionalen Instruments. Mit der Erarbeitung des Referenzrahmens begann das CoPECL-Netzwerk im Mai 2005.[1518]

Im September 2005 veröffentlichte die Kommission ihren ersten Fortschrittsbericht.[1519] Im Hinblick auf den Referenzrahmen wurde die hohe Bedeutung der Vertragsfreiheit und der Kohärenz betont. Der Schwerpunkt des Berichts war jedoch die Überarbeitung des „Besitzstandes im Verbraucherrecht.“ Als Strategien wurden sowohl eine Überarbeitung der bestehenden Richtlinien als auch der Erlass einer oder mehrerer Rahmenrichtlinien in Erwägung gezogen. Das Parlament hingegen bestand auf einer schnellen Vereinheitlichung des Privatrechts in der EU.[1520]

Im ihrem zweiten Fortschrittsbericht vom Juli 2007[1521] verschob die Kommission nochmals den Schwerpunkt in Richtung der Revision des bestehenden acquis-Besitzstandes. So sollte der Referenzrahmen nur noch als „toolbox“ für die Kommission und den EU-Gesetzgeber auf dem Gebiet des Vertragsrechts dienen, wobei die Kommission gleichzeitig eine sorgfältige Überprüfung der Ergebnisse ankündigte. Der Bericht der Kommission ist als im Tonfall arrogant und abwertend gegenüber den am DCFR-Projekt beteiligten Wissenschaftlern gerügt worden.[1522]

Schon im Februar 2007 hatte die Kommission ein sog. „Grünbuch“ zur Überprüfung der bestehenden Regelungen auf EU-Ebene[1523] veröffentlicht. Darin wurde die Verabschiedung einer Rahmenrichtlinie sowie die Überarbeitung bestehender Richtlinien angekündigt. Im Oktober 2008 legte die Kommission den

---

1517 Mitteilung der Kommission an das Europäische Parlament und den Rat, Europäisches Vertragsrecht und Überarbeitung des gemeinschaftlichen Besitzstandes - weiteres Vorgehen, KOM(2004) 651.

1518 Dazu siehe sogleich *infra* B.III. Entstehung des Draft Common Frame of Reference.

1519 Erster jährlicher Fortschrittsbericht zum europäischen Vertragsrecht und zur Überprüfung des gemeinschaftlichen Besitzstandes v. 23.9.2005. KOM(2005), 456.

1520 Entschließung des Europäischen Parlaments zum Europäischen Vertragsrecht und zur Überarbeitung des gemeinschaftlichen Besitzstands: weiteres Vorgehen (2005/2022(INI), P6_TA(2006), S. 109.)

1521 Zweiter Fortschrittsbericht der Kommission zum Gemeinsamen Referenzrahmen v. 25.7.2007, KOM(2007), 447 endgültig.

1522 *Heiderhoff*, Europäisches Privatrecht, Rn. 567.

1523 Grünbuch „Die Überprüfung des gemeinschaftlichen Besitzstands im Verbraucherschutz“ v. 8.2.2007, KOM(2006) 744 entgültig.

ersten Entwurf einer Verbraucherrechte-Richtlinie vor,[1524] welche die bisherigen Richtlinien zum Fernabsatz, zu den Haustürgeschäften, zu unerlaubten Klauseln und zum Verbrauchsgüterkauf durch inhaltlich weitreichende, vollharmonisierende Regelungen ersetzen sollte.[1525] Dieses Vorhaben wurde sowohl von den Wissenschaftlern, die an dem Projekt des DCFR arbeiteten oder die Arbeiten verfolgten als auch von den Mitgliedsstaaten scharf kritisiert.[1526] Als Reaktion auf die Kritik wurde der Entwurf im Vergleich zur ursprünglich geplanten Fassung „beinahe bis zur Unkenntlichkeit reduziert“[1527] und in der reduzierten Form verabschiedet.[1528]

II. Principles of Existing EC Contract Law

Auf die Principles of Existing EC Contract Law, auch „Acquis-Principles“[1529] (in der Folge: ACQP) genannt, soll im Gegensatz zu den anderen wissenschaftlichen Initiativen[1530] genauer eingegangen werden, weil sie gemeinsam mit den PECL die Hauptquelle für die späteren vertragsrechtlichen Regelungen des DCFR bildeten.

Die sog. „Acquis Group“ unter der Koordinierung von *Schulte-Nölke* formierte sich im Mai 2002 als Reaktion auf die Entschließung des europäischen Parlaments zur Annäherung des Zivil- und Handelsrechts.[1531] Die Gruppe bestand ursprünglich aus über 60 Rechtswissenschaftlern aus allen damaligen

---

1524 KOM(2008) 614.

1525 Zum Inhalt dieser Richtlinien siehe *supra* 2. Kapitel C.III.2.b) Rechtsgebiete.

1526 Siehe nur *Oehler*, Der Vorschlag für eine Richtlinie über Rechte der Verbraucher aus deutscher Sicht, in *Jud/Wendehorst* (Hg.), Neuordnung des Verbraucherprivatrechts in Europa, S. 15 ff. Siehe im selben Band auch *Schmidt-Kessel*, Der Vorschlag zur Horizontalrichtlinie im Kontext der Rechtsharmonisierung in Europa, S. 21 ff.; *Riehm*, Grenzen der Vollharmonisierung, Jb.J.ZivRWiss. 2009, S. 159 ff. Eine ausführliche Beschäftigung mit dem Thema findet sich bei *Gsell/Herresthal* (Hg.), Vollharmonisierung im Privatrecht, Die Konzeption der Richtlinie am Scheideweg?

1527 So *Heiderhoff*, Europäisches Privatrecht, Rn. 573.

1528 Zur inhaltlichen Reichweite der RL 2011/83/EU siehe *supra* 2. Kapitel C.III.2.b) Rechtsgebiete.

1529 Zu den ACQP ausführlich *Schulte-Nölke/Vogel*, Europäische Forschergruppe zur Systematisierung des geltenden Gemeinschaftsprivatrechts gegründet, ZEuP 2002, S. 750 ff. Die offizielle Website der Gruppe findet sich unter http://www.acquis-group.org.

1530 *Supra* 5. Kapitel A.II. Wissenschaftliche Projekte außerhalb des DCFR-Prozesses.

1531 Entschließung des Parlaments zur Annäherung des Zivil- und Handelsrechts der Mitgliedsstaaten v. 15.11.2001 (A5-0384/2001).

EU-Mitgliedsstaaten und Beitrittskandidaten. Sie war gleichzeitig in das CoPECL-Netzwerk eingebunden.[1532] Das Programm der Gruppe zielte darauf ab, aus den bestehenden EU-Rechtsakten Konturen eines europäischen Privatrechts abzuleiten, um so die 3. und die 4. Option der Mitteilung der Kommission zum europäischen Privatrecht vom 11.7.2001[1533] wissenschaftlich vorzubereiten. Zudem sollten die ACQP zur Auslegung, zur Fortbildung und zur Umsetzung des Unionsprivatrechts urbar gemacht werden können.[1534] Gleichzeitig wurde eine kritische Revision der bestehenden Vorschriften angestrebt. Um diese Ziele zu erreichen, sollte ein „Restatement des bestehenden Unionsvertragsrechts" erarbeitet werden.[1535] Entsprechend diente primär das Unionsrecht[1536] als Rechtsgewinnungsquelle für die zu verfassenden Prinzipien, Definitionen und Regeln des Vertragsrechts. Zusätzlich wurden die mitgliedsstaatliche Gesetzgebung zur Umsetzung des Gemeinschaftsrechts sowie internationales Einheitsrecht berücksichtigt.[1537]

Um aus dem fragmentierten und unvollständigen, meist spezifischen Verbraucherrecht der EU-Rechtsakte ein umfassendes Regelungswerk zu erarbeiten, folgte die „Acquis Group" der Grundannahme, dass jede Rechtsregel des Gemeinschaftsprivatrechts entweder Ausdruck eines allgemeinen Rechtsgrundsatzes oder die Ausnahme von einem solchen Grundsatz sei. Der Inhalt der Regeln sollte durch eine teleologische Auslegung und den Grundsatz des „effet utile" determiniert werden. Sofern auf diese Art und Weise keine Rechtsregel gefunden werden konnte, wurden für das Verständnis der ACQP insgesamt unerlässliche Regeln mit Regeln der Study Group on a European Civil Code (SGECC), also indirekt aus den PECL, aufgefüllt[1538] und als sog. „grey rules" gekennzeichnet.

1532 Dazu siehe *infra* 5. Kapitel B.III. Entstehung des Draft Common Frame of Reference.

1533 *Supra* 5. Kapitel B.I. Politische Entwicklung.

1534 *Wurmnest*, Ansätze zur Privatrechtsvereinheitlichung, ZEuP 2003, S. 714, 741.

1535 *Acquis Group*, Principles of the Existing EC Contract Law, Contract I, Preface, S. X.

1536 Als Materialien dienten sowohl Primär- und Sekundärrecht als auch die Rechtsprechung des EuGH, vgl. *Acquis Group*, Principles of the Existing EC Contract Law, Contract I, S. 6.

1537 *Schulte-Nölke*, Ziele und Arbeitsweisen, in *Schmidt-Kessel* (Hg.), Der Gemeinsame Referenzrahmen, S. 9, 11. Insoweit decken sich die genutzten Rechtsgewinnungsquellen im wesentlichen mit der hier zugrundegelegten Reichweite des Begriffs des Unionsvertragsrechts, *supra* 2. Kapitel C.I.1. Definition.

1538 *Jansen/Zimmermann*, Grundregeln des bestehenden Gemeinschaftsprivatrechts? JZ 2007, S. 1113, 1117.

Der Hauptteil der ACQP erschien im Jahr 2007.[1539] Er besteht aus 7 Kapiteln mit insgesamt 61 Artikeln. Im einzelnen sind geregelt: Kapitel 1: Allgemeine Bestimmungen, Kapitel 2: Vorvertragliche Pflichten, Kapitel 3: Nichtdiskriminierung; Kapitel 4: Vertragsschluss; Kapitel 5: Widerruf; Kapitel 6: Nicht im einzelnen ausgehandelte Klauseln; Kapitel 7: Erfüllung; Kapitel 8:[1540] Rechtsbehelfe. Der Band 2 aus dem Jahr 2009 enthält „general provisions," d.h. allgemeine Bestimmungen sowie Vorschriften zu den Lieferungsmodalitäten („delivery of goods"), zu Pauschalreisen („package travel") und zu Zahlungsdienstleistungen („payment service").[1541]

Entsprechend der Methodik ihrer Ausarbeitung, bestehen die ACQP überwiegend aus verallgemeinerten Regeln des Gemeinschafts- bzw. Unionsprivatrechts. Hinzu kommen die PECL-Regeln als „Lückenfüller". Die ACQP sollten anders als das meist nur auf Verbraucherverträge anwendbare Unionsrecht keiner solchen Beschränkung unterworfen sein.[1542] Die ACQP bestehen aus gesetzesgleichen Vorschriften, da eine Systematisierung des Gemeinschaftsvertragsrechts angestrebt wurde. Sie weisen kodifikationsähnliche Eigenschaften auf, weil sie systematisiert sind.[1543] Allerdings streben sie selbst keine vorrangige Geltung an, sie sollen vielmehr gem. Art. 1:101 Abs. 2 ACQP zur Ausarbeitung, Umsetzung und Auslegung des Gemeinschaftsrechts herangezogen werden.

Es lässt sich feststellen, dass die wesentlichen programmatischen Vorgaben der ACQP nicht vollständig erreicht worden sind. Sie stellen kein Restatement im Sinne einer systematisierenden Arbeit ohne politische Wertung dar.[1544] Dies war allerdings in Ansehung der Arbeitsmethode auch nicht zu erwarten, weil schon der Entscheidung, ob eine Regel einen allgemeinen Grundsatz oder eine Ausnahme von diesem Grundsatz repräsentiert, zwingend Wertungsfragen enthält. Diese sind zudem nicht immer offen gelegt worden.[1545] Die Tatsache,

---

1539 *Acquis Group*, Principles of the Existing EC Contract Law, Contract I. Für die deutsche Übersetzung siehe *dies.*, Grundregeln des bestehenden Vertragsrechts der Europäischen Gemeinschaft, ZEuP 2007, S. 896 ff.

1540 Für eine deutsche Übersetzung siehe *Acquis Group*, Grundregeln des bestehenden Vertragsrechts der Europäischen Gemeinschaft, ZEuP 2007, S. 1152 ff.

1541 *Acquis Group*, Principles of the Existing EC Contract Law, Contract II.

1542 Vgl. Art. 1:101 (1) ACQP: "The following principles and rules are formulated on the basis of the existing law of the European Community in the fields of contract law."

1543 Insoweit ist die Bezeichnung „principles" (Grundsätze) wie schon bei den PECL missverständlich.

1544 Siehe *Acquis Group*, Principles of the Existing EC Contract Law, Contract I, S. 6.

1545 *Jansen/Zimmermann*, Grundregeln eines bestehenden Gemeinschaftsprivatrechts? JZ 2007, S. 1113, 1124 ff.

dass somit politische Entscheidungen von Wissenschaftlern getroffen wurden, wird als Legitimationsproblem betrachtet.[1546] Problematisch ist zudem, dass die ACQP singulär auch Rechtsregeln enthalten, die weder aus dem Gemeinschaftsprivatrecht noch aus den PECL stammen.[1547]

III. Entstehung des Draft Common Frame of Reference

Die Idee zur Ausarbeitung des neuartigen Instruments eines gemeinsamen Referenzrahmens ist eine Reaktion auf die harsche Kritik, der die Kommission in einigen Ländern für ihre Pläne zum Erlass neuer, umfangreicher Rechtsvorschriften im Bereich des Vertragsrechts (Option 4 der Mitteilung zum Europäischen Privatrecht vom 11.7.2001)[1548] ausgesetzt war.[1549] Trotz der Kritik wurde die Idee der Vereinheitlichung des Privatrechts nicht aufgegeben. Es wurde lediglich von einer schnellen und umfassenden Kodifizierung Abstand genommen. Der Referenzrahmen sollte ein Restatement grundlegender Prinzipien des europäischen Vertragsrechts, Definitionen zentraler Begriffe des Vertragsrechts und Musterregeln des Vertragsrechts enthalten. Seiner Struktur nach sollte er einem Vertragsgesetzbuch gleichen.[1550]

Die Kommission beauftragte im Jahr 2005 im Zuge des sechsten EU-Rahmenprogramms zur Forschungsförderung das CoPECL-Netzwerk[1551] vertraglich mit der Erarbeitung eines gemeinsamen Referenzrahmens.[1552] Dessen Text wurde von drei „principle drafting groups", nämlich der SCECC[1553] und der „Acquis Group"[1554] sowie einer im Rahmen dieser Untersuchung nicht relevanten Versicherungsrechtsgruppe erarbeitet. Unterstützend waren die

1546 Dies gilt insbesondere für die Entscheidung, wann eine Rechtsregel des Gemeinschaftsprivatrechts als verallgemeinerungsfähig oder nicht verallgemeinerungsfähig angesehen wird, vgl. *Jansen/Zimmermann*, Grundregeln eines bestehenden Gemeinschaftsprivatrechts? JZ 2007, S. 1113, 1120 ff., 1124 f.

1547 Siehe dazu *Jansen/Zimmermann*, Grundregeln des bestehenden Gemeinschaftsprivatrechts? JZ 2007, S. 1113, 1117 ff.

1548 Siehe dazu *supra* 5. Kapitel B.I. Politische Entwicklung.

1549 Dazu m.w.N. *Jansen*, Binnenmarkt, Privatrecht und europäische Identität, S. 5 f. und die Beiträge in *Smits* (Hg.), The Need for a European Contract Law.

1550 *Pfeiffer*, Methodik der Privatrechtsangleichung in der EU, AcP 2008, S. 227, 229.

1551 Siehe http://www.copecl.org für eine genaue Auflistung aller Beteiligten.

1552 *von Bar*, Coverage and Structure of the Academic CFR, ERCL 2007, S. 350, 355 f.

1553 Dazu ausführlich *McGuire*, Ziel und Methode der SGECC, ZfRV 2006, S. 163 ff.

1554 Dazu *supra* 5. Kapitel B.II. Principles of Existing EC Contract Law (ACQP).

sog. „evaluative and supportive groups“ tätig, die den DCFR bei dessen Erscheinen mit einer „Korona evaluativer Arbeiten“ umgaben.[1555]

Die SGECC setzte sich aus insgesamt sieben Gruppen zusammen,[1556] Zusätzlich bestand eine gewisse personelle Kontinuität zur Lando-Kommission:[1557] Etwa die Hälfte der Mitglieder, die an der Entstehung der PECL III mitgewirkt hatten, setzte ihre Arbeit im Rahmen der SGECC fort. Jede der Gruppen bestand aus einem Mitarbeiterstab aus Professoren und Doktoranden aus den unterschiedlichen europäischen Rechtskreisen[1558] sowie einem „advisory council“ aus Experten des jeweiligen Rechtsgebiets. Die Arbeitssprache aller Gruppen war von Anfang an Englisch.[1559] Die Enstehung eines Entwurfs lief in vier Schritten ab: Zunächst wurde die jeweils zu behandelnde Frage festgelegt. Danach erfolgte eine Bestandsaufnahme der Lösungen in den unterschiedlichen Rechtsordnungen durch die Doktoranden als Berichterstatter. Dabei wurden neben allen europäischen Rechtsordnungen auch das EU-Recht, das internationale Einheitsrecht, die PICC sowie Rechtsordnungen von Drittstaaten einbezogen. Die aufgefundenen Lösungen wurden in Gruppen typischer Lösungsmodelle unterteilt. Schließlich erfolgte die Formulierung einer Rechtsregel, die die jeweils „beste Lösung“ enthalten sollte. Dabei war stets die Formulierung einer neuen, bisher noch in keiner der untersuchten Rechtsordnungen enthaltenden Regel denkbar.[1560]

Die fertigen Entwürfe wurden einem zweistufigen Konsultationsprozess zugeführt.[1561] Der erste Teil dieses Prozesses war die Einbindung der Experten möglichst vieler Interessengruppen. Zu diesem Zweck wurden sog. „stakeholder

---

1555 *Schulte-Nölke*, Ziele und Arbeitsweisen, in *Schmidt-Kessel* (Hg.), Der Gemeinsame Referenzrahmen, S. 9, 10. Vertreten sind darin die französische Association Henri Capitant, die sog. Common-Core (Trento)-Gruppe sowie eine Gruppe, die eine Datenbank zum europäischen Vertragsrecht vorbereitet, dazu m.w.N. *von Bar/ Schulte-Nölke*, ZRP 2005, S. 165, 166.

1556 Arbeitsgruppen: Kauf (Utrecht), gesetzliche Schuldverhältnisse (Osnabrück), Dienstleistungen (Tilburg), Handelsvertreter-, Franchise- und Vertriebsverträge (Amsterdam), Miete beweglicher Sachen (Bergen), Personalsicherheiten (Hamburg), Auftrag (Amsterdam).

1557 Dazu *supra* 2. Kapitel B.III.1. Entstehung.

1558 *McGuire*, Ziel und Methode der SGECC, ZfRV 2006, S. 163, 173.

1559 *von Bar*, Ein „Werkzeugkasten“ für das Europäische Privatrecht, Jb.J.ZivRWiss. 2009, S. 11, 16.

1560 Dazu ausführlich *McGuire*, Ziel und Methode der SGECC, ZfRV 2006, S. 163, 170 ff.

1561 Dazu siehe *Staudenmeyer*, Weitere Schritte im Europäischen Vertragsrecht, EuZW 2005, S. 103, 104.

meetings“ abgehalten. Die mehr als 180 „stakeholder“ wurden aufgrund einer Ausschreibung im Internet ausgewählt. Um ausgewählt zu werden, mussten sie Fragen zur Expertise und Erfahrung, den Interessengebieten, dem Herkunftsland und dem mit dem Prozess verknüpften wirtschaftlichen Interesse beantworten. Im Bereich des Vertragsrechts waren „stakeholder“ aus 21 von damals 25 Mitgliedsstaaten vertreten.[1562] Die wissenschaftlichen Entwürfe wurden den „stakeholdern“ zur Stellungnahme zugesandt und dann auf jährlichen Meetings diskutiert.[1563] Dieser Entstehungsprozess konnte im Internet verfolgt werden,[1564] wobei jedoch während der Entstehung des DCFR nur die Mitglieder des Netzwerks Zugriff auf die Materialien hatten.[1565] Im zweiten Teil des Konsultationsprozesses erfolgte die Einbindung der Mitgliedsstaaten, des Rates und des europäischen Parlaments. Eine aus Experten der Mitgliedsstaaten zusammengesetzte Arbeitsgruppe wurde regelmäßig über den Fortgang informiert. Rat und Parlament wurden jährlich formell unterrichtet. Einmal im Jahr gab es zudem eine Konferenz, auf der sich alle an der Ausarbeitung des DCFR Beteiligten trafen.

Die Ergebnisse der Arbeitsgruppen wurden zunächst den „advisory councils“ und schließlich der „co-ordinating-group“, bestehend aus ca. 50 Professoren unter Leitung *von Bars*, zur Verabschiedung vorgelegt.[1566] Dabei waren in der Regel zwei bis drei Beratungen bis zur endgültigen Verabschiedung notwendig. Die Entwürfe wurden dann gesondert publiziert und bildeten die Grundlage für die jeweiligen Bücher des DCFR. Neben diesen als „Principles of European Law“ (PEL) bezeichneten Bänden[1567] wurde der erste Band der ACQP in den DCFR eingearbeitet.[1568] Die Zusammensetzung der Arbeitsergebnisse der einzelnen Gruppen unternahm das sog. „compilation and reaction team“ (CRT) unter dem Vorsitz von *von Bar* und *Clive*. Dabei dienten die PECL als Ausgangspunkt.

1562 Dazu *Brödermann*, Die Arbeit am CFR aus Sicht eines Stakeholders, ZEuP 2007, S. 304, 317 ff.

1563 Zu den dabei aufgetretenen Problemen *Brödermann*, Die Arbeit am CFR aus Sicht eines Stakeholders, ZEuP 2007, S. 304, 320.

1564 *Brödermann*, Die Arbeit am CFR aus Sicht eines Stakeholders, ZEuP 2007, S. 304, 321.

1565 Zum „stakeholder“-Prozess im Kaufrecht siehe auch *Heutger*, Ein gemeineuropäisches Kaufrecht, S. 143 f.

1566 Zur Zusammensetzung siehe http://www.sgecc.net/pages/en/organisation/index.overview.htm.

1567 Für eine Auflistung der Einzelveröffentlichungen siehe *von Bar*, Ein „Werkzeugkasten“ für das Europäische Privatrecht, Jb.J.ZivRWiss. 2009, S. 11, 17 f.

1568 Dazu *supra* 5. Kapitel B.II. Principles of Existing EC Contract Law (ACQP).

Allerdings musste deren Regelungsinhalt erweitert werden, insbesondere, um auch das bei den PECL ausgeklammerte Verbraucherschutzrecht des acquis communautaire abzubilden.[1569] Zudem gab es eine Reihe von Anpassungen aufgrund von Empfehlungen der „stakeholder", aufgrund von in anderen Büchern des DCFR vorgenommenen Festlegungen, aufgrund der „Orientierungs-, Modell- und Vollständigkeitsfunktion", die die Verfasser gemäß der angestrebten Reichweite und Regelungsstruktur des DCFR verfolgten[1570] und zum Zweck der Beseitigung von Defiziten in den PECL.[1571]

Hervorhebenswert ist der knappe zeitliche Rahmen, in dem aus den Einzelentwürfen der Text des gemeinsamen Referenzrahmens entstanden ist.[1572] In nur zwei Jahren (2005–2007) wurde der wesentliche Text erarbeitet. Ende des Jahres 2007 lagen die schon mit den „stakeholdern" abgestimmten Vorentwürfe vor. Diese wurden im Februar 2008 in der sog. „Interim Outline Edition", bestehend ausschließlich aus den vorgeschlagenen Rechtstexten, veröffentlicht.[1573] Im Februar 2009 erschien die endgültige textliche Version der vorgeschlagenen Rechtstexte ohne dazugehörige Erläuterungen und rechtsvergleichende Hinweise.[1574] Diese umfassenden „notes" sind dann in der im September 2009 erschienenen „Full Edition" mit insgesamt über 6000 Seiten enthalten.[1575]

C. Kategorisierung des Draft Common Frame of Reference

Gemäß dem Ziel der Arbeitsgruppe enthält der DCFR allgemeine Grundsätze („principles"),[1576] Definitionen („definitions") und Modellregeln („model rules"),

1569 *Von Bar/Clive* (Hg.), Draft Common Frame of Reference, Full Edition, Intr. 40.

1570 *Schulte-Nölke*, Ziele und Arbeitsweisen, in *Schmidt-Kessel* (Hg.), Der Gemeinsame Referenzrahmen, S. 9, 20.

1571 *Von Bar/Clive* (Hg.), Draft Common Frame of Reference, Full Edition, Intr. 44.

1572 *Von Bar/Clive/Schulte-Nölke* (Hg.), Draft Common Frame of Reference, Interim Outline Edition, Intr. 2; *von Bar*, Coverage and Structure of the Academic CFR, ERCL 2007, S. 350, 356.

1573 *Von Bar/Clive/Schulte-Nölke* u.a.(Hg.), Draft Common Frame of Reference, Interim Outline Edition

1574 *Von Bar/Clive/Schulte-Nölke* (Hg.), Draft Common Frame of Reference, Outline Edition.

1575 *Von Bar/Clive* (Hg.), Draft Common Frame of Reference, Full Edition.

1576 Die allgemeinen Rechtsgrundsätze sind in „underlying principles" (zugrundeliegende Grundsätze) und „overriding principles" (politische Grundsätze) aufgeteilt. Zur ersten Gruppe gehören Freiheit, Sicherheit, Gerechtigkeit und Effizienz (freedom, security, justice and efficiency), siehe *von Bar/Clive/Schulte-Nölke* (Hg.), Draft Common Frame of Reference, Outline Edition, Intr. 15. Zur zweiten Gruppe

wobei letztere den weit überwiegenden Teil des DCFR ausmachen. Die Modellregeln verteilen sich auf insgesamt zehn Bücher und enthalten eine umfassende Regelung des für den Binnenmarkt relevanten Vermögensrechts.[1577] Für diese Untersuchung thematisch relevant sind die Bücher I, II und III über Verträge und Obligationen sowie der kaufrechtliche Teil A von Buch IV. Die Bücher I-III des DCFR regeln dabei im Wesentlichen dieselbe Materie wie die PECL I, II und III.[1578] Allerdings wurde der von der „Lando-Kommission" ausgeklammerte acquis communautaire mit Hilfe der bei Beginn der Arbeiten weitgehend abgeschlossenen ACQP[1579] eingearbeitet.[1580]

---

gehören Förderung von Menschenrechten, Solidarität und sozialer Verantwortung, die Erhaltung kultureller und sprachlicher Diversität, der Bewahrung und die Förderung von Wohlstand und die Förderung des Binnenmarkts (protection of human rights; the promotion of solidarity and social responsibility; the preservation of cultural and linguistic diversity; the protection and promotion of welfare; the promotion of the internal market), *von Bar/Clive/Schulte-Nölke* (Hg.), Draft Common Frame of Reference, Outline Edition, Intr. 16 ff.

1577 *McGuire*, Ziel und Methode der SGECC, ZfRV 2006, S. 163, 166. Im einzelnen sind geregelt: Book I: General Provisions (Allgemein Vorschriften) enthält Festsetzungen zum Anwendungsbereich und zu Auslegungsregeln sowie den Verweis auf die in Anhängen enthaltenden Definitionen und Vorschriften zur Fristenberechnung; Buch II: Contract and other juridical acts (Der Vertrag und andere Rechtsgeschäfte); Book III: Obligations and corresponding rights (Obligationen und korrespondierende Rechte); Book IV: Specific contracts and the rights and obligations arising from them (spezielle Vertragstypen und die daraus folgenden Rechte und Pflichten) mit Vorschriften zu Kauf (Part A: Sales), Miete (Part B: Lease of goods); Dienstleistungen (Part C: Services), Auftrag (Part D: Mandate contracts), Handelsvertreter, Franchise und Vertrieb (Part E: Commercial agency, franchise and distributorship), Darlehen (Part F: Loan contracts), persönliche Sicherheiten (Part G: Personal security), Schenkung (Part H: Donation); Book V: Benevolent intervention in another's affairs (Geschäftsführung ohne Auftrag); Book VI: Non-contractual liability arising out of damage caused to another (außervertragliche Haftung); Book VII: Unjustified enrichment (ungerechtfertigte Bereicherung); Book VIII: Acquisition and loss of ownership of goods (Eigentumserwerb und Verlust an beweglichen Sachen; Book IX: Proprietary security in movable assets (dingliche Sicherheiten an beweglichen Sachen); Book X: Trusts.

1578 Dazu siehe schon 2. Kapitel B.III.2. Kategorisierung. Eine Synopse der beiden Regelungswerke findet sich bei *von Bar/Clive/Schulte-Nölke* (Hg.), Draft Common Frame of Reference, Outline Edition, S. 113 ff.

1579 *Jud*, Die PECL als Basis des DCFR, in *Schmidt-Kessel* (Hg.), Der Gemeinsame Referenzrahmen, S. 71, 75.

1580 Dies zeigt sich u.a. am Beispiel der vorvertraglichen Informationspflichten, dazu ausführlich *Jud*, Die PECL als Basis des DCFR, in *Schmidt-Kessel* (Hg.), Der

Buch II (Contracts and other juridical acts) enthält nach einem einleitenden Abschnitt (Chapter 1: General Provisions) Vorschriften zur Nichtdiskriminierung (Chapter 2: Non-discrimination), zur Werbung und zu vorvertraglichen Pflichten (Chapter 3: Marketing and pre-contractual duties), zum Vertragsschluss (Chapter 4: Formation), zum Widerrufsrecht (Chapter 5: Right of withdrawal), zur Stellvertretung (Chapter 6: Representation), zur Unwirksamkeit (Chapter 7: Grounds of invalidity), zur Vertragsauslegung (Chapter 8: Interpretation) und zu dem Inhalt und den Wirkungen von Verträgen (Art. 9: Contents and effects of contracts). Buch III (Obligations and corresponding rights) enthält allgemeine Vorschriften (Chapter 1: General), Vorschriften zur Erfüllung (Chapter 2: Performance), zu den Rechtsbehelfen bei Nichterfüllung (Chapter 3: Remedies for non-performance), zur Mehrheit von Schuldnern und Gläubigern (Chapter 4: Plurality of debtors and creditors), zur Aufrechnung (Chapter 6: Set-off and merger) und zur Verjährung (Chapter 7: Prescription).

Hinsichtlich der Einarbeitung des acquis communautaire lässt sich konstatieren, dass hier im Wesentlichen die Forschungsergebnisse der AQCP übernommen worden sind, ohne dass zuvor eine kritische Revision der unionsrechtlichen Vorschriften[1581] vorgenommen wurde. Diese Vorgehensweise ist zum Teil harsch kritisiert worden.[1582] Somit enthält der vertragsrechtliche und kaufrechtliche Teil des DCFR sowohl innovative als auch deskriptive Elemente, wobei erstere eher auf die Zugrundelegung der PECL zurückgehen, während letztere aus den ACQP stammen.[1583]

Die Regelungsintensität der im DCFR enthaltenen Modellregeln ist im Vergleich zu den ebenfalls gesetzesgleichen Vorschriften der PECL hoch.[1584] Der

---

Gemeinsame Referenzrahmen, S. 71, 81 ff. mit einem Vergleich von weiteren PECL- und DCFR-Vorschriften. Kritisch zur Überprüfung der PECL *Eidenmüller/ Faust/Grigoleit/Jansen/Wagner/ Zimmermann*, Der Gemeinsame Referenzrahmen, JZ 2008, S. 529, 546 ff.

1581 Siehe *supra* 2. Kapitel E. Bewertung

1582 Dazu ausführlich *Eidenmüller/Faust/Grigoleit/Jansen/Wagner/Zimmermann*, Der Gemeinsame Referenzrahmen, JZ 2008, S. 529, 543.

1583 *Pfeiffer*, Methodik der Privatrechtsangleichung in der EU, AcP 2008, S. 227, 242.

1584 Als Beispiel seien sei ein Vergleich der Vorschriften zur Vertragsauslegung (II. Buch Art. 9:101 DCFR; Art. 6:102 PECL genannt. Die Vorschriften im DCFR enthalten neben der Feststellung, dass Vereinbarungen ausdrücklich oder stillschweigend geschlossen werden können, detaillierte Vorschriften zur ergänzenden Vertragsauslegung, dazu *Jud*, Die PECL als Basis des DCFR, in *Schmidt-Kessel* (Hg.), Der Gemeinsame Referenzrahmen, S. 71, 77 f.; *Ernst*, Der ‚CFR' aus juristischer Sicht, AcP 2008, S. 248, 250.

Struktur nach handelt es sich beim DCFR um ein kodifikationsähnliches Werk, wobei es wie bei allen untersuchten Modellgesetzen am Merkmal der vorrangigen Geltung gegenüber anderen Rechtsquellen fehlt.[1585] Der DCFR besitzt einen systematischen Aufbau[1586] und bezweckt eine abschließende Normierung des binnenmarktrelevanten Privatrechts. Dafür spricht neben dem Postulat der autonomen Auslegung in I-1:102 Abs. 1 DCFR[1587] die explizite Normierung allgemeiner Rechtsgrundsätze. Die Bücher II und III bilden z.B. eine Art „allgemeinen Teil", der auch im Rahmen der Regelungen über besondere Vertragstypen in Buch IV Anwendung findet. In der „Full Edition" des DCFR wird jede Einzelvorschrift („black-letter rule") von einem ausführlichen Kommentar („comments") und rechtsvergleichenden Anmerkungen zu ihrer Herkunft und zur Rechtslage in den Einzelstaaten („notes") flankiert. Trotz einer solchen Struktur streben die Verfasser durch den DCFR keine sofortige Rechtsvereinheitlichung an. Vielmehr wird stets die sog. „tool-box"-Funktion herausgestellt.[1588] Danach soll der DCFR als Orientierung für den Erlass von Rechtsvorschriften auf nationaler und europäischer Ebene dienen. Es ist also gerade nicht die wörtliche Übernahme größerer Teile des DCFR beabsichtigt.

Beim DCFR handelt es sich nicht um einen politisch legitimierten oder autorisierten Text,[1589] trotzdem kommt ihm eine nicht unerhebliche Autorität zu.[1590] Daraus ergibt sich die Eigenschaft des DCFR als Soft Law. Eine Diskussion über die Rechtsnatur kann allerdings erst nach einem zukünftigen Übergang in einen

---

1585 Dazu schon *supra* 1. Kapitel B.V.2. Einfache Gesetze und Kodifikationen. So auch *Jansen*, Traditionsbegründung im europäischen Privatrecht, JZ 2006, S. 536, 546; *Zimmermann*, European Contract Law, EuZW 2007, S. 455, 462.

1586 Dies ergibt sich schon daraus, dass Regelungen des DCFR auf verschiedenen Abstraktionsebenen stehen, dazu ausführlich *Ernst*, Zur Struktur des CFR, in *Schmidt-Kessel* (Hg.), Der Gemeinsame Referenzrahmen, S. 55, 58 ff.

1587 I-1:102 (1) DCFR: "These rules are to be interpreted and developed autonomously and in accordance with their objectives and the principles underlying them."

1588 Diese Wortschöpfung stammt von der Kommission, siehe Mitteilung der Kommission an das Europäische Parlament und den Rat v. 11.10.2004, Europäisches Vertragsrecht und Überarbeitung des gemeinschaftlichen Besitzstands - weiteres Vorgehen, KOM(2004) 651 endgültig. Dazu ausführlich *von Bar*, Ein Werkzeugkasten für das Europäische Privatrecht? Jb.J.ZivRWiss. 2009, S. 11 ff.

1589 *von Bar/Clive/Schulte-Nölke* (Hg.), Draft Common Frame of Reference, Interim Outline Edition, Intr. 4; *Hähnchen*, Die Rechtsform des CFR, in *Schmidt-Kessel* (Hg.), Der Gemeinsame Referenzrahmen, S. 147, 151.

1590 Dazu nur *Jansen*, The authority of an academic 'DCFR', in *Micklitz/Cafaggi* (Hg.), European Private law after the CFR, S. 147 ff.

„politischen Common Frame of Reference“ geführt werden, der eine wie auch immer geartete Verabschiedung durch die Organe der europäischen Kommission[1591] voraussetzt.

Nach der hier vertretenden Definition[1592] weist der DCFR alle Kriterien für seine Einordnung als Modellgesetz auf: Er ist unverbindlich und besteht aus konkreten Einzelvorschriften nicht allein darstellenden Charakters. Nach dem Willen der Verfasser soll im Rahmen dieser Modellfunktion eine Rechtsharmonisierung erreicht werden,[1593] so dass es sich bei ihm um ein Modellgesetz mit Harmonisierungsintention handelt.[1594]

Darüber hinaus soll der DCFR nach den Willen der Verfasser auch andere Funktionen erfüllen: Er soll die Vorstufe eines wie auch immer gearteten „politischen Common Frame of Reference“ bilden und als Bezugspunkt für Rechtswissenschaft, Forschung und Rechtsausbildung dienen.[1595]

D. Die Integrationschancen des Draft Common Frame of Reference als europäisches Modellgesetz

Auf der Grundlage der im 4. Kapitel als für die Harmonisierungswirkung maßgeblich identifizierten Faktoren soll eine Einschätzung darüber erfolgen, welche Integrationschancen die allgemeinen vertragsrechtlichen und kaufrechtlichen Regelungen des DCFR als Modellgesetz im Rahmen der europäischen Rechtsharmonisierung haben. Bei der Beurteilung der Harmonisierungschancen soll

---

1591 Zu den verschiedenen denkbaren Möglichkeiten ausführlich *Hähnchen*, Die Rechtsform des CFR, in *Schmidt-Kessel* (Hg.), Der Gemeinsame Referenzrahmen, S. 147 ff. Zur Unterscheidung zwischen akademischen und politischen CFR siehe *Wagner*, Vom akademischen zum politischen DCFR, ZEuP 2008, S. 677 f., *Weatherill*, Do we need a European Contract Law, 4. Europäischer Juristentag, S. 3, 23.

1592 Die Definition des Begriffs findet sich *supra* 1. Kapitel A.VIII. Modellgesetze.

1593 So nur *von Bar/Clive* (Hg.), Draft Common Frame of Reference, Full Edition, Intr. 8: „If the content of the DCFR is convincing, it may contribute to a harmonious and informal Europeanisation of private law.“

1594 Für eine Einordnung des DCFR als Modellgesetz wohl auch *Blaurock*, Lex mercatoria und CFR, ZEuP 2007, S. 118 ff. Siehe auch *Röthel*, Der Referenzrahmen als Modellgesetz, in *Schmidt-Kessel* (Hg.), Der gemeinsame Referenzrahmen, S. 287, 308, allerdings mit Betonung der schlechten Integrationschancen. Einschränkend *Jansen*, Traditionsbegründung im europäischen Privatrecht, JZ 2006, S. 536, 541, der allerdings offensichtlich von einer anderen Definition des Begriffs „Modellgesetz“ ausgeht.

1595 *Von Bar/Clive* (Hg.), Draft Common Frame of Reference, Full Edition, Intr. 6 f.

wie in der gesamten bisherigen Untersuchung die Normenstufe im Vordergrund stehen.

Eine zusätzliche Prognose darüber, welche Vorbildwirkung der DCFR auf der Ebene der supranationalen Unionsrechtssetzung entfalten kann, ist aufgrund der hier gewonnenen Erkenntnisse schwierig, weil sich diese Untersuchung mit der Wirkung von Modellgesetzen auf einzel- bzw. bundesstaatlicher Ebene beschäftigt. Hinsichtlich der Wirkung von Modellgesetzen auf supranationaler Ebene könnte allein auf die Vorbildwirkungen des CISG auf die Verbrauchsgüterkaufrichtlinie und das einheitliche Kaufrecht der OHADA Bezug genommen werden.[1596] Eine aussagekräftige Beurteilung der Reichweite einer möglichen Vorbildwirkung auf supranationaler Ebene erscheint auf einer solchen Grundlage nicht stichhaltig.

I. Immanente Faktoren

1. Qualität, Aktualität und Innovation

Die Qualität der Regelungen des DCFR ist häufig und nachhaltig unter verschiedenen Gesichtspunkten kritisiert worden. Dieser Umstand ist problematisch, wenn man bedenkt, dass das Harmonisierungspotential eines Modellgesetzes primär von seiner inhaltlichen Überzeugungskraft abhängt.[1597]

Kritisiert worden sind u.a. die zahlreichen Wertungswidersprüche bei den im DCFR formulierten allgemeinen Rechtsgrundsätzen sowie die aus deren Vielfalt resultierende Rechtsunsicherheit.[1598] Vermisst wird zudem eine Entscheidung über die „normativen Grundlagen" des DCFR. Entsprechend wird sowohl eine Marktfixierung bei fehlender Berücksichtigung sozialer Werte[1599] als auch ein Überschuss an sozialen Werten[1600] diagnostiziert. Auch im Hinblick auf die Einzelvorschriften werden Unstimmigkeiten und Redundanzen bemängelt.[1601]

1596 *Supra* 2. Kapitel D.I.3.c)(I) CISG und regionale Integration.

1597 *Supra* 4. Kapitel A.II.1.a) Qualität, Aktualität und Innovation, vgl. auch *Pfeiffer*, Methodik der Privatrechtsangleichung in der EU, AcP 2008, S. 227, 240.

1598 *Eidenmüller/Faust/Grigoleit/Jansen/Wagner/Zimmermann*, Der Gemeinsame Referenzrahmen, JZ 2008, S. 529, 534 ff.

1599 So *Lando*, The Structure and the Legal Values of the CFR, ERCL 2007, S. 245, 251 ff.

1600 *Wagner*, Die soziale Frage und der Gemeinsame Referenzrahmen, ZEuP 2007, S. 180 ff.

1601 *Eidenmüller/Faust/Grigoleit/Jansen/Wagner/Zimmermann*, Der Gemeinsame Referenzrahmen, JZ 2008, S. 529, 547 ff.

Weitere Kritik besteht an der Einschränkung der Privatautonomie durch eine Reihe regulatorischer und zwingender Vorschriften.[1602] Dies ist primär dem unterschiedlichen Charakter der beiden Hauptrechtsgewinnungsquellen geschuldet. Die ACQP als programmatisches „Restatement" des bestehenden Unionsrechts[1603] enthält das überwiegend zwingende, verbraucherschützende Recht des acquis communautaire. Die PECL hingegen enthalten weitgehend dispositives Kodifikationsrecht.[1604] Das Zusammenführen dieser beiden äußerst unterschiedlichen Regelungswerke war eine sehr komplexe Aufgabe, für die dem erst 2006 gegründeten CRT lediglich knapp zwei Jahre zur Verfügung standen. Dementsprechend ist nur eine äußerliche Zusammenführung der beiden Rechtstexte gelungen.[1605] Viele ihrer inhaltlichen Spannungen und Inkohärenzen blieben so bestehen.[1606] Die Mängel der ACQP,[1607] insbesondere die Übernahme der acquis-Vorschriften ohne vorherige Überarbeitung sowie die Verallgemeinerung der „B2C"-Vorschriften des acquis auf jedwede Art von Rechtsgeschäften, setzen sich in den Vorschriften des DCFR teilweise fort.[1608] Auf der anderen Seite wurden bestimmte acquis-Vorschriften im DCFR nicht berücksichtigt.[1609]

In einigen Punkten muss diese Kritik am Inhalt des DCFR jedoch relativiert werden. Zunächst erweckt es den Eindruck, als falle die Kritik u.a. auch deshalb teilweise so drastisch aus, weil viele im DCFR einen Entwurf eines zukünftigen

---

1602 *Eidenmüller/Faust/Grigoleit/Jansen/Wagner/Zimmermann*, Der Gemeinsame Referenzrahmen, JZ 2008, S. 529, 537 f.; *Ernst*, Der ‚CFR' aus juristischer Sicht, AcP 2008, S. 248, 268 f.; *Basedow*, Kodifikationsrausch und kollidierende Konzepte, ZEuP 2008, S. 673, 674 f.

1603 Zur Frage, inwieweit die ACQP tatsächlich rein darstellenden Charakter aufweisen, siehe schon *supra* 5. Kapitel B.II. Principles of Existing EC Contract Law (ACQP).

1604 *Ernst*, Der ‚CFR' aus juristischer Sicht, AcP 2008, S. 248, 255.

1605 So die Einschätzung bei *Eidenmüller/Faust/Grigoleit/Jansen/Wagner/Zimmermann*, Der Gemeinsame Referenzrahmen, JZ 2008, S. 529, 533.

1606 *Ernst*, Der ‚CFR' aus juristischer Sicht, AcP 2008, S. 248, 255.

1607 *Supra* 5. Kapitel B.II. Principles of Existing EC Contract Law (ACQP).

1608 Die Übertragung von verbraucherschützenden Vorschriften auf Handelsgeschäfte ist insbesondere deswegen problematisch, weil dann kein Ausgleich zwischen dem „stärkeren" und dem „schwächeren" Vertragspartner erreicht werden muss. Dies gilt z.B. bei Informationspflichten und Klauselkontrolle. Skeptisch in diesem Punkt auch *Jud*, Die PECL als Basis des DCFR, in *Schmidt-Kessel* (Hg.), Der Gemeinsame Referenzrahmen, S. 71, 80.

1609 Mit Hinweis auf die Zahlungsverzugsrichtlinie *Ernst*, Der ‚CFR' aus juristischer Sicht, AcP 2008, S. 248, 253.

europäischen Zivilgesetzbuches erblicken.[1610] Damit ist sie nicht unmittelbar von Relevanz für die Tauglichkeit des DCFR als Modellgesetz.[1611] Insbesondere darf nicht vergessen werden, dass das Vertragsrecht des DCFR zu einem großen Teil auf den PECL, den PICC und dem CISG aufbaut. Diese Werke stellen verschiedene, unbestritten qualitativ hochwertige Stufen der transnationalen Vertrags- und Kaufrechtsentwicklung dar. Aufgrund des sehr überschaubaren Zeitrahmens, der großen Anzahl an Beteiligten und der Weite der bearbeiteten Rechtsmaterie handelt es sich bei der Erarbeitung des DCFR um das Produkt einer außergewöhnlichen wissenschaftlichen Leistung. Diese Einschätzung wird nicht zuletzt durch die lebhafte paneuropäische Diskussion über die Inhalte, die Rechtsnatur und die Zukunft des DCFR bestätigt.

2. Beteiligte und Verfahren der Ausarbeitung

Positiv ist hervorzuheben, dass der DCFR auf umfassenden rechtsvergleichenden Vorarbeiten beruht. Die Struktur und die Besetzung der Arbeitsgruppen bieten allerdings Anlass zu Kritik. Beim „CoPECL-Netzwerk" handelte es sich um einen sehr losen Zusammenschluss voneinander unabhängiger Wissenschaftlergruppen, deren Arbeit nicht in einem mit den anderen untersuchten Modellgesetzen vergleichbaren Maße koordiniert wurde. Die Tatsache, dass die federführenden Autoren allesamt Universitätsprofessoren waren, mag sich zudem negativ auf die Akzeptanz für die Gesetzgebungs- und Rechtsanwendungspraxis auswirken.

Als Besonderheit fällt der sehr eng gesetzte zeitliche Rahmen auf. Dies gilt allerdings nicht für die PECL, die als maßgebliche Grundlage der allgemeinen vertraglichen Vorschriften des DCFR auf eine über dreißigjährige Geschichte zurückblicken können,[1612] sondern insbesondere für die Synthese von PECL und ACQP. Tatsächlich hatte das CRT nur etwa zwei Jahre Zeit, um aus den nicht

---

1610 Vgl. nur *Legrand*, Antivonbar, JCL 2006, S. 13 ff., weitere Nachweise bei *Jansen/Zimmermann*, Grundregeln des bestehenden Gemeinschaftsprivatrechts? JZ 2007, S. 1113, 1114, Fn. 14. Der Hinweis auf die fehlende Eigenschaft des DCFR als Gesetzbuch findet sich *Schulte-Nölke*, Ziele und Arbeitsweisen, in *Schmidt-Kessel* (Hg.), Der Gemeinsame Referenzrahmen, S. 9, 14, der in diesem Zusammenhang von einem Missverständnis spricht; ebenso *Pfeiffer*, Methodik der Privatrechtsangleichung in der EU, AcP 2008, S. 227, 238. Dazu schon *supra* 5. Kapitel C. Kategorisierung des Draft Common Frame of Reference.

1611 Zur Notwendigkeit der Übernahme des acquis siehe *infra* 5. Kapitel D.I.5. Strukturelle Vereinbarkeit.

1612 *Supra* 2. Kapitel B.III.1. Entstehung.

miteinander koordinierten Arbeiten der Forschungsgruppen der SGECC und der „Acquis Group“[1613] die Textmasse des DCFR zu formen. Dabei war das Verhältnis der einzelnen akademischen Textmassen (PECL, ACQP und PEL) zueinander anscheinend nicht geklärt.[1614] Der DCFR (insbesondere in seiner „Full Edition“[1615]) stellt sowohl vom Umfang als auch von der Unterschiedlichkeit der zugrundegelegten Rechtsordnungen und Rechtsebenen ein einmaliges Projekt dar. Der Zeitmangel bei der Erarbeitung ist als Hauptfaktor für die handwerklichen Mängel erkannt worden.[1616] Die Besonderheit des DCFR unter diesem Aspekt wird beim Vergleich mit einem anderen untersuchten, im Hinblick auf die inhaltliche Reichweite ebenfalls sehr weitreichenden Modellgesetz, dem UCC, deutlich. Dort dauerte es von der Entscheidung zur Ausarbeitung bis zum ersten „official text“ immerhin 12 Jahre. Dabei konnten die Verfasser des UCC zusätzlich auf die Ressourcen des ALI und der ABA und die Erfahrung der NCCUSL zurückgreifen.

Der von der Kommission vorgegebene knappe Zeitrahmen wirkte sich zudem schon im Rahmen der Arbeit der unterschiedlichen „working teams“ aus. So stand im Rahmen des „stakeholder“-Prozesses häufig nicht genug Zeit zur Verfügung, um grundsätzliche inhaltliche Punkte ausführlich zu diskutieren.[1617] Den „stakeholdern“ wurden in kurzer Zeit viele Materialien zur Verfügung gestellt, für ein Feedback blieben ihnen aber höchstens drei Monate Zeit. Die Experten der „working groups“ waren ob des umfangreichen Rücklaufs ebenfalls häufig überfordert, so dass nur eine unzureichende Einarbeitung von Anregungen und Kritik vorgenommen werden konnte. Eine breite öffentliche Diskussion wurde von der Kommission, die das Projekt vor dem Ende ihrer Amtszeit abgeschlossen haben wollte, unterbunden.[1618] Insgesamt entstand der Eindruck, dass die Kommission wenig Wert auf einen Meinungsaustausch mit der Öffentlichkeit

1613 *Ernst*, Der ‚CFR‘ aus juristischer Sicht, AcP 2008, S. 248, 279.

1614 So *Zimmermann*, European Contract Law, EuZW 2007, S. 455, 460 f.

1615 *Von Bar/Clive* (Hg.), Draft Common Frame of Reference, Full Edition.

1616 *Zimmermann*, European Contract Law, EuZW 2007, S. 455, 459; *Jansen*, Traditionsbegründung im europäischen Privatrecht, JZ 2006, S. 536, 544. Auch federführende Wissenschaftler des Projekts haben sich über den engen Zeitrahmen beklagt, vgl. nur *von Bar/Schulte-Nölke*, Gemeinsamer Referenzrahmen, ZRP 2005, S. 165 ff.

1617 *Ernst*, Der ‚CFR‘ aus juristischer Sicht, AcP 2008, S. 248, 279.

1618 *Jansen*, Traditionsbegründung im europäischen Privatrecht, JZ 2006, S. 536, 544; *Heutger*, Ein gemeineuropäisches Kaufrecht, S. 144; *Ernst*, Der ‚CFR‘ aus juristischer Sicht, AcP 2008, S. 248, 279.

legte.[1619] Im Vergleich zu diesem Prozess wurde beim UCC mehr Wert auf eine breite öffentliche Diskussion gelegt. In jeder Phase der Ausarbeitung fand dabei mehrfach ein Abgleich mit Praktikern durch die Beteiligung der „adviser" und der jeweils zuständigen „section" des ALI statt.[1620]

Auch die Auswahl der „stakeholder" ist unter dem Gesichtspunkt einer fehlenden Repräsentanz wichtiger gesellschaftlicher Gruppen und der Überbetonung wirtschaftlicher Interessen kritisiert worden.[1621]

Weitere Akzeptanzprobleme dürften sich aus der nachrangig betriebenen Beteiligung der Mitgliedsstaaten und des Europäischen Parlaments ergeben.[1622] Hierbei gilt es allerdings zu bedenken, dass eine allzu weitgehende Berücksichtigung einzelstaatlicher Interessen einen potenziell negativen Einfluss auf die Qualität der Regelungen ausgeübt hätte. Dennoch hat die hier vorgenommene Untersuchung von Modellgesetzen gezeigt, dass eine über die bloße Konsultation hinausgehende, frühzeitige Einbindung der für die spätere Umsetzung zuständigen Gesetzgebungsorgane ein wichtiger Baustein für die Akzeptanz und damit für den Erfolg eines Modellgesetzes ist.[1623]

3. *Rechtsmaterie und inhaltliche Reichweite*

Der DCFR enthält sehr weitreichende Vorschriften, die das gesamte binnenmarktrelevante Vermögensrecht umfassen. Es handelt sich dabei zwar um ein Rechtsgebiet, dem grundsätzlich ein hohes Bedürfnis für eine Rechtsharmonisierung innewohnt. Dieser Regelungsbereich geht deutlich über denjenigen der hier untersuchten vertragsrechtlich relevanten Modellgesetze hinaus. Einzig der

---

1619 *Wagner*, Die soziale Frage und der Gemeinsame Referenzrahmen, ZEuP 2007, S. 180, 191. Positiv zum zeitlichen Rahmen des „stakeholder"-Prozesses *Brödermann*, Arbeit am CFR aus Sicht eines Stakeholders, ZEuP 2007, S. 304, 319, der als Vergleichsmaßstab allerdings seine Tätigkeit auf Landes- und Bundesebene heranzieht. Der DCFR-Prozess ist allerdings ungleich komplexer, so dass der gewählte Vergleichsmaßstab und damit die Einschätzung nicht überzeugen kann.

1620 Zur Entstehung des UCC *supra* 3. Kapitel B.II.3.b) Entstehung.

1621 *Weatherill*, Do we need a European Contract Law? 4. Europäischer Juristentag 2007, S. 4, 24; m.w.N. *Wagner*, Die soziale Frage und der Gemeinsame Referenzrahmen, ZEuP 2007, S. 180, 189 f.; *Heutger*, Ein gemeineuropäisches Kaufrecht, S. 144; *Hesselink*, The Politics of a European Civil Code, ELJ 2004, S. 675 ff.

1622 *Röthel*, Der Referenzrahmen als Modellgesetz, in *Schmidt-Kessel* (Hg.), Der gemeinsame Referenzrahmen, S. 287, 303; *Ernst*, Der ‚CFR' aus juristischer Sicht, AcP 2008, S. 248, 279.

1623 *Supra* 4. Kapitel A.II.1.b) Beteiligte und Verfahren der Ausarbeitung.

UCC deckt einen annähernd vergleichbar weiten (wenn auch divergierenden) Regelungsbereich ab. Hinzu kommt, dass es sich um einen „Kernbereich" der nationalen Privatrechte handelt. Nach der Einschätzung der Verfasser des DCFR war die weitreichende und umfassende Regelung notwendig, da es sich beim gesamten marktrelevanten Vertragsrecht um eine einheitliche, „organische" Einheit handele.[1624] Zudem werden bestimmte Materien in unterschiedlichen Rechtsordnungen verschiedenen Rechtsbereichen zugeordnet.[1625]

Dieser Argumentation ist zuzugestehen, dass die europäischen Privatrechtsordnungen trotz bestehender Gemeinsamkeiten von außen betrachtet höchst unterschiedlich sind.[1626] Bei der Beschränkung auf Teilbereiche des Vermögensrechts bestünde also die Gefahr, dass durch eine Übernahme keine substanzielle Rechtseinheit erreicht würde. Allerdings macht die inhaltliche Reichweite gleichzeitig zumindest eine vollständige Übernahme äußerst unwahrscheinlich.

4. *Strukturmerkmale und angestrebte Intensität*

Es handelt sich beim DCFR um einen kodifikationsähnlichen, sehr detailliert formulierten Rechtstext[1627] mit vollständiger logischer Durchbildung und mit einem hohem Abstraktionsgrad.[1628] Dies ist insbesondere deshalb verwunderlich, weil der Text nach dem Willen der Verfasser u.a. als „Werkzeugkasten" dienen soll, es wird also keine vollständige Rechtsvereinheitlichung angestrebt. Für eine graduelle Rechtsharmonisierung wäre es jedoch sinnvoller gewesen, offenere und weniger systematisierte Vorschriften zu schaffen, welche in unterschiedlichen Rechtsordnungen gleichermaßen als Vorbild für die künftige Rechtsentwicklung dienen könnten. Denn je höher der Grad an Systematisierung eines Modellgesetzes ist, desto schwieriger ist die Übernahme einzelner Vorschriften, weil diese dann aus ihrem systematisierten Zusammenhang herausgelöst werden müssten. Nach den hier gefundenen Ergebnissen ist ein hohes Maß an Systematisierung und Detailliertheit nur dann sinnvoll, wenn die vollständige Rechtsvereinheitlichung eines Rechtsgebiets zwischen unterschiedlichen Rechtsordnungen

---

1624 *von Bar*, Coverage and Structure of the Academic CFR, ERCL 2007, S. 350, 356.

1625 Als Beispiel sei die Rückabwicklung von Verträgen nach Vertrags- oder Bereicherungsrecht genannt, dazu ausführlich *von Bar/Drobnig*, The Interaction of Contract Law and Tort and Property Law in Europe.

1626 *Supra* 2. Kapitel B. Gemeineuropäisches Vertragsrecht.

1627 Der Detailliertheitsgrad geht über den der PECL hinaus, dazu schon *supra* 5. Kapitel C. Kategorisierung des Draft Common Frame of Reference.

1628 *Lando*, The Structure and the Legal Values of the CFR, ERCL 2007, S. 245, 249 ff.

und -systemen angestrebt wird.[1629] Ein solches Ziel erscheint zum jetzigen Zeitpunkt unrealistisch.

5. *Strukturelle Vereinbarkeit*

Eng verknüpft mit den beiden vorherigen Faktoren ist die Frage der strukturellen Vereinbarkeit zwischen dem DCFR und den einzelstaatlichen Rechtsordnungen. Hier zeigt sich, warum die Verfasser des DCFR die ACQP und damit den acquis communautaire keiner substanziellen Revision unterzogen haben. Denn nur so konnte eine Übereinstimmung mit den bestehenden acquis-Vorschriften gewährleistet werden. Die zu diesem Punkt geäußerte Kritik an der Vorgehensweise von „Acquis Group"[1630] und der „Co-Ordinating Group"[1631] ist deshalb zumindest im Hinblick auf die Bewertung der Integrationschancen des DCFR nicht gerechtfertigt. Vielmehr stellte die Einarbeitung der acquis-Vorschriften die einzige Möglichkeit dar, ein „europarechtskonformes" Instrument zu schaffen. Andernfalls wäre aufgrund des zwingenden Charakters des Unionsvertragsrechts eine gesetzliche Übernahme des DCFR durch die Mitgliedsstaaten nur unter Verstoß gegen Art. 288 Abs. 3 AEUV möglich gewesen.[1632] Dies hätte sich zusätzlich negativ auf die Integrationschancen des DCFR ausgewirkt. Es sei allerdings darauf hingewiesen, dass einige Unterschiede zwischen dem Unionsvertragsrecht und den ACQP und damit auch dem DCFR bestehen,[1633] wodurch die strukturelle Vereinbarkeit wiederum verringert wird.

Auf der anderen Seite stehen teilweise detaillierte, häufig seit Jahrhunderten gewachsene verschiedene Privatrechtsordnungen, die sich zwar substanziell in vielen Punkten gleichen, aber im äußeren Erscheinungsbild äußerst unterschiedlich sind. Somit wäre zur Gewährleistung struktureller Vereinbarkeit eine große inhaltliche Reichweite tatsächlich notwendig. Da der DCFR jedoch nicht

---

1629 *Supra* 4. Kapitel A.II.1.d) Strukturmerkmale und angestrebten Intensität.

1630 *Supra* 5. Kapitel B.II. Principles of Existing EC Contract Law (ACQP).

1631 *Supra* 5. Kapitel B.III. Entstehung des Draft Common Frame of Reference.

1632 Siehe dazu auch *Gebauer*, Autonome Harmonisierung durch den CFR, in *Schmidt-Kessel* (Hg.), Der gemeinsame Referenzrahmen, S. 311, 318 ff.; *Max Planck Institute*, Policy Options for Progress Towards a European Contract Law, RabelsZ 2011, S. 371, 383. Grundlegend zur mitgliedsstaatlichen Umsetzungspflicht bei Richtlinien *supra* 2. Kapitel C.III.2.a) Allgemeines.

1633 *Supra* 5. Kapitel B.II. Principles of Existing EC Contract Law (ACQP). Zu den Abweichungen zwischen ACQP und DCFR im einzelnen *Jansen/Zimmermann*, Grundregeln des bestehenden Gemeinschaftsprivatrechts? JZ 2007, S. 1113, 1117 ff.

auf eine Rechtsvereinheitlichung abzielt,[1634] war auch ein sehr weiter inhaltlicher Regelungsbereich nicht notwendig.

II. Rahmenbedingungen

1. Harmonisierungsdruck

Wie schon ausgeführt,[1635] besteht ein grundsätzliches Bedürfnis für die weitere Harmonisierung des europäischen Vertragsrechts. Insbesondere war es seit Anfang der Arbeiten am DCFR-Projekt nicht gelungen, die Kohärenz der unterschiedlichen verbraucherschützenden Richtlinien aufeinander abzustimmen.[1636] Da der DCFR in seiner Reichweite weit über den rein vertragsrechtlichen Bereich hinausgeht, kann jedoch nicht uneingeschränkt auf die hierzu gemachten Ausführungen verwiesen werden. Wie schon geschildert, begründen die Verfasser die Wahl der Erarbeitung inhaltlich weitreichender Regelungen mit der Existenz sehr unterschiedlicher mitgliedsstaatlicher Rechtsordnungen auf der einen Seite und der „organischen" Einheit des binnenmarktrelevanten Rechts auf der anderen Seite.[1637] Die gewählte inhaltliche Reichweite ist jedoch im Hinblick auf das zugrundeliegende Harmonisierungsbedürfnis nicht unproblematisch, weil in manchen vom DCFR geregelten Bereichen kein ausreichendes Harmonisierungsbedürfnis besteht, wodurch das Projekt insgesamt fragwürdig erscheint.[1638]

Allerdings gilt das nicht für das hier behandelten Gebiet des allgemeinen Vertrags- und Kaufrechts. Hier hat die bislang noch nicht überwundene Strukturkrise innerhalb der EU das Bedürfnis nach einer Vereinfachung des zwischenstaatlichen Handels eher noch verstärkt. Entsprechend sollte auch das CESL nach der Vorstellung der Kommission ein Mittel zur Wirtschaftsförderung sein.[1639] Tatsächlich hat sich der Harmonisierungserfolg des ADHGB, des

---

1634 *Supra* 5. Kapitel C. Kategorisierung des Draft Common Frame of Reference.

1635 *Supra* 5. Kapitel A.I. Das Bedürfnis für eine (weitere) Harmonisierung des europäischen Vertragsrechts.

1636 Dazu schon *supra* 5. Kapitel B.I. Politischer Hintergrund.

1637 *Supra* 5. Kapitel D.I.1.c) Rechtsmaterie und inhaltliche Reichweite.

1638 Nur dort, wo sich unterschiedliche Rechtsvorschriften störend bemerkbar machen, besteht ein Bedürfnis nach Rechtsharmonisierung. Dazu mit Hinweis z.B. auf den medizinischen Behandlungsvertrag *Basedow*, Kodifikationsrausch und kollidierende Konzepte, ZEuP 2008, S. 673, 674 f.

1639 Dazu siehe die Machbarkeitsstudie zu einem optionalen Instrument im europäischen Vertragsrecht v. 11.10.2011, SEC(2011) 1165 final, S. 7.

Uniform Sales Acts und des UCC positiv auf die wirtschaftliche Entwicklung ausgewirkt.[1640]

Während also das wirtschaftliche Bedürfnis für eine weitere Harmonisierung des Vertragsrechts seit Beginn des DCFR-Projekts eher noch gewachsen ist, stellen sich die politischen Rahmenbedingungen inzwischen als schwieriger dar. Insbesondere bestehen große Zweifel am europäischen Projekt aufgrund der Art und Weise, wie die EU versucht, die seit 2008 grassierende Strukturkrise zu überwinden.[1641] Die Diskussion über das Aufkommen von „Rechtsnationalismus"[1642] wird bisher allerdings ausschließlich innerhalb der Wissenschaft geführt und hat noch keine unmittelbaren Auswirkungen auf politische Entscheidungen gezeigt.

2. *Unterschiedliche Rechtssysteme und Rechtssprachen*

Die nationalen Rechtssysteme innerhalb der Union bieten auf den ersten Blick ein Bild großer Diversität.[1643] Dies gilt insbesondere für den Bestand an Normen, auf den es bei der Beurteilung der Erfolgschancen einer Rechtsharmonisierung auf der Normenstufe zunächst ankommt. Allerdings hat die Untersuchung des ADHGB gezeigt, dass mit einem entsprechenden politischen Willen der Mitgliedsstaaten solche Unterschiede überwunden werden können.[1644] Auch die Anzahl der Staaten stellt kein unüberwindliches Hindernis dar, wie der Blick auf die Rechtsharmonisierung in den USA lehrt.[1645] Die grundsätzlichen Unterschiede der einzelnen Vertragsrechtsordnungen auf der Normenebene werden durch die gemeinsame historische Basis vieler Vorschriften[1646] und die Vielzahl vertragsrechtlich relevanter Richtlinien[1647] relativiert. Zudem hat den osteuropäischen Rechtsordnungen in großen

1640 Zum ADHGB *supra* 3. Kapitel A.I.4.b) Erfolgsfaktoren; zum Uniform Sales Act *supra* 3. Kapitel B.II.2.e)(I) Normenstufe; zum UCC *supra* 3. Kapitel B.II.3.e)(I) Normenstufe.

1641 *Hesselink*, The case for a common European sales law in an age of rising nationalism, ERCL 2012, S. 342, 352.

1642 Zur Diskussion um den Begriff des „Rechtsnationalismus" siehe ausführlich ERCL 2012, Bd. 3 (S. 241 ff.).

1643 Siehe dazu schon *supra* 2. Kapitel B.II. Inhaltliche Reichweite historischer und rechtsvergleichend gewonnener Rechtsübereinstimmungen.

1644 *Supra* 3. Kapitel A.I.4.b) Erfolgsfaktoren.

1645 Dazu schon *supra* 4. Kapitel A.II.2.b) Unterschiedliche Rechtssysteme und Rechtssprachen.

1646 *Supra* 2. Kapitel B.II. Inhaltliche Reichweite historischer und rechtsvergleichend gewonnener Übereinstimmungen.

1647 *Supra* 2. Kapitel C.III.2.b) Rechtsgebiete.

Maße das CISG entweder unmittelbar[1648] oder mittelbar durch die Orientierung an den im Wesentlichen auf dem CISG aufbauenden PECL[1649] oder PICC[1650] als Vorbild gedient. Im Bereich des allgemeinen Vertragsrechts und des Kaufrechts ist die Rechtseinheit also größer, als man auf den ersten Blick vermuten würde, sie steht einer Harmonisierung auf der Normenstufe nicht grundsätzlich entgegen.

Auch die europäische Sprachenvielfalt stellt nur auf den ersten Blick ein unüberwindbares Hindernis für die europäische Rechtsharmonisierung dar.[1651] Problematisch ist dabei insbesondere die für die Schaffung gleichartigen Rechts erforderliche Übertragung des Normgehalts in den verschiedenen Sprachen.[1652] Allerdings spielen die 24 Amtssprachen der EU[1653] im Tagesgeschäft der europäischen Institutionen keine Rolle. Die internen Arbeitssprachen sind Deutsch, Englisch und Französisch,[1654] wobei Englisch eine exponierte Stellung einnimmt.[1655] In diesen Sprachen erfolgt tatsächlich auch die Arbeit an den europäischen Rechtssetzungsverfahren.[1656] Die Arbeitssprache der meisten im Rahmen dieser Untersuchung erwähnten Angleichungsinitiativen, insbesondere der PECL, ACQP und DCFR, war ebenfalls Englisch. Insbesondere bei der Erarbeitung der PECL wurde viel Mühe darauf verwandt, im Englischen neue, vom nationalen Vorverständnis „unbelastete" Begrifflichkeiten zu schaffen. Dies stellte den ersten Schritt auf dem Weg zu einer einheitlichen Terminologie des europäischen Vertragsrechts dar.

Im Rahmen des DCFR-Prozesses und der weiteren Harmonisierung des europäischen Vertragsrechts bilden die aus den PECL und ACQP übernommenen bzw. neu geschaffenen englischen Rechtsbegriffe die „lingua franca", also Bezugspunkt und Austauschmöglichkeit eines neuen europäischen Rechtsdiskurses.[1657] Es steht

---

1648 *Supra* 2. Kapitel D.I.3.c)(II) CISG und nationale Gesetzgeber.

1649 *Supra* 2. Kapitel B.III.3.a)(II) Die PECL und die Rechtsreformen in Osteuropa.

1650 *Supra* 3. Kapitel D.II.5.b) Ebene der Einzelstaaten.

1651 So schon *Weir*, Die Sprachen des europäischen Rechts, ZEuP 1995, S. 368 ff.

1652 M.w.N. *Koch*, Babylonische Verhältnisse in Europa? Jb.J.ZivRWiss. 2009, S. 51, 60.

1653 Siehe *Koch*, Babylonische Verhältnisse in Europa? Jb.J.ZivRWiss. 2009, S. 51, 54. Zum 1.7.2013 ist kroatisch zu den dort erwähnten 23 Amtssprachen hinzugekommen.

1654 Dazu ausführlich *Koch*, Babylonische Verhältnisse in Europa? Jb.J.ZivRWiss. 2009, S. 51, 54 ff.

1655 Siehe *Zimmermann*, Juristische Bücher des Jahres, NJW 2007, S. 3332.

1656 *Koch*, Babylonische Verhältnisse in Europa? Jb.J.ZivRWiss. 2009, S. 51, 57.

1657 *Martens*, Rechtsvergleichung und grenzüberwindende Jurisprudenz, Jb.J.ZivRWiss. 2009, S. 27, 48, Rn. 81. Zur Strukturangleichung inhaltlich unterschiedlicher Regelungen vgl. *Storme*, Freedom of Contract: Mandatory and Non-Mandatory Rules in European Contract Law, ERPL 2007, S. 233, 235.

zu hoffen, dass so die durch die Nationalisierung des Privatrechts im Kodifikationszeitalter entstandene Teilung der europäischen Rechtswissenschaft überwunden werden kann.[1658] Dieser Prozess kann indessen keinesfalls als abgeschlossen betrachtet werden.

3. *Detailliertheit der bestehenden Regelungen*

Die Detailliertheit der nationalen Vorschriften hat sich im Vergleich zum Rechtszustand bei der Erarbeitung der PECL nicht verändert. Es handelt sich bei den europäischen Rechtsordnungen ausnahmslos um ausdifferenzierte Regelungssysteme, wobei der Grad der Detailliertheit einzelner Normen zwischen den unterschiedlichen Staaten durchaus variieren kann. Teilweise handelt es sich um Rechtsordnungen des „Common Law", teilweise um solche des „Civil Law." Nach der hier vertretenden Auffassung lassen sich jedoch darüber hinaus allgemeine Aussagen weder über die Eigenschaften von deren Normen[1659] noch über unterschiedliche Rechtskulturen[1660] treffen. Im Hinblick auf die Vorbedingungen der untersuchten Modellgesetze[1661] stellen die detaillierten Regelungen jedoch einen gewichtigen Hinderungsgrund für eine mögliche Harmonisierungswirkung des DCFR dar.

4. *Aktualisierung*

Bei der Untersuchung der Modellgesetze hat sich gezeigt, dass die Aktualisierung eines sich „in Geltung" befindlichen Modellgesetzes einen neuralgischen Punkt darstellt, weil durch sie die Gefahr besteht, eine bereits erreichte Rechtseinheit wieder zu verringern oder ganz zum Erlöschen zu bringen.

Gegen die Notwendigkeit einer Aktualisierung sprechen grundsätzlich die Qualität, die Aktualität und die offene Regelungsstruktur eines Modellgesetzes.[1662] Bei der Anwendung dieses Anforderungsprofils auf den DCFR ist die Notwendigkeit einer baldigen Aktualisierung wahrscheinlich. Denn die Qualität der Regelungen des DCFR ist umstritten.[1663] Zudem ist die Regelungsstruktur

1658 *Martens*, Rechtsvergleichung und grenzüberwindende Jurisprudenz, Jb.J.ZivRWiss. 2009, S. 27, 49.
1659 *Supra* 1. Kapitel V.1. Regelungsdichte und Konkretisierungsgrad.
1660 *Supra* 1. Kapitel A.IX. Rechtskultur.
1661 Dazu schon 4. Kapitel A.II.2.c) Detailliertheit der bestehenden Regelungen.
1662 *Supra* 4. Kapitel A.II.2.d) Aktualisierung.
1663 *Supra* 5. Kapitel D.I.1.a) Qualität, Aktualität und Innovation.

sehr detailliert und systematisch.[1664] Zusätzliche Probleme ergeben sich im Hinblick auf die Aktualisierung aus der Einarbeitung der acquis-Vorschriften. Wenn der Unionsgesetzgeber in Zukunft im weiten Regelungsbereich des DCFR zwingendes Rechts setzt und sich dabei nicht an den Regelungen des DCFR orientiert, müsste der DCFR entsprechend angepasst werden, um seine strukturelle Vereinbarkeit mit dem Unionsrecht zu behalten.

III. Ergebnis

Die Integrationschancen des DCFR als Modellgesetz in seiner jetzigen Form sind eher zurückhaltend zu bewerten. Diese Einschätzung ergibt sich vorrangig aus den immanenten Faktoren, also aus den Eigenschaften des DCFR. Im Vergleich mit den übrigen hier untersuchten Modellgesetzen wird deutlich, dass von den als maßgeblich identifizierten immanenten Faktoren nur die strukturelle Vereinbarkeit durch die Berücksichtigung der acquis-Vorschriften gewahrt ist, wobei auch hier wegen der Abweichungen zwischen dem DCFR und den bestehenden acquis-Vorschriften die Gefahr einer europarechtswidrigen Rechtssetzung im Falle der Übernahme durch die Mitgliedsstaaten besteht. An der Qualität des Instruments bestehen zudem berechtigte Zweifel. Das gleiche gilt für das unter unnötigem Zeitdruck zum Abschluss gebrachte Verfahren und die dabei nicht ausreichende Beteiligung der Mitgliedsstaaten und des europäischen Parlaments. Auch erscheinen die Vorschriften ihrer Struktur nach als für ein Modellgesetz zu detailliert und systematisiert.

Speziell im Bereich des europäischen Vertragsrechts besteht zudem ohnehin die Gefahr, dass die Akzeptanz und damit das Harmonisierungspotential von Modellgesetzen durch die ständige Produktion, Veröffentlichung und Überarbeitung von noch nicht ausgereiften Regelungswerken geschmälert wird.[1665] Der aktuelle Bestand an Rechtstexten in diesem Bereich ist sehr unübersichtlich. Neben den PECL, ACQP, dem DCFR und dem Entwurf eines optionalen CESL existieren noch eine Reihe weiterer Initiativen.[1666] Dabei wählen die Regelungswerke stets einen divergierenden Aufbau sowie eine unterschiedliche thematische Reichweite und Terminologie.[1667]

1664 *Supra* 5. Kapitel D.I.1.d) Strukturmerkmale und angestrebte Intensität.

1665 *Röthel*, Der Referenzrahmen als Modellgesetz, in *Schmidt-Kessel* (Hg.), Der gemeinsame Referenzrahmen, S. 287, 305 f.

1666 In diesem Sinne auch *Łętowska/Wiewiórowska-Domagalska*, The CFR - The Perspective of a new Member State, ERCL 2007, S. 277, 289 f.

1667 Zimmermann schlägt aufgrund der Existenz der unterschiedlichen Texte sogar eine Art historische „Textstufenforschung“ vor, dazu *Zimmermann*, Textstufen in der modernen Entwicklung des europäischen Privatrechts, EuZW 2009, S. 319 ff.

Auf der anderen Seite hat die Untersuchung der vorherrschenden Rahmenbedingungen aber auch ergeben, dass eine Harmonisierung des europäischen Vertragsrechts durch Modellgesetze zumindest nicht grundsätzlich ausgeschlossen ist. Dafür sprechen schon die positiven Reaktionen, die der DCFR in den Niederlanden, England, Schottland, Frankreich, Spanien, Estland hervorgerufen hat.[1668] Auch besteht ein Bedürfnis nach einer weiteren Vertragsrechtsharmonisierung. Nach der hier vertretenen Auffassung stellen weder die detaillierten Rechtssysteme noch die unterschiedlichen Rechtssprachen einen absoluten Ausschlussgrund für eine modellgesetzliche Rechtsharmonisierung dar. Denn die normativen Übereinstimmungen sind durch den Einfluss des Unionsvertragsrechts und der PECL, PICC und CISG größer, als es auf den ersten Blick den Anschein hat. Zudem gibt es eine Reihe von historischen Übereinstimmungen. Eine neue englische Rechtssprache mit eigener Terminologie als Bezugspunkt für eine staatenübergreifende Diskussion befindet sich allerdings noch im Aufbau. Sie bildet jedoch schon jetzt eine ausreichende Grundlage für einen rechtlichen Diskurs. Schließlich stellt sich wie bei allen Modellgesetzen auch im europäischen Zusammenhang das grundsätzliche Problem der Aktualisierung eines Modellgesetzes nach dessen Übernahme.

Weil dem DCFR als Ergebnis dieser Untersuchung keine guten Chancen auf eine substanzielle Rechtsangleichung auf der Normenstufe einzuräumen sind, erscheint es wenig sinnvoll, über eine mögliche einheitliche Auslegung des DCFR nachzudenken. Denn eine solche könnte nur auf der Grundlage eines gewissen Grades an Einheitlichkeit auf der Normenstufe erfolgen.[1669]

Trotz alledem kann der DCFR als Meilenstein auf dem Weg zu einer europäischen Rechtsharmonisierung bezeichnet werden. Er bildet den ersten Schritt zur Entwicklung eines „kohärenten Gesamtsystems" aus den mitgliedsstaatlichen Rechtsordnungen und dem Unionsvertragsrecht[1670] und kann deshalb mit seinen „model rules" als „Normenspeicher" dienen, aus dessen Inhalt zukünftige Projekte schöpfen können.[1671] Zudem wurde durch die umfangreichen rechtsvergleichenden Anmerkungen ein einzigartiger Wegweiser

1668 Dazu *von Bar*, Ein „Werkzeugkasten" für das Europäische Privatrecht, Jb.J.ZivRWiss. 2009, S. 11, 24 f.

1669 Dazu schon *supra* 4. Kapitel B.I. Grundlagen einheitlicher Auslegung.

1670 *Pfeiffer*, Methodik der Privatrechtsangleichung in der EU, AcP 2008, S. 227, 235; *von Bar*, Ein „Werkzeugkasten" für das Europäische Privatrecht, Jb.J.ZivRWiss. 2009, S. 11, 15.

1671 *Ernst*, Der ‚CFR' aus juristischer Sicht, AcP 2008, S. 248, 277.

für die zukünftige Orientierung von Rechtssetzung und Rechtsanwendung geschaffen.[1672]

E. Aktuelle Entwicklung: Der CESL-Prozess

Bevor in einem letzten Abschnitt der Entwurf und die Voraussetzungen eines europäischen Modellgesetzes entwickelt werden, soll in gebotener Kürze auf den aktuell fortschreitenden Prozess zum Erlass eines „optionalen Instruments" eingegangen werden.

Obwohl die Kommission ihr Vorhaben einer umfassenden Vollharmonisierung im Verbraucherrecht aufgegeben hatte,[1673] trieb sie in der Folge die Arbeiten an einem europäischen Vertragsrecht weiter voran. Zu diesem Zweck setzte die Kommission im April 2010 eine Expertengruppe ein,[1674] welche den Auftrag hatte, einen Referenzrahmen im Bereich des Vertragsrechts auszuarbeiten, wobei auch inhaltliche Korrekturen am bestehenden DCFR vorgenommen werden sollten. Im Juli 2010 legte die Kommission ein „Grünbuch" vor, in dem insgesamt sieben Optionen für eine weitere Harmonisierung des europäischen Vertragsrechts zur Diskussion gestellt wurden.[1675] Allerdings hatte sich die Kommission nach einhelliger Auffassung schon vorher auf die Option 4, die „Verordnung zur Einführung eines fakultativen europäischen Vertragsrechtsinstruments," festgelegt.[1676] Die beauftragte Expertengruppe legte am 3.5.2011 das

1672 *Bachmann*, Nationales Privatrecht im Spannungsfeld der Grundfreiheiten, AcP 2010, S. 424, 486; *Pfeiffer*, Methodik der Privatrechtsangleichung in der EU, AcP 2008, S. 227, 228. In diesem Sinne auch *Doralt*, Rote Karte oder grünes Licht für den Blue Button? AcP 2011, S. 1, 4.

1673 Dazu schon *supra* 5. Kapitel B.I. Politische Entwicklung.

1674 Beschluss 2010/233/EU der Kommission vom 26.4.2010 zur Einsetzung einer Expertengruppe für einen gemeinsamen Referenzrahmen im Bereich des europäischen Vertragsrechts, abgedruckt in ZEuP 2010, S. 951 ff.

1675 Grünbuch zu den Optionen für die Einführung eines Europäischen Vertragsrechts für Verbraucher und Unternehmen v. 1.7.2010, KOM(2010), 348. Die einzelnen Optionen waren: Option 1: Veröffentlichung der Ergebnisse der Expertengruppe; Option 2: Eine offizielle „Toolbox" für die Rechtssetzungsorgane; Option 3: Kommissionsempfehlung zum Europäischen Vertragsrecht; Option 4: Verordnung zur Einführung eines fakultativen europäischen Vertragsrechtsinstruments; Option 5: Richtlinie über ein europäisches Vertragsrecht; Option 6: Verordnung zur Einführung eines Europäischen Vertragsrechts; Option 7: Verordnung zur Einführung eines Europäischen Zivilrechtsgesetzbuchs.

1676 Dies wird zum einen aus der Einlassung der zuständigen Justizkommissarin *Reding* (vgl. *Reding*, Warum Europa ein optionales Instrument benötigt, ZEuP 2011, S. 1 ff.)

Ergebnis ihrer Arbeiten in Form einer „Machbarkeitsstudie“[1677] vor. Auf deren Grundlage wurde der Entwurf eines gemeinsamen europäischen Kaufrechts in Form eines optionalen Instruments erarbeitet (Draft Common European Sales Law = DCESL). Am 11.10.2011 wurde der Entwurf einer Verordnung zur Einführung eines gemeinsamen europäischen Kaufrechts (Proposal for a Regulation on a European Sales Law = PRCESL) mit dem DCESL als Anlage veröffentlicht.

Der PRCESL selbst enthält vor allem Festsetzungen zum persönlichen, sachlichen und internationalen Anwendungsbereich. Zudem enthält er Regeln zur Ausübung der enthaltenen Option für ein „opting in“ bei transnationalen Verträgen. Es soll auf „B2C“-Geschäfte Anwendung finden. Für eine Anwendung auf „B2B“-Geschäfte ist Voraussetzung, dass eine der Vertragsparteien ein kleines oder mittleres Unternehmen ist (Art. 7 PRCESL). Zudem sind im PRCESL eine Reihe von Definitionen enthalten, die auf den Anhang I verweisen. Dieser Anhang enthält das „materielle Kernstück“ des Entwurfes.[1678] Das DCESL enthält Regeln zu Kaufverträgen, zu Verträgen über die Bereitstellung digitaler Inhalte zum allgemeinen Vertragsrecht sowie zu Dienstleistungen, die mit den geregelten Vertragstypen in einem engen Zusammenhang stehen, z.B. Montage, Installation, Reparatur, Wartung. Im einzelnen besteht es aus acht Teilen mit insgesamt 18 Kapiteln[1679] und 186 Artikeln. Die Regeln beruhen auf

---

geschlossen. Zum anderen folgt diese Einschätzung aus der Tatsache, dass die durch das Grünbuch in Gang gesetzte Konsultationsfrist endete, als die der Expertengruppe zur Verfügung gestellte Zeit schon zu ¾ abgelaufen war. Innerhalb von drei Monaten war die Einarbeitung der umfangreichen Stellungnahmen (abrufbar unter http://ec.europa.eu/justice/newsroom/contract/opinion/100701_en.htm (letzter Aufruf am 26.06.2013) nicht realistisch, zumal sie noch nicht einmal die Verfolgung von Option 4 nahelegten, dazu vgl. *Eidenmüller/Jansen/Kieninger/Wagner/Zimmermann*, Der Vorschlag für eine Verordnung über ein Gemeinsames Kaufrecht, JZ 2012, S. 269, 270 f.; *Heiderhoff*, Europäisches Privatrecht, Rn. 574; *Herresthal*, Ein europäisches Vertragsrecht als Optionales Instrument, EuZW 2011, S. 7.

1677 Machbarkeitsstudie zu einem optionalen Instrument im europäischen Vertragsrecht v. 11.10.2011, SEC(2011) 1165 final.

1678 So die Formulierung von *Staudenmeyer*, Einführung, in *ders* (Hg.)., Vorschlag für eine Verordnung des Europäischen Parlaments und des Rates über ein GEK, S. VII, XV.

1679 Teil I. Einleitende Bestimmungen, bestehend aus Kapitel 1: Allgemeine Grundsätze und Anwendung; Teil II: Zustandekommen eines bindenden Vertrages, bestehend aus Kapitel 2. Vorvertragliche Informationen, Kapitel 3. Vertragsschluss, Kapitel 4. Widerrufsrecht bei im Fernabsatz und außerhalb von Geschäftsräumen geschlossenen Verträgen zwischen Unternehmern und Verbrauchern, Kapitel 5. Einigungsmängel; Teil III. Bestimmung des Vertragsinhalts, bestehend aus Kapitel 6. Auslegung, Kapitel 7. Inhalt und Wirkungen; Kapitel 8.

den entsprechenden Vorschriften des DCFR, die aber inhaltlich überarbeitet worden sind.

Der CESL-Entwurf ist von unterschiedlichen Seiten kritisiert worden.[1680] Höchst umstritten ist schon die Rechtssetzungskompetenz der EU.[1681] Der Entwurf der Kommission stützt sich auf Art. 114 AEUV.[1682] Dies als rechtliche Basis zu nehmen, ist sowohl auf Ablehnung[1683] als auch auf Zustimmung[1684] gestoßen. Unter anderem wird ein Verstoß gegen das Subsidiaritätsprinzip des Art. 5 Abs. 3

Unfaire Vertragsbestimmungen, Teil IV. Verpflichtungen und Abhilfen der Parteien eines Kaufvertrages oder eines Vertrags über die Bereitstellung digitaler Inhalte, bestehend aus Kapitel 9. Allgemeine Bestimmungen; Kapitel 10. Verpflichtungen des Verkäufers, Kapitel 11. Abhilfen des Käufers, Kapitel 12. Verpflichtungen des Käufers, Kapitel 13. Abhilfen des Verkäufers, Kapitel 14. Gefahrübergang; Teil V: Verpflichtungen und Abhilfen der Parteien bei einem Vertrag über verbundene Dienstleistungen, bestehend aus Kapitel 15. Verpflichtungen aus Abhilfen der Parteien; Teil VI. Schadensersatz und Zinsen, Teil VII. Rückabwicklung, Teil VIII. Verjährung mit jeweils gleichnamigen Kapiteln.

1680 Grundlegend zu einem optionalen Instrument *Doralt*, Rote Karte oder grünes Licht für den Blue Button? AcP 2011, S. 1 ff.

1681 Allgemein zur Rechtssetzungskompetenz der EU im Bereich des Vertragsrechts siehe schon *supra* 2. Kapitel C.III.1. Kompetenzen zur Vertragsrechtssetzung.

1682 Vgl. KOM(2011) 635 endgültig. Für die deutsche Textfassung siehe *Staudenmeyer* (Hg.), Vorschlag für eine Verordnung des Europäischen Parlaments und des Rates über ein GEK.

1683 Ablehnend siehe dazu u.a. *Basedow*, Art. 114 AEUV als Rechtsgrundlage eines optionalen EU-Kaufrechts, EuZW 2012, S. 1 f. mit dem Hinweis darauf, dass Art. 114 AEUV zur Schaffung eines Raumes ohne (rechtliche) Binnengrenzen dienen solle. Durch den Erlass eines zusätzlichen Regimes werden die Unterschiede noch verstärkt. Zudem sieht Art. 114 AEUV eine Rechtsangleichung „in den Mitgliedsstaaten" vor, was für den Erlass von Richtlinien spreche, da Verordnungen unmittelbar gelten. *Riesenhuber* stellt ebenfalls heraus, dass durch ein weiteres Regime keine Angleichung des Rechts stattfinde. Da es sich um dispositives Recht handele, werden zudem die Grundfreiheiten, deren Sicherung Art. 114 AEUV diene, nicht tangiert, vgl. *Riesenhuber*, Der Vorschlag für eine Verordnung über ein „Gemeinsames Europäisches Kaufrecht, EWS 2012, S. 7 ff. Dagegen auch *Roth*, Der „Vorschlag für eine Verordnung über ein Gemeinsames Europäisches Kaufrecht, EWS 2012, S. 12, 14 ff; *Max Planck Institute*, Policy Options for Progress Towards a European Contract Law, RabelsZ 2011, S. 371, 388.

1684 *Reich/Micklitz*, Wie „optional" ist ein „optionales" EU-Vertragsrecht, EWS 2011, S. 113, 114 f.; *Heiderhoff*, Europäisches Privatrecht, Rn. 23 ff.; *Schmidt-Kessel*, Der Vorschlag der Kommission für ein Optionales Instrument - Einleitung, in *ders.* (Hg.), Ein einheitliches europäisches Kaufrecht? S. 1, 12 ff.

EUV gerügt.[1685] Weiter gerügt wurde ein zu kleiner Regelungsbereich, insbesondere wegen der Beschränkung auf zwischenstaatliche Sachverhalte.[1686] Auch die Qualität des Entwurfs ist umstritten, was im Hinblick auf die erneut kurze Zeit, die die Kommission zur Ausarbeitung zur Verfügung gestellt hatte, nicht weiter verwundert.[1687] Zudem wird beanstandet, dass es sich um einen lückenhaften Entwurf handele, der wichtige Rechtsgebiete zwischenstaatlicher Verträge wie Rechts- und Sittenwidrigkeit, Stellvertretung, Schuldner- und Gläubigermehrheiten, Abtretung und Aufrechnung mit der Begründung auslasse, dass diese „während des Lebenszyklus"' zwischenstaatlicher Verträge keine Rolle spielten.[1688] Weiterhin bestünden eine Reihe ungelöster kollisionsrechtlicher Fragen u.a. im Hinblick auf die Anwendung des CESL neben dem CISG.[1689]

Welche Argumentationslinie sich letztlich durchsetzen wird, bleibt abzuwarten. Ob nach dem Scheitern oder einer etwaigen Beschränkung der Initiative der Kommission auf das Instrument eines Modellgesetzes zur Vertragsrechtsvereinheitlichung zurückgegriffen wird, wird die Zukunft zeigen.

1685 *Basedow*, Ein GEK für grenzüberschreitende Verträge, in *Gebauer* (Hg.), GEK - Anwendungsbereich und kollisionsrechtliche Einbettung, S. 3, 12 mit Hinweis auf die politische Opposition z.B. durch den deutschen Bundestag.

1686 *Basedow*, Ein GEK für grenzüberschreitende Verträge, in *Gebauer* (Hg.) GEK - Anwendungsbereich und kollisionsrechtliche Einbettung, S. 3, 11; *Wagner*, Transaktionskostensenkung durch Europäisches Kaufrecht? ZEuP 2012, S. 455, 457.

1687 *Eidenmüller/Jansen/Kieninger/Wagner/Zimmermann*, Der Vorschlag für eine Verordnung über ein Gemeinsames Kaufrecht, JZ 2012, S. 269, 271 f.

1688 PR CECL, Erwägungsgrund Nr. 26. Siehe dazu *Eidenmüller/Jansen/Kieninger/Wagner/Zimmermann*, Der Vorschlag für eine Verordnung über ein Gemeinsames Kaufrecht, JZ 2012, S. 269, 271.

1689 Dazu nur *Schmidt-Kessel*, Der Vorschlag der Kommission für ein Optionales Instrument - Einleitung, in *ders* (Hg)., Ein einheitliches europäisches Kaufrecht?, S. 1, 21 f.; *Basedow*, Ein GEK für grenzüberschreitende Verträge, in *Gebauer* (Hg.), GEK - Anwendungsbereich und kollisionsrechtliche Einbettung, S. 3, 11 ff.

6. Kapitel: Gesamtergebnis

A. Mögliche Gestalt eines vertragsrechtlichen europäischen Modellgesetzes und dafür notwendige Erfolgsvoraussetzungen

Nach den hier gewonnenen Erkenntnissen erscheint das Instrument des Modellgesetzes für eine weitere Harmonisierung des Vertragsrechts grundsätzlich geeignet. Auf der Grundlage der gewonnenen Erkenntnisse soll ein Vorschlag hinsichtlich der Gestalt eines zukünftigen „europäischen Modellgesetzes“ dargestellt werden, welches auf der Basis des DCFR erarbeitet werden könnte. Dabei sollen auch notwendige Rahmenbedingungen Erwähnung finden. Zudem soll versucht werden, das Postulat einer zukünftig möglichst einheitlichen Auslegung zu berücksichtigen.

Zunächst richtet sich dabei der Blick auf die Eigenschaften, die ein solches Instrument aufweisen sollte. Wenn das Ziel einer überwiegenden oder vollständigen Übernahme verfolgt werden soll, wäre es nach der hier vertretenden Auffassung sinnvoll, es in seiner materiellrechtlichen Reichweite auf das allgemeine Vertragsrecht und das Kaufrecht zu beschränken. In diesem Bereich weisen einzelstaatlichen Rechte durch die vielfache Orientierung am CISG, den PECL, den PICC und an den unionvertragsrechtlichen Gemeinsamkeiten ein größeres Maß an Einheitlichkeit auf als in anderen Rechtsgebieten. Die in den USA beobachteten Probleme der Blockade einer Ratifikation des „2003 official texts“ des UCC[1690] sind zudem in der EU nicht zu erwarten, weil vergleichbare Differenzen zwischen den unterschiedlichen Interessengruppen aufgrund einer bereits bestehenden weitgehenden Einheitlichkeit auf dem Gebiet des Verbraucherrechts nicht zu erwarten sind.[1691]

Notwendig wäre allerdings eine Revision der DCFR-Normen insbesondere im Hinblick auf eine bessere innere Kohärenz. Der im DCFR erfolgte Ansatz der Inkorporierung der acquis-Vorschriften sollte beibehalten werden, damit sich die Mitgliedsstaaten bei der Übernahme von Vorschriften auf deren Europarechtskonformität verlassen können. Notwendig ist aber auch hier eine Überarbeitung, um die Konformität uneingeschränkt sicherzustellen. Allerdings sollte im Rahmen einer Überarbeitung die bestehende Terminologie beibehalten

1690 Siehe *supra* 3. Kapitel B.II.3.d)(I) Normenstufe.

1691 *Supra* 2. Kapitel C.III.2.b) Rechtsgebiete.

werden, damit sie sich als Bezugspunkt für eine gemeinsame zwischenstaatliche Diskussion weiter etablieren kann.

Die Regelungsdichte der Normen sollte im Vergleich zum DCFR herabgesetzt werden, um die Akzeptanz des Instruments zu erhöhen. So würde die Schwelle für eine Übernahme durch einzelstaatliche Legislativen sinken, weil eine Korrektur auf der Ebene der Rechtsanwendung leichter möglich wäre. Zudem wäre eine fehlende strukturelle Vereinbarkeit mit den bestehenden einzelstaatlichen Rechtsvorschriften weniger wahrscheinlich. Ein weiterer Vorteil einer geringeren Regelungsdichte wäre, dass sich das Aktualisierungsproblem in geringerem Maße stellen würde. Von einer übertriebenen Systematik des Instruments ist gleichfalls abzuraten, weil dadurch die Übernahme von Einzelvorschriften erschwert würde. Die Vorteile eines geringeren Konkretisierungsgrades und einer geringeren Systematik überwiegen die dadurch erhöhte Gefahr der uneinheitlichen Auslegung,[1692] weil es zunächst gilt, eine möglichst weitgehende Einheit auf der Normenstufe zu schaffen.

Viele der aufgezeigten inhaltlichen Mängel ließen sich durch eine andere Verfahrensgestaltung beheben. Zunächst müsste das Verfahren zeitlich großzügiger und transparenter angelegt werden.[1693] Zudem wäre eine Beteiligung der mitgliedsstaatlichen Legislativen zu einem frühen Zeitpunkt der Ausarbeitung und nicht nur im Rahmen jährlicher Konsultationen für den Erfolg des Modellgesetzes zwingend notwendig. Auf diese Weise könnte auch die Bekanntheit des Instruments in den einzelstaatlichen Legislativen gesteigert werden.

Eine intensive Beteiligung von Praktikern auf jeder Stufe des Entstehungsverfahrens könnte sich ebenfalls positiv auf die spätere Ratifikationspraxis auswirken. Insbesondere sollten auch europäische und nationale Anwalts- und Richtervereinigungen beteiligt werden. Zwar erscheint es weiterhin sinnvoll, die grundlegende Ausarbeitung der Instrumente in erster Linie Wissenschaftlern zu überlassen. Erforderlich ist jedoch zusätzlich eine stetige „Rückkopplung" mit Praktikern in den unterschiedlichen Phasen der Ausarbeitung. Neben der Praxistauglichkeit und damit der Qualität des Instruments wird so die Akzeptanz und Kooperationsbereitschaft der später zur Rechtsanwendung Berufenen gestärkt.

Weiter sollte die Zusammenarbeit in diesem Bereich institutionalisiert und professionalisiert werden. Als Standort für ein solches Projekt käme das ELI[1694]

1692 Dazu *supra* 4. Kapitel B.II.1.a) Regelungsstruktur.

1693 Als Vorbild kann hier das im Rahmen der Erarbeitung des UCC gewählte Verfahren dienen, vgl. *supra* 3. Kapitel B.II.3.b) Entstehung.

1694 Dazu siehe *supra* 5. Kapitel A.II. Wissenschaftliche Projekte außerhalb des DCFR-Prozesses.

in Betracht, welches dafür allerdings mit den notwendigen finanziellen und personellen Ressourcen ausgestattet sein müsste. Problematisch ist, dass die Regierungen und Parlamente der Mitgliedsstaaten bisher im ELI nicht repräsentiert sind. Eine solche Beteiligung der Mitgliedsstaaten ist für den Erfolg von Modellgesetzen essentiell. Sie sollte in der Form eines hierfür gebildeten Ausschusses erfolgen.[1695] Weiterhin wäre es förderlich, dass eine Beteiligung möglichst vieler Wissenschaftler stattfände, die an vorherigen Projekten im Bereich der europäischen Vertragsrechtsvereinheitlichung beteiligt waren. So könnte das Neben- und teilweise „Gegeneinander" der unterschiedlichen Projekte aufgelöst werden. Es entstünde ein zentraler Ansprechpartner für das gesamte Projekt der europäischen Vertragsrechtsvereinheitlichung. Im Rahmen des ELI könnten dann notwendige Aktualisierungen stattfinden.

Schließlich könnte man sich in diesem Zusammenhang Gedanken über einen „offiziellen Stempel"[1696] der europäischen Rechtssetzungsorgane machen. In Betracht kämen eine Veröffentlichung, eine Mitteilung, eine Entscheidung oder eine Empfehlung.[1697] Für einen solchen Stempel spricht, dass durch die Billigung des potentiellen Gesetzgebers die Autorität des Instruments gestärkt würde.[1698] Dagegen lässt sich jedoch neben kompetenzrechtlichen Problemen[1699] auch anführen, dass offizielle Empfehlungen von den Mitgliedsstaaten häufig ignoriert werden.[1700] Im Hinblick auf eine Empfehlung nach Art. 267 AEUV, die grundsätzlich durch den EuGH justiziabel wäre, stellt sich ohnehin die Frage, ob die nationalen Gerichte dem EuGH tatsächlich im hinreichenden Umfang Vorlagen zuleiten würden, damit sich eine einheitliche Auslegung als Referenz

1695 Die Einrichtung einer der NCCUSL nachgebildeten Kommission erscheint deshalb nicht erstrebenswert, weil es sich bei einem Modellgesetz in dem Bereich des allgemeinen Vertrags- und Kaufrechts zunächst um ein singuläres Instrument handeln würde.

1696 *Max Planck Institute*, Policy Options for Progress Towards a European Contract Law, RabelsZ 2011, S. 371, 378.

1697 Zu den einzelnen denkbaren Optionen eines „offiziellen Stempels" siehe *Max Planck Institute*, Policy Options for Progress Towards a European Contract Law, RabelsZ 2011, S. 371, 377 ff. Zu den Rechtswirkungen dieser Instrumente siehe *von Graevenitz*, Soft Law in der EU mit Lenkungswirkung, EuZW 2013, S. 169 ff.

1698 So zum DCFR schon *Pfeiffer*, Methodik der Privatrechtsangleichung in der EU, AcP 2008, S. 227, 242 f.

1699 *Max Planck Institute*, Policy Options for Progress Towards a European Contract Law, RabelsZ 2011, S. 371, 376 f.

1700 *Pfeiffer*, Methodik der Privatrechtsangleichung in der EU, AcP 2008, S. 227, 235.

ausbilden könnte. Zudem müsste die Auslegungsbefugnis des EuGH im Bezug auf Generalklauseln in Richtlinien geklärt werden.[1701]

Zur Verdeutlichung der Unabhängigkeit des Projekts wäre eine offizielle Veröffentlichung anzuraten, weil sie das geringste Maß an rechtlicher Bindungswirkung erzeugt, zugleich aber dem Projekt zusätzliche Autorität verleiht. Die Hervorhebung der Unabhängigkeit ist insbesondere auch deshalb wichtig, weil so „Umdeutungen" in ein „europäisches Vertragsgesetzbuch," wie sie beim DCFR zu beobachten waren, vermieden würden. Gleichzeitig wäre es sinnvoll, dass die Kommission ihre Bemühungen zu einer Vereinheitlichung des Vertragsrechts weiterführt. So könnte ein zusätzlicher „Druck" auf die Mitgliedsstaaten, die auf die Wahrung ihrer vertragsrechtlichen Unabhängigkeit bedacht sind, aufgebaut werden, an dem hier angeregten Prozess mitzuarbeiten.[1702]

Im Hinblick auf die einheitliche Rechtsanwendung wäre der Aufbau einer mit dem CLOUT-System vergleichbaren Datenbank sinnvoll, die ebenfalls vom ELI betreut werden könnte. Durch die Verfassung englischer Abstracts wäre die Bezugnahme auf die Entscheidungen aus anderen Mitgliedsstaaten möglich. Zusätzlich könnten für eine rechtsvergleichende Auslegung die „notes" des DCFR herangezogen werden.[1703] Schließlich wäre die Herausgabe eines aktualisierten Kommentars sinnvoll.

B. Fazit

Insgesamt lässt sich feststellen, dass selbst bei der Umsetzung aller hier unterbreiteten Vorschläge das bei jedweder Harmonisierung durch Modellgesetze bestehende Aktualisierungsproblem nicht dauerhaft überwunden werden kann. Dies bleibt das strukturelle Grundproblem dieses Instruments.

Daraus folgt, dass eine dauerhafte Harmonisierung des europäischen Vertragsrechts mithilfe von Modellgesetzen zumindest fragwürdig erscheint. Denn im Rahmen der freiwilligen Ratifizierung besteht bei jeder textlichen Änderung eines Modellgesetzes das Risiko einer Rechtszersplitterung. Ein Modellgesetz

---

1701 *Max Planck Institute*, Policy Options for Progress Towards a European Contract Law, RabelsZ 2011, S. 371, 384. Zu diesem Problem siehe schon *supra* 2. Kapitel C.I.1. Definition.

1702 Ein entsprechender Druck hat in den USA einen wichtigen Teil zu Kooperation und Ratifizierung des UCC beigetragen, vgl. *supra* 3. Kapitel B.II.3.e)(I) Normenstufe.

1703 *Von Bar*, Ein „Werkzeugkasten" für das Europäische Privatrecht, Jb.J.ZivRWiss. 2009, S. 11, 23.

könnte unter den als Ergebnis dieser Untersuchung entwickelten Voraussetzungen allerdings eine wichtige Zwischenstufe auf dem Weg der europäischen Vertragsrechtsharmonisierung sein. Durch die Vorbildwirkung für nationale Gesetzgebungsvorhaben würde eine fortschreitende Angleichung des vertragsrechtlichen Normenbestandes der Mitgliedsstaaten erreicht. Gleichzeitig könnten auf der Ebene der Rechtsanwendung durch eine zunehmende Bezugnahme der Gerichte der unterschiedlichen Einzelstaaten aufereinander auf der Grundlage eines gemeinsamen Referenztextes in englischer Sprache schrittweise „kulturelle" Unterschiede abgebaut werden. Auf einer solchen gewachsenen Grundlage könnte dann zukünftig eine erfolgreiche legislative Rechtsvereinheitlichung des Vertragsrechts stattfinden.

INTERNATIONALRECHTLICHE STUDIEN
Beiträge zum Internationalen Privatrecht,
zum Einheitsrecht und zur Rechtsvergleichung

Herausgegeben von Ulrich Magnus und Peter Mankowski

Band 1 Birgit Reimers-Zocher: Beweislastfragen im Haager und Wiener Kaufrecht. 1995.

Band 2 Lenja Vespermann: Schadensersatz bei Beeinträchtigung rechts- oder sittenwidriger Interessen im deutschen und französischen Recht. 1996.

Band 3 Peter Cypra: Die Rechtsbehelfe im Verfahren der Vollstreckbarerklärung nach dem EuGVÜ unter besonderer Berücksichtigung der Ausgestaltung in Deutschland und Frankreich. 1996.

Band 4 Brigitta Lurger: Regulierung und Deregulierung im europäischen Privatrecht. 1997.

Band 5 Uta Gutknecht: Das Nacherfüllungsrecht des Verkäufers bei Kauf- und Werklieferungsverträgen. Rechtsvergleichende Untersuchung zum CISG, zum US-amerikanischen Uniform Commercial Code, zum deutschen Recht und zu dem Vorschlag der Kommission zur Überarbeitung des deutschen Schuldrechts. 1996.

Band 6 Stefan Abel: Die Qualifikation der Schenkung. Zur Methode der Qualifikation im Internationalen Schuldvertragsrecht. 1997.

Band 7 Daniel Kötz: Verkäuferpflichten und Rechtsbehelfe des Käufers im neuen norwegischen Kaufrecht vom 13. Mai 1988 Nr. 27 im Vergleich zum UN-Kaufrecht vom 11. April 1980 (CISG). 1997.

Band 8 Olaf Beier: Grundsätze eines europäischen transportmittelübergreifenden Schadensrechts für den Gütertransport. Eine rechtsvergleichende Untersuchung unter besonderer Berücksichtigung der CMR, der ER/CIM 1990, des WA/HP und der HVR. 1999.

Band 9 Ulrich Krüger: Modifizierte Erfolgshaftung im UN-Kaufrecht. Die Haftungsbefreiung bei Lieferung vertragswidriger Ware gemäß Art. 79 CISG. 1999.

Band 10 Wolf-Henning Hammer: Das Zurückhaltungsrecht gemäß Art. 71 CISG im Vergleich zu den Kaufgesetzen der nordischen Staaten unter Einbeziehung transportrechtlicher Aspekte. Eine rechtsvergleichende Studie. 1999.

Band 11 Ulrich Quay: Der Consulting-Vertrag im Internationalen Privatrecht. 2000.

Band 12 Axel Halfmeier: Die Veröffentlichung privater Tatsachen als unerlaubte Handlung. Eine rechtsvergleichende Untersuchung. 2000.

Band 13 Stephanie Scholz: Lohngleichheit durch Verfahren. Eine Studie zur Förderung der Lohngleichheit durch verfahrensrechtliche Ansätze. 2000.

Band 14 Tarık Cebecioglu: Stellung des Ausländers im Zivilprozeß. Eine rechtsvergleichende Untersuchung des türkischen und deutschen Rechts. 2000.

Band 15 Gunnar Straube: Sozialrechtliche Eingriffsnormen im Internationalen Privatrecht. 2001.

Band 16 Daniela de Lukowicz: Divergenzen in der Rechtsprechung zum CISG. Auf dem Weg zu einer einheitlichen Auslegung und Anwendung? 2001.

Band 17 Mohamed Hassan Fadlalla Ali: Das islamische Ehe- und Kindschaftsrecht im Sudan. Mit Hinweisen zu den Lehren der Islamischen Rechtsschule, der anwendbaren Familienrechtsvorschriften für Nichtmuslime im Sudan und im deutschen Familienrecht. 2001.

Band 18 Ole Lando/Ulrich Magnus/Monika Novak-Stief (Hrsg./eds.): Angleichung des materiellen und des internationalen Privatrechts in der EU. Harmonisation of Substantive and International Private Law. 2003.

Band 19 Florian Schulz: Der Ersatzlieferungs- und Nachbesserungsanspruch des Käufers im internen deutschen Recht, im UCC und im CISG. Eine rechtsvergleichende Untersuchung unter Berücksichtigung der Schuldrechtskommission, der EG-Richtlinie 1999/44/EG und des Diskussionsentwurfs eines Schuldrechtsmodernisierungsgesetzes. 2002.

Band 20 Ingo Janert: Die Aufrechnung im internationalen Vertragsrecht. 2002.

Band 21 Armin Jentsch: Die Erhaltungspflichten des Verkäufers und des Käufers im UN-Kaufrecht im Vergleich zum US-amerikanischen Uniform Commercial Code und zum deutschen Recht. 2002.

Band 22 Martin Taschner: Arbeitsvertragsstatut und zwingende Bestimmungen nach dem Europäischen Schuldvertragsübereinkommen. Einheitliche Auslegung. 2003.

Band 23 Klaus Bitterich: Die Neuregelung des Internationalen Verbrauchervertragsrechts in Art. 29a EGBGB. 2003.

Band 24 Sascha J. Morgenroth: Umsetzung der Verbrauchsgüterkaufrichtlinie in Spanien und Deutschland. Umsetzung der Richtlinie 1999/44/EG des Europäischen Parlaments und des Rates vom 25. Mai 1999 zu bestimmten Aspekten des Verbrauchsgüterkaufs und der Garantien für Verbrauchsgüter in Spanien und Deutschland. 2003.

Band 25 Markus Renfert: Über die Europäisierung der ordre public Klausel. 2003.

Band 26 Henning Mordhorst: Die Behandlung vertraglicher Mobiliarsicherheiten im US-amerikanischen und deutschen Insolvenzrecht. 2003.

Band 27 Hans Markus Wulf: UN-Kaufrecht und eCommerce. Problembereiche bei der Anwendung des Wiener Übereinkommens auf Internet-Verträge. 2003.

Band 28 Julia Kaiser: Freiheit oder Schutz? Die Scheidungsfolgenvereinbarung im deutschen und im englischen Recht. 2003.

Band 29 Astrid Hillebrenner: Die private Zustimmung zu Rechtsgeschäften Dritter im englischen, dänischen und deutschen Recht. 2004.

Band 30 Irene von der Heyde: Das deutsche und italienische internationale Kindschaftsrecht im Rechtsvergleich. Favor filii oder favor filiationis? 2004.

Band 31 Sven-Michael Werner: Recht im Systemwandel. *Ein Land, zwei Systeme* und das Kontinuitätsproblem in Hongkong. 2004.

Band 32 Holger Ellenberger: Wirtschaftsrelevante Kollisionsnormen im japanischen internationalen Privatrecht. 2004.

Band 33 Sebastian Kaufmann: Parol Evidence Rule und Merger Clauses im internationalen Einheitsrecht. 2004.

Band 34 Britta Christina Weber: Eigentumsübertragung und gutgläubiger Erwerb beim Kauf von beweglichen Sachen im vietnamesischen Zivilgesetzbuch von 1995. Eine rechtsvergleichende Analyse unter Berücksichtigung des Eigentumsbegriffs im vietnamesischen Recht. 2004.

Band 35 Alexander von Saucken: Die Reform des österreichischen Schiedsverfahrensrechts auf der Basis des UNCITRAL-Modellgesetzes über die internationale Handelsschiedsgerichtsbarkeit. Ein Diskussionsbeitrag. 2004.

Band 36 Jasnica Garašićć: Anerkennung ausländischer Insolvenzverfahren. Teil 1 und Teil 2. Ein Vergleich des kroatischen, des deutschen und des schweizerischen Rechts sowie der Europäischen Verordnung über Insolvenzverfahren, des Istanbuler Übereinkommens und des UNCITRAL-Modellgesetzes. 2005.

Band 37 Eugenia Kurzynsky-Singer: Anknüpfung und Reichweite des Vollmachtsstatuts. 2005.

Band 38 Timo Utermark: Rechtsgeschichte und Rechtsvergleichung bei Ernst Rabel. 2005.

Band 39 Mohamed Lakmes: Die IPR-Anknüpfung der Schuldverträge. Ein Vergleich zwischen dem deutschen und dem syrischen Recht. 2005.

Band 40 Christian Haas: Vertragsstrukturen privatfinanzierter Infrastrukturprojekte. Nationale und internationale Perspektiven. 2005.

Band 41 Tanja Herzog-Engels: Gesellschaftsrechtliche Formvorschriften und Internationales Privatrecht. 2005.

Band 42 Hassan Siahpoosh: Das Familien- und Erbrecht im Iran. 2006.

Band 43 Carola Reifenrath: Das Vertragsrecht Hongkongs und dessen zukünftige Entwicklung. Unter besonderer Berücksichtigung des englischen Common Law. 2006.

Band 44 Arkadiusz Wudarski: Der Pfandbrief und sein Treuhänder. Eine rechtsvergleichende Untersuchung zum polnischen und deutschen Recht. 2006.

Band 45 Ulla Liukkunen: Cross-Border Services and Choice of Law. A Comparative Study of the European Approach. 2006.

Band 46 Claire Anna Reifner: Die Umsetzung der Verbrauchsgüterkaufrichtlinie in Italien und Deutschland. 2007.

Band 47 Shahriar Rabbanifar: Vergleich des Rechts der öffentlichen Unternehmen in Deutschland, Iran und Polen. 2007.

Band 48 Judith Farokhmanesh: Der Schutz des Urhebers im internationalen Vertragsrecht. Funktion, Reichweite und Effektivität zwingender Bestimmungen im deutschen, französischen und englischen Recht. 2007.

Band 49 Christoph Hellriegel: Schuldnerschutz in Polen. Rechtsvergleichende Untersuchung eines universalen Regelungsproblems. 2007.

Band 50 Ingemar Carl: Einstweiliger Rechtsschutz bei *Torpedoklagen*. 2007.

Band 51 Gabriele Wunsch: Möglichkeiten und Grenzen eines europäischen Hypothekarkredits. Problemanalyse und Lösungswege für die Schaffung eines Binnenmarktes für Grundpfandrechte unter Berücksichtigung des deutschen, englischen, schwedischen und spanischen Rechts. 2009.

Band 52 Sven Kuchmann: Die Haftung des Geschäftsführers einer deutschen GmbH und des Gerente einer argentinischen SRL im Rechtsvergleich. 2008.

Band 53 María Elena Alvarez de Pfeifle: Der Ordre Public-Vorbehalt als Versagungsgrund der Anerkennung und Vollstreckbarerklärung internationaler Schiedssprüche. Unter Berücksichtigung des deutschen, schweizerischen, französischen und englischen Rechts sowie des UNCITRAL-Modellgesetzes. 2009.

Band 54 Amir-Said Ghassabeh: Die Zustellung einer *punitive-damages*-Sammelklage an beklagte deutsche Unternehmen. Zugleich ein Beitrag zum „unnötigen" transatlantischen Justizkonflikt. 2009.

Band 55 Gunnar Lennart Schmüser: Das Zusammenspiel zwischen Haupt- und Sekundärinsolvenzverfahren nach der EuInsVO. 2009.

Band 56 Johanna Siemonsen: Die deutschen Ausführungsvorschriften zur Europäischen Insolvenzverordnung. 2009.

Band 57 Dan Malika Gunasekera: Civil Liability for Bunker Oil Pollution Damage. 2010.

Band 58 Sarah Mukaddes Oguz: Das türkische und das europäische Verbraucherrecht. Eine vergleichende Analyse mit Blick auf die Beitrittsbestrebungen der Türkei zur Europäischen Union. 2010.

Band 59 Niklas Wielandt: Die einseitig verpflichtende Schuldzusage. Eine rechtsvergleichende Untersuchung des abstrakten, kausalen und nicht rechtsgeschäftlichen Schuldanerkenntnisses und Schuldversprechens nach deutschem und englischem Recht. 2010.

Band 60 Lars Meyer: Non-Performance and Remedies under International Contract Law Principles and Indian Contract Law. A comparative survey of the UNIDROIT Principles of International Commercial Contracts, the Principles of European Contract Law, and Indian statutory contract law. 2010.

Band 61 Farzana Soleimankehl-Hanke: Afghanistan zwischen Islam und Gleichberechtigung. Widersprüche in der afghanischen Verfassung am Beispiel des afghanischen Familien- und Erbrechts. 2011.

Band 62 Sören Koch: Der Ersatz frustrierter Aufwendungen im norwegischen Recht. 2011.

Band 63 Vanessa Seibel: Der Geschäftsführer in der Insolvenz der Gesellschaft. Eine rechtsvergleichende und rechtsökonomische Betrachtung von GmbH und LLC. 2012.

Band 64 Dorothea von Domarus: Internationales Arzthaftungsrecht nach Inkrafttreten der Rom I- und Rom II-Verordnung. Ein Rechtsvergleich mit den USA unter besonderer Berücksichtigung der Bundesstaaten New York, Kalifornien und Louisiana. 2013.

Band 65 Nils Rasmus Grenda: Erwerb und Schutz des Eigentums an Mobilien im deutschen und schwedischen Recht. 2013.

Band 66 Tristan Wegner: Überseekauf im Agrarhandel. Die Kontraktpraxis nach GAFTA und Einheitsbedingungen. Eine rechtsvergleichende Darstellung. 2013.

Band 67 Marjam Waladan: Das iranische Familienrecht unter der besonderen Berücksichtigung der Rechte von Frauen und Kindern. 2013.

Band 68 Gesine Osieka: Zivilrechtliche Haftung deutscher Unternehmen für menschenrechtsbeeinträchtigende Handlungen ihrer Zulieferer. 2014.

Band 69 Cordula Giesecke: Interessengerechte Rechtswahl im Kaufrecht. Vertragswidrigkeit, Mängelrüge und Vertragsaufhebung – UN-Kaufrecht, deutsches, französisches und schweizerisches Recht im Vergleich. 2014.

Band 70 Philipp Raben: Das Modellgesetz als geeignetes Instrument europäischer Vertragsrechtsharmonisierung. 2015.

www.ingramcontent.com/pod-product-compliance
Ingram Content Group UK Ltd.
Pitfield, Milton Keynes, MK11 3LW, UK
UKHW041826290926
8980IPUK00002B/96

9 783631 657270